흉노(匈奴)
연(燕)
무종(無終)
대(代)
계(薊)
중산(中山)
영수(靈壽)
제(齊)
이석(離石)
형(刑)
임치(臨淄)
기(紀)
진(晉)
한단(邯鄲)
곡부(曲阜)
위(衛)
비(費)
거(莒)
평양(平陽)
노(魯)
황 해
조가(朝歌)
조(曹)
곡옥(曲沃)
성복(城濮)
등(滕)
안읍(安邑)
담(郯)
송(宋)
낙양(洛陽)
팽성(彭城)
정(鄭)
상구(商丘)
곡관
주(周)
서(徐)
진(陳)
오(吳)
종리(鐘離)
채(蔡)
수춘(壽春)
광릉(廣陵)
신(申)
성양(城陽)
황(黃)
연릉(延陵)
등(鄧)
당(唐)
육(六)
고소(姑蘇)
수(隨)
초(楚)
서(舒)
회계(會稽)
영(郢)
악(鄂)
양쯔 강
월(越)
구(甌)

맹자

명역고전

맹자

맹자 지음 · 김원중 옮김

Humanist

일러두기

1. 이 책의 저본은 주희의 사서집주본(중화서국, 표점본 1990)이고, 이를 완역한 것이다. 원문에 충실한 직역 위주로 작업하면서 상세한 주석을 달았으며, 매우 제한된 범위에서 의역을 곁들였다.
2. 이 책의 구성은 전체 해제와 각 편 해설, 각 편 본문으로 이루어졌다. 본문은 소제목과 번역문, 원문, 각주 순으로 구성되었다. 소제목은 역자가 붙인 것으로, 독자가 쉽게 내용을 유추할 수 있게 했다. 또한 참고나 인용에 편리하도록《맹자》7편 각 상·하 장을 14장으로 하여 일련번호를 표시했다.
3. 《맹자》는 해석의 논란이 있는 부분이 많으므로 각주를 통해 여러 학설을 제시하고 각각의 타당성을 살펴보았다. 주희의《맹자집주》, 조기의《맹자장구》, 초순의《맹자정의》를 비롯하여 정약용의《맹자요의》와 양보권의《맹자역주》등을 비교 분석하고, 역대 저명한 주석가들의 해설을 두루 망라하여 그 차이점을 밝히고자 노력했다.
4. 각 편의 첫 부분에 붙인 해설은 본문에 나오는 주요한 사건이나 개념, 문장을 통해 전체 그림을 그려본 것이다. 역자의 독단과 감상을 경계했으며, 본문과의 중복을 피하고자 간소화했다.
5. 번역문에서 대괄호 [ ] 안의 문구는 내용 이해를 위해 역자가 추가한 것이고, 소괄호 안의 내용은 해당 단어에 대한 간단한 설명이다.
6. 맹자의 제자 만장과 공손추가 맹자에게 물을 때 '문왈問曰'은 '여쭈었다'로, '왈曰'은 '말했다'로 통일하여 번역했는데, '왈'도 '여쭈었다'는 개념이 들어 있다. 맹자가 말하거나 대답할 때는 '맹자께서 말씀하셨다' 또는 '대답하셨다'로, 맹자가 왕의 질문에 답할 때는 '왕께서'로 번역했지만, 왕의 발언에는 '왕이 말씀하였다'로 하여 존칭어를 생략했다.
7. 각주에서 맹자의 발언과 관련 있는 다른 문헌들, 예를 들어《시경》·《좌전》·《사기》 등의 내용을 병기하고 역자 나름의 평을 덧붙인 경우가 있는데, 이는 독자에게 해당 발언의 역사적·사상적 맥락을 알려주고자 함이다.
8. 찾아보기는 인명·지명·관직명·주요 개념어 등을 중심으로 세밀하게 작성했다.

서문

대학 2학년 전공 수업에서 주희의 《맹자집주孟子集註》 백문白文을 수업 시간 내내 읽고 시험 봤던 기억이 문득 떠올랐다. 《맹자》는 중문과의 중국고전강독 수업과 한문교육과 전공과목인 사서강독과 경서강독 등에서 필수 교재로 사용하는 책이니, 적어도 30년 가까운 세월 동안 제자들과 함께 수업하고 있는 책이다. 그런데 《맹자》를 늘 책상머리에 두고 펼쳐보는 또 다른 이유는 연구가 잘 풀리지 않을 때, 이 책의 아무 곳이나 펼쳐놓고 읽어도 가슴이 후련해지는 느낌이 들고, 어떤 문장에서는 마치 대나무를 칼로 내려치는 데서 오는 짜릿한 통쾌함을 느끼게 만들기 때문이다.

오랜 기간 전공과목에서 담당했던 수업의 결과물로 이 책을 이번에 세상에 내놓는다. 번역은 2012년에 출간한 《논어》와 2020년 봄에 출간한 《대학·중용》의 연장선에서 이루어졌다. 맹자 특유의 논변식 글투의 어감을 살리려 노력했고, 맹자가 많이 인용하는 고전의 원전 자료를 확인하고, 그 속에 담긴 정확한 의미를 해석하는 데도 힘을 기울였다. 우리말 번역 원칙을 지키려 노력했고, 직역에 충실하되 맹자 특유의 비유와 설득 커뮤니케이션 전략 등을 독자가 충분히 느낄 수 있도록 유념하면서 작업했다. 또한《맹자》의 호흡 긴 문장을 통해 전개되는 전후 맥락에 유의하면서 조기, 주희, 초순 등 주석가와 정약용, 양보쥔 등의 성과를 두루 분석하고 반영했다. 이설이 존재하거나 논쟁이 있는 구절, 단어 등은 상세한 주석을 부기하여 번역과 원문, 해석의 확장 가능성을 충분히 살리고자 노력했다.

번역을 하면서 나는 맹자라는 인물의 탄생 배경에 어머니의 헌신이 자리 잡았다는 점을 인식했고, 사람이 금수와 다른 점은 바로 교육에 있다는 점을 다시 알게 되었다. 무엇보다도 효도를 강조한 맹자의 사유가 왜 그런지, 그가 주창한 어진 정치는 차마 하지 못하는 마음을 지니고 있다는 인간 본연의 성선性善의 본질에 주목한 데서 비롯되었다는 점 등이 이 책을 번역하면서 느낀 감회다.

어디를 펼쳐 읽어보더라도 맹자의 역사적 안목과 통찰력, 탁월한 언변에 놀라웠고, 누구를 만나도 주눅 들지 않는 그의 호연지기가 부러웠다. 양주나 묵적 등 이단을 단호하게 제거해야 한다는 소신에서는 맹자가 도통의 계승자로 자부하는 내면의 외침을 느꼈다. 특히 평생 정치를 하고자 한 맹자가 군자의 세 가지 즐거움을 꼽으면서 그 첫 번째가 천하의 영재를 얻어 가르치는 일이고, 두 번째가 부모님이 살아 계시고 형제가 무고한 것이며, 천하에 왕 노릇 하는 것은 즐거움에 포함되어 있지 않다는 데서 소박한 삶의 방식에

절로 고개가 숙어졌다. 이렇듯 《맹자》라는 대작에 거듭 감탄하면서 작업하다 보니 어느덧 맹자라는 아성亞聖이 내 마음속에 자리를 잡고 나를 올바른 길로 인도하는 듯하다는 생각도 들었다.

서문을 쓰는 이 순간, 길고 긴 번역 작업이 끝났다는 생각에 후련함과 두려움이 교차된다. 거의 매일 새벽에 일어나 연구하는 원칙을 지금까지 유지해왔다. 아직은 써야 할 논문도 많고 작업해야 할 책도 자꾸 눈에 들어오기 때문이다. 그러나 잘 알려진 고전은 번역할수록 어렵다는 생각이 들고 뛰어난 성과물도 많기에, 겸허한 자세로 초심을 유지해야 한다는 마음을 늘 간직하고 있다.

다른 한편으로 이번 작업은 내 개인으로서는 마음속에 늘 자리 잡고 있었던 사서 완역이라는 부담을 덜게 되었다는 나름의 의미도 있다. 막상 마치고 나니, 언제나 그러하듯 고전을 공부하면서 느끼는 청복淸福이 독자에게 그대로 전달되었으면 하는 마음이 간절하다.

2021년 1월

연구실에서

김원중

차 례

해제

맹자를 탄생시킨 자는 누구인가

'맹모삼천지교孟母三遷之教'로 널리 알려진 맹자는 어머니의 헌신적인 교육열로 성인 공자에 이어 아성으로 회자하는 인물이다. 맹자가 시장 근처에서 살 때의 일이다. 사람들이 돼지를 잡으려 하니 돼지가 비명을 질렀다. 맹자가 어머니에게 사람들이 왜 돼지를 죽이려 하느냐고 묻자, 네게 고기를 주려는 모양이라고 답하고 나서 어머니는 자신의 말을 지키기 위해 어려운 형편을 무릅쓰고 그에게 고기를 사주었다는 일화가 《한시외전韓詩外傳》에 나온다. 이렇듯 말과 행동의 실천을 늘 교육 방식으로 삼았던 어머니는 학업을 마치기도 전에 집에 돌아온 맹자에게 짜던 베를 잘라버리면서 중도에 학업을 포기하는 것은 베를 자르는 것과 같다며 밥도 먹이지 않고 돌려보냈다는 일화도 있다. 사실 맹자가 제13편 〈진심 상〉 29장에서 "일을 하는 사람을 비유하면 우물을 파는 것과 같다. 우물을 아홉 길이나 팠더라도 샘에 미치지 못하면, 오히려 버려야 되는 우물인 것이다"라고 한 말도 따지고 보면 중도에서 그만두는 것보다는 차라리 하지 않는 것이 더 낫다는 어머니의 교육관을 이어받은 것으로 보이는 대목이다.

맹자가 결혼하고 나서 버릇없는 아내를 친정으로 내쫓으려 했을 때 오히려 맹자에게 스스로 예를 갖추고 나서 아내를 대하라는 어머니의 충고를 듣고는 그렇게 하지 않았다는 일화도 있다. 이렇듯 그의 어머니는 맹자의 삶에 영향을 끼친 절대적인 존재였다. 맹자도 어머니에게 극진했다. 맹자가 제齊나라 선왕宣王에게 유세했으나 받아들여지지 않자 다시 송宋나라로 가려고 했는데, 마침 어머니가 연로하여 주저하던 차에 맹자의 어머니는 자신을 걱정하지 말라고 하면서 맹자에게 힘을 실어준다. 맹자가 다시 제나라로 갔을 때 어머니가 세상을 떠나자 맹자는 노魯나라로 어머니 시신을 옮겨서 성대한 장례를 치른다.

그렇다면 맹자가 편모슬하에서 자랐을까? 사실 맹자는 아버지도 살아 있었으나 아버지에 관한 내용은 거의 나오지 않는다. 다만 제2편 〈양혜왕 하〉 16장을 보면 이와 관련된 내용이 나온다.

노나라 평공平公이 맹자를 만나러 나가려는데 장창이란 자가 평공에게 묻는다.

"다른 날 군주께서 외출하시면 꼭 담당 관리에게 가실 곳을 명하시더니, 지금은 수레에 이미 말 멍에를 해두고 준비했으나 담당 관리가 갈 곳을 알지 못하니, 감히 [가실 곳을] 여쭙습니다."

공이 말했다.

"맹자를 만나보려고 하노라."

[장창이] 말했다.

"…… 맹자는 뒤 초상을 앞 초상보다 더 성대하게 했으니, 군주께서는 [그를] 만나지 마십시오!"

이 말을 들은 평공이 맹자를 만나지 않겠다고 했는데, 악정자樂正子가 평공을 만나 그 이유를 물어보자 평공은 장창이 자신에게 한 말을 그 근거로 들었다.

여기서 뒤 초상은 어머니의 장례를 말하고 앞 초상은 아버지의 장례를 말하는데, 어머니의 장례를 화려하게 치른 것이 예법에 어긋나 그를 만나지 않겠다는 내용이다. 맹자가 어머니의 장례에 관곽의 두께를 두껍게 하여 성대하게 치러준 것이 그 주된 이유였다. 그런데 맹자의 생각은 달랐다. 자신이 지금의 자리에 오른 것은 어머니의 헌신 덕분이었고 집안도 넉넉해졌으니 그렇게 하는 것이 진정한 효도라고 생각했던 것이다.

패권을 거부하고 왕도를 실행하려 한 맹자의 정치적 궤적

전국시대 중기에 활동한 맹자의 모국은 작은 추鄒나라인데, 당시 노나라의 속국이나 다를 바 없었기에 맹자는 노나라를 모국으로 생각하기도 했다. 맹자의 생졸년에 관해서는 대략 기원전 385년에 태어나 기원전 304년에 세상을 떠났다는 설, 기원전 384년부터 기원전 303년까지라는 설, 기원전 372년부터 기원전 289년까지 살았다는 설 등이 공존하는데, 여하튼 공자가 기원전 479년에 세상을 떠났으니 100여 년 이상의 시간 차이가 존재한다.

사마천司馬遷의 기록에 의하면 맹자는 자사子思의 교육을 받은 인물이며, 공자가 구현하고자 하는 유학에 정통한 인물이다. 나이 마흔부터 천하를 주유하던 맹자는 예순이 되던 시기에는 주로 제나라에 머물렀다. 《맹자》에 제나라 관련 내용이 많이 나오는 것도 그런 이유 때문이다. 그렇다고 해서 맹자가 정치적 이상을 구현할 수 있었던 것도 아니다. 맹자는 당시 위정자들이 부국강병을 추구하고 전쟁을 통해 영토를 넓히려는 관점을 비판하면서 인정仁政, 즉 왕도정치의 핵심에 근거하여 다스려야 한다고 주장했다. 통치자는 도덕적 인격체라는 전제하에 덕정德政과 인정으로 돌아가 정치해야 한다는 것이 그 주요 골자다. 맹자가 생각했던 정치적 이상은 공자가 탄식했던 상황과 비슷하게 대부분의 제후에게 선택되지 않았고, 맹자도 공자처럼 노나라로 돌아와 후학 양성에 힘쓰며 책을 저술했다. 그때 저술한 책이 《맹자》다.

맹자의 삶은 자신의 왕도정치 실천을 위해 그야말로 모국을 중심으로 유세하는 일정이 대부분이었다. 그가 처음 찾아간 제나라 위왕威王에게 실망하여 위왕이 보낸 황금 100일鎰을 그대로 두고 떠난 내용도 기록되어 있다(제4편 〈공손추 하〉 3장). 맹자는 송나라에 가서 군주가 정치를 잘하기 위해서는 인재 초빙이 중요하다고 대불승戴不勝이란 자에게 조언하기도 했으나 송나라 군주가 자신의 말을 듣지 않자 결국 그의 곁을 떠나 추나라 목공穆公을 찾아가 군주가 정치를 잘하면 백성은 군주에게 충성을 다해 죽음도 마다하지 않을 것이라고 했다. 등滕나라 문공文公에게는 왕도정치의 기본은 공평한 세금 징수에 있다고 하면서 정전제를 실시해야 한다고 주장했고(제5편 〈등문공 상〉 3장), 농가農家인 허행許行의 설에 미혹되었던 진상陳相이란 자와 쟁론을 벌인 것도 이 시기의 일이다.

그런데 맹자의 유세는 고행의 연속이었다. 등나라에서도 자신의 정치 이상을 실현할 가망성이 없다고 생각한 그는 일흔이 거의 될 무렵에 양梁나라 혜왕惠王을 만나게 된다. 그 내용이 바로 《맹자》 첫 편 첫 장에 나오는 혜왕과 맹자의 대화에 고스란히 담겨 있다. 그러나 안타깝게도 그 당시 왕들의 관심거리는 오직 '이익(利)' 한 단어에 있었다. 물론 맹자는 제나라에서 객경客卿이란 벼슬을 하기도 했는데(제3편 〈공손추 상〉 1장), 맹자의 사상은 전혀 받아들여지지 않았고 늘 전쟁만 하는 약육강식의 시대에 머물렀다. 스스로 객경의 자리를 내놓으려 했을 때 제나라 선왕이 만류하기도 했으나 맹자의 실망감은 극에 달했고 그때 이미 일흔이 넘은 나이로 고국으로 돌아와 제자인 만장萬章, 공손추公孫丑 등과 함께 《맹자》를 완성하게 된 것이다.

《맹자》는 어떤 책인가

《맹자》는 총 일곱 편이다. 양나라 혜왕, 공손추, 등나라 문공 등 각 편의 첫머리에 나오는 인물들로 제목을 삼았으니, 이 점은 《논어》와 그 방법이 같다. 그렇다면 이 책을 맹자가 지었을까? 그의 제자로 알려진 만장이나 공손추를 비롯한 제자들이 맹자의 말을 편집하여 낸 책이 바로 《맹자》다. 맹자가 이 책을 다 써서 완성본으로 출간한 것은 아니라는 견해가 일반적이다.

그런데 후한의 조기趙岐나 남송의 주희朱熹, 청대의 초순焦循 등 《맹자》 주석의 대가들은 한결같이 맹자가 이 책을 지었다고 주장하는데, 그 이유로 일관된 문체를 들고 있다. 그런데 고문운동을 한 한유韓愈는 맹자의 제자인 만장과 공손추가 집필했다고 주장한다. 이 책에 옥려자屋廬子, 악정자, 공도자公都子 같은 맹자의 제자들의 이름에 '자' 자가 붙여진 것과 맹자 당시 생존했던 제후들의 시호도 등장하는 것을 보면 맹자 사후에 지어진 책이라는 것이다. 또한 《맹자》에는 만장과 공손추의 이름이 가장 많이 등장하고, 이 두 사람에 대해서는 존칭이 없는 이유가 이 두 사람이 지은이라는 증거라고 주장한다. 그런데 사마천의 지적대로 맹자가 만장과 공손추 등의 무리와 이 책을 지었다는 설이 가장 설득력이 있다고 보인다. 맹자가 제자들과 충분한 문답을 하면서 두 명이 기록했고, 그것을 맹자 사후에 출간했을 것이다. 그러니 이 책의 저작권자는 엄연히 맹자이고, 제자들은 단지 도움을 준 역할에 불과하다는 것이 가장 정확한 분석으로 보인다.

일곱 편이었던 《맹자》라는 책을 분류하여 상하 열네 편으로 장구를 나눈 이가 바로 조기다. 《한서漢書》 〈예문지藝文志〉의 기록에는 열한 편이라고 하니, 분명 우리가 현재 보는 형태와는 달랐음을 보여주는 증빙 자료다.

한漢나라를 세운 고조高祖 유방劉邦은 유학을 통치 이념으로 정립했고, 전한의 문제文帝 때는 《맹자》를 《논어》·《효경》·《이아》 등과 함께 중시했다. 특히 당나라에서도 과거시험의 주요 과목에 들어갔으며, 송宋대의 신유학이 등장하면서 《맹자》는 주요한 위상을 점유했고, 남송 주희에 이르러 사서 중 하나로서 필독서의 대열에 합류했다.

《맹자》의 대표적인 주석은 조기의 《맹자장구孟子章句》와 주희의 《맹자집주孟子集注》, 초순의 《맹자정의孟子精義》 등이 가장 알려져 있고, 조기가 《맹자》의 주석에 '아성亞聖'이란 칭호를 덧붙이면서 맹자는 공맹孔孟이라 불리며 유학의 양대 핵심으로 등장하게 되는데, 이 세 권의 책은 지금까지 독보적인 위상을 차지하고 있는 주석서들이다. 물론 다른 주석서도 수십 권 존재하며 조선시대뿐만 아니라 우리나라의 가장 독창적인 해석으로 평가받는 책은 다산 정약용의 《맹자요의孟子要義》다. 1814년 다산초당에서 저술한 것으로 알려져 있으며, 《맹자》의 주요 내용을 뽑아 후한 조기의 주석과 남송 주희의 주석을 비교하면서 자신의 견해를 객관적으로 밝힌 것이 적지 않은데, 그 수준이 상당하다. 물론 정약용 외에 율곡 이이와 퇴계 이황 등 성리학자의 입장에서 쓴 주석서가 있다.

물론 우리나라의 《맹자》 수용은 그 역사가 오래되었다. 이미 삼국시대 이전에 들어와 조선시대까지 유학자들의 필독서였으며, 다양한 형태로 간행되어 보급되었다. 세종 대에 사서대전四書大全이 유입되면서 이를 저본으로 하여 활발한 간행 작업이 이루어졌으며, 선조 대에는 《맹자언해孟子諺解》가 처음으로 간행된 것을 시작으로 조선시대 내내 중앙 및 지방에서 각종 활자본 및 목판본으로 지속적인 간행이 이루어졌다.[1] 특히 이이가 선조의 명을 받아 1576년에 간행한 사서언해 중에 《맹자언해》도 당연히 들어 있으니, 그 당시 적지 않은 독자층이 존재했음을 알려준다.

오늘날 주석서로 널리 알려진 것 중 하나가 어법학자인 양보쥔의 《맹자역주》다. 초판은 1962년인데 상세한 각주와 고증 및 창의적인 번역으로 꽤 많이 보는 책 가운데 하나다. 국내에는 성백효의

---

1) 이를테면 《맹자대문孟子大文》, 《맹자정문孟子正文》, 《맹자혹문孟子或問》, 《맹자집주대전孟子集註大全》, 《맹자강경孟子講經》, 《맹자규벽孟子奎壁》, 《맹자혹문정의통고孟子或問精義通攷》, 《맹자언해孟子諺解》, 《맹자율곡언해孟子栗谷諺解》, 《맹자석의孟子釋義》, 《맹자정음孟子正音》 등 제목만 봐도 얼마나 다양한 형태로 발행되었는지 알 수 있다.

《맹자집주》(3권)가 뛰어난 업적으로 손꼽힌다.

차마 하지 못하는 마음에 입각한 정치사상과 교육관

제1편 〈양혜왕 상〉에서 맹자는 '불인지심不忍之心', 즉 '차마 하지 못하는 마음'이라는 개념을 꺼낸다. 우물에 빠지려는 어린아이를 구해주려는 인간의 마음을 비유하면서, 인간이라면 누구든 측은지심을 지니고 있다는 성선설性善說을 기본 틀로 하고 '사단四端'의 형태로 인간의 네 가지 마음을 설명하는 대목이다. 제13편 〈진심 상〉 24장에 이런 내용이 있다.

"공자께서는 [노나라] 동산에 올라가서는 노나라를 작다고 여기셨고, 태산에 올라가서는 천하를 작다고 여기셨다. 그러므로 바다를 구경한 자는 [다른] 물로 끌어들이기가 어렵고, 성인의 문하에서 학문을 익힌 자는 [다른] 논의로 끌어들이기가 어려운 것이다."

맹자는 공자의 위대한 면모를 되새기면서 자신이 성인 공자의 문하로서 학문을 익힌 것에 상당한 자부심을 지니고 있었다. 성인의 문하에 들어가 학문의 큰 세계를 보았으니, 본인의 시야 확장은 공자의 공이라고 생각한 것이다. 맹자의 사상은 공자의 사상을 사숙했고, 스스로 계승자로서 자부한 것은 사마천의 지적대로 공자의 손자인 자사에게 배워 도통道統을 이었다는 것이겠지만, 여기에는 차별되는 지점이 분명히 있다. 즉 맹자는 공자의 인성론과 교육관을 재해석하면서 천명과 역사에 대한 자신의 사상 체계를 확장했다. 공자가 요임금과 순임금과 탕왕과 무왕을 성인의 반열에 두었다면, 맹자는 백이伯夷와 유하혜柳下惠, 이윤伊尹 등도 충분히 성인의 반열에 둘 수 있다고 생각했다. 제14편 〈진심 하〉 15장에서 맹자는 이렇게 말한다.

"성인은 백 세대의 스승이니, 백이와 유하혜가 이와 같은 분이다. 그러므로 백이의 풍도를 들은 자들이라면, 지각 없는 자는 청렴해지고 나약한 자는 지조를 갖게 되며, 유하혜의 풍도를 들은 자들이라면 경박한 자는 돈후하게 되고 속이 좁은 사람은 너그러워진다. 백 세대 위에서 분발하거든 백 세대의 아래에서 [풍도를] 들은 자 중에서 분발하여 일어나지 않는 자가 없으니, 성인이 아니고서야 이와 같을 수 있겠는가? 하물며 그들을 가까이하여 친히 교화된 자에 있음에랴."

제3편 〈공손추 상〉 2장에는 맹자에게 정치에 참여하다 보면 자칫 현실에 타협하여 이상적인 정치가 무너지지 않겠느냐는 제자의 질문이 있다. 그런 제자에게 맹자는 단호하게 '부동심不動心'이라는 말로 내면이 강한 사람은 외부 조건에 흔들리지 않는다고 말하면서, 오히려 스스로 정당함을 근거로 내세워 떳떳한 자세인 '호연지기浩然之氣'를 잘 기른다고 말한다. '부동심'과 '호연지기'는 가치관이 혼란된 전국시대의 혼돈을 바로잡으려 했던 지성인 맹자의 이성적이고 합리적인 단면을 잘 보여준다. 시비와 선악을 구별하여 올바른

가치관을 제시한 맹자는 사람의 기본적인 도리로서 효도를 강조했고, 포악을 경계하면서 현실에 입각한 정치 이상을 구현하고자 노력했던 인물이다.

맹자는 인간이 금수와 다른 점은 교육을 통해 오륜을 정립해가는 점에 있다고 했다. 사회는 오륜의 바탕 위에서 안정되어야 한다고 믿었던 것이다. 그렇다면 맹자는 자신의 교육관을 펼치는데 어떤 방식을 취했을까? 맹자는 공자의 '유교무류有教無類'(《논어》〈위령공衛靈公〉)의 교육관을 이어받아 가르침에 차별을 두지 않았다. 맹자는 "가는 자를 쫓아가지 않고 오는 자를 막지 않는다〔往者不追, 來者不拒〕"(제14편 〈진심 하〉 30장)는 열린 교육관을 가지고 누구든 수업을 받고자 찾아왔을 때 거절하지 않는 원칙을 지닌 것이다. 이것은 맹자 사상에서 중요한 지행합일知行合一의 실천과 맞닿아 있다. 지식과 행동이 일치되어야 한다는 관점을 견지한 맹자는 '신교身教', 즉 '몸소 가르친다'는 개념을 지니고 있었으니, 제14편 〈진심 하〉 9장에서 한 말을 보자.

"자신이 도를 실행하지 않으면 [그 도가] 아내와 자식에게도 실행되지 않고, 남을 부리는 데 도로써 하지 않으면 아내와 자식에게도 실행되지 않는다."

유가의 기본 원칙으로 자리 잡은 이 지행합일은 우리가 맹자의 사상을 볼 때 매우 눈여겨보아야 할 사안이다. 성인 백이와 유하혜를 흠모한 맹자는 그들을 통해 인격을 수양하고 성인의 행적을 통해 늘 분발해야 한다고 강조했다. 맹자가 늘 이야기한 '상우尙友', 즉 '벗을 숭상하다'는 개념도 여기서 비롯된다. 자신보다 훌륭한 성인을 벗 삼아 스스로 나아간다는 개념이다.

그렇다면 맹자의 학문적 기반은 어디에 있는가? 《맹자》에는 《시경》과 《서경》을 언급한 부분이 무려 60군데나 나온다. 이는 맹자가 이 두 권의 절대적인 영향을 받았음을 의미한다. 맹자의 해박한 역사와 문학적 안목이 그의 논점을 밑받침해주었다. 그런데 당시 사람들은 맹자가 말만 잘하는 자라고 혹평하는 경우도 적지 않았으며, 맹자도 그런 사실을 잘 알고 있었다. 제6편 〈등문공 하〉 9장에서 이런 내용이 나온다. 공도자가 이렇게 묻는다.

"바깥 사람들이 모두 선생께서 변론을 좋아한다고 말합니다. 감히 여쭙겠는데 무엇 때문입니까?"

맹자께서 말씀하셨다.

"내가 무엇 때문에 변론을 좋아하겠는가? 나는 어쩔 수 없어서 그런 것이다. 천하에 [사람이] 살아온 지가 오래되었는데, [대개] 한 번 다스려지면 한 번은 어지러웠다. 요임금 때는 물이 거꾸로 흘러 중원에 범람하여 뱀과 용이 살았으니, 사람들이 정착할 곳이 없어서 낮은 곳에 사는 자들은 둥지를 만들었고, 높은 곳에 사는 자들은 굴을 만들어서 살았다. 《서경》에 말하기를 '큰물이 나를 경계하게 만들었다'라고 했으니, 큰물이란 홍수洪水다."

꽤 긴 담론으로 이어지는 이 문장에서 맹자 특유의 해박함으로 우임금의 치세 이야기가 나온다. 맹자는 길게 고대의 역사적 사실을 인용하면서 맨 마지막 단락에서 내린 결론은 "우임금과 주공, 공자 세 분 성인의 일을 계승하기 위함"이라고 하여 결국 성인의 도를 따르려는 자임을 분명히 드러내고 있다.

제14편 〈진심 하〉 38장에도 나오듯이 맹자는 유가의 도를 계승하고자 하는 간절한 바람을 지니고 있었다. 양주와 묵적의 설이 횡행하는 현실을 보면서 공자의 뒤를 잇겠다는 맹자의 다짐이 유학을 한나라의 통치 이념으로 자리 잡게 만들고 있으며, 청나라 대에 이르기까지 유가가 주류로서 자리를 늘 굳건하게 지킨 원동력이 되었다.

왜 《맹자》를 읽어야 하는가

가장 전쟁이 치열하던 전국시대 중기를 살다간 맹자는 그 당시 천하가 통일로 귀결될 것으로 확신했다(제1편 〈양혜왕 상〉 6장). 패권 지향의 왕들에게 민심을 얻는 왕도정치를 제시하면서 도덕적인 왕, 경제적인 안정을 주는 왕, 적당한 세금을 부과하는 왕, 능력 있는 인재를 채용하는 왕 등 합리적인 면을 제시한다. 맹자는 인정의 방법 중 하나로서 일정한 생업과 일정한 법에 근거한 세금 징수 및 정전제의 회복을 통한 조세법 추진과 정전제의 확립을 통해 일정한 생업의 중요성을 강조하고(제5편 〈등문공 상〉 3장), 학교 교육의 제도적 활성화를 통한 인륜의 확립 등도 강조한다. 제7편 〈이루 상〉에도 우리에게 널리 알려진 '임기응변의 도'의 개념인 "권도權道", '자식을 바꾸어 가르친다'는 "역자교지易子敎之", 형수가 물에 빠지면 손을 잡아 구해주어야 한다는 현실논법 등 춘추시대의 공자와 차별되는 주장을 적지 않게 하고 있다.

정치적 안목과 탁월한 식견에도 불구하고 패권이 대세였던 당시에 맹자의 정치사상이 제후들에게 받아들여질 리 만무했고, 제대로 주목을 받지 못했다. 전쟁에 여념이 없었던 제후들에게 맹자의 이러한 생각은 아주 머나먼 이야기나 다를 바 없었다. 맹자가 등용되지 못해 이 나라 저 나라 떠돌아다닌 이유에는 다른 것도 있다. 제2편 〈양혜왕 하〉 8장에 나오듯이 신하가 군주를 시해하는 것이 옳은 일이냐는 제나라 선왕의 질문에 맹자는 제아무리 군주라 해도 패악한 일을 저지른 군주는 인과 의를 해친다면 그저 사내 한 명에 불과하므로 얼마든지 제거할 수 있다는 대목은 역성혁명을 옹호하는 내용이어서 왕들을 대단히 당혹스럽게 했고, 그러한 혁신적인 사유가 맹자를 곁에 두지 못하게 만든 원인 가운데 하나였을 것이다.

그러나 그의 정치사상에서 왕도정치의 기본인 '여민동락與民同樂'은 지금 읽어봐도 상당히 파격적인 생각이었으며, 항산恒産과 항심恒心의 논리는 기본생계 보장정책이 선행되어야 한다는 논점을 견지하여 당시 패권 전쟁을 일삼던 왕들의 사유를 뒤흔들어놓았다.

호연지기의 기상이 강한 맹자는 다양한 제자백가, 이를테면 종횡가인 공손연公孫衍과 장의張儀, 농가인 허행, 양주나 묵적 등 유가와 다른 학설을 물리치는 것을 사명으로 여기고, 논리적으로 상대방을 설득하며 공자의 가르침을 굳건히 전수하고자 했던 사상가이자 정치가였다. '마음을 쓰는〔勞心〕' 정신노동자와 '힘을 쓰는〔勞力〕' 육체노동자로 구분되는 역할 분담론은 오늘날에도 유효한 개념이다.

우리는《맹자》를 읽으며 맹자의 사상이 추상적이거나 근엄한 내용의 뜬구름 잡는 식의 논의가 아니라는 점을 알 수 있을 것이다. 인간과 역사와 사회를 아우르는 맹자의 탁견을 보면서 자신의 삶을 살아가는 현대인들이 스스로 생계를 꾸려나가야 한다는 생각을 지니고, 위정자들은 맹자의 말대로 백성이 일정한 생업을 유지할 수 있는 경제 정책을 펼쳐야 하며, 그 어떤 이념적인 문제도 결국 경제력 앞에서는 무용지물이 된다는 현실을 직시해야 한다.

이렇듯 맹자의 냉철한 현실 인식과 문제 해결 방식은 늘 현재와 접맥되어 있는데, 사회적·도덕적·경제적 위기라고 할 수 있는 시대적 영향 탓이 크다. 약육강식의 생존 논리가 난무하는 전국시대의 사상은 혼돈의 21세기를 살아가는 우리가 배워야 할 내용이 여전히 많다.

제1편

양혜왕 상

梁惠王上

【해설】

이 편은 총 7장으로, 맹자와 당시 패권을 지향하는 양나라 혜왕惠王과 양왕襄王, 제나라 선왕宣王과의 정치적 담론이 대화체로 구성되어 있다. 당시 위정자들이 부국강병을 추구하고 전쟁을 통해 영토를 넓히려는 관점인 반면, 맹자는 왕도정치에 근거하여 다스려야 한다고 주장한다. 통치자는 도덕적 인격체라는 전제하에 덕정德政과 인정仁政으로 돌아가 모든 것을 해나가야 한다고 단호한 어조로 설파하고 있다.

현실적인 이익을 내세우는 양나라 혜왕의 관심 밖에 있었던 유가의 핵심 사상을 맹자가 탁월한 비유를 통해 전달하려고 노력한 이유는 무엇이었을까? 맹자는 전쟁이란 결국 모두가 패배자가 되는 길이라고 인식했기 때문이다. 맹자가 천 리를 멀다 하지 않고 각 나라의 군주들과 독대하면서 군주 혼자만의 세상이 아닌 '여민동락', 즉 백성과 즐거움을 함께하는 것의 중요성과 군주의 '불인지심不忍之心', '인자무적仁者無敵'을 통해 세상을 어진 마음으로 다스리라고 조언하기 위해서이다.

'오십보백보五十步百步'라는 고사성어가 들어 있는 것도 왕이 별것도 아닌 치적을 내세우자 맹자가 일침을 가한 사례이고, 소를 양으로 바꾸어 흔종釁鐘 의식을 거행하라는 왕의 어쭙잖은 연민을 왜 백성에게 적용하지 않느냐고 따져 묻는 맹자의 비판 역시 신랄하다. 특히 농업을 장려하는 것과 '항산恒産', 즉 일정한 생업이 있어야 '항심恒心'이 생긴다는 맹자의 탁견이 돋보이는 장이며, 맨 마지막 문장에서 다시 한번 쉰 살 된 노인과 일흔 살 된 노인이 비단옷과 고기를 먹을 수 있는 중산층 정도의 생활 기준에 맞춘 치국 정책을 수립하라는 취지에 독자들은 공감할 것이다. 이는 기본적인 생계유지도 안 되는 백성을 끌어다 전쟁하도록 하는 야만적인 행위야말로 정치가라면 해서는 안 된다는 점을 보여주고 있다.

이러한 맹자의 논증은 민생 문제 해결이야말로 정치의 기본이라는 인식으로, 오늘날 위정자들도 반드시 새겨야 하는 내용이 아닐 수 없다. 맹자는 참다운 군자가 윗자리에 머물러 백성이 감화되는 문왕과 같은 정치를 해야 한다는 점을 앞부분에 핵심적으로 거론하면서 결국 백성이 감동하는 정치를 행하라고 강조한다.

특히 맹자는 전쟁이라는 폭압성을 벗어나 백성을 맨 위에 두고 정치하는 자세가 필요하다는 관점을 구체적인 비유와 유추의 기법을 통해 설득하고 있어, 독자들은 이 편을 읽으면서 자연스럽게 맹자식 사유의 길목으로 접어들게 된다.

하필이면 이익을 말씀하십니까 1.1

맹자께서 양 혜왕[1]을 뵈었다.

왕이 말씀하였다.

"노인장[2]께서 천 리를 멀다 하지 않고 오셨으니, 또한 우리 나라를 이롭게[3] 해주실 수 있겠습니까?"

맹자께서 대답하셨다.

"왕께서는 하필이면 이익을 말씀하십니까? 다만 인仁[4]과 의義가 있을 뿐입니다.[5] 왕께서 말씀하시기를 '어떻게 하면 우리 나라를

---

1) 위魏나라 무후武侯를 계승하여 즉위(기원전 370년)한 혜왕惠王(기원전 400년~기원전 319년 재위)을 가리키는데, 이름은 앵罃이고 시호가 혜惠이다. 기원전 362년으로 추정되는데 수도를 안읍安邑에서 대량大梁으로 옮기고 왕이라고 참칭했기 때문에 양 혜왕으로도 불린다. 《사기史記》 〈위세가魏世家〉에 그에 관한 내용이 있다. "[혜왕 35년] 혜왕이 전쟁에서 여러 번 실패하니 겸손한 예절과 많은 예물로써 어진 자들을 초빙했다. [이때] 추연·순우곤·맹가가 모두 대량(양)으로 왔다〔惠王數被於軍旅, 卑禮厚幣以招賢者. 鄒衍, 淳于髡, 孟軻皆至梁〕"라는 기록과 함께 위 본문도 상세히 실려 있다.

2) 원문의 "수叟"를 번역한 것으로, 주희는 "나이 많은 노인의 칭호〔長老之稱〕"라고 보았다.

3) 원문의 "리利"를 번역한 것으로, 주희의 풀이대로 "나라를 부유하게 하고 군대를 강하게 하는 것〔富國彊兵〕"이다.

4) "인仁"은 맹자의 사상에서 핵심 개념이다. '인하다'는 의미 그대로 풀이해왔으나 현재 국어사전에는 '인하다'라는 표제어가 없다. 다소 의미 차이가 있지만 '어짊' 또는 '인자함' 등의 개념으로 이해하면 무난한데, '인'이란 개념을 담을 수 있는 낱말이 없으므로 역자도 기존 관례에 따라 '인하다', '어질다' 등의 용어를 그대로 사용하기로 한다.

5) 혜왕과 맹자의 대화에는 이견이 있는데 이는 사마천이 《사기》 〈맹자순경열전孟子荀卿列傳〉에서 "양 혜왕도 [맹가의 주장을] 입으로만 찬성하고 실제로는 받아들이지 않았는데, 그의 주장이 현실과 너무 동떨어져서 실제 상황에 들어맞지 않는다고 생각했기 때문이다. …… 맹가는 요임금과 순임금과 [하·은·주] 삼대 성왕들의 덕치만 부르짖으므로 가는 곳마다 받아들여지지 않았다"라는 발언을 떠올리게 한다.

이롭게 할까?' 하시면 대부들은 말하기를 '어떻게 하면 우리 집안(봉토)[6]을 이롭게 할까?' 하고, 선비와 일반 백성은 말하기를 '어떻게 하면 내 몸을 이롭게 할까?' 하며, 윗사람과 아랫사람이 서로 이익만을 취한다면[7] 나라가 위태로워질 것입니다. 만 대의 수레를 가진 나라의 군주를 시해하는[8] 자는 반드시 천 대의 수레를 가진 [제후의] 집안이고, 천 대의 수레를 가진 나라의 군주를 시해하는 자는 반드시 백 대의 수레를 가진 [대부의] 집안입니다. [대부가] 만 대[의 수레를 가진 나라]에서 천 대를 취하고, 천 대[의 수레를 가진 나라]에서 백 대를 취하는 것이 적은 것은 아닙니다만 만일 의로움을 뒤로하고 이익만을 앞에 둔다면 [모두] 빼앗지 않고는 만족하지[9] 않을 것입니다. 인仁하고서 그 어버이를 버린 자는 없고, 의로우면서 그 군주를 뒤로했던 자는 없습니다. 왕께서는 다만 인과 의를 말씀하실 뿐이지 하필이면 이익을 말씀하십니까?"[10]

孟子見梁惠王. 王曰: "叟不遠千里而來, 亦將有以利吾國乎?" 孟子對

6) 원문의 "가家"를 번역한 것으로, 원래는 제후(왕)가 대부에게 나누어준 토지를 뜻하지만, 여기서는 편의상 '집안'이라고 번역했다.

7) 원문의 "교정交征"을 번역한 것이다. "정征"은 '취하다〔取〕'라는 뜻이고, '교정'은 서로 빼앗는 것이다. 주희는 "윗사람은 아랫사람에게서 취하고, 아랫사람은 윗사람에게서 취하기 때문에 '교정'이라고 말한다〔上取乎下, 下取乎上. 故曰交征〕"라고 했다.

8) 원문의 "시弑"를 번역한 것으로, 양보쥔은 "아랫사람이 윗사람을 죽이고, 비천한 사람이 높은 사람을 죽이고, 신하가 군주를 죽이는 것을 '시'라고 한다〔下殺上, 卑殺尊, 臣殺君叫弑〕"라고 했다.

9) 원문의 "염饜"을 번역한 것으로, '만족하다〔足〕'라는 뜻이다. 주희는 "만약 또 의義를 뒤로하고 리利를 먼저 한다면, 그 군주를 시해하여 다 빼앗지 않고는 그 마음이 기꺼이 만족하지 않을 것이다〔若又以義爲後而以利爲先, 則不弑其君而盡奪之, 其心未肯以爲足也〕"라고 했다.

曰: "王何必曰利? 亦有仁義而已矣. 王曰: '何以利吾國?' 大夫曰: '何以利吾家?' 士庶人曰: '何以利吾身?' 上下交征利而國危矣. 萬乘之國, 弑其君者, 必千乘之家, 千乘之國, 弑其君者, 必百乘之家. 萬取千焉, 千取百焉, 不爲不多矣. 苟爲後義而先利, 不奪不饜. 未有仁而遺其親者也, 未有義而後其君者也. 王亦曰仁義而已矣, 何必曰利?"

백성과 즐거움을 함께한 이유 1.2

맹자께서 양 혜왕을 뵈었다.

왕이 연못가[11]에 있다가 큰 기러기와 작은 기러기와 큰 사슴과 작은 사슴[12]을 돌아보면서 말씀하였다.

"현능한[13] 자도 이런 것을 즐깁니까?"

맹자께서 대답하셨다.

"현능한 자가 된 뒤에야 이런 것을 즐길 수 있으니, 현능하지 못

10) 이 장에 대해 주희는 《사기》〈맹자순경열전〉에서의 태사공 찬贊을 인용했다. "태사공은 말한다. '나는 《맹자》라는 책을 읽다가 양 혜왕이 [맹자께] 「어떻게 하면 우리 나라를 이롭게 하겠습니까?」라고 묻는 구절에 이르러 일찍이 책 읽기를 멈추고 말하기를 「아, 이익이란 진실로 혼란의 시작이로구나」라고 탄식하지 않은 적이 없었다'〔太史公曰: 余讀孟子書, 至梁惠王問何以利吾國, 未嘗不廢書而歎也. 曰嗟乎, 利誠亂之始也〕." 이 말은 《논어》〈이인里仁〉 4.16에서 공자가 "군자는 의로움에 밝고, 소인은 이익에 밝다〔君子喩於義, 小人喩於利〕"라고 한 구절을 염두에 두고 읽을 만하다.

11) 원문의 "소상沼上"을 번역한 것으로, '소沼'는 '연못〔池〕'이다.

12) 원문의 "홍안미록鴻鴈麋鹿"을 번역한 것으로, 주희는 "'홍鴻'은 기러기 중에 큰 것이고, '미麋'는 사슴 중에 큰 것이다〔鴻, 雁之大者, 麋, 鹿之大者〕"라고 풀이했다.

13) 원문의 "현賢" 자를 번역한 것인데, '현능한'이라는 말의 이면에 '어진'의 뜻이 내포되어 있다. '어진'이라고 번역할 수도 있으나, '인仁' 자와 뜻이 중복되어 여기서는 그대로 '현능한'이라고 번역했다. '현자'라고 번역하는 것도 꽤 의미가 있다.

한 자는 비록 이런 것을 가지고 있어도 즐기지 못합니다. 《시경詩經》[14]에 이르기를 '영대靈臺를 짓기 시작하여 헤아리고 측량하시니, 뭇 백성이 와서 힘껏 일하므로[15] 하루가 채 못 되어[16] 완성되었네. 짓는 것을 급히[17] 하지 말라고 하셨으나, 뭇 백성은 자식처럼 오네.[18] 왕이 영유靈囿[19]에 계시니, 암사슴과 사슴은 그곳에 가만히 엎드려 있구나.[20] 암사슴과 사슴은 살져 윤기가 흐르고[21] 백조는 깨

14) 《시경詩經》〈대아大雅·영대靈臺〉의 전체 4장 중에서 앞의 2장이다. 이 구절들은 문왕이 영지와 새와 짐승을 소유한 것에 대해 백성이 즐거워한 것을 노래했다. 영대는 문왕이 지은 것으로, "영靈"이라고 한 것은 백성이 힘든 줄도 모르고 기쁜 마음으로 일하여 짧은 시일에 지어졌으므로 신령神靈이 만든 것과 같다는 의미이다.

15) 원문의 "공攻"을 번역한 것으로, 주희는 '다스리다〔治〕'라고 했는데, 양보쥔은 '건축하다〔建造〕'라는 의미를 가리킨다고 했다.

16) 원문의 "불일不日"을 번역한 것으로, 주희는 "하루를 마치지 않은 것이다〔不終日也〕"라고 했고, 양보쥔은 "며칠 되지 않은 것〔不幾天〕"으로 풀이했다. 조기趙岐와 정약용丁若鏞은 '서로 기한을 정한 바도 없이〔不與之相期日限〕'라고 보았는데, 이 역시 일리가 있는 풀이다.

17) 원문의 "극亟"을 번역한 것으로, '빠르다〔速〕', '급하다〔急〕'와 같은 뜻이다.

18) 원문의 "서민자래庶民子來"를 번역한 것이다. '자래子來'는 "자식이 아버지의 일에 달려오듯 하는 것이다〔子來趨父事也〕"라고 한 주희의 해석을 참조하면 백성이 모두 문왕의 영대를 짓는 일에 기쁜 마음으로 힘썼다는 의미다.

19) "영유靈囿"는 고대 제왕이 짐승을 기르던 동산을 말한다.

20) 원문의 "우록유복麀鹿攸伏"을 번역한 것이다. '우麀'는 '암사슴〔牝鹿〕'이고, '유攸'는 '소所'와 같다. 주희는 문왕이 영유에서 기르는 금수가 "그곳에서 편안하여 놀라거나 움직이지 않는 것이다〔安其所, 不驚動也〕"라고 했고, 조기는 "암사슴이 새끼를 배어 그곳을 편안히 여기고 엎드리고 있어 놀라 움직이지 않는 것이다〔麀鹿懷妊, 安其所而伏不驚動也〕"라고 했다. 정약용은 "'부伏'는 거성去聲으로 읽어야 한다. 새가 알을 품은 것을 '부伏'라고 하고, 짐승이 새끼를 밴 것도 '부'라고 한다〔伏當去聲讀, 鳥抱卵曰伏, 獸懷妊亦曰伏〕"라고 하여 새끼를 배었다는 조기의 의견에 동조했다.

21) 원문의 "탁탁濯濯"을 번역한 것으로, 주희는 "살지고 윤택한 모양〔肥澤貌〕"이라고 했고, 양보쥔은 "살져서 반들반들 윤기 나는 모양〔肥胖而光滑的樣子〕"이라고 구체적으로 부연했다.

끗하고 희구나.[22] 왕이 영소靈沼에 계시니, 아아![23] [연못에] 가득히[24] 물고기들이 뛰는구나'라고 했다. 문왕文王이 백성의 힘으로 누대와 연못을 만들었으나, 백성이 그것을 즐거워하여 그 누대를 '영대'라고 하고, 그 연못을 '영소'라고 하며, 그곳에 큰 사슴과 작은 사슴과 물고기와 자라가 있는 것을 즐거워했으니, 옛사람들은 백성과 함께 즐거워했으므로 [참으로] 즐길 수 있었습니다. 〈탕서湯誓〉[25]에 말하기를 '이 태양은 언제 없어질까.[26] 내 너와 함께 망하겠다'고 [탄식] 했으니, 백성이 그(군주)와 함께 망하고자 한다면 비록 누대와 연못,

---

22) 원문의 "학학鶴鶴"을 번역한 것으로, 《시경》에는 '학학翯翯'으로 쓰여 있다. 새의 깃이 '깨끗하고 하얀(潔白)' 모양을 말한다. 조기는 "짐승이 살지고 배가 부르면 '탁탁濯濯'하게 되고, 새가 살지고 배가 부르면 '학학'하게 되니 윤택함이 훌륭한 것이다(獸肥飽則濯濯, 鳥肥飽則鶴鶴而澤好而已)"라고 했다.

23) 원문의 "오於"를 번역한 것으로, '오'로 읽으며, 감탄사로서 특별한 뜻은 없다.

24) 원문의 "인牣"을 번역한 것으로, '가득 차다(滿)'의 뜻이다. 주희는 "물고기가 가득 뛰논다는 것은 많으면서도 그 살 곳을 얻었음을 말한다(魚滿而躍, 言多而得其所也)"라고 했다. 덧붙여 《사기》 〈은본기殷本紀〉에는 "더욱이 개와 말과 기이한 물건을 거둬들여 궁실을 가득 메웠다(益收狗馬奇物, 充仞宮室)"라고 하여 '인仞'으로 쓰기도 한다.

25) 《상서商書》 편명의 하나로, 상나라 탕왕湯王이 폭군 걸왕桀王을 정벌하기 전에 박亳 땅에서 전군을 모아두고 훈시한 내용을 적어놓았다. 본문은 〈탕서〉 내용 중에서 탕왕이 정벌의 정당성을 말하고자 하夏나라 백성의 원성을 인용하는 대목이다. 《사기》 〈은본기〉에 "탕의 덕망이 지극하여 새와 짐승에게까지 미쳤도다(湯德至矣, 及禽獸)"라는 구절도 그의 덕을 유추할 수 있는 주요한 대목이다.

26) 원문의 "시일갈상時日害喪"을 번역한 것으로, '시時'는 '이(是)'를 말한다. '일日'은 하나라 걸왕을 가리킨다(주희 설). 걸왕이 "내가 천하를 보유함은 마치 하늘에 해가 빛나는 것 같으니, 해가 없던 적이 있는가? 해가 없어지면 나 또한 망한다(吾有天下, 猶天之有日也, 日有亡乎? 日亡吾亦亡)"(《한시외전韓詩外傳》)라고 한 말에 백성이 답하는 노래다. 양보쥔은 "'갈害'은 '어찌(何)'라는 뜻이며, 여기서는 '어느 때, 언제(何時)'라는 의미로 쓰였다"라고 했다. 또한 '갈' 자를 '갈曷'과 같다고 보았으며, '합盍' 또는 '하불何不'과 같이 '어찌 ~하지 않겠는가?'로 번역해야 한다는 견해를 유지했다.

[그리고] 새와 짐승을 가지고 있다고 해도 어찌 홀로 즐길 수 있겠습니까?"

孟子見梁惠王. 王立於沼上, 顧鴻鴈麋鹿, 曰: "賢者亦樂此乎?" 孟子對曰: "賢者而後樂此, 不賢者雖有此, 不樂也. 詩云, '經始靈臺, 經之營之, 庶民攻之, 不日成之. 經始勿亟, 庶民子來. 王在靈囿, 麀鹿攸伏, 麀鹿濯濯, 白鳥鶴鶴. 王在靈沼, 於牣魚躍.' 文王以民力爲臺爲沼, 而民歡樂之, 謂其臺曰靈臺, 謂其沼曰靈沼, 樂其有麋鹿魚鼈. 古之人與民偕樂, 故能樂也. 湯誓曰: '時日害喪, 予及女偕亡.' 民欲與之偕亡, 雖有臺池鳥獸, 豈能獨樂哉?"

오십보백보 1.3

양 혜왕이 말씀하였다.

"과인[27]은 [우리] 나라에 대하여 마음을 다하고 있을 뿐입니다. 황하 북쪽 지방에 흉년이 들면 그 백성을 황하 동쪽 지방[28]으로 옮기고 그곳의 곡식을 황하 북쪽 지방으로 옮겼으며, 황하 동쪽 지방에 흉년이 들어도 또한 그렇게 하고 있습니다. 이웃 나라의 정치를 살펴보면, 과인처럼 마음을 쓰는 자가 없습니다. [그런데도] 이웃 나라의 백성이 더 적어지지 않고, 과인의 백성이 더 많아지지 않는 것은 무엇 때문입니까?"

---

27) 원문의 "과인寡人"이란 제후가 스스로를 겸손하게 일컫는 것으로, 주희는 "덕이 적은 사람〔寡德之人〕"이라고 풀이했다.

28) 원문의 "하내河內"는 황하의 북쪽 지방을 말하며, 원문의 "하동河東"은 황하의 동쪽 지방을 말한다. 둘 다 위나라 땅이다.

맹자께서 대답하셨다.

"왕께서 전쟁을 좋아하시니, 전쟁으로 비유하겠습니다. 둥둥둥 북을 쳐서[29] 병기와 칼날이 이미 맞붙었는데, [병사들은] 갑옷을 버리고 병기를 끌면서 달아났습니다.[30] 어떤 이는 100걸음을 달아난 뒤에 멈추었고, 어떤 이는 50걸음을 달아난 뒤에 멈추었는데, 50걸음을 달아난 자가 100걸음을 달아난 자를 비웃으면 어떻겠습니까?"

[왕이] 말씀하였다.

"옳지 않으니, 단지 100걸음을 달아나지 않았을 뿐이지 이 또한 달아난 것입니다."

[맹자께서] 말씀하셨다.

"왕께서 만일 이것을 아신다면 백성이 이웃 나라보다 많아지기를 바라지 마십시오. 농사짓는 때를 어기지 않으면 곡식을 다 먹을 수 없고, 촘촘한 그물[31]을 웅덩이와 연못[32]에 넣지 않으면 물고기

29) 원문의 "전연고지塡然鼓之"를 번역한 것으로, 《손자병법孫子兵法》에 "《군정軍政》에서 말한다. '말을 하여도 서로 들리지 않으므로 징과 북을 만들었고, 보려고 하여도 서로 보이지 않으므로 깃발을 만들었다.' 징과 북과 깃발은 병사들의 눈과 귀를 하나로 만드는 도구다(軍政曰: 言不相聞, 故爲金鼓. 視不相見, 故爲旌旗. 夫金鼓旌旗者, 所以一民之耳目也)"라고 했다. 북은 당시 군대의 진퇴를 지휘할 때 쓰던 도구로, 북을 울려 병사를 나아가게 하고, 징을 울려 병사를 거두어들였다.

30) 원문의 "주走"를 번역한 것인데, 우재호는 "고대에는 천천히 걷는 것을 '보步'라고 하고, 종종걸음으로 걷는 것을 '추趨'라고 하며, '추'보다 빠르고 달리는 것에 가까운 것을 '주'라고 했다. 여기서는 '도망가다'라는 뜻이다"라고 풀이했다.

31) 원문의 "촉고數罟"를 번역한 것으로, '촉數'은 '촘촘하다(密)'라는 뜻이고, '고罟'는 '[고기 잡는] 그물(網)'이다. 조기는 "촘촘한 그물로 작은 물고기를 잡는 것이므로 [어류 보호를 위해] 사용을 금했다(密細之網所以捕小魚鱉也, 故禁之不得用)"라고 했다. 오늘날에도 촘촘한 그물로 어획하는 일은 치어와 환경을 보호하기 위해 금지하고 있다. 한편 '촉고'를 그물을 자주 던지는 것으로 해석하기도 하는데, 역자는 취하지 않는다.

와 자라를 다 먹을 수 없으며, 도끼를 제때 산림에 들어가게 하면 목재를 다 쓸 수 없을 것입니다. 곡식과 물고기와 자라를 다 먹을 수 없고 목재를 다 쓸 수 없으면, 이는 곧 백성이 산 사람을 봉양하고 죽은 사람을 장례 지내는 데에 유감이 없도록 하는 것입니다. 산 사람을 봉양하고 죽은 사람을 장례 지내는 데에 유감이 없게 하는 것이 왕도王道의 시작입니다.

다섯 이랑[33]의 집 둘레에 뽕나무를 심으면 쉰 살이 된 자가 비단옷을 입을 수 있습니다. 닭과 돼지와 개와 큰 돼지를 기르는데 그 [번식할] 때를 잃지 않으면 일흔 살이 된 자가 고기를 먹을 수 있습니다. 100이랑의 땅에 그 [농사지을] 때를 빼앗지 않으면 여러 식구의 집안이 굶주리지 않을 것입니다. 학교의 가르침을 엄격하게 하여 효도와 우애의 의리로써 거듭하여 가르친다면 [머리가] 희끗희끗한 자가 길에서 짐을 등에 짊어지거나 머리에 이지 않을 것입니다. 일흔 살이 된 자가 비단옷을 입고 고기를 먹으며, 일반 백성이 굶주리지 않고 추위에 떨지 않게 하고서도 왕 노릇 하지 못하는 자는 없습니다. 개와 돼지가 사람이 먹을 양식을 먹는데도 단속[34]할 줄 모르고, 길에 굶어 죽은 시체[35]가 있어도 [창고를] 열 줄 모르면서,[36] 사람이 죽으면 말하기를 '내가 그렇게 한 것이 아니고 흉년 때문이다'라고 한다면 이는 사람을 찔러 죽이고도 말하기를 '내가 그렇게

32) 원문의 "오지洿池"를 번역한 것으로, 주희는 "푹 파여 낮은 땅이니, 물이 모이는 곳이다〔窊下之地, 水所聚也〕"라고 했다. 《광아廣雅》〈석고釋詁〉에 "'오洿'는 '깊다'라는 뜻이다〔洿, 深也〕"라고 풀이된 것도 맥락은 같다. 여기서는 주희 설을 따랐다.

33) 원문의 "무畝"를 번역한 것으로 '무'라는 용어가 다소 낯설어 '이랑'으로 번역했다.

한 것이 아니고 무기 때문이다'라고 하는 것과 무엇이 다르겠습니까. 왕께서 흉년[37]에 죄를 돌리지 않으시면 천하의 백성이 [이 나라로] 이르게 될 것입니다."

梁惠王曰: "寡人之於國也. 盡心焉耳矣. 河內凶, 則移其民於河東, 移其粟於河內. 河東凶亦然. 察鄰國之政, 無如寡人之用心者. 鄰國之民不加少, 寡人之民不加多, 何也?" 孟子對曰: "王好戰, 請以戰喩. 塡然鼓之, 兵刃旣接, 棄甲曳兵而走. 或百步而後止, 或五十步而後止, 以五十步笑百步, 則何如?" 曰: "不可, 直不百步耳, 是亦走也." 曰: "王如知此, 則無望民之多於鄰國也. 不違農時, 穀不可勝食也, 數罟不入洿池, 漁鼈不可勝食也, 斧斤以時入山林, 材木不可勝用也. 穀與漁鼈不可勝食, 材木不可勝用, 是使民養生喪死無憾也. 養生喪死無憾, 王道之始也. 五畝之宅, 樹之以桑, 五十者可以衣帛矣. 雞豚狗彘之畜, 無失其時, 七十者可以食肉矣. 百畝之田, 勿奪其時, 數口之家可以無

34) 원문의 "검檢"을 번역한 것으로, 주희는 "제지하다〔制〕"라고 풀이했다. 조기는 "군주가 다만 개와 돼지만 길러 사람이 먹는 것을 먹이고, 법도로 단속하여 거두어들이는 것을 알지 못함을 말한다〔言人君但養犬彘, 使食人食, 不知以法度檢斂也〕"라고 했는데, 다음과 같은 정약용의 견해도 참조할 만하다. 그는 "개와 돼지가 사람이 먹는 것을 먹는 것은 풍년이고, 길에 굶어 죽은 시체가 있는 것은 흉년이다. …… 구설(조기의 설)에 '검'을 '렴斂'으로 여긴 것은 옳으나 군주가 개와 돼지를 길렀다는 것은 잘못된 것이다〔狗彘食人食, 豐年也. 塗有餓莩, 凶年也. …… 舊說以檢爲斂, 此則是矣. 但云人君養狗彘非矣〕"라고 했다. 한편 양보쥔은 '검'을 '렴'으로 보는 해석에 대해 이회李悝가 풍년에 저장해놓은 곡식을 흉년에 대비하는 '평적平糴'과 같다고 했다는 보충 설명을 내놓았다.

35) 원문의 "표莩"를 번역한 것으로, '굶어 죽은 사람〔餓死人〕'을 말한다.

36) 원문의 "부지발不知發"을 번역한 것이다. '발發'에 대해 주희는 "창고를 열어서 곡식을 대여해주는 것이다〔發倉廩以賑貸也〕"라고 했다.

37) 원문의 "세歲"를 번역한 것이다. 주희는 "한 해의 풍년과 흉년을 말한다〔謂歲之豐凶也〕"라고 했는데, 역자는 문맥상 '흉년'으로 번역했다.

飢矣. 謹庠序之敎, 申之以孝悌之義, 頒白者不負戴於道路矣. 七十者衣帛食肉, 黎民不飢不寒, 然而不王者, 未之有也. 狗彘食人食而不知檢, 塗有餓莩而不知發, 人死則曰: '非我也, 歲也.' 是何異於刺人而殺之, 曰: '非我也, 兵也.' 王無罪歲, 斯天下之民至焉."

몽둥이든 정치든 사람을 죽이는 것은 마찬가지다 1.4

양 혜왕께서 말씀하였다.

"과인이 [이제] 편안히 가르침을 받들고 싶습니다."

맹자께서 대답하셨다.

"사람을 죽이는 데 몽둥이로 하는 것과 칼날로 하는 것이 다른 점이 있습니까?"

[왕이] 말씀하였다.

"다른 점이 없습니다."

[맹자께서 말씀하셨다.]

"[사람을 죽이는 데] 칼날로 하는 것과 정치로 하는 것이 다른 점이 있습니까?"

[왕이] 말씀하였다.

"다른 점이 없습니다."

[맹자께서] 말씀하셨다.

"[왕의] 푸줏간에는 살진 고기가 있고 마구간에는 살진 말이 있는데도 백성은 굶주린 기색이 있고 들에는 굶어 죽은 시체가 있다면 이것은 짐승을 몰아다가 사람을 잡아먹게 하는 형국입니다. 짐승들이 서로 잡아먹는 것도 사람들은 그것을 미워하는데, 백성의 부모가 되어 정치를 하면서 짐승을 몰아서 사람을 잡아먹게 하는 형국을 면하게 하지 못한다면 어찌 백성의 부모 노릇을 한다고 할 수 있습니까?[38] 공자께서 말씀하시기를 '처음으로 나무 인형[39]을 만든 자는 아마도 후손이 없을 것일진저!'라고 하셨는데,[40] 이는 사람의 형상을 장례에 사용했기 때문입니다. [그렇다면] 이 백성을 굶주려 죽게 한 것은 어찌해야 합니까?"

梁惠王曰: "寡人願安承教." 孟子對曰: "殺人以梃與刃, 有以異乎?" 曰: "無以異也." "以刃與政, 有以異乎?" 曰: "無以異也." 曰: "庖有肥肉, 廐有肥馬, 民有飢色, 野有餓莩, 此率獸而食人也. 獸相食, 且人惡之, 爲民父母, 行政, 不免於率獸而食人, 惡在其爲民父母也? 仲尼曰: '始作俑者, 其無後乎!' 爲其象人而用之也. 如之何其使斯民飢而死也?"

38) 원문의 "오재기위민부모야惡在其爲民父母也"를 번역한 것이다. 주희는 "'오재惡在'란 '어디 있겠는가(何在)'라는 말과 같다"고 했다.

39) 원문의 "용俑"을 번역한 것으로, 주희는 비교적 상세하게 설명하여 "'용'은 장례에 사용하는 나무로 만든 사람 인형이다. 옛날에 장사 지내는 자들은 풀을 묶어 사람 형상으로 만들고 이것으로 호위하게 하고는 '추령芻靈'이라 일컬었으니, 대략 인형과 같을 뿐이다. 중고시대에는 나무 인형으로 바꾸니, 얼굴과 눈, 움직임이 있어서 사람과 너무도 비슷했다(俑從葬木偶人也. 古之葬者, 束草爲人, 以爲從衛, 謂之芻靈, 略似人形而已, 中古易之以俑, 則有面目機發, 而太似人矣)"라고 했다.

40) 《논어》〈향당鄕黨〉 10.12의 "마구간에 불이 났다. 공자께서 조정에서 물러나 말씀하셨다. '사람이 다쳤느냐?' [그러고는] 말에 대해서는 묻지 않으셨다(廐焚. 子退朝曰: 傷人乎? 不問馬)"라는 구절과 함께 읽으면 공자가 사람을 얼마나 아꼈는지 분명히 알 수 있다.

인한 자는 대적할 사람이 없다 1.5

양 혜왕이 말씀하였다.

"진晉나라[41]가 천하에 막강했던 것은 노인장께서도 아시는 바입니다. [그런데] 과인의 몸에 이르러서는 동쪽으로 제齊나라에 패하여 맏아들이 죽었고,[42] 서쪽으로는 진秦나라에 땅을 700리나 잃었으며, 남쪽으로는 초楚나라에 치욕을 당했습니다.[43] 과인이 이것을 수치스럽게 여겨 전사한 자를 위해서[44] 한번[45] 설욕하고[46] 싶은데, 어떻게 하면 좋겠습니까?"

맹자께서 대답하셨다.

---

41) 여기서 진晉나라는 위魏나라를 가리킨다. 주희는 구체적으로 "위魏나라는 본래 진晉나라 대부인 위사가 한韓씨·조趙씨와 함께 진나라 땅을 나누고 삼진三晉이라 이름했기 때문에 혜왕이 여전히 스스로를 진나라라고 이르는 것이다〔魏, 本晉大夫魏斯, 與韓氏趙氏, 共分晉地, 號曰三晉. 故惠王, 猶自謂晉國〕"라고 그 역사적 맥락을 덧붙였다.

42) 기원전 341년에 위나라와 제나라가 마릉馬陵에서 전투를 했는데, 위나라 군사들은 제나라 장군 전기田忌와 손빈孫臏의 계책에 의해 패하고 방연龐涓은 죽임을 당했으며 태자 신申도 포획되었다. 이 기록이 《사기》〈손자오기열전孫子吳起列傳〉에 자세하게 나와 있다.

43) 《사기》〈초세가楚世家〉에 "[회왕] 6년(기원전 324년), 초나라는 주국 소양으로 하여금 군대를 거느리고 위나라를 공격하게 하여, 그들을 양릉에서 쳐부수고 여덟 개의 읍을 얻었다〔六年, 楚使柱國昭陽將兵而攻魏, 破之於襄陵, 得八邑〕"라는 기록을 참조할 만하다. 주희는 간단히 '그 일곱 개의 읍을 잃었다〔亡其七邑〕'라고 했다.

44) 원문의 "비比"를 번역한 것으로, '위하다〔爲〕'와 같으며, '대신하다〔替〕'의 뜻으로 보기도 한다.

45) 원문의 "일壹"을 번역한 것으로, 어떤 판본에 '일一'로 쓰여 있기도 하다. 양보쥔의 풀이대로 '한번〔一〕', '전부〔全〕', '모두〔都〕'라는 뜻으로 보면 무방하다.

46) 원문의 "세洒"를 번역한 것으로, 어떤 판본에 '쇄灑'로 쓰여 있다. '씻다〔洗刷〕'라는 뜻의 '세洗' 자와 같은데, 이와 달리 《설문해자說文解字》에서는 '세洒'와 '세洗'를 구분하여 풀이했다는 점도 눈여겨볼 대목이다.

"땅이 사방 100리[인 작은 나라]여도 왕 노릇 할 수 있습니다. 왕께서 만일 어진 정치를 백성에게 베풀어 형벌을 줄이고[47] 세금을 적게 거두신다면,[48] [백성이] 깊이 밭 갈고 김매기를 부지런히 하며,[49] 건장한 자들이 한가한 날에는 효도하고 우애로우며 충성하고 신의를 닦아서 [집에] 들어가서는 부모와 형을 섬기고 나가서는 어른과 윗사람을 섬길 것이니, [이들로 하여금] 몽둥이를 만들어 [그것만으로도] 진秦나라와 초나라의 견고한 갑옷과 예리한 병기를 치게 할 수 있습니다. 저들(진왕과 초왕)이 그 백성의 [농사짓는] 때를 빼앗아 밭 갈고 김매어 부모를 봉양하지 못하게 하여 부모는 얼고 굶주리며 형제와 아내와 자식은 흩어지게 된 것입니다. 저들이 그 백성을 함정에 빠뜨린 것이니 왕께서 가서 그들을 정벌하신다면 누가 왕께 대적하겠습니까?[50] 그러므로 말하기를 '인仁한 자는 대적할 사람이

47) 원문의 "생省"을 번역한 것으로, 조선시대 간재艮齋 전우田愚는 '살피다'의 뜻으로 '성'으로 읽어야 한다고 했다. 그러나 언해본諺解本에는 음音이 '생'으로 표기되어 있으며, 주희는 '덜다〔減〕'의 뜻으로 설명했다. 비슷한 맥락에서 성백효는 '형벌을 줄이다'로 해석하고, 박문호가 "읽는 이들이 '생'을 '살피다〔察〕'의 뜻으로 잘못 읽을까 염려되어 이 때문에 [주희가] 유독 음을 나타낸 것이다〔省恐讀者作察義故特著音〕"라고 풀이한 것을 부연했다. 역자도 '덜다', '줄이다'의 뜻이 타당하다고 본다.

48) 이 말의 의미에 대해서는 《예기禮記》 〈왕제王制〉에 "백성의 노동력을 쓰되 1년에 사흘을 넘지 않는다"라는 구절이나, 《주례周禮》 〈균인직均人職〉에 "무릇 노동력을 균등하게 동원하되 풍년과 흉년에 따라 조절한다. 풍년에는 공사公事에 사흘씩 균등하게 동원하고, 평년에는 공사에 이틀씩 균등하게 동원하고, 흉년에는 공사에 하루씩 균등하게 동원한다"라는 문장을 함께 읽어보면 도움이 된다.

49) 원문의 "이누易耨"를 번역한 것으로, 주희는 '이易'는 '다스리다〔治也〕'이고 '누耨'는 '김매다〔耘〕'라고 했다. 한편 양보쥔은 '이'를 '빠르다'의 의미를 지닌 '질疾', '속速', '쾌快' 자 등과 같다고 확대 해석했다. 역자는 주희의 설을 따라 번역했다.

없다'고 하는 것이니, 왕께서는 [제 말을] 의심하지 마십시오."

梁惠王曰: "晉國, 天下莫强焉, 叟之所知也. 及寡人之身, 東敗於齊, 長子死焉, 西喪地於秦七百里, 南辱於楚. 寡人恥之, 願比死者壹洒之, 如之何則可?" 孟子對曰: "地方百里而可以王. 王如施仁政於民, 省刑罰, 薄稅斂, 深耕易耨, 壯者以暇日修其孝悌忠信, 入以事其父兄, 出以事其長上, 可使制梃以撻秦楚之堅甲利兵矣. 彼奪其民時, 使不得耕耨以養其父母. 父母凍餓, 兄弟妻子離散. 彼陷溺其民, 王往而征之, 夫誰與王敵? 故曰: '仁者無敵.' 王請勿疑!"

사람 죽이기를 좋아하지 않는 자가 천하를 통일한다 1.6

맹자께서 양梁 양왕襄王[51]을 만나뵙고 나와서 사람들에게 말씀하셨다.

"그를 [먼 곳에서] 바라보아도 군주 같지 않고, 그에게 다가가도 두려워할 만한 바를 볼 수 없었다. [그가] 갑자기[52] 묻기를 '천하(대세)가 어떻게 정해지겠습니까?'[라고 하기에] 나는 대답하기를 '하나로

50) 이 문장에 대해서는 조기의 주석이 유용하다. "'피彼'는 제齊, 진秦, 초楚를 말한다. 저들이 자신의 백성을 곤궁하게 했을 때 혜왕이 가서 정벌하기를 바란 것이다. 저들이 민심을 잃어 백성이 제대로 쓰이지 않으면 도대체 누가 [저들과] 함께 왕의 군대를 막아서 왕을 위하여 대적하겠는가?〔彼謂齊秦楚也, 彼困其民, 願王往征之也, 彼失民心, 民不爲用, 夫誰與共禦王之師而爲王之敵乎?〕"라고 했다.

51) 혜왕의 아들로 이름은 '사嗣'이며, '혁赫'이라고도 한다. 기원전 318년에서 기원전 296년까지 재위했다.

52) 원문의 "졸연卒然"을 번역한 것으로, '갑자기〔突然〕'라는 뜻이다. '졸卒'은 '졸猝' 자와 같다. 주희도 "급하고 갑작스러운 모양〔急遽之貌〕"이라고 했다.

정해질 것입니다'라고 했다. '누가 하나로 하겠습니까?'[라고 하기에] 대답하기를 '사람 죽이기를 좋아하지 않는 자가 하나로 할 것입니다'라고 했다. '누가 그를 따르겠습니까?' [하고 묻기에] 대답하기를 '천하에 따르지 않는 이가 없을 것입니다. 왕은 벼 싹을 아십니까? 7월과 8월[53] 사이에 가물면 벼 싹이 마릅니다. 하늘이 뭉게뭉게[54] 구름을 일으켜 쏴 하고[55] 비를 내리면 벼 싹이 우뚝[56] 일어납니다. 이와 같으면 누가 이것을 막겠습니까? 지금 천하의 군주[57] 가운데 사람 죽이기를 좋아하지 않는 자가 없습니다. 만일 사람 죽이기를 좋아하지 않는 자가 있으면 천하의 백성이 모두 목을 길게 빼고 그를 우러러볼 것입니다. 진실로 이와 같다면 백성이 그에게 귀의하는 것이 물이 아래로 내려가는 것과 같을 것이니, 쏴 하고 흘러가는 것을 누가 막겠습니까?'라고 했다."

孟子見梁襄王, 出語人曰: "望之不似人君, 就之而不見所畏焉. 卒然問曰: '天下惡乎定?' 吾對曰: '定於一.' '孰能一之?' 對曰: '不嗜殺人者能一之.' '孰能與之?' 對曰: '天下莫不與也. 王知夫苗乎? 七八月之間

53) 원문의 "칠팔월七八月"이란 주周나라의 역법曆法을 사용한 것이다. 주나라의 7, 8월은 하나라의 5, 6월에 해당한다. 그러므로 하나라와 주나라의 역법은 두 달의 간격이 있다.

54) 원문의 "유연油然"을 번역한 것으로, 주희는 "구름이 무성한 모양(雲盛貌)"이라고 풀이했다.

55) 원문의 "패연沛然"을 번역한 것으로, 주희는 "비가 세차게 내리는 모양(雨盛貌)"이라고 풀이했다.

56) 원문의 "발연浡然"을 번역한 것으로, 주희는 "싹이 솟아나는 모양(興起貌)"이라고 풀이했다.

57) 원문의 "인목人牧"을 번역한 것으로, '목牧'은 사람이나 가축 따위를 기른다는 뜻이다. 인목은 '백성을 기르는 군주(牧民之君)'를 가리킨다.

旱, 則苗槁矣. 天油然作雲, 沛然下雨, 則苗浡然興之矣. 其如是, 孰能禦之? 今夫天下之人牧, 未有不嗜殺人者也. 如有不嗜殺人者, 則天下之民皆引領而望之矣. 誠如是也, 民歸之, 由水之就下, 沛然孰能禦之?'"

측은지심과 크게 하고자 하는 바 1.7

제 선왕[58]이 물었다.

"제齊 환공桓公과 진晉 문공文公의 일을 들을 수 있겠습니까?"

맹자께서 대답하셨다.

"공자의 문하는 제 환공과 진 문공의 일을 말한 자가 없어 후세에 전해지지 않아 신이 아직 듣지 못했습니다. [이야기를] 그치지 말라고 하신다면[59] 왕 노릇 하는 것에 대해 말씀드리겠습니다."

[왕이] 말씀하였다.

"덕이 어떠해야 왕 노릇 할 수 있습니까?"

[맹자께서] 말씀하셨다.

"백성을 보호하면서 왕 노릇 하면 아무도 막을 수 없을 것입니다."

[왕이] 말씀하였다.

"과인 같은 사람도 백성을 보호할 수 있습니까?"

[맹자께서] 말씀하셨다.

"할 수 있습니다."

58) 제齊나라 선왕宣王은 위왕威王의 아들이자 민왕湣王의 아버지다. 성은 전田이고 이름은 벽강辟疆이다. 제후로서 왕을 참칭하여 제 선왕이라고 불린다. 약 기원전 319년에서 기원전 301년까지 재위했다.

59) 원문의 "무이無以"를 번역한 것으로, '이以'는 '그치다'는 의미의 '이已'와 통용되며, '그칠 수 없다'라는 뜻이다.

[왕이] 말씀하였다.

"무슨 이유로 내가 할 수 있다는 것을 아십니까?"

[맹자께서] 말씀하셨다.

"신이 호흘胡齕에게서 들은 것을 말씀드리자면 '왕께서 대청 위에 앉아 계실 때, 소를 끌고 대청 아래로 지나가는 자가 있었는데, 왕께서 그를 보고 물으시기를 「소가 어디로 가는가?」라고 하시자, 대답하기를 「종의 틈에 피를 바르는 의식[60]에 쓰려고 합니다」라고 하니 왕께서 말씀하기를 「그것을 놓아주어라. 나는 소가 두려워 벌벌 떨며 죄 없이 죽을 곳으로 나아가는 것을 차마 볼 수가 없구나」라고 하시자 대답하기를 「그렇다면 종의 틈에 피를 바르는 의식을 없앨까요?」라고 하니, [왕께서] 말씀하기를 「어찌 없앨 수 있겠는가? 양으로 그것을 바꾸어 쓰라!」'라고 하셨다는데 알지 못하겠습니다만, 이런 일이 있었습니까?"

[왕이] 말씀하였다.

"그런 일이 있었습니다."

[맹자께서] 말씀하셨다.

"이런 마음이면 충분히 왕 노릇을 하실 수 있습니다. 백성은 모두 왕께서 [소를] 아꼈다고 하지만, 신은 진실로 왕의 차마 하지 못하는 마음을 알고 있습니다."

---

60) 원문의 "흔종釁鐘"에 대해 보충하면, 청대淸代 왕부지王夫之의 《맹자패소孟子稗疏》에 "'흔釁'은 제사 이름으로 [북이나 종에] 희생의 피를 바르고 제사 지내는 것으로, 무릇 낙성식에 제사 지내는 것을 '흔'이라고 한다〔釁, 祭名, 血祭也. 凡落成之祭曰釁〕"고 했다. 《예기》 〈월령月令〉에 "이달에는 태사에게 명하여 [점칠 때 사용하는] 귀갑龜甲과 시초蓍草에 피를 바른다〔是月也, 命太史釁龜筴〕"라는 기록을 보면 그 대상이 다양했다는 것을 알 수 있다.

왕이 말씀하였다.

"그렇습니다. 진실로 [비난하는] 백성이 있을 것입니다. 제齊나라가 비록 좁고 작아도 내가 어찌 소 한 마리를 아끼겠습니까? 다만 벌벌 떨면서[61] 죄 없이 죽을 곳으로 나아가는 것을 차마 볼 수 없어서 양으로 그것을 바꾸게 한 것입니다."

[맹자께서] 말씀하셨다.

"왕께서는 백성이 왕께서 [소를] 아꼈다고 말하는 것을 이상하게 생각하지 마십시오.[62] [백성이 본 것은] 작은 양을 가지고 큰 소와 바꾼 것이니, 저들이 어찌 왕의 뜻을 알겠습니까? [다만] 왕께서 만일 소가 죄 없이 죽을 곳으로 나아가는 것을 가엾게 여기셨다면[63] 소와 양은 어찌 구별[64]하신 것입니까?"

왕이 웃으며 말씀하였다.

"이것이 진실로 무슨 마음이었겠습니까? 내가 재물을 아껴 소를 양으로 바꾸게 한 것은 아닙니다. [그러나 말씀을 듣고 보니] 백성이 나더러 [재물을] 아꼈다고 말하는 것이 당연하겠습니다."

[맹자께서] 말씀하셨다.

"마음 상할 것이 없습니다. 이것이 바로 인仁을 하는 방법이니, 소는 보았고 양은 아직 보지 못하셨기 때문입니다. 군자[65]는 짐승에

---

61) 원문의 "곡속觳觫"을 번역한 것으로, 주희는 "두려워하는 모양(恐懼貌)"이라고 했고, 양신楊愼의 《단연총록丹鉛總錄》에는 "소가 장차 도살장으로 끌려가는데 몸을 움츠리고 두려워하는 것을 말한다(言牛將就屠而體縮恐懼也)"라고 했다.

62) 원문의 "무이無異"를 번역한 것으로, '이異'는 '이상하다(怪)'라는 뜻이다.

63) 원문의 "은隱"을 번역한 것으로, '애통하다(痛)'라는 뜻이다.

64) 원문의 "택擇"을 번역한 것으로, '구분하다, 분별하다(分)'라는 뜻이다.

대해 살아 있는 것을 보고서 차마 그 죽어가는 것을 보지 못하고, 그 [죽어가며 울부짖는] 소리를 듣고는 그 고기를 차마 먹지 못합니다. 이 때문에 군자는 푸줏간을 멀리하는 것입니다."

왕이 기뻐하며 말씀하였다.

"《시경》[66]에 이르기를 '다른 사람의 마음을 내가 [미루어] 헤아리네'라고 했으니, 선생을 두고 말한 것 같습니다. 내가 행동하고 돌이켜 생각해봤으나 내 마음을 알지 못했는데, 선생께서 말씀해주시니 내 마음에 확실한 감동[67]이 있습니다. 이 마음이 왕 노릇 하는 것과 들어맞는 이유는 무엇입니까?"

[맹자께서] 말씀하셨다.

"왕께 아뢰는 자가 있어 말하기를 '제 힘이 충분히 3,000근을 들 수 있지만 깃털 하나를 들기에는 부족하고, [제] 시력이 가을철 [가늘어진] 짐승의 털끝[68]마저 볼 수 있지만 수레에 실은 땔감은 볼 수 없습니다'라고 한다면 왕께서 이것을 인정[69]하시겠습니까?"

65) "군자君子"의 기본적인 의미는 '덕德'과 '지위〔位〕'가 있다는 것이며, 특히 '덕을 이룬 자의 이름〔成德之名〕'이다. 소인小人이란 말과 대비되며, 공자 이래 군자라는 말은 사회적 지위보다는 도덕적 품성이 높아 존경받는 사람을 가리킨다.

66) 《시경》〈소아小雅·교언巧言〉 편이다. 이 시의 '타인유심他人有心, 여촌탁지予忖度之'라는 대목에서 주희는 "빛나는 침묘를 군자가 만들었으며, 질서 있는 큰 도를 성인이 정함으로써 타인이 간직한 마음을 일으켜서 나는 그 마음을 터득하여 헤아리고 재었다〔奕奕寢廟則君子作之, 秩秩大猷則聖人莫之, 以興他人有心, 則予得而忖度之〕"라고 주석하여 군자가 소인의 마음을 꿰뚫고 있음을 나타내고 있다.

67) 원문의 "척척戚戚"을 번역한 것이다. 주희는 "마음이 감동하는 모양〔心動貌〕으로, 왕이 맹자의 말씀으로 인하여 전날의 마음이 다시 싹터서 마침내 이 마음이 바깥에서 얻을 수 있는 것이 아님을 안 것이다"라고 했다.

68) 원문의 "추호지말秋毫之末"을 번역한 것으로, 맹자의 취지는 가을철 가늘어진 짐승의 털끝처럼 아주 미세한 것일지라도 자칫 큰일로 커진다는 의미를 담고 있다.

왕이 말씀하였다.

"인정하지 않을 겁니다."

[맹자께서 말씀하셨다.]

"지금 은혜가 충분히 짐승에게 미쳤으나 공덕이 백성에게 이르지 않은 것은 유독 무슨 이유입니까? 그렇다면 깃털 하나를 들지 못하는 것은 힘을 쓰지 않았기 때문이고, 수레에 실은 땔감을 볼 수 없는 것은 보려고 하지 않았기 때문이며, 백성이 보호를 받지 못하는 것은 은혜를 베풀지 않았기 때문입니다. 그러므로 왕께서 왕 노릇 하지 못하는 것은 하지 않는 것이지 할 수 없는 것이 아닙니다."

[왕이] 말씀하였다.

"하지 않는 것과 할 수 없는 것의 형상이 어떻게 다릅니까?"

[맹자께서] 말씀하셨다.

"태산太山을 겨드랑이에 끼고 북해北海를 뛰어넘는 것[70]을 사람들에게 말하기를 '나는 할 수 없다'고 한다면 이것은 진실로 할 수 없는 것입니다. 어른을 위해 나뭇가지를 꺾는 것[71]을 사람들에게 말하기를 '나는 할 수 없다'고 한다면 이것은 하지 않는 것이지 할 수 없는 것은 아닙니다. 그러므로 왕께서 왕도를 행하지 않는 것은 태

69) 원문의 "허許"를 번역한 것으로, 조기는 '믿다(信)'라는 의미로 보았고, 주희는 '가능하다(可)'와 같다고 풀이했다. 역자는 주희의 해석을 취하여 '가능하다', '인정하다'라는 의미로 번역했다.

70) 원문의 "협태산挾太山, 이초북해以超北海"를 번역한 것이다. 주희의 풀이를 참조하면 '협'은 "겨드랑이에 물건을 지니는 것이다(以腋持物也)"라고 했고, '초'는 "뛰어 넘어가는 것이다(躍而過也)"라고 했다.

71) 원문의 "위장자절지爲長者折枝"를 번역한 것으로, 조기는 '절지'를 안마하는 것으로 보아 "절지는 안마이니 손마디를 주무르거나 피곤한 사지를 풀어주는 것이다(折枝, 案摩折手節解罷枝也)"라고 색다르게 풀이했고, 주희는 나뭇가지를 꺾는 것으로 해석했다. 역자는 주희의 해석을 취하여 번역했다.

산을 겨드랑이에 끼고 북해를 뛰어넘는 종류가 아니고, 왕께서 왕도를 행하지 않는 것은 나뭇가지를 꺾는 종류의 것입니다.

자신의 집 노인을 노인 대우하여 남의 노인에게까지 미치고,[72] 내 아이를 아이로 사랑해서 남의 아이에게까지 미친다면 천하를 손바닥에 놓고 움직일 수 있습니다.[73] 《시경》[74]에 이르기를 '아내에게 법도대로 하여 형제에게도 이르고 봉토와 나라를 다스리네'라고 했으니, 이는 이 마음을 들어다가 저기에 [널리] 더할 뿐인 것을 말한 것입니다. 그러므로 은혜를 베풀면 충분히 사해四海를 보호할 수 있고, 은혜를 베풀지 않으면 아내와 자식도 보호할 수 없는 것입니다. 옛 성현들이 보통 사람보다 크게 뛰어난 까닭은 다른 게 아니라 그 하는 바를 잘 펼쳐나갔을 뿐입니다. 지금 은혜가 충분히 짐승에게 미쳤으나 공덕이 백성에게 이르지 않은 것은 유독 무슨 이유입니까? 저울질을 해본 뒤에 가볍고 무거운 것을 알고, 재어본 뒤에 길고 짧은 것을 알 수 있습니다. 사물이 다 그렇지만 [그중에도]

72) 원문의 "노오로老吾老, 이급인지로以及人之老"를 번역한 것으로, 주희는 "'노老'는 늙은이를 섬기는 것이니, '오로吾老'는 나의 부형을 이르고 '인지로人之老'는 남의 부형을 이른다〔老以老事之也, 吾老謂我之父兄, 人之老謂人之父兄〕"라고 했다.

73) 이 문장의 의미에 대해 조기는 "'노老'는 '경敬'과 같다. '유幼'는 '애愛'와 같다. '우리 집 노인을 공경해야만 다른 집의 노인도 공경하며, 우리 집 어린아이를 사랑해야만 다른 집의 어린아이도 사랑하는 것이다. 이 마음을 미루어 백성에게 혜택을 베풀면 천하를 손바닥 위에서 굴릴 수 있다'라고 했으니 그만큼 쉽다는 말이다〔老猶敬也. 幼猶愛也. 敬我之老, 亦敬人之老, 愛我之幼, 亦愛人之幼, 推此心以惠民, 天下可轉之掌上, 言其易也〕"라고 했다.

74) 《시경》〈대아·사제思齊〉 편이다. "형우과처刑于寡妻, 지우형제至于兄弟, 이어우가방以御于家邦"의 구절은 가까운 이에게 모범을 보여 다스리는 마음이 다른 사람에게 영향을 미치는 것을 말한다. 주희는 '형刑'은 '모범〔法〕'이고 '과처寡妻'는 '과덕지처寡德之妻(덕이 적은 자의 아내)'이니 겸사謙辭라고 했다.

마음이 유독 심하니, 왕께서는 이것을 헤아려[75] 보십시오. 왕께서는 전쟁을 일으키며 군사와 신하들을 위태롭게 해서 제후들과 원한을 맺은 뒤에야 마음이 통쾌하시겠습니까?"

왕이 말씀하였다.

"아닙니다. 내가 어찌 그런 것을 통쾌하게 여기겠습니까? 내가 크게 하고자 하는 것을 추구해서입니다."

[맹자께서] 말씀하셨다.

"왕께서 크게 하고자 하는 것을 들을 수 있겠습니까?"

왕이 웃으면서 말씀하지 않자, [맹자께서] 말씀하셨다.

"살지고 단 음식이 입에 부족해서입니까? 가볍고 따뜻한 옷이 몸에 부족해서입니까? 아니면 아름다운 채색이 눈으로 보기에 부족해서입니까? 아름다운 음악이 귀로 듣기에 부족해서입니까? 가까이 두고 총애하는 사람들[76]을 앞에서 부리기에 부족해서입니까? 왕의 신하들이 이것을 모두 넉넉하게 바칠 것이니, 왕이 어찌 이런 것들 때문이겠습니까?"

[왕이] 말씀하였다.

"아닙니다. 나는 그런 것들 때문이 아닙니다."

---

75) 원문의 "권權"을 '저울질'로, "탁度"을 '재어보다'로 번역했다. 주희는 "'권'은 저울추다. '탁度'은 길[丈]과 자[尺]다. '탁지度之'는 저울로 재는 것을 말한다. 물건의 무게와 길이는 사람들이 똑같이 맞추기 어려우니, 반드시 저울과 자를 가지고 헤아린 뒤에 알 수 있는 것이다. 만약 마음이 사물에 응하면 그 무게와 길이를 똑같게 하기 어려워서 본연의 권도로써 헤아리지 않을 수 없는 것이 또 물건보다 심함이 있다〔權, 稱錘也. 度, 丈尺也. 度之, 謂稱量之也. 言物之輕重長短, 人所難齊. 必以權度度之而後可見, 若心之應物, 則其輕重長短之難齊, 而不可不度以本然之權度, 又有甚於物者〕"라고 했다.

76) 원문의 "편폐便嬖"를 번역한 것으로, '편폐'는 '군주의 가까이에서 총애하는 신하〔近習嬖幸之人〕'를 말한다.

[맹자께서] 말씀하셨다.

"그렇다면 왕께서 크게 하고자 하는 것을 알 수 있습니다. 영토를 넓히고[77] 진秦나라와 초나라에게 조회를 받아[78] 중원에 군림하여[79] 사방의 오랑캐[80]들을 어루만지고자 하는 것입니다. [그러나] 이와 같은 것으로써 하고자 하는 것을 추구하신다면 나무에 올라가서 물고기를 구하는 것과 같습니다."

왕이 말씀하였다.

"그것이 이 정도로 심합니까?"

[맹자께서] 말씀하셨다.

"아마도 이보다 더 심한 것이 있으니, 나무에 올라가서 물고기를 구하는 것은 비록 물고기를 얻지 못해도 뒤따르는 재앙은 없습니다만, 이와 같은 것으로써 하고자 하는 것을 추구하신다면 마음과 힘을 다해도 뒤에 반드시 재앙이 있을 것입니다."

[왕이] 말씀하였다.

"[더] 들을 수 있겠습니까?"

[맹자께서] 말씀하셨다.

"추鄒나라 사람과 초나라 사람이 싸운다면 왕께서는 누가 이길

77) 원문의 "벽辟"은 '벽闢'으로도 쓴다. '열어 넓히다(開廣)'라는 뜻이다.

78) 원문의 "조朝"에 대해 주희는 "와서 조회하게 하는 것이다(致其來朝也)"라고 했다.

79) 원문의 "리중국莅中國"을 번역한 것으로, 조기는 "'리莅'는 '리涖'라고도 쓰며, '임하다(臨)'라는 뜻이다"라고 했다. 주희와 양보쥔도 이와 같이 풀이했다.

80) 원문의 "사이四夷"를 번역한 것인데, 왕도정치를 말할 때 나라의 중심은 '중원中原'이라고 하고, 그 주변에 천자의 영향이 미치지 않는 범위를 '사이'라고 한다. 중원에서 멀어지고 사이에 가까워질수록 왕도가 미치지 못한다. 이를 방지하기 위해 백성을 중원으로 모은다는 의미가 내포되어 있다.

것이라고 생각하십니까?"

[왕께서] 말씀하였다.

"초나라 사람이 이길 것입니다."

[맹자께서] 말씀하셨다.

"그렇다면 작은 나라는 본래 큰 나라를 대적할 수 없고, 인구가 적은 나라는 본래 인구가 많은 나라를 대적할 수 없으며, 약한 자는 본래 강한 자를 대적할 수 없다는 것입니다. 천하의 땅이 사방 1,000리 되는 나라가 아홉인데, 제나라가 그 가운데 하나를 차지하고 있어도 하나를 가지고 여덟을 굴복시키는 것이 어찌 추나라가 초나라를 대적하는 것과 다르겠습니까? 무엇 때문에 또한 그 근본으로 돌이키지 않으십니까! 지금 왕께서 [훌륭한] 정치를 펴고 인仁을 베풀어서 천하에 벼슬아치들이 모두 왕의 조정에서 벼슬하고자 하게 하고, 밭 가는 자들이 모두 왕의 들에서 밭 갈고자 하게 하며, 장사꾼[81]들이 모두 왕의 시장에 물건을 쌓고자 하게 하며, 여행자들이 모두 왕의 길에 다니고자 하게 한다면, 천하에 그 군주를 미워하는 자들이 모두 왕께 달려와 하소연하고자 할 것이니, 이와 같으면 누가 이것을 막겠습니까?"

왕이 말씀하였다.

"나는 [사리에] 어두워 그런 경지에 나아갈 수 없으니, 선생께서 나의 뜻을 도와서 밝게 나를 가르쳐주시기 바랍니다. 내 비록 영민하지 못하나 이것을 시험해보겠습니다."

81) 원문의 "상고商賈"를 번역한 것으로, 주희는 "재물을 가지고 다니면서 파는 것을 '상商'이라고 하고, 재물을 [한곳에] 놓고 파는 것을 '고賈'라고 한다(行貨曰商, 居貨曰賈)"고 했다. 결국 점포를 갖고 있느냐 없느냐의 문제다.

[맹자께서] 말씀하셨다.

"일정한 생업이 없으면서도 일정한 마음[82]을 가지고 있는 것은 오직 선비만이 할 수 있습니다. 일반 백성으로 말하면 일정한 생업이 없으면 일정한 마음이 없어집니다. 만일 일정한 마음이 없어진다면 방탕하고 편벽되며 사악하고 사치스럽지 않은 것이 없을 것이니, [이들이] 죄에 빠지고 난 뒤에 쫓아가 이들을 벌한다면 이는 백성을 그물질하는 격입니다. 어찌 어진 사람이 자리에 있으면서 백성을 그물질할 수 있겠습니까?

그러므로 현명한 군주는 백성의 생업을 마련해주는데 반드시 위로는 충분히 부모를 섬길 수 있고 아래로는 충분히 아내와 자식을 기를 수 있으며, 풍년에는 항상 배부르고[83] 흉년에는 죽음을 면하게 한 뒤에 [백성을] 이끌어서 선한 길로 가게 해야만 백성이 따르기가 쉬운 것[84]입니다. 지금은 백성의 생업을 마련해주지만 위로는 충분히 부모를 섬길 수 없고 아래로는 충분히 아내와 자식을 기

82) 원문의 "항산恒產"과 "항심恒心"에 대해 주희는 "'항'은 일정함이고, '산'은 생업이다. '항산'은 일정하게 살 수 있는 생업이고, '항심'은 사람이 일정하게 가지고 있는 선한 마음이다〔恒, 常也. 產, 生業也. 恒產, 可常生之業也. 恒心, 人所常有之善心也〕"라고 했다.

83) 원문의 "낙세종신포樂歲終身飽"을 번역한 것이다. 이 구절에 대해 조기와 주희의 언급은 없으나, 우리나라 선현의 설을 소개하면 다음과 같다.《경서변의經書辨疑》에서 퇴계 이황은 "'낙세樂歲'란 단지 1년이 아니다. 백성이 살아가는 일생 가운데 무릇 낙세를 만나면 모두 배부르고 즐거우니 이것이 '종신포終身飽'다〔樂歲, 非止一年也. 民生一世之中, 凡遇樂歲皆樂飽, 樂是終身飽也〕"라고 했고, 사계沙溪 김장생金長生은 '종終'은 '극極'과 같다. '종신포'와 '종신고'는 그 몸과 마음의 괴로움과 즐거움이 지극하여 남음이 없는 의미이다〔終, 極也. 終身而飽苦者, 極其身心之苦樂而無餘之意也〕"라고 했다. 정약용은 '종신'을 "항상 그러하다〔恒然〕"라고 풀이했다.

84) 원문의 "경輕"은 '쉽다〔易〕'라는 뜻과 같다.

를 수 없으며, 풍년에도 죽도록 고생하고 흉년에는 죽음을 면치 못합니다. 이것은 오직 죽음에서 구제하기에도 부족할까[85] 두려우니, 어느 겨를에 예의를 닦겠습니까? 왕께서 어진 정치를 시행하고자 하신다면 무엇 때문에 그 근본으로 돌이키지 않으십니까!

다섯 이랑의 집 둘레에 뽕나무를 심으면 쉰 살 된 자가 비단옷을 입을 수 있고, 닭과 돼지와 개와 큰 돼지를 기르는 데 그 [번식할] 때를 잃지 않으면 일흔 살 된 자가 고기를 먹을 수 있으며, 100이랑의 땅에 그 [농사지을] 때를 빼앗지 않는다면 여덟 식구의 집안[86]이 굶주리지 않을 것입니다. 학교의 가르침을 엄격하게 하여 효도와 우애의 의리로써 거듭하여 가르친다면 [머리가] 희끗희끗한 자가 길에서 짐을 등에 짊어지거나 머리에 이지 않을 것입니다. 나이 든 자가 비단옷을 입고 고기를 먹으며, 일반 백성이 굶주리지 않고 추위에 떨지 않게 하고서도 왕 노릇 하지 못하는 자는 없습니다."

齊宣王問曰: "齊桓晉文之事可得聞乎?" 孟子對曰: "仲尼之徒無道桓文之事者, 是以後世無傳焉, 臣未之聞也. 無以, 則王乎." 曰: "德何如則可以王矣?" 曰: "保民而王, 莫之能禦也." 曰: "若寡人者, 可以保民乎哉?" 曰: "可." 曰: "何由知吾可也?" 曰: "臣聞之胡齕, 曰: 王坐於堂上, 有牽牛而過堂下者, 王見之, 曰: '牛何之?' 對曰: '將以釁鐘.' 王曰: '舍之! 吾不忍其觳觫, 若無罪而就死地.' 對曰: '然則廢釁鐘與?'

85) 원문의 "불섬不贍"을 번역한 것으로, '섬贍'은 '넉넉하다〔足〕'라는 뜻이다.

86) 원문의 "팔구지가八口之家"를 번역한 것으로, 조기는 '차상농부次上農夫'라고 했다. 제10편 〈만장 하〉 2장의 "상농부사구인上農夫食九人"을 참조하면, 한 집안의 식구가 아홉이면 '상농부上農夫'라고 한다.

曰: '何可廢也? 以羊易之!' 不識有諸?" 曰: "有之." 曰: "是心足以王矣. 百姓皆以王爲愛也, 臣固知王之不忍也." 王曰: "然, 誠有百姓者. 齊國雖褊小, 吾何愛一牛? 卽不忍其觳觫, 若無罪而就死地, 故以羊易之也." 曰: "王無異於百姓之以王爲愛也. 以小易大, 彼惡知之? 王若隱其無罪而就死地, 則牛羊何擇焉?" 王笑曰: "是誠何心哉? 我非愛其財而易之以羊也. 宜乎百姓之謂我愛也." 曰: "無傷也, 是乃仁術也, 見牛未見羊也. 君子之於禽獸也, 見其生, 不忍見其死, 聞其聲, 不忍食其肉. 是以君子遠庖廚也." 王說曰: "詩云, '他人有心, 予忖度之.' 夫子之謂也. 夫我乃行之, 反而求之, 不得吾心. 夫子言之, 於我心有戚戚焉. 此心之所以合於王者, 何也?" 曰: "有復於王者曰: '吾力足以擧百鈞, 而不足以擧一羽, 明足以察秋毫之末, 而不見輿薪', 則王許之乎?" 曰: "否." "今恩足以及禽獸, 而功不至於百姓者, 獨何與? 然則一羽之不擧, 爲不用力焉, 輿薪之不見, 爲不用明焉, 百姓之不見保, 爲不用恩焉. 故王之不王, 不爲也, 非不能也." 曰: "不爲者與不能者之形何以異?" 曰: "挾太山以超北海, 語人曰: '我不能.' 是誠不能也. 爲長者折枝, 語人曰: '我不能.' 是不爲也, 非不能也. 故王之不王, 非挾太山以超北海之類也, 王之不王, 是折枝之類也. 老吾老, 以及人之老, 幼吾幼, 以及人之幼. 天下可運於掌. 詩云, '刑于寡妻, 至于兄弟, 以御于家邦.' 言擧斯心加諸彼而已. 故推恩足以保四海, 不推恩無以保妻子. 古之人所以大過人者, 無他焉, 善推其所爲而已矣. 今恩足以及禽獸, 而功不至於百姓者, 獨何與? 權, 然後知輕重, 度, 然後知長短.

物皆然, 心爲甚. 王請度之! 抑王興甲兵, 危士臣, 搆怨於諸侯, 然後快於心與?" 王曰: "否, 吾何快於是? 將以求吾所大欲也." 曰: "王之所大欲可得聞與?" 王笑而不言. 曰: "爲肥甘不足於口與? 輕煖不足於體與? 抑爲采色不足視於目與? 聲音不足聽於耳與? 便嬖不足使令於前與? 王之諸臣皆足以供之, 而王豈爲是哉?" 曰: "否, 吾不爲是也." 曰: "然則王之所大欲可知已,[87] 欲辟土地, 朝秦楚, 莅中國而撫四夷也. 以若所爲求若所欲, 猶緣木而求魚也." 王曰: "若是其甚與?" 曰: "殆有甚焉. 緣木求魚, 雖不得魚, 無後災. 以若所爲求若所欲, 盡心力而爲之, 後必有災." 曰: "可得聞與?" 曰: "鄒人與楚人戰, 則王以爲孰勝?" 曰: "楚人勝." 曰: "然則小固不可以敵大, 寡固不可以敵衆, 弱固不可以敵强. 海內之地方千里者九, 齊集有其一. 以一服八, 何以異於鄒敵楚哉? 蓋亦反其本矣? 今王發政施仁, 使天下仕者皆欲立於王之朝, 耕者皆欲耕於王之野, 商賈皆欲藏於王之市, 行旅皆欲出於王之塗, 天下之欲疾其君者皆欲赴愬於王. 其[88]若是, 孰能禦之?" 王曰: "吾惛, 不能進於是矣. 願夫子輔吾志, 明以教我. 我雖不敏, 請嘗試之." 曰: "無恒產而有恒心者, 惟士爲能. 若民, 則無恒產, 因無恒心. 苟無恒心, 放辟邪侈, 無不爲已. 及陷於罪, 然後從而刑之, 是罔民也. 焉有仁人在位罔民而可爲也? 是故明君制民之產, 必使仰足以事父母, 俯足以畜妻子, 樂歲終身飽, 凶年免於死亡, 然後驅而之善, 故民之從之也輕. 今也制民之產, 仰不足以事父母, 俯不足以畜妻子, 樂歲終身苦, 凶年不免於

87) "이已"는 여기서 어조사로 쓰였다.

88) 여기서의 "기其"란 '장차〔將〕'라는 뜻으로 쓰였다. 《서경書經》 〈미자微子〉에 "지금 은나라가 함락되려 하는 것이〔今殷其淪喪〕"에서의 '기' 자와 쓰임이 같다(동양고전연구회 설).

死亡. 此惟救死而恐不贍, 奚暇治禮義哉? 王欲行之, 則盍反其本矣? 五畝之宅, 樹之以桑, 吾十者可以衣帛矣. 雞豚狗彘之畜, 無失其時, 七十者可以食肉矣. 百畝田, 勿奪其時, 八口之家可以無飢矣. 謹庠序之教, 申之以孝悌之義, 頒白者不負戴於道路矣. 老者衣帛食肉, 黎民不飢不寒, 然而不王者, 未之有也."

제2편

양혜왕 하

梁惠王下

【해설】

이 편은 모두 16장으로 구성되어 있으며 기본적인 단락의 구분과 구성 방식은 앞의 편과 차이가 없다. 이 편에는 제 선왕과 추 목공과 등 문공 등과의 대화를 중심으로 인정에 관한 다양한 담론이 담겨 있다. 맹자는 첫 장에서 혼자 즐기는 것과 남들과 같이 즐기는 것 가운데 어느 것이 즐거운지 왕의 답변을 자연스럽게 유도하면서 이미 상편에서 주창하는 '여민동락'의 기본적인 인식이 통치자의 중요한 정치 동기가 되어야 한다고 설파한다. 이러한 여민동락의 강조는 사냥을 하거나 순수巡狩를 하더라도 군주의 욕망을 늘 백성과 공유하라는 의미인 동시에 왕과 백성을 동일시하라는 중요한 경고다.

이 편의 앞부분과 뒷부분에는 맹자의 외교관이 드러나는데, 작은 나라는 큰 나라와 전쟁하기보다는 큰 나라를 섬기는 현실적인 타협이 중요하다고 강조한다. 맹자는 사소한 만용에 휩싸여 전쟁을 일으키는 제 선왕의 행태를 비판하면서 백성이 편안하게 여기는 것이 무엇인지를 살피지 않는 것에 대해 일갈한다. 별궁에 있는 제 선왕이 자신의 주제를 파악하지 못하고 자신을 '현능한 자'로 자평하는 것에 대해 왜 백성이 빠져 있느냐고 비판하면서, 순수를 하는 정치 행위도 백성의 입장을 헤아려야 하고 군주의 욕망에 가로막혀서는 안 된다는 점을 분명히 한다.

이 편의 8장에 신하가 군주를 시해하는 것이 옳은 일이냐는 제 선왕의 질문에 맹자가 제아무리 군주라고 해도 패악한 일을 저지른 군주는 필부 한 명에 불과하므로 얼마든지 제거할 수 있다고 대답하는 대목이 있어 읽는 이로 하여금 당혹스럽지만 정당하게 만든다. 탕왕이나 무왕은 유가에서 받드는 성군인데, 결국 신하로서 하극상한 것이 아니냐는 제 선왕의 논지에 맹자가 짧지만 간결한 메시지를 보낸 것이다.

13장부터 15장까지에는 등 문공이 작은 나라로서 느끼는 외교적 위축감이 드러난다. 맹자는 무도한 제후국을 정벌하는 방법과 약소국 중의 약소국인 등나라의 외교 정책을 적절한 비유를 통해 설명하면서 왕들의 각성을 촉구하고 있다.

백성과 함께 즐겨라[與民同樂] 2.1

장포가 맹자를 뵙고 말했다.

"[저] 장포가 왕을 뵈니,[1] 왕께서 제게 음악[2]을 좋아한다고 말씀하셨는데 저는 대답하지 못했습니다."

[이어서] 말하기를 "음악을 좋아하는 것은 어떠합니까?"

맹자께서 말씀하셨다.

"왕께서 음악을 대단히 좋아하신다면 제나라는 아마도 잘 다스려질 것인저!"

다른 날[3] [맹자께서] 왕을 만나 뵙고 말씀하셨다.

"왕께서 일찍이 장자(장포)에게 음악을 좋아한다고 말씀하셨다는데, 그런 일이 있었습니까?"

왕이 얼굴빛이 변하면서 말씀하였다.

"과인은 선왕의 음악을 좋아하는 것이 아니고 단지 세속의 음악

---

1) 원문의 "현어왕見於王"을 번역한 것으로, 양보쥔은 여기서의 '현見'은 제나라 신하인 장포가 임금을 뵙는 것이므로 '현'이라고 발음해야 한다는 견해를 보인다. 또 양보쥔은 원문의 "현어왕見於王"과 "견맹자見孟子"에 대해 그 차이를 보충 설명하며, '현어왕'은 '왕에게 접견을 받다〔被王接見〕'라는 뜻이고, '견맹자'는 '맹자를 찾아와서 본다〔來看孟子〕'라는 뜻으로 풀이했는데 일리가 있다.

2) 원문의 "악樂"을 번역한 것으로, 양보쥔은 '음악'으로 풀이하는 경우가 일반적인데, 송나라 진선陳善의 《문슬신어捫蝨新語》에서는 '즐기다'로 해석했다. 뒤에 나오는 문장에서 '사냥〔田獵〕'에 대해 이야기한 것과 음악은 직접적인 연관이 없다고 보았기 때문이라고 했다. 그러나 '독락악獨樂樂', '인락악人樂樂' 등은 전렵田獵을 비유한 것으로 보아야 무리가 없다.

3) 원문의 "타일他日"을 번역한 것으로, 제2편 〈양혜왕 하〉 16장의 "타일군출他日君出"과 같은 경우로 해석된다. 직역하면 '다른 날'이라는 말이고, 시간적으로는 '(이전의) 지난날'을 의미한다. 여기서는 '(이후의) 지난날'을 의미하기 때문에 우재호는 '며칠 후'로 번역해야 한다고 주장했다.

을 좋아할 뿐입니다."

[맹자께서] 말씀하셨다.

"왕께서 음악을 대단히 좋아하신다니 제나라는 아마도 잘 다스려질 것입니다! 지금 음악은 옛 음악에서 말미암은 것입니다."

[왕이] 말씀하였다.

"[더] 들을 수 있겠습니까?"

[맹자께서] 말씀하셨다.

"혼자 음악을 즐기시는 것과 다른 사람과 음악을 즐기시는 것 중에 어느 것이 [더] 즐겁습니까?"

[왕이] 말씀하였다.

"다른 사람과 함께 즐기는 것만 못합니다."

[맹자께서] 말씀하셨다.

"적은 사람과 음악을 즐기시는 것[4]과 많은 사람과 음악을 즐기시는 것 중에 어느 것이 [더] 즐겁습니까?"

[왕이] 말씀하였다.

"많은 사람과 함께 즐기는 것만 못합니다."

[맹자께서 말씀하셨다.]

"청하건대 신이 왕을 위해 음악에 대해 말씀드리겠습니다. [만일] 지금 왕께서 여기서 음악을 연주하시는데,[5] 백성이 왕의 종소리와 북소리, 피리 소리를 듣고는 모두 골치 아파하고 이마를 찌푸리

---

4) 원문의 "락악樂樂"을 번역한 것으로, 주희는 "'악락樂樂'에서 뒤의 글자는 음이 '락'이다〔樂樂, 下字音洛〕"라고 했는데, 문법상 '락악'으로 읽는 것이 옳다.

5) 원문의 "고악鼓樂"을 번역한 것으로, 대개 '종鍾'은 중지하는 것으로 체體를 삼고, '북〔鼓〕'은 연주하는 것으로 용用을 삼는다. 그러므로 연주하는 것을 말한다.

며 서로 말하기를 '우리 왕께서 음악을 연주하기 좋아하시는데 어찌하여 우리는 이렇게 곤궁하게 하셨는가? 아버지와 아들이 서로 만나지 못하게 하고, 형제와 아내와 자식이 흩어지게 하는가?'라고 하고, 지금 왕께서 여기서 사냥을 하시는데, 백성이 왕의 수레와 말의 소리를 들으며 깃발의 아름다움을 보고는 모두 골치 아파하고 이마를 찌푸리며 서로 말하기를 '우리 왕께서 사냥을 좋아하시는데 어찌하여 우리는 이렇게 곤궁하게 하셨는가? 아버지와 아들이 서로 만나지 못하게 하고, 형제와 아내와 자식이 흩어지게 하는가?'라고 한다면, 이것은 다른 이유가 아니고 [왕께서] 백성과 함께 즐기지 않으셨기 때문입니다.

지금 왕께서 여기서 음악을 연주하시는데, 백성이 왕의 종소리와 북소리, 피리 소리를 듣고는 모두 흔쾌히 기쁜 얼굴빛으로 서로 말하기를 '우리 왕께서 아마도 병이 없으시겠지. 어찌 이렇게 음악을 잘 연주하시는가?'라고 하고, 지금 왕께서 여기서 사냥을 하시는데, 백성이 왕의 수레와 말의 소리를 들으며 깃발의 아름다움을 보고는 모두 흔쾌히 기쁜 얼굴빛으로 서로 말하기를 '우리 왕께서 아마도 병이 없으시겠지. 어찌 이렇게 사냥을 잘하시는가?'라고 한다면, 이것은 다른 이유가 아니고 백성과 함께 즐기시기 때문입니다. 지금 왕께서 백성과 함께 즐기신다면 [훌륭히] 왕 노릇 하실 것입니다."

莊暴見孟子曰: "暴見於王, 王語暴以好樂, 暴未有以對也." 曰: "好樂何如?” 孟子曰: “王之好樂甚, 則齊國其庶幾乎!” 他日, 見於王曰: “王嘗語莊子以好樂, 有諸?” 王變乎色曰: “寡人非能好先王之樂也, 直好世俗之樂耳.” 曰: “王之好樂甚, 則齊其庶幾乎! 今之樂由古之樂也.” 曰: “可得聞與?” 曰: “獨樂樂, 與人樂樂, 孰樂?” 曰: “不若與人.” 曰: “與少樂樂, 與衆樂樂, 孰樂?” 曰: “不若與衆.” “臣請爲王言樂. 今王鼓樂於此, 百姓聞王鐘鼓之聲, 管籥之音, 擧疾首蹙頞而相告曰: ‘吾王之好鼓樂, 夫何使我至於此極也? 父子不相見, 兄弟妻子離散?’ 今王田獵於此, 百姓聞王車馬之音, 見羽旄之美, 擧疾首蹙頞而相告曰: ‘吾王之好田獵, 夫何使我至於此極也? 父子不相見, 兄弟妻子離散?’ 此無他, 不與民同樂也. 今王鼓樂於此, 百姓聞王鐘鼓之聲, 管籥之音, 擧欣欣然有喜色而相告曰: ‘吾王庶幾無疾病與, 何以能鼓樂也?’ 今王田獵於此, 百姓聞王車馬之音, 見羽旄之美, 擧欣欣然有喜色而相告曰: ‘吾王庶幾無疾病與, 何以能田獵也?’ 此無他, 與民同樂也. 今王與百姓同樂, 則王矣.”

문왕의 동산을 작다고 여기는 이유 2.2

제 선왕이 물었다.
“문왕의 동산이 사방 70리라는데[6] 그런 일이 있습니까?”

---

6) 원문의 “문왕지유방칠십리文王之囿方七十里”를 번역한 것이다. 《주례주소周禮註疏》에서 당나라 가공언賈公彦은 “문왕의 동산은 [넓이가] 70리에 꼴 베고 땔나무하는 자들이 들어간다(文王之囿方七十里, 芻蕘者往焉)”라는 문장의 ‘유囿’는 ‘사냥터(田獵之處)’를 의미한다고 풀이했다. 부연하면, 《맹자정의孟子精義》에 “‘유’는 구역을 만들어 짐승을 기르는 곳이니, 천자는 100리고 제후는 40리다(囿, 所以域養禽獸也. 天子百里, 諸侯四十里)”라고 했다.

맹자께서 대답하셨다.

"전해오는 문헌에 그러한 기록이 있습니다."

[왕이] 말씀하였다.

"이처럼 그것이 큽니까?"

[맹자께서] 말씀하셨다.

"백성은 오히려 작다고 생각했습니다."

[왕께서] 말씀하였다.

"과인의 동산은 사방 40리인데 백성은 오히려 크다고 생각하니 무엇 때문입니까?"

[맹자께서] 말씀하셨다.

"문왕의 동산은 사방 70리였지만 꼴 베고 땔나무하는 자들이 들어갔고, 꿩과 토끼를 잡는 자들도 들어갔으니 백성과 함께하신 것입니다. 백성이 작다고 생각한 것 또한 당연하지 않겠습니까? 신이 처음 국경에 도착했을 때 제나라에서 엄하게 금지하는 법을 물어본 뒤에야 겨우 들어왔습니다. 신이 들으니, 교외와 국경의 관문 사이에 동산이 사방 40리인데, 동산에 있는 사슴을 죽이는 자는 사람을 죽인 죄와 똑같이 다스린다고 합니다. 이는 사방 40리로 나라 안에 함정을 만든 격입니다. 백성이 크다고 생각하는 것 또한 당연하지 않겠습니까?"

齊宣王問曰: "文王之囿方七十里, 有諸?" 孟子對曰: "於傳有之." 曰:

"若是其大乎?" 曰: "民猶以爲小也." 曰: "寡人之囿方四十里, 民猶以爲大, 何也?" 曰: "文王之囿方七十里, 芻蕘者往焉, 雉兎者往焉, 與民同之. 民以爲小, 不亦宜乎? 臣始至於境, 問國之大禁, 然後敢入. 臣聞郊關之內有囿方四十里, 殺其麋鹿者如殺人之罪. 則是方四十里爲阱於國中. 民以爲大, 不亦宜乎?"

용맹을 좋아하는 제 선왕에게 한 말 2.3

제 선왕이 물었다.

"이웃 나라와의 교류에 방도가 있습니까?"

맹자께서 대답하셨다.

"있습니다. 오직 인한 자만이 큰 나라로 작은 나라를 섬길 수 있습니다. 그러므로 탕왕이 갈葛나라를 섬기고,[7] 문왕이 곤이昆夷를 섬긴 것입니다. 오직 지혜로운 자만이 작은 나라로 큰 나라를 섬길 수 있습니다. 그러므로 태왕이 훈육獯鬻을 섬기고,[8] 구천句踐이 오吳나라를 섬긴 것입니다.[9] 큰 나라로 작은 나라를 섬기는 자는 하늘의 뜻을 즐겨 따르는 자이고, 작은 나라로 큰 나라를 섬기는 자는 하늘의 뜻을 삼가 두려워하는 자입니다. 하늘의 뜻을 즐겨 따르는

7) 원문의 "탕사갈湯事葛"을 번역한 것인데, 제6편 〈등문공 하〉 5장에 유사한 내용이 있다. 조기의 주석에도 탕湯이 박읍亳邑에 거주할 때 이웃인 갈葛나라가 제사를 지내지 않으므로 희생을 보내 제사를 지내게 하고, 또 박읍의 백성을 보내 농사를 지어주게 했던 일을 가리킨다고 했다.

8) 원문의 "태왕사훈육太王事獯鬻"을 번역한 것으로, 태왕은 주나라 문왕의 조부인 고공단보古公亶父를 말한다. '훈육'은 '험윤獫狁'이라고도 불린다. 당시 북방의 소수민족이었다. 이 편 15장에 "옛날에 태왕이 빈 땅에 사실 때 오랑캐가 쳐들어왔습니다〔昔者大王居邠, 狄人侵之〕"라고 한 문장에서 '적인狄人'을 가리킨다.

자는 온 천하를 보전하고, 하늘의 뜻을 삼가 두려워하는 자는 자기 나라를 보전합니다. 《시경》에 이르기를 '하늘의 위엄을 두려워하여 이에 보전하네'라고 했습니다."

왕이 말씀하였다.

"훌륭합니다, [선생의] 말씀이여! [그런데] 과인이 병통이 있으니, 과인은 용맹을 좋아합니다."

[맹자께서] 대답하셨다.

"왕께서는 사소한 용맹을 좋아하지 마십시오. 칼을 거머쥐고 상대방을 노려보며[10] 말하기를 '네가 어찌 감히 나를 감당하겠는가!' 라고 하는 것은 평범한 사내의 용맹으로 한 사람을 상대할 뿐이니, 왕께서는 용맹을 크게 가지십시오! 《시경》에 이르기를 '왕께서 발끈 노여워하시자 이에 그 군대를 정비하여 거莒나라를 치러 가는 무리를 막아 주周나라의 복을 두텁게 하여 천하에 보답했네'라고 했으니, 이것은 문왕의 용맹입니다. 문왕께서는 한 번 노여워하여 천하의 백성을 편안하게 하셨습니다. 《서경書經》[11]에 이르기를 '하

9) 원문의 "구천사오句踐事吳"를 번역한 것으로, 《사기》 〈월왕구천세가越王句踐世家〉에 월왕 구천이 오왕 부차에게 대패하고 회계산에 도주하게 되자, 자신을 낮추고 선물을 후하게 바쳐서 치욕적인 화친을 오나라에 요청하고 자신은 오왕이 타는 말 앞에서 길을 인도했다. 구천은 뒤에 국력을 길러 오나라를 멸망시켰다는 내용을 사마천은 상세히 기술하고 있다.

10) 원문의 "질시疾視"를 번역한 것으로, 주희는 "성난 눈으로 보는 것이다(怒目而視也)"라고 했다.

11) 《서경》은 〈우서虞書〉, 〈하서夏書〉, 〈상서商書〉, 〈주서周書〉로 나뉘며, 우虞·하夏·상商·주周나라의 역사서다. 본래는 '서書'로 불렸는데 한漢나라 때 '상서尙書'라는 명칭을 사용했다. 《사기》 〈공자세가孔子世家〉에 따르면 공자가 《상서》의 서序를 지어 《서전》을 편찬했다고 하지만, 후대의 사람이 지었다는 설도 있다. 《서경》을 누가 지었는지는 정확히 알 수 없다. 이하의 구절은 《서경》 〈주서·태서 상〉에 나오는 부분이다.

늘이 백성을 내시고 그 군주를 일어나게 하고 스승을 마련해준 것은 오직 말하기를 「하느님을 도와 [백성을] 사랑하도록 했기 때문이다」라고 하셨으니, 사방에 죄가 있고 죄가 없는 것이 나에게 [책임이] 있으니[12] 천하에 어찌 감히 그 뜻을 거스르는 자가 있겠는가?'라고 했습니다. [주왕紂王] 한 사람이 천하에 멋대로 돌아다녀 무왕이 이것을 부끄러워하신 것이니, 이것은 무왕의 용맹으로 무왕께서는 한 번 노여워하여 천하의 백성을 편안하게 하셨습니다. 지금 왕께서도 한 번 노여워하여 천하의 백성을 편안하게 하신다면, 백성은 오히려 왕께서 용맹을 좋아하지 않을까 두려워할 것입니다."

齊宣王問曰: "交鄰國有道乎?" 孟子對曰: "有. 惟仁者爲能以大事小, 是故湯事葛, 文王事昆夷. 惟智者爲能以小事大, 故太王事獯鬻, 句踐事吳. 以大事小者, 樂天者也, 以小事大者, 畏天者也. 樂天者保天下, 畏天者保其國. 詩云, '畏天之威, 于時保之.'" 王曰: "大哉言矣! 寡人有疾, 寡人好勇." 對曰: "王請無好小勇. 夫撫劍疾視曰: '彼惡敢當我哉!' 此匹夫之勇, 敵一人者也. 王請大之! 詩云, '王赫斯怒, 爰整其旅, 以遏徂莒, 以篤周祜, 以對于天下.' 此文王之勇也. 文王一怒而安天下

12) 원문의 "유왈기조상제총지惟曰其助上帝寵之. 사방유죄무죄유아재四方有罪無罪惟我在"를 번역한 것으로, 이 문장은 구두점에 관한 논란이 있다. 주희는 "惟曰其助上帝. 寵之四方, 有罪無罪, 惟我在"로 보았다. 그렇다면 '오직 하느님을 돕기 때문에 사방에서 그를 총애하는 것이다. 죄가 있든 죄가 없든 내가 있으니'라고 번역된다. 그러나 조기는 "惟曰其助上帝寵之. 四方有罪無罪, 惟我在"라고 보아 '오직 그가 하느님을 도와 백성을 총애하라는 것이다. 사방의 사람에게 죄가 있고 죄가 없는 것이 오직 나에게 달려 있으니'라고 번역된다. 양보쥔 또한 조기의 해석 방식을 취하여 군주와 스승의 임무는 하느님을 도와 백성을 아끼고 편안하게 하는 것의 의미로 보아야 한다고 주장했다. 역자는 조기의 구두점이 타당하다고 판단되어 원문을 교감하여 번역했다.

之民. 書曰: '天降下民, 作之君, 作之師, 惟曰其助上帝寵之. 四方有罪無罪, 惟我在, 天下曷敢有越厥志?' 一人衡行於天下, 武王恥之, 此武王之勇也. 而武王亦一怒而安天下之民. 今王亦一怒而安天下之民, 民惟恐王之好不勇也."

즐거움과 근심도 온 천하와 함께하라 2.4

제 선왕이 맹자를 설궁雪宮[13]에서 만나뵈었는데, 왕이 말씀하였다.
"어진 자도 이런 즐거움이 있습니까?"
맹자께서 대답하셨다.
"있습니다. [그러나] 사람들은 이런 즐거움을 얻지 못하면 그 윗사람을 비난합니다. [이런 즐거움을] 얻지 못했다고 윗사람을 비난하는 자도 잘못이고, 백성의 윗사람이 되어 백성과 함께 즐거워하지 못한 자도 잘못입니다. 백성의 즐거움을 [자신의 즐거움으로] 즐거워하는 자는 백성도 그 [왕의] 즐거움을 즐거워하고, 백성의 근심을 근심하는 자는 백성도 그 [왕의] 근심을 근심합니다. 즐거워하기를 천하와 함께하고 근심하기를 천하와 함께하고도 왕 노릇 하지 못하는 자는 없습니다.

옛날에 제齊 경공景公이 안자晏子에게 묻기를 '내가 전부산과 조무산을 두루 보고 바닷가에서 남쪽으로 낭야까지 가고자 하는데 내

13) 설궁雪宮은 제 선왕의 이궁離宮을 말한다. 고대의 제왕이 정궁正宮 이외의 임시로 거처하는 궁실을 말하는데, 지금의 별장과 같다. 양보쥔은 이 문장에 대해 두 가지 견해를 제시했다. 첫째는 선왕이 설궁에서 맹자를 접견했다는 것이고, 둘째는 선왕이 설궁으로 맹자를 초대하여 자신이 맹자를 보러 갔다는 것이다.

가 무엇을 갖추어야 선왕이 두루 본 것에 견줄 수 있겠는가?'라고 했습니다. 안자가 대답하기를 '좋은 질문입니다. 천자가 제후에게 가는 것을 순수巡狩라고 하니, '순수'는 [제후가] 지키는 국경 안을 순행巡行한다는 뜻입니다. 제후가 천자에게 조회 가는 것을 술직述職이라고 하니, '술직'은 자기가 맡은 직무를 [펼치듯] 아뢴다는 뜻입니다. [순수와 술직 모두가] 일 아닌 것이 없습니다. 봄이면 밭 가는 것을 살펴 부족한 것을 도와주고, 가을이면 수확하는 것을 살펴 부족한 것을 도와줍니다. 하夏나라 속담에 「우리 왕이 유람하시지 않으면 우리가 어찌 쉴 수 있겠는가? 우리 왕이 즐기시지 않으면[14] 우리가 어찌 도움을 받겠는가? 한 번 유람하시고 한 번 즐기시니 제후들의 본보기가 된다」[15]고 했습니다. [그러나] 지금은 그렇지 않아 [왕이] 군대를 행군하면서 양식을 먹기에 배고픈 자가 먹지 못하고 피곤한 자가 쉬지 못해서 눈을 흘기며 서로 헐뜯어서 백성이 사특하게 되었는데도, [하늘의] 명을 거역하고[16] 백성을 학대해서 음식 먹는 것을 물 흐르듯이 하여 류流·연連·황荒·망亡 하는 것이 제후들의 근심이 됩니다. [뱃놀이에] 물길 따라 내려가서 돌아오는 것을

---

14) 원문의 "불예不豫"를 번역한 것으로, 주희는 '즐기다〔樂〕'라고 했고, 양보쥔은 '노닐다〔遊〕'의 뜻과 같다고 보았다. 《안자춘추晏子春秋》〈내편內篇·문하問下〉에 "봄에는 밭 가는 일을 살펴 부족한 것을 보충함을 '유遊'라고 하고, 가을에는 곡식이나 열매가 잘 익었는지 살펴 부족한 것을 도와줌을 일러 '예豫'라고 한다〔春省耕而補不足者謂之遊, 秋省實而助不給者謂之豫〕"라고 했다.

15) 속담의 내용을 "~우리가 어떻게 도움을 받겠는가?"까지 보는 학자도 있다.

16) 원문의 "방명方命"을 번역한 것으로, 조기는 "'방'은 거역함과 같다〔方, 猶逆也〕"라고 했고, 주희는 "'방'은 거역함이요, '명'은 왕명이다〔方, 逆也, 命, 王命也〕"라고 했으며, 양보쥔은 "'방'은 위반한다는 뜻이고, '명'은 하느님의 뜻을 가리킨다〔方, 違反之意. 命指上帝意旨〕"라고 풀이를 했는데, 모두 일맥상통한다.

잇는 것을 '류'라고 하고, 물길 따라 올라가서 돌아오는 것을 잇는 것을 '연'이라고 하고, 짐승을 쫓는 것에 싫증 내지 않는 것을 '황'이라고 하고, 술을 즐겨 싫증 내지 않는 것을 '망'이라고 합니다. 선왕은 '류·연'의 즐거움과 '황·망'의 행실이 없으셨으니, 오직 군주께서 행동하실 바입니다'라고 했습니다.

경공은 기뻐하여 나라 안에 대대적으로 명을 내리고는[17] 교외로 나가 베풀면서[18] 이에 비로소 창고를 열어[19] 부족한 백성을 도와주고, [음악을 관장하는] 태사太師[20]를 불러 말하기를 '나를 위해 군신[21]이 서로 기뻐하는 음악을 만들도록 하라!'고 했으니, 치소徵招와 각소角招라는 음악이 바로 그것입니다. 그 가사에 말하기를 '군주의 욕심을 막는 것이 무슨 잘못인가?'라고 했으니, 군주의 욕심을 막는 것이 군주를 사랑하는 것입니다."

齊宣王見孟子於雪宮. 王曰: "賢者亦有此樂乎[22]?" 孟子對曰: "有. 人不得, 則非其上矣. 不得而非其上者, 非也, 爲民上而不與民同樂者, 亦非也. 樂民之樂者, 民亦樂其樂, 憂民之憂者, 民亦憂其憂. 樂以天

---

17) 원문의 "계戒"를 번역한 것으로, 조기는 '비備'와 같다고 했다. 주희는 "명을 알리다〔告命〕"로 풀이했다. 양보쥔은 "충분한 준비〔充分的准備〕"라고 하여 '경계하다'의 뜻이 아닌 《시경》 〈소아·대전大田〉의 "큰 밭에 심을 것이 많으니, 종자를 고르고 연장을 준비하여 갖추어 일한다〔大田多稼, 旣種旣戒, 旣備乃事〕"에서 '계戒'의 뜻과 같이 보아야 한다고 주장했다.

18) 원문의 "출사出舍"를 번역한 것으로, 그 함의는 주희가 "스스로 책임지고 백성을 살피는 것이다〔自責以省民也〕"라고 한 말을 염두에 둘 필요가 있다.

19) 원문의 "흥발興發"을 번역한 것이다. 주희는 "창고를 여는 것이다〔發倉廩也〕"라고 했다.

20) 원문의 "대사大師"는 태사太師로, 즉 악사樂師 또는 악관樂官을 말한다.

21) 원문의 "군신君臣"은 자신과 안자를 지칭한 것이다.

下, 憂以天下, 然而不王者, 未之有也. 昔者齊景公問於晏子曰: '吾欲觀於轉附朝儛, 遵海而南, 放於琅邪, 吾何脩而可以比於先王觀也?' 晏子對曰: '善哉問也! 天子適諸侯曰巡狩. 巡狩者, 巡所守也. 諸侯朝於天子曰述職. 述職者, 述所職也. 無非事者. 春省耕而補不足, 秋省斂而助不給. 夏諺曰:「吾王不遊, 吾何以休? 吾王不豫, 吾何以助? 一遊一豫, 爲諸侯度」. 今也不然, 師行而糧食, 飢者弗食, 勞者弗息. 睊睊胥讒, 民乃作慝. 方命虐民, 飮食若流. 流連荒亡, 爲諸侯憂. 從流下而忘反謂之流, 從流上而忘反謂之連, 從獸無厭謂之荒, 樂酒無厭謂之亡. 先王無流連之樂, 荒亡之行, 惟君所行也.' 景公悅, 大戒於國, 出舍於郊. 於是始興發補不足. 召大師曰: '爲我作君臣相說之樂!' 蓋徵招角招是也. 其詩曰: '畜君何尤?' 畜君者, 好君也."

재물과 여색을 좋아하는 것도 백성과 함께한다면 2.5

제 선왕이 물었다.

"사람들이 모두 나에게 명당[23]을 헐어버리라고 하는데, 헐어버려야 합니까? 그만두어야 합니까?"

맹자께서 대답하셨다.

"명당은 왕 노릇 하는 자의 전당이니, 왕께서 왕도정치를 행하고자 하신다면 그것을 헐어버리지 마십시오."

왕이 말씀하였다.

---

22) 원문의 "호乎"에 대하여 손석은 소疏에서 "맹자가 [이러한 것을] 즐기는지 즐기지 않는지 알 수 없어서 '호' 자를 써서 그것을 궁금해하는 표현을 한 것이다〔未知孟子可否若何? 所以云乎而疑之之辭也〕"라고 했다.

"왕도정치에 대해 들을 수 있겠습니까?"

[맹자께서] 대답하셨다.

"옛날에 문왕이 기岐라는 지역을 다스릴 때, 밭 가는 자들은 9분의 1만 세금을 냈고,[24] 벼슬하는 자들은 대대로 녹봉을 받았으며, 세관과 시장은 감시[25]하기만 하고 세금을 거두어들이지 않았고, 물고기 잡는 보를 세우는 것을 금지하지 않았으며, 죄인을 처벌하는 데 아내와 자식까지 처벌하지 않았습니다. 늙어서 아내가 없는 자를 '환鰥(홀아비)'이라고 하고, 늙어서 남편이 없는 자를 '과寡(과부)'

---

23) 원문의 "명당明堂"에 대해 조기는 "태산에 있는 명당을 일컬은 것이니, 본래 주나라 천자가 동쪽 지방을 순수하면서 제후들의 조회를 받던 곳이다〔謂泰山下明堂, 本周天子東巡狩朝諸侯之處也〕"라고 했는데, 이에 주희는 "한漢나라 때까지 옛터가 남아 있었다. 사람들이 그것을 헐어버리려고 한 것은 천자가 다시 순수하지 않고, 제후도 또한 거처할 수 없기 때문에 왕이 '마땅히 헐어버려야 합니까, 그만두어야 합니까?'라고 물은 것〔漢時遺址尙在, 人欲毁之者, 蓋以天子不復巡守, 諸侯又不當居之也. 王問當毁之乎, 且止乎〕"이라고 풀이했다. 양보쥔은《주례》와《예기》의 소疏에 인용된 여러 문헌에 의거하여 이에 대한 주장이 크게 두 가지 있음을 소개했다. 하나는 천자가 제후들의 조회를 받기 위해 설치했다는 것이고, 다른 하나는 천자의 종묘라고 한 것이다.

24) 원문의 "경자구일耕者九一"을 번역한 것으로, '구일九一'이란 '정전법〔井田之制〕'을 말한다. 농경지를 우물〔井〕 모양으로 그어 한 정井마다 900이랑〔畝〕을 만들고, 여덟 가구가 100이랑씩 사전私田으로 삼고, 가운데 한 곳의 100이랑은 공동으로 경작했으니 이를 공전公田이라 한다. 맹자의 이상적 토지제도인 정전제는 제5편 〈등문공 상〉 3장에 "사방 1리가 정井이고 정은 900이랑이며, 그 가운데가 공전公田이다. 여덟 집에서 모두 100이랑씩을 사전私田으로 받고, 공동으로 공전을 경작하는데, 공전의 일을 마친 뒤에야 사전의 일을 하니, 이는 [군자와] 야인을 구별한 것이다. 이것이 정전의 대략이니, 이것을 [실정에 맞도록] 윤택하게 하는 것으로 말하면 군주와 그대에게 달려 있다〔方里而井, 井九百畝, 其中爲公田. 八家皆私百畝, 同養公田, 公事畢, 然後敢治私事, 所以別野人也. 此其大略也, 若夫潤澤之, 則在君與子矣〕"라고 하여 정전법에 대해 상세히 풀이하고 있으니 해당 구절과 함께 읽어봐야 한다.

25) 원문의 "기譏"를 번역한 것으로, '찰察'과 같다. 부연하면《예기》〈왕제〉 편에 "관문을 지키는 관리는 금령을 집행하여 살핀다〔關執禁以譏〕"라고 했는데, 소疏에 "'기'는 [길을 비키라고] 소리 지르며 살피는 것〔譏, 呵察〕"이라고 했다.

라고 하고, 늙어서 자식이 없는 자를 '독獨(무의탁자)'이라고 하고, 어려서 부모가 없는 자를 '고孤(고아)'라고 하니, 이 넷은 천하의 고달픈 백성으로 하소연할 곳이 없는 자들입니다. 문왕은 선정을 펴고 인한 정치를 베푸시되 반드시 이 네 부류를 우선 배려하셨습니다. 《시경》에 이르기를 '부유한 자들은 괜찮겠지만 애처롭구나, 시름에 겨운 이들이여!'라고 했습니다."

왕이 말씀하였다.

"좋습니다, 선생의 말씀이여!"

[맹자께서] 말씀하셨다.

"왕께서 만일 [이를] 좋게 여기신다면 어찌하여 실행하지 않습니까?"

왕이 말씀하였다.

"과인은 병통이 있으니, 과인은 재물을 좋아합니다."

[맹자께서] 대답하셨다.

"옛날에 공유公劉라는 자가 재물을 좋아했습니다. [그런데] 《시경》에 이르기를 '노적가리와 창고에 곡식을 쌓아두고 마른 양식을 전대와 자루에 넣고서 백성을 편안히 하고, 이로써 나라를 빛낼 것을 생각하여 활과 화살을 준비하며 창과 방패와 도끼를 가지고 이에 비로소 길을 떠났네'라고 했습니다. 그러므로 집에서 사는 자들은 노적가리와 창고가 있고, 길을 떠나는 자들은 양식을 싼 [자루가 준비된] 다음에야 비로소 행군할 수 있는 것입니다. 왕께서 만일 재물을 좋아하더라도 백성과 함께하신다면 왕 노릇 하시는 데 무슨 어려움이 있겠습니까?[26)]"

왕이 말씀하였다.

"과인은 [또 다른] 병통이 있으니, 과인은 여색을 좋아합니다."

[맹자께서] 대답하셨다.

"옛날에 태왕이 여색을 좋아하여 그 후비를 사랑했습니다. 《시경》에 이르기를 '고공단보古公亶父(태왕)가 아침에 말을 달려와 서쪽 물가를 따라 기산岐山 아래에 이르러 이에 강씨 부인과 함께 와서 집터를 보았네'라고 했으니, [태왕이 다스리던] 이때에는 안으로는 [홀로] 원망하는 여자가 없었고 밖으로는 홀아비가 없었으니, 왕께서 만일 여색을 좋아하더라도 백성과 함께하신다면 왕 노릇 하시는 데 무슨 어려움이 있겠습니까?"

齊宣王問曰: "人皆謂我毁明堂, 毁諸? 已乎?" 孟子對曰: "夫明堂者, 王者之堂也. 王欲行王政, 則勿毁之矣." 王曰: "王政可得聞與?" 對曰: "昔者文王之治岐也, 耕者九一, 仕者世祿, 關市譏而不征, 澤梁無禁, 罪人不孥. 老而無妻曰鰥, 老而無夫曰寡, 老而無子曰獨, 幼而無父曰孤. 此四者, 天下之窮民而無告者. 文王發政施仁, 必先斯四者. 詩云, '哿矣富人, 哀此煢獨!'" 王曰: "善哉言乎!" 曰: "王如善之, 則何爲不

---

26) 원문의 "하유何有"를 번역한 것으로, 춘추시대의 일상어로 "하난지유何難之有"를 줄여 말한 것이다(주희 설). 주희는 "'하유'는 어렵지 않음을 말한 것이다〔何有, 言不難也〕"라고 했고, 조기는 "어찌 불가함이 있겠는가?〔何有不可也?〕"로 풀이했으며, 유보남도 《논어정의》에서 "어렵지 않다는 말〔不難之詞〕"이라고 풀이했다. 역자는 주희나 유보남의 설에 따라 '어렵지 않다〔不難〕'라는 뜻으로 풀이했다.

行?" 王曰: "寡人有疾, 寡人好貨." 對曰: "昔者公劉好貨, 詩云, '乃積乃倉, 乃裹餱糧, 于橐于囊. 思戢用光. 弓矢斯張, 干戈戚揚, 爰方啓行.' 故居者有積倉, 行者有裹囊也, 然後可以爰方啓行. 王如好貨, 與百姓同之, 於王何有?" 王曰: "寡人有疾, 寡人好色." 對曰: "昔者太王好色, 愛厥妃. 詩云, '古公亶父, 來朝走馬, 率西水滸, 至于岐下, 爰及姜女, 聿來胥宇.' 當是時也, 內無怨女, 外無曠夫. 王如好色, 與百姓同之, 於王何有?"

나라를 다스리지 못하면 군주가 책임져라 2.6

맹자께서 제 선왕에게 말씀하셨다.

"왕의 신하 가운데 그 아내와 자식을 친구에게 맡기고 초나라에 가서 유람하던 자가 있었는데, 돌아와 보니 그의 아내와 자식을 얼리고 굶주리게 했다면 어떻게 하시겠습니까?"

왕이 말씀하였다.

"[친구를] 버릴 것입니다."

[맹자께서] 말씀하셨다.

"사사士師(법을 집행하는 벼슬아치)가 선비를 다스리지 못하면 어떻게 하시겠습니까?"

왕이 말씀하였다.

"그를 그만두게 하겠습니다."

[맹자께서] 말씀하셨다.

"사방의 국경 안이 다스려지지 않으면 어떻게 하시겠습니까?"

왕이 좌우를 돌아보고는 딴 말씀을 하였다.

孟子謂齊宣王曰: "王之臣有託其妻子於其友而之楚遊者, 比其反也, 則凍餒其妻子, 則如之何?" 王曰: "棄之." 曰: "士師不能治士, 則如之何?" 王曰: "已之." 曰: "四境之內不治, 則如之何?" 王顧左右而言他.

백성의 부모가 될 자격 2.7

맹자께서 제 선왕을 뵙고 말씀하셨다.

"이른바 오래된 나라(故國)란 크나큰 나무가 있는 것을 말하는 것이 아니고, 대를 이어서 [벼슬하며] 내려오는 신하가 있는 것을 말합니다. [그런데] 왕께는 친밀한 신하조차 없으십니다. 예전에 등용한 사람이 지금은 떠나간 것도 알지 못하십니다."

왕이 말씀하였다.

"내가 어떻게 [미리] 그들의 재능이 없다는 것을 알아서 그만두게 할 수 있겠습니까?"

[맹자께서] 말씀하셨다.

"나라의 군주란 어진 이를 등용하기를 부득이한 것처럼 해야 합니다. [등용은] 지위가 낮은 자가 높은 자를 뛰어넘게 하고, [사이가]

소원한 자가 친한 자를 뛰어넘게 하는 것이니, 신중하지 않을 수 있겠습니까? 주변의 신하들이 모두 [그를] 현명하다고 말해도 받아들이지 말고, 대부들이 모두 현명하다고 말해도 받아들이지 말며, 나라 사람들이 모두 현명하다고 말한 뒤에 살펴보아서 현명한 점을 알아낸 뒤에 등용해야 합니다. 주변의 신하들이 모두 [그를] 안 된다고 말해도 듣지 말고, 대부들이 모두 안 된다고 말해도 듣지 말며, 나라 사람들이 모두 안 된다고 말한 뒤에 살펴보아서 안 되는 점을 알아낸 뒤에 그만두게 해야 합니다.

주변의 신하들이 모두 죽일 수 있다고 말해도 듣지 말고, 대부들이 모두 죽일 수 있다고 말해도 듣지 말며, 나라 사람들이 모두 죽일 수 있다고 말한 뒤에 살펴보아서 죽일 만한 점을 알아낸 뒤에 죽여야 합니다. 그래야 나라 사람들이 죽였다고 말하는 것입니다. 이처럼 하고 난 뒤라야 백성의 부모가 될 수 있습니다."

孟子見齊宣王曰: "所謂故國者, 非謂有喬木之謂也, 有世臣之謂也. 王無親臣矣, 昔者所進, 今日不知其亡也." 王曰: "吾何以識其不才而舍之?" 曰: "國君進賢, 如不得已, 將使卑踰尊, 疏踰戚, 可不愼與? 左右皆曰賢, 未可也, 諸大夫皆曰賢, 未可也, 國人皆曰賢, 然後察之, 見賢焉, 然後用之. 左右皆曰不可, 勿聽, 諸大夫皆曰不可, 勿聽, 國人皆曰不可, 然後察之, 見不可焉, 然後去之. 左右皆曰可殺, 勿聽, 諸大夫皆曰可殺, 勿聽, 國人皆曰可殺, 然後察之, 見可殺焉, 然後殺之. 故曰:

國人殺之也. 如此, 然後可以爲民父母."

왕이 한 사내에 불과하다면 시해해도 괜찮다 2.8

제 선왕이 물었다.

"탕왕이 걸왕을 추방했고 무왕이 주왕을 정벌했다고 하는데, 그런 일이 있습니까?"

맹자께서 대답하셨다.

"전해오는 문헌에 그러한 기록이 있습니다."

[왕께서] 말씀하였다.

"신하가 그 군주를 시해했는데 [이것이] 옳습니까?"

[맹자께서] 말씀하셨다.

"인仁을 해치는 자를 '적賊'이라고 하고, 의로움을 해치는 자를 '잔殘'이라고 하며, 잔적殘賊[27]한 사람을 '한 사내'라고 하니, 한 사내인 주를 주살했다는 말은 들었지, 군주를 시해했다는 말은 듣지 못했습니다."

齊宣王問曰: "湯放桀, 武王伐紂, 有諸?" 孟子對曰: "於傳有之." 曰: "臣弑其君, 可乎?" 曰: "賊仁者謂之賊, 賊義者謂之殘. 殘賊之人謂之一夫. 聞誅一夫紂矣, 未聞弑君也."

27) 원문의 "잔적殘賊"에 대해 주희는 "'적'은 해치는 것이고, '잔'은 상하는 것이다〔賊, 害也, 殘, 傷也〕"라고 풀이했다.

옥은 옥을 다듬는 장인에게 2.9

맹자께서 제 선왕을 뵙고 말씀하셨다.

"큰 궁실[28]을 지으려면 반드시 공사工師(도목수)를 시켜 큰 나무를 구하게 하실 것이니, 공사가 큰 나무를 얻으면 왕께서는 기뻐하여 그 임무를 감당할 수 있다고 하실 것입니다. 장인匠人[29]들이 [큰 나무를] 깎아서 작게 만들어버리면 왕께서는 노여워하여 [저 장인은] 그 임무를 감당할 수 없다고 하실 것입니다. 사람이 어려서 배우는 것은 장성해서 그것을 활용하고자 하는 것이니, 왕께서 말씀하기를 '우선 네가 배운 것을 버리고 나를 따르라'고 하신다면 어떻겠습니까? 지금 여기에 다듬지 않은 옥돌이 있으면 비록 만일萬鎰[30]이 들더라도 반드시 옥을 다듬는 장인에게 새기고 쪼게 하실 것입니다. [그런데] 나라를 다스리는 일에 있어서는 말씀하기를 '우선 네가 배운 것을 버리고 나를 따르라'고 하신다면, 어찌 옥을 다듬는 장인에게 옥을 새기고 쪼게 하는 것과 다르게 하시는 것입니까?"

孟子見齊宣王曰: "爲巨室, 則必使工師求大木. 工師得大木, 則王喜,

28) 원문의 "거실巨室"을 번역한 것으로, 《여씨춘추呂氏春秋》에도 "제나라 선왕이 큰 궁실을 짓는데, 그 크기는 100이랑이 넘었고, 당상堂上에 300개의 문을 설치했다. 제나라 같은 대국도 그것을 갖추는 데 3년이 지나도 완공하지 못했다〔齊宣王爲大室, 大益百畝, 堂上三百戶. 以齊之大, 具之三年而未能成〕"라고 했다.

29) 원문의 "공사工師"와 "장인匠人"에 대해 주희는 "공사는 장인의 우두머리이고, 장인은 뭇 공인이다〔工師, 匠人之長, 匠人, 衆工人也〕"라고 풀이했다.

30) 원문의 "만일萬鎰"에 대해 조기는 "20량은 일鎰이 된다〔二十兩爲鎰〕"라고 했으니 20만 냥에 해당한다. 한편 24량이라는 설도 있다. 양보쥔은 조기의 설을 취하여 '만일'은 그 값이 귀중하거나 많음을 뜻한다고도 풀이했는데 역자는 취하지 않았다.

以爲能勝其任也. 匠人斲而小之, 則王怒, 以爲不勝其任矣. 夫人幼而學之, 壯而欲行之, 王曰: '姑舍女所學而從我', 則何如? 今有璞玉於此, 雖萬鎰, 必使玉人彫琢之. 至於治國家, 則曰: '姑舍女所學而從我', 則何以異於教玉人彫琢玉哉?"

백성이 기뻐한다면 공격하여 탈취하십시오 2.10

제나라가 연나라를 정벌하여 이겼다.

선왕이 물었다.

"어떤 사람은 과인에게 [연나라를] 탈취하지 말라고 하고, 어떤 사람은 과인에게 탈취하라고 합니다. 만 승의 나라로 만 승의 나라(연나라를 지칭)를 공격하여 50일이 되어 완전히 함락했으니, 사람의 능력으로는 이 정도에 이르지 못합니다. 탈취하지 않는다면 반드시 하늘의 재앙이 있을 것이니,[31] 탈취하는 것이 어떻겠습니까?"

맹자께서 대답하셨다.

---

31) 원문의 "불취필유천앙不取必有天殃"에 대해 양보쥔은 보충 설명하여 "제나라 선왕은 연나라를 너무 순조롭게 공격했기 때문에 '사람의 능력으로는 이런 지경에 이르지 못합니다'라는 것은 하늘의 뜻이다. 그러므로 만약 그들을 점령하지 않으면 하늘의 뜻을 거역한 것이고, 반드시 재앙이 있을 것이라고 한 것은 당시 사람들에게 유행하던 관념이다(因齊宣王認爲他攻打燕國太順利, 人力不至於此, 是天意. 所以, 如果不占領它就是違背天意, 必有災殃. 它是當時人流行的觀念)"라고 했다. 《국어國語》〈조어趙語〉에 "때를 얻으면 게을리하지 말아야 하니, 때는 두 번 찾아오지 않는다. 하늘이 주는 것을 받지 않으면, 도리어 재앙이 된다(得時無怠, 時不再來, 天予不取, 反爲之災)"라고 한 것과 《춘추좌씨전春秋左氏傳》 희공僖公 33년에 "하늘이 기회를 준 것입니다. 기회를 잃을 수 없고, 적을 놓아줄 수도 없습니다. 적을 놓아주면 환난이 생기고, 하늘의 뜻을 어기면 상서롭지 못합니다(天奉我也, 奉不可失, 敵不可縱, 縱敵患生, 違天不祥)"라고 기록된 것을 보면, 그 역사적·문맥적 의미를 구체적으로 알 수 있다.

"탈취해서 연나라 백성이 기뻐한다면 탈취하십시오. 옛사람 가운데 이것을 행하신 분이 있으니, 무왕이 바로 그렇습니다. 탈취해서 연나라 백성이 기뻐하지 않는다면 탈취하지 마십시오. 옛사람 가운데 이것을 행하신 분이 있으니, 문왕이 바로 그렇습니다.

만 승의 나라로 만 승의 나라를 탈취했는데, 대바구니에 담은 밥과 병에 담은 장을 가지고[32] 왕의 군대를 환대했으니 어찌 다른 이유가 있겠습니까? 물과 불 같은 재난을 피하려는 것입니다. 만일 물이 더욱 깊어지고 불이 더욱 뜨거워진다면 또한 [백성은 다른 곳으로] 옮겨가려고 할 것입니다."

齊人伐燕勝之. 宣王問曰: "或謂寡人勿取, 或謂寡人取之. 以萬乘之國伐萬乘之國, 五旬而擧之, 人力不至於此. 不取, 必有天殃. 取之, 何如?" 孟子對曰: "取之而燕民悅, 則取之. 古之人有行之者, 武王是也. 取之而燕民不悅, 則勿取. 古之人有行之者, 文王是也. 以萬乘之國伐萬乘之國, 簞食壺漿以迎王師, 豈有他哉? 避水火也. 如水益深, 如火益熱, 亦運而已矣."

제나라 선왕을 정벌하려는 자들을 대응하는 법 2.11

제나라가 연나라를 정벌하여 탈취하자, 제후들이 연나라를 구원할 것을 도모했다. 선왕이 말씀하였다.

---

32) 원문의 "단사호장簞食壺漿"을 번역한 것으로, 양보쥔은 "'단簞'은 '밥을 담는 대나무 바구니〔盛飯的竹筐〕'이고, '사食'는 '밥〔飯〕'이라는 뜻이다"라고 하고, '장漿'을 "쌀로 담근 술〔米酒〕"이라고 독특하게 풀이했는데, 역자는 취하지 않았다.

"제후들 중에 과인을 정벌할 것을 모의하는 자가 많으니, 어떻게 이들에게 대응해야 합니까?"

맹자께서 대답하셨다.

"신은 [사방] 70리로 천하에 정치를 했다는 자를 들었으니, 탕왕이 바로 그렇습니다. 1,000리나 되는데 남을 두려워했다는 자는 듣지 못했습니다. 《서경》에 말하기를 '탕왕이 첫 정벌을 갈나라부터 시작했다'[33]라고 했습니다. 천하가 [그를] 믿었기에 동쪽을 향해 정벌하면 서쪽 오랑캐가 원망했고, 남쪽을 향해 정벌하면 북쪽 오랑캐가 원망하여 말하기를 '어찌하여 우리를 나중에 [정벌]하시는가?' 라고 했습니다. 백성이 [탕왕이] 정벌해주기를 바라는 것이 마치 큰 가뭄에 구름과 무지개[34]를 바라듯 했습니다. 시장에 돌아가는 자들이 그치지를 않았고 밭 가는 자들이 변함이 없었습니다. [탕왕이] 그 군주를 주살하여 벌하고 백성을 위문하시자, [때맞춰] 단비가 내린 듯이 백성이 크게 기뻐했습니다. 《서경》에 말하기를 '우리 임금님을 기다리니,[35] 임금님이 오시면 아마도 되살아나겠지'라고 했습니다.

지금 연나라가 백성에게 포학하게 굴었으므로 왕께서 가서 정벌

33) 원문의 "탕일정湯一征, 자갈시自葛始"를 번역한 것으로, 제6편 〈등문공 하〉 5장에도 나오는데, '탕시정湯始征, 자갈재自葛載'라고 되어 있다. 여기서 '일一'은 '시작하다〔始〕'라는 뜻으로 보면 무방하다. 주희는 이 장에 두 번 인용된 《서경》이 모두 〈상서·중훼지고仲虺之誥〉라고 했는데, 지금 전해지는 《서경》의 내용과는 약간 다르다.

34) 원문의 "운예雲霓"를 번역한 것으로, 양보쥔은 "무지개가 맑은 새벽에 서쪽에서 나오는 것은 비가 올 징조다〔虹霓在清晨, 出現於西方是下雨的徵兆〕"라고 풀이하기도 했으나 역자는 자의적 의미만 살려 번역했다.

35) 원문의 "혜徯"를 번역한 것으로, '기다리다〔待〕'라는 뜻이다.

하시니, 연나라 백성은 자신들을 물과 불에서 구원해줄 것이라고 생각하여 대바구니에 담은 밥과 병에 담은 장을 가지고 왕의 군대를 환영한 것입니다. [그런데] 만일 그 부모 형제를 죽이고 자제들을 붙들어 두고 종묘를 부수고 중요한 기물들을 옮겨간다면 어찌 옳다고 하겠습니까? 천하는 정녕 제나라의 강함을 두려워하고 있는데, 지금 또다시 땅을 배로 넓히고 어진 정치를 베풀지 않는다면, 이는 천하의 군대를 움직이게 하는 것입니다. 왕께서 빨리 명령을 내리셔서 노약자들을 돌려보내시고, 중요한 기물들을 [옮기는 것을] 그만두게 하시고 연나라 백성과 의논해서 군주를 세워준 뒤에 떠나오신다면 오히려 [천하의 군대가 움직이는 것을] 그만두게 할 수 있을 것입니다."

齊人伐燕, 取之. 諸侯將謀救燕. 宣王曰: "諸侯多謀伐寡人者, 何以待之?" 孟子對曰: "臣聞七十里爲政於天下者, 湯是也. 未聞以千里畏人者也. 書曰: '湯一征, 自葛始.' 天下信之, 東面而征, 西夷怨, 南面而征, 北狄怨, 曰: '奚爲後我?' 民望之, 若大旱之望雲霓也. 歸市者不止, 耕者不變, 誅其君而弔其民, 若時雨降. 民大悅. 書曰: '徯我后, 后來其蘇.' 今燕虐其民, 王往而征之, 民以爲將拯己於水火之中也, 簞食壺漿以迎王師. 若殺其父兄, 係累其子弟, 毁其宗廟, 遷其重器, 如之何其可也? 天下固畏齊之强也, 今又倍地而不行仁政, 是動天下之兵也. 王速出令, 反其旄倪, 止其重器, 謀於燕衆, 置君而後去之, 則猶可及止也."

어진 정치를 해야 백성은 친하게 여긴다 2.12

추나라가 노나라와 싸우자, [추나라] 목공[36]이 물었다.

"우리 담당 관리(장교)로 죽은 자가 서른세 명이나 되는데, 백성 가운데 [그들을 위해] 죽은 자는 없습니다. 이들을 주살하자니 다 주살할 수 없고, 주살하지 않자니 윗사람들이 죽는 것을 보고만 있으면서도 구하지 않았으니 어떻게 하면 좋겠습니까?"

맹자께서 대답하셨다.

"흉년과 굶주리는 해에 군주의 백성 중에 노약자들은 [죽어서 시신이] 도랑과 골짜기에 뒹굴고,[37] 장성한 자들은 사방으로 흩어진 자가 몇천 명이나 됩니다. 그런데 군주의 곡식 창고는 꽉 차 있었으며 재물 창고에는 [재화가] 가득 차 있었으나, 담당 관리 가운데 [이것을] 보고한 자가 없었으니, 이것은 윗사람들이 게을러 아랫사람을 잔인하게 해친 것입니다. 증자[38]께서 말씀하기를 '경계하고 경계하라! 네게서 나온 것은 네게로 돌아간다'고 하셨습니다. 무릇 백성이 이제서야 되갚은 것이니, 군주께서는 [그들을] 탓하지 마십시오! 군주

---

36) 추鄒나라 목공穆公을 말한다. 양보쥔은 맹자가 추나라 사람이기 때문에 목공이 그에게 물은 것이라고 부연했다.

37) 원문의 "전호구학轉乎溝壑"을 번역한 것으로, 여기서 '전轉'에 대하여 양보쥔은 "시체를 버린다는 뜻〔棄屍的意思〕"이라고 했다. 《회남자淮南子》〈주술훈主術訓〉에 "이 때문에 산 사람은 [일상생활에서] 사용하는 것에 부족함이 없고, 죽은 사람도 시체가 버려지는 일이 없다〔是故生無乏用, 死無轉屍〕"라고 했으며, 고유高誘의 주에 "'전'은 버리는 것이다〔轉, 棄也〕"라고 했다. 《한서漢書》〈고혜고후문공신표高惠高后文功臣表〉에 "썩은 유골이 묘에서 외롭고, 후손은 길에서 유랑하네. 살아서는 노예가 되었고 죽어서는 버려진 시신이 되었다〔朽骨孤於墓, 苗裔流於道, 生爲㥾隸, 死爲轉屍〕"라고 했는데, 안사고顔師古가 응소應劭의 주를 인용하여 "죽어 장사 지낼 수 없으므로 시체가 도랑에 떠다니며 버려진 것이다〔死不能葬, 故屍流轉在溝壑之中〕"라고 했다.

께서 인한 정치를 실행하시면 이런 백성이 그 윗사람을 친하게 여기고 어른을 위해 죽을 것입니다."

鄒與魯鬨. 穆公問曰: "吾有司死者三十三人, 而民莫之死也. 誅之, 則不可勝誅, 不誅, 則疾視其長上之死而不救, 如之何則可也?" 孟子對曰: "凶年饑歲, 君之民老弱轉乎溝壑, 壯者散而之四方者, 幾千人矣, 而君之倉廩實, 府庫充, 有司莫以告, 是上慢而殘下也. 曾子曰: '戒之戒之! 出乎爾者, 反乎爾者也.' 夫民今而後得反之也. 君無尤焉! 君行仁政, 斯民親其上, 死其長矣."

제나라를 섬겨야 하나, 초나라를 섬겨야 하나 2.13

등 문공이 물었다.

"등나라는 작은 나라로 제나라와 초나라 사이에 있는데, 제나라를 섬겨야 합니까? 초나라를 섬겨야 합니까?"

맹자께서 대답하셨다.

"이런 계책은 제가 언급할 수 있는 것이 아닙니다. [말하기를] 그만두지 말라고 하신다면 한 가지 방법이 있으니, 연못을 파고 성을 높이 쌓아 백성과 함께 지켜서 목숨을 바치더라도 백성이 떠나가지 않는다면, 이런 것은 해볼 만합니다."

---

38) "증자曾子"는 공자 문하의 재전제자들이 증삼曾參을 높인 칭호이다. 증삼의 자字는 '자여子輿'로, 효성이 지극했다. 공문십철孔門十哲에는 포함되고 송유宋儒가 도통을 세울 때 그를 지극히 높이 받들었다. 명대에는 증자를 복성復聖으로 봉하여 유약보다도 앞에 두었으며, 그의 위상은 안회를 능가할 정도였다.

滕文公問曰: "滕, 小國也, 間於齊楚. 事齊乎? 事楚乎?" 孟子對曰: "是謀非吾所能及也. 無已, 則有一焉, 鑿斯池也, 築斯城也, 與民守之, 效死而民弗去, 則是可爲也."

왕 노릇의 기본은 선을 행할 뿐 2.14

등 문공이 물었다.

"제나라 사람이 설薛 땅에 성을 쌓으려고 해서 나는 매우 두려운데, 어떻게 하면 좋겠습니까?"

맹자께서 대답하셨다.

"옛날에 태왕이 빈邠 땅에 사실 때, 오랑캐가 쳐들어오자 그곳을 떠나 기산 기슭에 가서 사셨습니다. [이것은] 선택하여 취한 것이 아니라 어쩔 수 없어서 그런 것입니다. 만일 선을 실행한다면 후세의 자손 중에 반드시 왕 노릇 하는 자가 있을 것입니다. 군자는 업적을 창조하고 전통을 드리워서 이어나갈 수 있게 하면 됩니다. 공을 이루는 것으로 말하면 하늘의 뜻이니, 군주께서 저들에게 어찌하시겠습니까? 힘써 선을 실행할 뿐입니다."

滕文公問曰: "齊人將築薛, 吾甚恐, 如之何則可?" 孟子對曰: "昔者大王居邠, 狄人侵之, 去之岐山之下居焉. 非擇而取之, 不得已也. 苟爲善, 後世子孫必有王者矣. 君子創業垂統, 爲可繼也. 若夫[39]成功, 則天也. 君如彼何哉? 强爲善而已矣."

39) 원문의 "약부若夫"란 접속사로서 화제를 전환하여 '~으로 말하면', '~에 이르러'라고 번역해야 한다.

작은 나라 등나라의 비애 2.15

등 문공이 물었다.

"[우리] 등나라는 작은 나라이므로 힘을 다해 큰 나라를 섬겨도 재앙을 피할 수 없으니, 어떻게 하면 좋겠습니까?"

맹자께서 대답하셨다.

"옛날에 태왕이 빈 땅에 사실 때 오랑캐가 쳐들어왔습니다. 가죽옷과 비단으로 그들을 섬겨도 재앙을 피하지 못했고, 개와 말로 그들을 섬겨도 재앙을 피하지 못했으며, 진주와 보옥으로 그들을 섬겨도 재앙을 피하지 못했습니다.

이에 [태왕께서] 육칠십대[노인]들[40]을 모아놓고 말씀하기를 '오랑캐가 원하는 것은 우리의 땅이다. 내가 들으니 군자는 사람을 기르는 것 때문에 사람을 해치지 않는다고 하니, 여러분들은 어찌 군주가 없는 것을 걱정하겠소? 내가 이곳을 떠나겠소'라고 하고는 빈 땅을 버리고 양산을 넘어서 기산 아래에 도읍을 만들어 거주하셨습니다. 빈 땅 사람들이 말하기를 '인한 사람이니 놓쳐서는 안 된다'라고 하고는 그를 따르는 자가 시장 사람 [모이듯] 돌아가듯 했습니다. 어떤 사람은 말하기를 '[토지는] 대대로 지켜오는 곳이니 저 자신의 마음대로 할 수 있는 것이 아닙니다. 목숨을 바치더라도 떠나지 마십시오'라고 했으니, 청컨대 군주께서는 이 둘 중에서 선택하십시오."

40) 원문의 "기로耆老"를 번역한 것으로,《예기》〈곡례曲禮〉에 "60세를 '기耆'라고 한다〔六十曰耆〕"고 했고,《설문해자》에는 "70세를 '로老'라고 한다〔七十曰老〕"고 했다. 이 두 개념을 합친 것이다.

滕文公問曰: "滕, 小國也, 竭力以事大國, 則不得免焉, 如之何則可?" 孟子對曰: "昔者大王居邠, 狄人侵之. 事之以皮幣, 不得免焉, 事之以犬馬, 不得免焉, 事之以珠玉, 不得免焉. 乃屬其耆老而告之曰: '狄人之所欲者, 吾土地也. 吾聞之也, 君子不以其所以養人者害人. 二三子何患乎無君? 我將去之.' 去邠, 踰梁山, 邑于岐山之下居焉. 邠人曰: '仁人也, 不可失也.' 從之者如歸市. 或曰: '世守也, 非身之所能爲也. 效死勿去.' 君請擇於斯二者."

노나라 평공이 맹자를 만나지 않은 이유 2.16

노 평공[41]이 외출하려 할 때 총애하는 장창이란 자가 물었다.

"다른 날 군주께서 외출하시면 꼭 담당 관리에게 가실 곳을 명하시더니, 지금은 수레에 이미 말 멍에를 해두고 준비했으나 담당 관리가 갈 곳을 알지 못하니, 감히 [가실 곳을] 여쭙겠습니다."

공이 말했다.

"맹자를 만나보려고 한다."

[장창이] 말했다.

"무엇 때문입니까? 군주께서 [존귀한] 신분을 가볍게 여기면서 보통 사람에게 먼저 찾아가는 것은 [그가] 어질다고 여겨서입니까? 예의는 어진 사람으로 말미암아 나오는데, 맹자는 뒤 초상(어머니의 장례)을 앞 초상(아버지의 장례)보다 더 성대하게 했으니, 군주께서는

41) 노나라 평공平公은 《사기》 〈노주공세가魯周公世家〉에 "경공이 [자리에 오른 지] 29년 만에 죽자 아들 숙이 자리에 오르니, 이 사람이 평공이다. 이때 여섯 나라가 모두 왕이라고 부르기 시작했다(景公二十九年卒, 子叔立, 是爲平公. 是時六國皆稱王)"라는 문장에 보이는 평공이다.

[그를] 만나지 마십시오!"

공이 말했다.

"알겠다."

악정자가 들어가 [평공을] 뵙고 말했다.

"군주께서는 어찌하여 맹가孟軻(맹자)를 만나지 않으셨습니까?"

[공이] 말했다.

"어떤 사람이 과인에게 말하기를 '맹자는 뒤에 치른 초상을 앞에 치른 초상보다 더 성대하게 했다'고 하므로 이 때문에 가서 만나지 않았다."

[악정자가] 말했다.

"무슨 말씀입니까? 군주께서 말씀하신 더 성대하다는 것은 앞 초상은 선비의 예로써 하고 뒤 초상은 대부의 예로써 하며, 앞 초상에는 세 발 솥을, 뒤 초상에는 다섯 발 솥[42]을 쓴 것을 말씀하십니까?"

"아니다. 관곽棺槨과 수의[43]가 화려했던 것을 말한 것이다."

[악정자가] 말했다.

"아닙니다. 이것은 더 성대하다고 말할 것이 아니라 [이전과 이후

---

42) 원문의 "삼정三鼎"과 "오정五鼎"을 말하는 것으로, 양보쥔의 고증을 참조하면 《주례》〈장객掌客〉의 정현鄭玄의 주注에 "'정鼎'은 희생을 담는 그릇이다(鼎, 牲器也)"라고 했다. 고대의 제사에는 '정'을 사용하여 고기류를 담았다. 《예기》〈교특생郊特牲〉에 공영달孔穎達이 '삼정'에 대해 "희생은 정일鼎一에 담고, 생선은 정이鼎二에 담고, 사냥하여 얻은 고기는 정삼鼎三에 담았다(三鼎: 牲鼎一, 魚鼎二, 臘鼎三)"라고 했고, '오정'은 "양고기는 첫 번째, 돼지고기는 두 번째, 제례용 고기는 세 번째, 생선은 네 번째, 사냥하여 얻은 고기는 다섯 번째 정에 담았다(陳五鼎: 羊一, 豕二, 膚三, 魚四, 臘五)"라고 했다.

43) 원문의 "관곽의금棺槨衣衾"을 번역한 것으로, 고대의 대관들은 관을 두 가지로 만들어 사용했으니, 안쪽의 관을 '관棺'이라고 하고 바깥쪽의 덧관을 '곽槨'이라고 했다. 맹자는 어머니의 장사를 후하게 지냈는데, 제4편 〈공손추 하〉 7장에 해당 내용이 나온다.

의] 빈부가 같지 않았기 때문입니다."

악정자가 맹자를 뵙고 말했다.

"제가 군주께 아뢰니, 군주께서 와서 뵈려고 하셨는데, 총애를 받는 장창이란 자가 군주를 막았기에 군주께서 이 때문에 끝내 오지 않으신 것입니다."

[맹자께서] 말씀하셨다.

"[인을] 행하는 것은 어떤 것이 그를 하게 하는 것이고, [어진 정치를] 멈추는 것은 어떤 것이 그를 막고[44] 있는 것이다. 행하고 멈추는 것은 다른 사람이 할 수 있는 것이 아니다. 내가 노나라 군주를 만나지 못한 것은 하늘의 뜻이니, 장씨 아들이 어떻게 나를 만나지 못하게 할 수 있겠는가?"

魯平公將出, 嬖人臧倉者請曰: "他日君出, 則必命有司所之. 今乘輿已駕矣, 有司未知所之, 敢請." 公曰: "將見孟子." 曰: "何哉? 君所謂輕身以先於匹夫者, 以爲賢乎? 禮義由賢者出, 而孟子之後喪踰前喪. 君無見焉!" 公曰: "諾." 樂正子入見曰: "君奚爲不見孟軻也?" 曰: "或告寡人曰: '孟子之後喪踰前喪', 是以不往見也." 曰: "何哉? 君所謂踰者, 前以士, 後以大夫, 前以三鼎, 而後以五鼎與?" 曰: "否, 謂棺槨衣衾之美也." 曰: "非所謂踰也, 貧富不同也." 樂正子見孟子曰: "克告於君, 君爲來見也. 嬖人有臧倉者沮君, 君是以不果來也." 曰: "行或使之, 止或尼之. 行止, 非人所能也. 吾之不遇魯侯, 天也. 臧氏之子焉能使予不遇哉?"

44) 원문의 "닐尼"을 번역한 것으로, '막다(沮)'와 같으며 '그치게 하는 뜻(止之之意)'을 말한다. 《정자통正字通》에는 "끌어당겨 멈추게 하는 것과 같다(猶曳止之也)"라고 했다.

제3편

공손추 상

公孫丑上

【해설】

이 편은 9장으로 구성되어 있으며, 제1편 〈양혜왕 상〉, 제2편 〈양혜왕 하〉와 달리 제자 공손추가 스승 맹자에게 질문하고 맹자의 답변을 듣는 방식이다. 이 편에서는 왕도정치를 설명하고 있는데, 왕도를 패도覇道와 분리하고 무력에 의한 정치보다는 마음을 얻는 정치를 하라는 시각을 유지하고 있다.

2장에서는 제나라 재상 정도의 직위를 맡아 정치를 해나간다면 스승이 평소 강조하던 덕정이 무너지지 않겠느냐는 공손추의 현실적 질문에 맹자는 단호하게 '부동심不動心'이라는 단어로 내면이 강한 사람은 외부 조건에 흔들리지 않는다고 말한다. 오히려 자신은 '호연지기浩然之氣를 잘 기른다'는 문구가 나오는데, 왕이 스스로 반성하는 마음이 부동심의 전제조건이라면, 정당함을 근거한 떳떳한 자세가 바로 호연지기라는 설명이다.

공손추가 공자의 제자인 재아宰我와 자공子貢은 언어에 특출나고, 염유冉有와 민자閔子, 안연顔淵 등이 선한 말씨와 덕행에 뛰어나다면서 맹자는 성인의 경지에 이르렀다고 아부하는 발언을 하자, 맹자는 단호하게 성인의 경지를 어찌 넘볼 수 있겠느냐면서 본인은 공자를 따르는 데 족할 뿐이라고 겸손해하며 오히려 공손추를 핀잔한다.

특히 맨 마지막에 '지언知言', 즉 말을 아는 대목도 눈여겨볼 부분이다. 그 사람이 하는 말에서 됨됨이를 유추할 수 있다는 대목으로, 맹자가 사람을 평가하는 기준을 알 수 있다.

3장에는 왕자와 패자의 차이에 대한 개념이 등장하고, 6장에서는 제1편 〈양혜왕 상〉에 나온 '불인지심不忍之心'이 우물에 빠지는 어린아이의 비유를 통해 다시 강조된다. 인간이라면 누구든 측은지심을 지니고 있다는 성선설의 기본 인식인데, 바로 이 장에서 '사단四端'의 형태로 인간의 네 가지 마음을 설명한다. 이런 비유를 통해 맹자가 내세우는 성선설의 기본적인 축이 인간이 지닌 선한 마음에 있다는 점을 강조한다.

맹자에게 요직이 주어진다면 3.1

공손추가 여쭈었다.

"선생님께서 [만일] 제나라에서 요직을 맡게[1] 된다면 관중管仲과 안자의 공적[2]을 다시 펼칠[3] 수 있으시겠습니까?"

맹자께서 말씀하셨다.

"그대는 참으로 제나라 사람이어서 관중과 안자만 알 뿐이구나. 어떤 사람이 [증자의 손자인] 증서曾西[4]에게 묻기를 '그대와 자로 중에 누가 더 현명한가?'라고 하니, 증서가 불안해하며[5] 말하기를 '[자로는] 내 돌아가신 아버지께서도[6] 존경하신 분이오'라고 했네. [또] 말

---

1) 원문의 "당로當路"를 번역한 것으로, 조기와 초순焦循은 "벼슬을 하는 것(當仕路)"으로 풀이했고, 주희는 "요직에 있는 것(居要地)"으로 풀이했으며, 양보쥔은 "권력을 잡다(當權)", "정사를 맡다(當政)"라고 풀이했다.

2) 원문의 "관중안자지공管仲晏子之功"을 풀이한 것으로, 관중管仲과 안영晏嬰은 춘추시대 제나라의 명재상으로 이름을 떨쳤으며《사기》〈관안열전管晏列傳〉에 두 사람의 전기가 실려 있다. 시대적으로 100여 년이나 차이가 나는 두 사람을 한 열전에 실은 것은 이들이 세운 공적 때문이다. 관중은 환공桓公을 모시고 40여 년 동안 재상 자리에 있으면서 정치·경제·군사 등 모든 방면에 대대적인 개혁을 단행했고, 환공이 춘추시대의 첫 번째 패자가 되는 데 크게 기여하여 춘추시대 최고의 군사軍師로 꼽힌다. 안영은 영공靈公·장공莊公·경공景公 등 3대에 걸쳐 30여 년 동안 재상을 지내면서 제나라를 중흥시켰다.

3) 원문의 "허許"를 번역한 것으로, 조기는 "'허'는 허여하다와 같다(許, 猶與也)"라고 했다. 초순은 "일으키다(興)"로 풀이했고, 주희는 "기대하다(期)"로 풀이했다.

4) 증서曾西에 대해 당나라 육덕명陸德明은《경전석문經典釋文》에서 "증신의 자는 자서이고, 노나라 사람이며, 증삼의 아들이다(曾申字子西, 魯人, 曾參之子)"라고 했다.

5) 원문의 "축연蹴然"을 번역한 것으로, 조기는 "삼가다(蹴踖)"의 의미로 풀이했고, 주희는 "불안한 모습(不安然)"으로 풀이했다.

6) 원문의 "선자先子"를 번역한 것으로, 옛사람들은 '세상을 떠난 연장자'를 일컬었고, 후대에는 '돌아가신 부친'을 일컬었다. 여기서는 '증자'를 가리킨다.

하기를 '그렇다면 그대와 관중 중에 누가 더 현명한가?'라고 하니, 증서가 불쾌해하며[7] 말하기를 '그대는 어찌하여 나를 관중과 비교하는가? 관중은 군주의 신임을 그처럼 전적으로 얻었고, 국정을 그처럼 오래 맡았는데도 공적이 그처럼 보잘것없었는데, 그대는 어찌하여 나를 그런 사람과 비교한단 말인가?'라고 했네."

[잠시 후 맹자께서] 말씀하셨다.[8]

"관중은 증서조차도 비교되려 하지 않았는데, 그대는 내가 [그와] 비교되기를 원한다는 말인가?"

[공손추가] 말했다.

"관중은 그의 군주를 천하의 패왕霸王이 되게 했고, 안자는 그의 군주의 이름을 빛나게 했는데, 관중과 안자를 본받기에 오히려 부족하다는 것입니까?"

[맹자께서] 말씀하셨다.

"제나라로 왕 노릇 하는 것은 손바닥을 뒤집는 것처럼 쉽다."

[공손추가] 말했다.

"이와 같다면 제 의혹은 더 심해집니다. 또 문왕은 덕망으로 [베풀다가] 백 살이 지난 뒤에 붕어하셨는데도[9] 오히려 천하에 교화가 미

---

7) 원문의 "발연艴然"을 번역한 것으로, '艴'의 음은 '불弗' 또는 '발勃'이다. 조기는 "화가 나서 노여워하는 기색이다〔慍怒色也〕"라고 했다.

8) 이 부분에 대해 양보쥔의 고증을 참조하면, 유월兪樾은 《고서의의거례古書疑義舉例·일인지사이가왈자예一人之辭而加曰字例》에서 "또한 스스로 묻고 대답하는 말이 아니지만, 중간에 또 '왈' 자를 사용하여 단락을 바꾸는 말과 구별하기도 한다〔亦有非自問自答之辭, 而中間又用曰字以別更段之語者〕"라고 했다.

9) 원문의 "백년이후붕百年而後崩"을 번역한 것으로, 《사기》 〈주본기周本紀〉에는 서광徐廣의 "문왕은 97세에 붕어했다〔文王九十七乃崩〕"라는 말을 인용했으며, 이로 인하여 문왕의 수명을 유추해볼 수 있다.

치지 못했고, 무왕과 주공이 계승하고 난 뒤에 [교화가] 크게 행해졌습니다. 지금 왕 노릇 하는 것을 쉬운 것처럼 말씀하시니, 그렇다면 문왕도 본받기에 부족하다는 것입니까?"

[맹자께서] 말씀하셨다.

"문왕을 어찌 감당할 수 있겠는가?[10] 탕왕으로부터 무정武丁에 이르기까지 어질고 성스러운 군주가 예닐곱 명이 나와서[11] 천하가 은나라로 돌아간 지가 오래되었다. 오래되면 변하기 어렵다. 무정이 제후의 조회를 받고 천하를 소유하기를 손바닥에 놓고 움직이듯이 했으니, 주왕의 시대는 무정과 그 거리가 오래되지 않았기에[12] 그 옛 가문과 좋은 풍속과 선대의 유풍과 선정이 여전히 남아 있었고, 또 미자微子와 미중微仲, 왕자 비간比干과 기자箕子와 교격膠鬲이 있었는데, [그들은] 모두 어진 사람이었다. [이들이] 함께 주왕을 보필했으므로 오랜 뒤에 나라를 잃게 된 것이니, [그 당시에는] 한 자의 땅도 그(주왕)의 소유가 아닌 것이 없었고 한 사람의 백성도

10) 원문의 "문왕하가당야文王何可當也"를 풀이한 것으로, 조기는 "문왕의 시대에는 공을 세우기 어려웠다. 그러므로 '어찌 감당할 수 있겠는가'라고 말씀하셨다〔文王之時難爲功, 故言何可當也〕"라고 하니, 문왕이 은殷나라를 감당할 수 없었다는 뜻으로 본 것이다. 정약용의 견해를 소개하면 "은나라의 덕이 저와 같고 문왕은 사방 100리에서 일어나셨으니, 이것이 문왕이 감당하기 어려운 것이다〔殷德如彼, 文王由方百里起, 是文王難當也〕"라고 하여 해석상 약간의 차이가 있으니 비교하여 읽어야 한다.

11) 《사기》〈은본기〉에는 탕湯에서 무정武丁에 이르기까지 탕, 태갑太甲, 태무太戊, 조을祖乙, 반경盤庚, 무정 등 여섯 명만이 어진 임금으로 나온다. 《맹자》에서 예닐곱 명이라고 말한 것은 정확하지 않다는 의미를 내포하고 있다(우재호 설)는 설도 참조할 만하다.

12) 《사기》〈은본기〉에는 무정에서 주에 이르기까지 조경祖庚, 조갑祖甲, 늠신廩辛, 경정庚丁, 무을武乙, 태정太丁, 을제乙帝의 일곱 왕을 거친다고 했는데, 재위 기간들이 매우 짧았다.

그의 신하가 아닌 자가 없었다. 그러나 문왕이 오히려 사방 100리[의 나라]로 일어나셨으니, 이 때문에 어려웠던 것이다.

제나라 사람의 속담에 말하기를 '비록 [뛰어난] 지혜가 있어도 형세를 타는 것만 못하고, 비록 [좋은] 농기구가 있어도 때를 기다리는 것만 못하다'고 했으니, 지금의 때가 [왕도를] 행하기 쉽다. 하후夏后와 은·주가 번성한 때에도 땅이 사방 1,000리를 넘은 적이 없는데 제나라는 그 정도의 땅이 있고, 닭 우는 소리와 개 짖는 소리가 서로 들려서 사방의 국경에 닿으며, 제나라는 그 정도의 백성도 있으니, 땅을 더 개척하지 않아도 되고 백성을 더 모으지 않아도 인한 정치를 실행하여 왕 노릇 한다면[13] 그것을 막을 자가 없을 것이다. 또 왕 노릇 하는 자가 일어나지 않은 것이 [지금] 이보다 드물었던 때가 없었고, 백성이 가혹한 정사에 초췌하게 된 것이 [지금] 이보다 더 심했던 때가 없었으니, 굶주린 자에게 밥을 먹이기가 쉽고 목마른 자에게 물을 마시게 하기가 쉬운 것이다.

공자께서 말씀하시기를 '덕이 흘러 나아가는 것은 역참[14]으로 명령을 전달하는 것보다 빠르다'고 하셨으니, 지금의 때에 만 승의 나라가 인한 정치를 실행한다면 백성이 기뻐하는 것이 거꾸로 매달렸다가 풀려난 것과 같을 것이다. 그러므로 사업은 옛사람의 절반이지만, [그] 공적은 반드시 옛사람의 배가 되니 오직 [지금] 이때만이 그럴 것이다."

13) 원문의 "왕王"을 번역한 것으로, 여기에서는 '왕 노릇 하다'라는 의미인데, '왕도'로 보기도 한다.

14) 원문의 "치우置郵"를 번역한 것으로, '치우'는 양보쥔의 설명이 적절하다. "'치'와 '우'는 모두 명사이니, 후대의 역참에 해당한다〔置和郵都是名詞, 相當於後代的驛站〕." 그러므로 고대의 역참을 '치' 또는 '우'라고 했다.

公孫丑問曰: "夫子當路於齊, 管仲晏子之功, 可復許乎?" 孟子曰: "子誠齊人也. 知管仲晏子而已矣. 或問乎曾西曰: '吾子與子路孰賢?' 曾西蹴然曰: '吾先子之所畏也.' 曰: '然則吾子與管仲孰賢?' 曾西艴然不悅, 曰: '爾何曾比予於管仲? 管仲得君如彼其專也, 行乎國政如彼其久也, 功烈如彼其卑也, 爾何曾比予於是?'" 曰: "管仲, 曾西之所不爲也, 而子爲我願之乎?" 曰: "管仲以其君霸, 晏子以其君顯. 管仲晏子猶不足爲與?" 曰: "以齊王, 由反手也." 曰: "若是則弟子之惑滋甚. 且[15] 以文王之德, 百年而後崩, 猶未洽於天下, 武王周公繼之, 然後大行. 今言王若易然, 則文王不足法與?" 曰: "文王何可當也? 由湯至於武丁, 賢聖之君六七作, 天下歸殷久矣, 久則難變也. 武丁朝諸侯, 有天下, 猶運之掌也. 紂之去武丁未久也, 其故家遺俗, 流風善政, 猶有存者, 又有微子微仲王子比干箕子膠鬲, 皆賢人也. 相與輔相之, 故久而後失之也. 尺地, 莫非其有也, 一民, 莫非其臣也, 然而文王猶方百里起, 是以難也. 齊人有言曰: '雖有智慧, 不如乘勢, 雖有鎡基, 不如待時.' 今時則易然也. 夏后殷周之盛, 地未有過千里者也, 而齊有其地矣, 雞鳴狗吠相聞, 而達乎四境, 而齊有其民矣. 地不改辟矣, 民不改聚矣, 行仁政而王, 莫之能禦也. 且王者之不作, 未有疏於此時者也, 民之憔悴於虐政, 未有甚於此時者也. 飢者易爲食, 渴者易爲飮. 孔子曰: '德之流行, 速於置郵而傳命.' 當今之時, 萬乘之國行仁政, 民之悅之, 猶解倒懸也. 故事半古之人, 功必倍之, 惟此時爲然."

15) "차且"에 대한 양보쥔의 해석을 참조하면, 이 구절은 위 단락의 "관중은 환공을 보좌하여 [천하의] 패권을 장악하게 했고, 안자는 경공을 보좌하여 [제후들 사이에] 명성을 떨치게 했다(管仲以其君霸, 晏子以其君顯)"라는 구절에 호응하기 때문에 '차'를 사용했다고 했는데, 일리가 있다.

흔들리지 않는 마음과 호연지기를 기르는 법 3.2

공손추가 여쭈었다.

"선생님께서 제나라 공경公卿과 재상에 계시면서[16] 도를 시행할 수 있게 되신다면 설령 그것으로 말미암아 패왕이나 왕 노릇 하는 자가 되더라도 이상할 것이 없습니다. 이와 같이 된다면 마음이 흔들리지[17] 않으시겠습니까?"

맹자께서 말씀하셨다.

"아니다. 나는 마흔 살부터 마음이 [그 무엇에도] 흔들리지 않았다.[18]"

[공손추가] 말했다.

"이와 같다면 선생님께서는 맹분孟賁[19]을 훨씬 능가하십니다."

맹자께서 말씀하셨다.

---

16) 원문의 "가加"를 번역한 것으로, 조기는 "가(可)는 '거하다(居)'와 같다"라고 했다. 양보쥔은 "'가'와 '거'는 옛날에는 음이 같으므로 서로 통용되었을 것이다"라고 했다.

17) 원문의 "동심動心"을 번역한 것으로, 그 내포된 의미에 대해 주희는 "임무가 크고 책임이 중함이 이와 같다면 또한 두려워하고 의혹하는 바가 있으니 그 마음이 흔들리시겠습니까?(任大責重如此, 亦有所恐懼疑惑而動其心乎)"라고 해석했는데, 타당하다.

18) 원문의 "부동심不動心"을 번역한 것으로, 조기와 주희 모두《예기》〈곡례〉에 "마흔을 '강하다'라고 말하는데, 벼슬해야 한다(四十曰强, 而仕)"라는 내용을 인용하여, 조기는 '지志'와 '기氣'가 모두 확정되었다고 풀었고, 주희는 "군자의 도가 밝혀지고 덕이 세워지는 시기(君子道明德立之時)"이며 "공자는 마흔이 되어 미혹되지 않았으며 또한 마음이 흔들리지 않았다(孔子四十而不惑, 亦不動心)"라고 설명했다. 이들의 설명은 모두 공영달의《예기정의禮記正義》에 근거한다. 공영달에 따르면 서른아홉 이전에 모두 건장하다고 말하는데, 건장함이 오래되면 강하게 된다. 강함에는 불혹처럼 지혜와 사려가 강함이 있고, 기력이 강함도 있다(동양고전연구회 역주,《맹자》, 민음사, 94쪽).

"이것은 어렵지 않으니, 고자[20]가 나보다도 먼저 마음이 흔들리지 않았다."

공손추가 말했다.

"마음이 흔들리지 않는데 방법이 있습니까?"

맹자께서 말씀하셨다.

"있다. 북궁유北宮黝[21]는 용기를 기르는 것에 있어 [칼에 찔려도] 피부가 움츠러들지 않았고 눈동자도 깜빡이지 않았다. 털끝만큼이라도 남에게 모욕을 받으면 마치 저자에서 종아리를 맞은 듯이 여겼다. 비천한 사람[22]에게도 [모욕을] 받지 않았고 또한 만 승의 군주에게도 [모욕을] 받지 않아, 만 승의 군주를 찌르는 것 보기를 마치 비천한 사내를 찌르듯이 여겼다. 제후들을 두려워하지 않았으며 나쁜

---

19) 맹분孟賁은 주나라의 유명한 용사라고 하는데, 전국 시대 진秦나라 사람이라는 설과 위衛나라 사람이라는 설, 제나라 사람이라는 설 등 이설이 분분하다. 《사기》 〈범저채택열전范雎蔡澤列傳〉의 〈집해集解〉에서는 허신許愼의 주석을 재인용하여 "맹분은 위나라 사람이다〔孟賁, 衛人〕"라는 말을 인용했으나, 〈제왕세기帝王世紀〉에는 제나라 사람으로 되어 있고, 맹설孟說이 맹분이라고 했다.

20) 원문의 "고자告子"는 이름이 '불해不害'이고 묵자의 가르침을 받은 적도 있다. 《맹자》의 편명으로도 등장하는데, 즉, 제11편 〈고자 상〉, 제12편 〈고자 하〉를 보면 '인성人性'과 관련하여 맹자와 토론한 내용이 많이 실려 있다.

21) 북궁유北宮黝에 대해 양보쥔은 인명을 고증하기 어렵다고 했으며, 《회남자》 〈주술훈〉에서 "칼날을 손에 쥐고 칼을 거꾸로 한 채로 적과 싸운다면 비록 북궁자와 사마괴괴[같은 용사]라고 하더라도 적과 싸우기 어려울 것이다. 하지만 칼자루를 손에 잡고 칼날을 적에게 겨냥한다면, 설사 보통 사람이라고 하더라도 적과 싸워 이길 수 있을 것이다〔握劍鋒以離, 雖北宮子司馬蒯蕢, 不使應敵, 操其觚招其末, 則庸人能以制勝〕"라고 한 부분에 달린 고유의 주에 "북궁자는 제나라 사람으로 맹자가 말하는 북궁유다〔北宮子, 齊人, 孟子所謂北宮黝也〕"라는 주석이 있을 뿐이다.

22) 원문의 "갈관박褐寬博"을 번역한 것으로, '갈褐'은 '갈曷'로 읽는다. 주희는 "'갈褐'은 모포고 '관박寬博'은 헐렁하게 큰 옷이니, 비천한 사람의 의복이다〔褐, 毛布. 寬博, 寬大之衣, 賤者之服也〕"라고 했다.

소문이 들려오면 반드시 그것을 보복했다.

맹시사孟施舍[23]가 용기를 기르는 것에 대해 말하기를 '이길 수 없어 보여도 [오히려] 이길 수 있다고 여긴다. 적을 헤아린 뒤에 나아가고 승리를 이리저리 헤아린 뒤에 싸운다면 이것은 삼군三軍[의 많은 적]을 두려워하는 자다. 내가 어떻게 기필코 이기기만 할 수 있겠는가? 다만 두려워하지 않을 뿐이다'라고 했다.

맹시사는 증자와 비슷하고 북궁유는 자하子夏[24]와 비슷하니, 이 두 사람의 용기 중에 그 누가 뛰어난지 모르겠으나 맹시사는 [두려워하지 않는] 핵심을 [파악하여] 지켰다.

옛날에 증자가 자양에게 말하기를 '자네는 용기를 좋아하는가? 내가 일찍이 위대한 용기에 대해 선생님(공자)께 들었는데, 「스스로 돌이켜보아 올곧지[25] 못하다면 비록 비천한 사람일지라도 내가 두렵지 않겠는가?[26] [그러나] 스스로 돌이켜보아 올곧다면 비록 천군만마라도 나는 나아가 대적하겠노라」고 하셨다'라고 했다. 맹시사

---

23) 맹시사孟施舍에 대해 조기가 "'맹'은 성씨고, '사'는 이름이며, '시'는 발어사다. '시사'가 스스로 그 이름을 말하는 것이라면, 다만 '사'라고 말하는 것이다〔孟姓, 舍名, 施, 發音也. 施舍自言其名, 則但曰舍〕"라고 주석했는데 타당하다.

24) 복상卜商의 자다. 공자보다 44세 어렸으며 문학에 뛰어났고 위나라 영공을 섬긴 인물로, 위나라 문후文侯·전자방田子方·단간목段干木·이극李克·오기吳起 등을 제자로 두었다. 그는 《시경》과 《춘추》에 해석〔傳〕을 붙여 경학經學을 전수하는 데 상당히 기여하기도 했다.

25) 원문의 "축縮"을 번역한 것으로, 조기는 "'축'은 옳음이다〔縮, 義也〕"라고 주석했고, 주희는 "곧음〔直〕"이라고 했다.

26) 원문의 "오불췌언吾不惴焉"을 번역한 것으로, 성백효의 고증에 의하면 '내가 그들을 두렵게 할 수 없다'와 '내가 그들을 두려워하지 않겠는가'의 두 가지 해석이 가능하다. 주희는 "'췌惴'는 두렵게 하는 것이다〔惴, 恐懼之也〕"라고 하여 '상대방을 두렵게 하다'로 해석했으므로 《율곡언해》에는 '오불췌언吾不惴焉이어니와'로 현토하여 '내가 상대방을 두렵게 할 수 없거니와'로 해석했다.

가 기氣를 지키는 것은 또한 증자가 핵심을 [파악하여] 지키는 것보다 못한 것이다."

[공손추가] 말했다.

"감히 여쭙겠습니다. 선생님의 마음이 흔들리지 않는 것〔不動心〕과 고자의 마음이 흔들리지 않는 것을 들을 수 있겠습니까?"

[맹자께서 말씀하셨다.]

"고자가 말하기를 '말에서 터득하지 못하면 마음에서 구하지 말고,[27] 마음에서 터득하지 못하면 기에서 구하지 말라'[28]고 했다. 마음에서 터득하지 못하면 기에서 구하지 말라는 것은 괜찮지만, 말에서 터득하지 못하면 마음에서 구하지 말라는 것은 옳지 못하다. 의지는 기의 통솔자이고 기는 몸을 가득 채우는 것이니, 그 의지가 [먼저] 이르고 기가 다음[29]이다. 그러므로 말하기를 '그 의지를 굳게 잡고서 그 기를 포악하게 하지 말라'고 한 것이다."

---

27) 원문의 "물구어심勿求於心"을 번역한 것으로, 주희는 "반드시 그 이치를 마음에서 돌이켜서 구할 필요가 없다〔不必反求其理於心〕"라고 했으니, 마음에서 원인을 찾지 말라는 것을 말한다.

28) 원문의 "물구어기勿求於氣"을 번역한 것으로, 정약용은 '물구어기'의 '기氣'에 대하여 상세한 설명을 붙였는데, "'기'라는 것은 엄격하지 않을 수 없으니 만약 후세 이기설理氣說의 '기'를 혼동해서 그것을 말하면 크게 잘못된 것이다. 우리 인간이 낳고 기르고 움직이고 지각하는 근원을 궁구해보면 오직 혈血과 기氣, 두 가지가 있다. 그 형질을 논하면 혈은 거칠고 기는 정미하며, 혈은 무디고 기는 예리하다. 무릇 기쁘고 성내고 슬프고 두려움이 발하는 것은 모두 마음이 발해서 지志가 되고, 지는 기를 움직이고 기는 혈을 움직이니, 이에 얼굴에 나타나고 사지에 도달한다. 지는 기의 장수요, 기는 혈을 거느리는 것이다〔氣之爲物, 不可不覈, 若以後世理氣之說, 渾合言之, 則大不可也. 原夫吾人之所以生養動覺, 惟有血氣二物. 論其形質, 血粗而氣精, 血鈍而氣銳. 凡喜怒哀懼之發, 皆心發爲志, 志乃驅氣, 氣乃驅血, 於是見於顔色, 達於四體. 志者, 氣之帥也, 氣者, 血之領也〕"라고 했다. 양보쥔은 '물구어기'는 조기의 주석에서 "곧바로 노함〔直怒之〕"으로 '구어기求於氣'를 해석하여 '기' 자를 일시적이고 주관적인 감정〔感情意氣〕으로 보았다.

[공손추가 말했다.]

"이미 말씀하시기를 '의지가 [먼저] 이르고 기가 다음'이라고 하셨고, 또 '그 의지를 굳게 잡고서 그 기를 포악하게 하지 말라'고 하신 것은 무슨 말씀입니까?"

[맹자께서] 말씀하셨다.

"의지가 [오로지] 하나로 하면[30] 기를 움직이지만 [간혹] 기가 하나로 해도 의지를 움직이기도 하니, 지금 넘어지는 자와 달리는 자는 기로 하는 것이지만, 도리어 그것이 마음을 움직이게 한다."

[공손추가 말했다.]

"감히 여쭙겠습니다. 선생님께서는 무엇에 뛰어나십니까?"

[맹자께서] 말씀하셨다.

"나는 [남의] 말을 알며〔知言〕,[31] 나는 나의 호연지기浩然之氣를 잘 기른다."

[공손추가 말했다.]

"감히 여쭙겠습니다. 무엇을 호연지기라고 합니까?"

---

29) 원문의 "지至"와 "차次"를 번역한 것으로, "지"를 조기와 주희는 모두 "지극하다〔至極〕"로 풀이했고, "차"는 '그다음'으로 풀이했다. 그러나 초순은 "지는 '來至'의 '지'다. 뜻이 이른 곳에 기가 그것을 좇아 멈춘다"라고 해석했다.(동양고전연구회 역주, 《맹자》, 민음사, 98쪽)

30) 원문의 "일壹"을 번역한 것으로, 주희는 "'일'은 오로지 하나로 한다는 뜻이다. …… 맹자께서 말씀하시기를 의지가 지향하는 바가 오로지 하나로 한다면, 기는 진실로 그 의지를 따른다〔壹, 專一也 …… 孟子言志之所向專一 則氣固從之〕"라고 했다.

31) 원문의 "지언知言"을 번역한 것으로, 《주자가례朱子語類》는 "지언은 다만 이치를 아는 것이다〔知言, 只是知理〕"라고 했고, 우암 송시열은 《송자대전宋子大全》 〈잡저雜著·호연장질의浩然章質疑〉에서 "지언은 격물格物·치지致知의 일이고, 양기養氣는 성의誠意·정심正心의 일이다〔知言, 是格致之事, 養氣, 是誠正之事〕"라고 했는데, 이것은 맹자가 고자와 다른 점을 설명한 것이다.

[맹자께서] 말씀하셨다.

"말로 하기 어렵다. 그 기는 지극히 크고 지극히 강한데, 곧게 길러서 해치는 것이 없으면 천지 사이에 가득 차게 될 것이다. 그 기는 정당함과 도리에 들어맞아야 하니, 이렇지 않으면 [호연지기가] 위축된다.

이(호연지기)는 정당함이 모여서 생겨나는 것이지, 정당함이 몰래 습격한다고 해서[32] 취해지는 것이 아니다. 행하고서 마음에 흡족하지 않은 것이 있으면 [호연지기가] 위축된다. 내가 그리하여 말하기를 '고자가 일찍이 정당함(義)을 알지 못한다'고 한 것이니, [그는] 정당함을 밖에 있는 것으로 여기기 때문이다. 반드시 [호연지기를 기르는] 일에 있어 [결과를 미리] 기약하지[33] 말고 마음이 잊지 말아야 하며, 자라는 것을 억지로 도와주지도 말아서 송나라 사람처럼 해서는 안 된다. 송나라 사람 중에 벼 싹이 자라지 않는 것을 근심하여 [싹을] 뽑아 올린 자가 있었다. [그는] 매우 피곤해하며[34] 돌아와서 집안사람들에게 말하기를 '오늘은 [매우] 피곤하구나![35] 나는 벼 싹이 자라는 것을 도와주었다!'라고 하여 그의 아들이 달려가 보았

32) 원문의 "습襲"을 번역한 것으로, 소리를 내지 않고 은밀하게 적을 치는 것으로《좌전》장공 29년에서 "군대에 종과 북이 있는 것은 '정벌(伐)'이고 없으면 '침략(侵)'이며, 가벼우면 '습격(襲)'이다"라고 했다. 또《춘추공양전春秋公羊傳》희공 33년 주석(《춘추공양전주소》)에서는 "가볍게 다니고 재빨리 이르러 경계하지 않을 때 쳐들어가는 것을 '습'이라고 한다(輕行疾至, 不戒以入曰襲)"라고 했다.

33) 원문의 "정正"을 번역한 것으로, 주희는《공양전》희공 26년의 "전쟁은 승리를 미리 기약할 수 없다(戰不正勝)"라는 구절을 인용하여 "'정'은 미리 기약하다(正, 預期也)"라는 뜻이라고 했다.

34) 원문의 "망망연芒芒然"을 번역한 것으로, 조기는 "망망은 피곤한 모양(芒芒, 罷倦之貌)"이라고 했다.

더니, 벼 싹이 말라 있었다. 천하에 벼 싹이 자라는 것을 억지로 돕지 않는 자가 적다. [호연지기를] 행하는 것에 유익함이 없다고 해서 버려두는 자는 벼 싹을 김매지[36] 않는 자이다. [반대로] 억지로 그(호연지기)를 돕는 자는 벼 싹을 뽑아 올린 자이니, 이는 다만 유익함이 없을 뿐만 아니라 또한 그것을 해치는 것이다."

[공손추가 말했다.]

"무엇을 [남의] 말을 안다고 합니까?"

[맹자께서] 말씀하셨다.

"편벽된 말에서 그 가려진 것을 알며, 음란한 말에서 그 빠져 있는 것을 알며, 사특한 말에서 그 벗어난 것을 알며,[37] 회피하는 말

35) 원문의 "병의病矣"를 번역한 것으로, 이것은 어리석은 사람의 모습을 잘 형상한 것이다. 박문호는 "벼 싹이 말랐다〔苗則槁矣〕"라는 표현은 제8편 〈이루 하〉 33장의 "이것이 술과 고기를 배불리 얻어먹는 방법이었다〔此其爲饜足之道也〕"와 말뜻이 대략 같다고 했다.

36) 원문의 "운耘"을 번역한 것으로, 《설문해자》에는 '운䎣'으로 되어 있고, "모 사이의 잡초를 제거하다〔除苗間穢〕"라고 했다. 《시경》 〈소아·보전甫田〉에 "어떤 이는 김을 매고 어떤 이는 북돋우네〔或耘或耔〕"의 《모전毛傳》에는 "'운'은 잡초를 제거하는 것이다〔耘, 除草也〕"라고 했는데 '운芸'으로 쓰기도 한다(양보쥔 설).

37) 원문의 "피사詖辭", "음사淫辭", "사사邪辭"에 대한 주석가들의 설명을 소개하면 이렇다. 정약용은 "'피사', '음사', '사사'는 [그] 말에 잘못이 있는 것이니, 이른바 '말에서 얻지 못한다'라는 것이다. 즉 말이 편벽된 것에 나아가 그 마음에 가리는 바가 있는 것을 알며, 말이 음란한 것에 나아가 그 마음에 빠져 있는 바가 있는 것을 알고, 말이 간사한 것에 나아가 그 마음과 분리된 바가 있는 것을 아니, 이른바 '말에서 얻지 못하면 반드시 마음에서 구한다'는 것이다〔詖淫邪者, 言之有失者, 所謂不得於言也, 卽言之詖而知其心之有所蔽, 卽言之淫而知其心之有所陷, 卽言之邪而知其心之有所離, 所謂不得於言, 必求於心也〕"라고 했다. '피사'를 조기는 '아첨하는〔佞諂〕 말', 주희는 '치우친〔偏詖〕 말'로 풀었으며, '음사'를 조기는 '믿기지 않는 교묘한〔巧言不信〕 말', 주희는 '방탕〔放蕩〕한 말'로 풀었다. '사사'는 조기와 주희 모두 '간사하게 치우치는〔邪僻〕 말'이라는 의미로 풀이했다.

에서 그 궁색한 것을 아는 것이니, [이러한 말들이] 마음에 생겨나면 정치를 해칠 것이고, 정치에 드러나면 [나라의] 사업을 해치게 되니, 성인이 다시 일어나도 반드시 나의 말을 따를 것이다."

[공손추가 말했다.]

"재아와 자공은 말을 잘했고, 염우·민자·안연은 선한 말씨와 덕행을 지녔으며,[38] 공자께서는 이것들을 겸비하셨으나 말씀하시기를 '나는 외교사절로서 하는 언사(辭命)에 있어서는 능하지 못하다'고 하셨으니, 그렇다면 선생님께서는 이미 성인이 아니십니까?"

[맹자께서] 말씀하셨다.

"아아![39] 이게 무슨 말인가? 옛날에 자공이 공자께 여쭙기를 '선생님께서는 이미 성인이십니까?'라고 하자, 공자께서 말씀하시기를 '성인이라면 나라고는 할 수 없다. [다만] 나는 배우기를 싫어하지 않고 가르치기를 게을리하지 않는다'고 하시니, 자공이 말하기를 '배우기를 싫어하지 않는 것이 지혜(智)이고, 가르치기를 게을리하지 않는 것이 인仁이니, 인하고 또 지혜로우시니 선생님께서는 이미 성인이십니다'라고 했다. 성인은 공자께서도 자처하지 않으셨는데, 이게 무슨 말인가?"

[공손추가 말했다.]

"옛날에 외람되이 들으니, '자하·자유·자장은 모두 성인의 한 부

---

38) 《논어》〈선진先進〉 11.2에 "덕행에는 안연·민자건·염백우·중궁이고, 언어에는 재아와 자공이며, 정사에는 염유와 계로이고, 문학에는 자유와 자하였다(德行, 顏淵閔子騫冉伯牛仲弓. 言語, 宰我子貢. 政事, 冉有季路. 文學, 子游子夏)"라고 기록된 것을 염두에 두고 읽어야 한다.

39) 원문의 "오惡"를 번역한 것으로, 조기처럼 "불안할 때의 감탄사(不安事之歎辭)"로 보느냐, 주희처럼 "놀라는 감탄사(驚歎辭)"로 보느냐의 문제인데, 역자는 주희의 설을 따랐다.

분을 가졌고, 염우·민자·안연은 대체로 갖추었으나 미약했다'고 했습니다. 감히 여쭙건대 선생님께서는 어느 쪽이십니까?"

[맹자께서] 말씀하셨다.

"잠시 이것은 [언급하지 말고] 내버려두지."

[공손추가] 말했다.

"백이伯夷[40]와 이윤伊尹[41]은 어떻습니까?"

[맹자께서] 말씀하셨다.

"[가는] 길이 같지 않았다. 섬길 만한 군주가 아니면 섬기지 않았고 부릴 만한 백성이 아니면 부리지 않았으며, 다스려지면 나아가고 혼란해지면 물러난 자가 백이였다. 어느 분을 섬긴들 내 군주가 아니겠고, 어느 사람을 부린들 내 백성이 아니겠는가 했으며, 다스

40) 《사기》〈백이열전伯夷列傳〉에서 백이伯夷와 숙제叔齊는 "원망한 것인가 아닌가(怨邪非邪)"라고 단도직입적으로 질문하면서 〈채미가采薇歌〉의 내용을 인용했다. 사마천의 관점에서는 천하의 대의명분을 지키려고 고고하게 살다가 죽었지만 내심 원망하는 마음이 있었다고 보인다.

41) 이윤伊尹은 은나라의 유명한 재상으로 탕왕을 도와 어진 정치를 펼쳤으며 하나라의 걸왕을 멸망시켰다. 탕왕의 손자인 태갑이 포악한 정치를 하자 이를 말리다가 귀양까지 가게 되었으나 다시 돌아와 훌륭한 정치를 했다. 이윤은 본래 요리사 출신으로, 솥을 지고 가서 음식을 만들어 탕왕에게 바치고는 그에게 신임을 얻기를 바랐다는 전설이 있다. 《사기》〈은본기〉에서 사마천은 "이윤은 이름이 아형阿衡이다. 아형은 탕을 만나려 했으나 방법이 없자, 유신씨有莘氏(부족 이름)의 잉신媵臣(귀족 집안의 여자가 시집갈 때 딸려가는 남자 노복)이 되어 솥과 도마를 지고 탕에게 음식 맛을 예로 들어 설득함으로써 왕이 바른 다스림을 행하게 했다. 혹자는 '이윤은 벼슬하지 않는 선비였는데, 탕이 사람으로 하여금 맞아들이고자 했으나, 다섯 번이나 거절한 뒤에야 탕에게 가서 따르며 옛 제왕과 아홉 유형의 군주의 일을 이야기했다'라고 말한다. 탕은 이윤을 등용하여 나라의 정사를 맡게 했다. 이윤은 탕을 떠나 하나라로 갔는데, 이미 하나라가 정사에 있어 추악함을 행하니 다시 박亳으로 돌아왔다(伊尹名阿衡. 阿衡欲奸湯而無由, 乃爲有莘氏媵臣, 負鼎俎, 以滋味說湯, 致于王道. 或曰: 伊尹處士, 湯使人聘迎之, 五反然後肯往從湯, 言素王及九主之事. 湯舉任以國政. 伊尹去湯適夏. 既醜有夏, 復歸于亳)"고 맹자와는 다른 견해를 보였다.

려져도 나아가고 혼란해져도 나아간 자는 이윤이었다. 벼슬할 수 있으면 벼슬하고 그만둘 수 있으면 그만두었으며 오래 머무를 수 있으면 오래 머물렀고 빨리 떠날 수 있으면 빨리 떠나신 분이 공자셨다. [이들은] 모두 옛 성인으로 나는 행하는 것을 [그렇게] 하지 못했으나 원하는 것은 공자를 배우는 것이다."

[공손추가 말했다.]

"백이와 이윤이 공자와 이렇듯 대등합니까?"

[맹자께서] 말씀하셨다.

"아니다. 인류가 생긴 이래 공자 같은 분은 계시지 않았다."

[공손추가] 말했다.

"그렇다면 [이분들에게] 공통점이 있습니까?"

[맹자께서] 말씀하셨다.

"있다. 사방 100리가 되는 땅을 얻어 군주 노릇을 하면 모두 제후들에게 조회를 받고 천하를 소유할 수 있겠지만, 한 가지라도 의롭지 않을 일을 행하여 한 사람이라도 죄 없는 자를 죽이고 천하를 얻는다고 하면, [그들은] 모두 하지 않으실 것이니, 이것이 공통점이다."

[공손추가] 말했다.

"감히 그 다른 점을 여쭙겠습니다."

[맹자께서] 말씀하셨다.

"재아와 자공과 유약은 지혜로워 성인을 알 만한데, [그들이 지혜가] 낮다 해도 좋아하는 사람에게 아부하는 데에 이르지는 않았다. 재아가 말하기를 '내가 선생님을 살펴보니 요순보다 훨씬 현명하시다'고 했다. 자공이 말하기를 '예禮를 보면 그 나라의 정치를 알 수 있고, 음악을 들으면 그 [군주의] 덕을 알 수 있으니, 백 세대 이후에 백 세대의 왕들을 등급 매겨보더라도 이런 기준을 피할 자가 없으니, 인류가 생긴 이래 선생님 같은 분은 계시지 않았다'고 했다. 유약이 말하기를 '어찌 오직 사람뿐이겠는가? 달리는 짐승 중에서 기린이, 날아다니는 새 중에서 봉황새가, 언덕과 흙더미 중에서 태산이, 흐르다 고인 물 중에서[42] 큰 강물과 바다가 있는 것이 같은 부류이고, 일반 백성 중에서 성인도 또한 같은 부류이다. [하지만] 그 부류 가운데 특출나며, 그 무리 가운데 드높으나 인류가 생긴 이래 공자보다 더 훌륭한 분은 없었다'고 했다."

公孫丑問曰: "夫子加齊之卿相, 得行道焉, 雖由此霸王, 不異矣. 如此, 則動心否乎?" 孟子曰: "否, 我四十不動心." 曰: "若是, 則夫子過孟賁遠矣." 曰: "是不難, 告子先我不動心." 曰: "不動心有道乎?" 曰: "有. 北宮黝之養勇也, 不膚橈, 不目逃, 思以一毫挫於人, 若撻之於市朝, 不受於褐寬博, 亦不受於萬乘之君, 視刺萬乘之君, 若刺褐夫, 無嚴諸侯, 惡聲至, 必反之. 孟施舍之所養勇也, 曰: '視不勝猶勝也, 量敵而後進, 慮勝而後會, 是畏三軍者也. 舍豈能爲必勝哉? 能無懼而已矣.' 孟施舍似曾子, 北宮黝似子夏. 夫二子之勇, 未知其孰賢, 然而孟施舍

---

42) 원문의 "행료行潦"를 번역한 것으로, 《설문해자》에서 "'료'는 빗물이다〔潦, 雨水也〕"라고 했고, 《시경》〈대아·형작泂酌〉의 《모전》에 "'행료'는 땅바닥에 흐르다가 고인 물이다〔行潦, 流潦也〕"라고 했다.

守約也. 昔者曾子謂子襄曰: '子好勇乎? 吾嘗聞大勇於夫子矣, 「自反而不縮, 雖褐寬博, 吾不惴焉, 自反而縮, 雖千萬人, 吾往矣.」' 孟施舍之守氣, 又不如曾子之守約也." 曰: "敢問夫子之不動心與告子之不動心, 可得聞與?" "告子曰: '不得於言, 勿求於心, 不得於心, 勿求於氣.' 不得於心, 勿求於氣, 可, 不得於言, 勿求於心, 不可. 夫志, 氣之帥也, 氣, 體之充也. 夫志至焉, 氣次焉, 故曰: '持其志, 無暴其氣.'" "旣曰: '志至焉, 氣次焉.' 又曰: '持其志, 無暴其氣.' 何也?" 曰: "志壹, 則動氣, 氣壹, 則動志也, 今夫蹶者趨者, 是氣也, 而反動其心." "敢問夫子惡乎長?" 曰: "我知言, 我善養吾浩然之氣." "敢問何謂浩然之氣?" 曰: "難言也. 其爲氣也, 至大至剛, 以直養而無害, 則塞於天地之間. 其爲氣也, 配義與道, 無是, 餒也. 是集義所生者, 非義襲而取之也. 行有不慊於心, 則餒矣. 我故曰: 告子未嘗知義, 以其外之也. 必有事焉, 而勿正, 心勿忘, 勿助長也. 無若宋人然, 宋人有閔其苗之不長而揠之者, 芒芒然歸, 謂其人曰: '今日病矣! 予助苗長矣!' 其子趨而往視之, 苗則槁矣. 天下之不助苗長者寡矣. 以爲無益而舍之者, 不耘苗者也, 助之長者, 揠苗者也. 非徒無益, 而又害之." "何謂知言?" 曰: "詖辭知其所蔽, 淫辭知其所陷, 邪辭知其所離, 遁辭知其所窮. 生於其心, 害於其政, 發於其政, 害於其事. 聖人復起, 必從吾言矣." "宰我子貢, 善爲說辭, 冉牛閔子顏淵善言德行. 孔子兼之, 曰: '我於辭命, 則不能也.' 然則夫子旣聖矣乎?" 曰: "惡! 是何言也? 昔者子貢問於孔子曰: '夫子聖矣乎?' 孔子曰: '聖則吾不能, 我學不厭而敎不倦也.' 子貢曰: '學不厭, 智也, 教不倦, 仁也. 仁且智, 夫子既聖矣.' 夫聖, 孔子不居. 是何言也?" "昔者竊[43]聞之, '子夏子游子張皆有聖人之一體, 冉牛閔子顔淵則具體而微.' 敢問所安?" 曰: "姑舍是." 曰: "伯夷伊尹何如?" 曰: "不同道. 非其君不事, 非其民不使, 治則進, 亂則退, 伯夷也. 何事非君, 何使非民, 治亦進, 亂亦進, 伊尹也. 可以仕則仕, 可以止則止,[44] 可以久則久, 可以速則速, 孔子也. 皆古聖人也, 吾未能有行焉, 乃所願, 則學孔子也." "伯夷伊尹於孔子, 若是班乎?" 曰: "否, 自有生民而來, 未有孔子也." 曰: "然則有同與?" 曰: "有. 得百里之地而君之, 皆能以朝諸侯, 有天下, 行一不義, 殺一不辜, 而得天下, 皆不爲也. 是則同." 曰: "敢問其所以異." 曰: "宰我子貢有若, 智足以知聖人, 汙不至阿其所好.[45] 宰我曰: '以予觀於夫子, 賢於堯舜遠矣.' 子貢曰: '見其禮而知其政, 聞其樂而知其德, 由百世之後, 等百世之王, 莫之能違也. 自生民以來, 未有夫子也.' 有若曰: '豈惟民哉? 麒麟之於走獸, 鳳凰之於飛鳥, 太山之於邱垤, 河海之於行潦, 類也. 聖人之於民, 亦類也. 出於其類, 拔乎其萃, 自生民以來, 未有盛於孔子也.'"

43) "절竊"은 부사로서 겸손을 나타내고 별다른 뜻은 없다. 화자의 생각이나 행동이 반드시 옳다고 단정하지 못할 때 주로 사용된다. '외람되이', '조용히'라는 식으로 해석하거나 해석하지 않는다.

44) "지止"는 '사仕'와 상대적으로 말한 것이다. 제10편 〈만장 하〉 1장에 "숨어 지낼 만하면 숨어 지내고可以處則處"라는 구절과 함께 읽어볼 만하며, 그 의미는 양보쥔의 해석대로 "물러나 거처하다〔退處〕"가 되어야 한다.

45) 구두점에 있어서 조기와 주희는 모두 '우汙'를 다음 구절에 붙여 읽고, '아래〔下〕'의 뜻으로 해석했다. 이러한 주장은 일리 있는 분석이다.

마음속으로 복종하게 만드는 것이 왕 노릇 하는 자의 자세 3.3

맹자께서 말씀하셨다.

"힘으로 인仁을 가장하는 자는 패왕 노릇 하는 자(霸者)이니 패왕 노릇 하는 자는 반드시 큰 나라를 소유해야 하나, 덕으로 인을 행하는 자는 왕 노릇 하는 자(王者)이니 왕 노릇 하는 자는 [반드시] 큰 것(나라)을 기다리지는 않는다. 탕왕은 사방 70리로 [그 일을] 하셨고, 문왕은 100리로 하셨다. 힘으로 남을 복종시키는 자는 [남이] 진심으로 복종하는 것이 아니라 힘이 부족하기 때문이다. 덕으로 남을 복종시키는 자는 [남이] 마음속으로 기뻐하여 진실로 복종하는 것이니, 일흔 명 제자[46]가 공자에게 복종하는 것과 같은 것이다. 《시경》에 이르기를 '서쪽에서 동쪽에서 남쪽에서 북쪽에서 마음속으로 복종하지 않는 이가 없네'라고 했으니 이것을 말하는 것이다."

孟子曰: "以力假仁者霸, 霸必有大國, 以德行仁者王, 王不待大. 湯以七十里, 文王以百里. 以力服人者, 非心服也, 力不贍也. 以德服人者, 中心悅而誠服也, 如七十子之服孔子也. 詩云, '自西自東, 自南自北, 無思[47]不服.' 此之謂也.'"

46) 원문의 "칠십자七十子"는 70명의 제자로, 《사기》 〈공자세가〉에 "[공자의 문하에] 몸소 육예六藝를 통달한 자가 72명이었다(身通六藝者, 七十有二人)"라고 했는데 이들을 말한다.

47) "사思"는 조사로서 별다른 뜻이 없다. 《시경》 〈주남周南·관저關雎〉의 "자나 깨나 그리워하네(寤寐思服)"와 〈소아·상호桑扈〉의 "맛있는 술은 마음을 녹이네(旨酒思柔)"의 '사'와 쓰임이 같다.

하늘이 지은 재앙, 스스로 지은 재앙 3.4

맹자께서 말씀하셨다.

"인하면 영화로울 것이고 인하지 않으면 모욕을 받을 것이니, 이제 모욕을 싫어하면서도 인하지 않은 것에 있는 것은, 마치 축축한 것을 싫어하면서도 낮은 곳에 있는 것과 같은 이치다. 만일 모욕을 싫어한다면, 덕을 귀하게 여기고 선비를 높이는 것만 한 것이 없다. 어진 자가 자리에 있으며 능력 있는 자가 직무를 담당하고 있어서 나라가 태평하게 되고, 이때에 이르러 그 정사와 형벌[48]을 분명히 한다면 비록 강대국이라도 반드시 그를 두려워할 것이다.

《시경》에 이르기를 '하늘이 비를 아직 내리지 않을 때에 이르러 저 뽕나무 뿌리의 껍질을 벗겨내 거두어서 창문과 문을 감는다면, 지금 이 아래에 있는 사람 중에 어떤 사람이 감히 나를 업신여기겠는가?'라고 했다. 공자께서 말씀하시기를 '이 시를 지은 자는 아마도 도를 알 것이니, 자신의 나라를 잘 다스린다면 누가 감히 모욕하겠는가?'라고 했다.

지금 나라가 태평한데, 이때에 이르러 크게 즐기고[49] 게으르며 오만한 짓을 한다. 이것은 스스로 재앙을 구하는 것이니, 재앙과 복은 자기 스스로 구하지 않는 것이 없다.《시경》에 이르기를 '영원히 천명[50]에 어울릴 것을 생각하는 것이, 스스로 많은 복을 구하는 것

48) 원문의 "형刑"을 번역한 것으로,《이아爾雅》〈석고釋詁〉에서 "'형'은 항상이다〔刑, 常也〕"라고 했고, 또 "'형'은 법도이다〔刑, 法也〕"라고 했다.

49) 원문의 "반락般樂"을 번역한 것으로, 조기는 "크게 즐기는 것"이라고 하고, 주희는 "욕심대로만 하는 것〔縱欲〕"이라고 했다. 역자는 조기의 설이 타당하다고 본다.

이네'라고 했으며, [《서경》] 〈태갑太甲〉에 말하기를 '하늘이 지은 재앙은 오히려 피할 수 있으나, 스스로 지은 재앙은 살길이 없다'고 했으니, 이것을 두고 말한 것이다."

孟子曰: "仁則榮, 不仁則辱, 今惡辱而居不仁, 是猶惡濕而居下也. 如惡之, 莫如貴德而尊士. 賢者在位, 能者在職, 國家閒暇, 及是時, 明其政刑, 雖大國, 必畏之矣. 詩云. '迨天之未陰雨, 徹彼桑土, 綢繆牖戶. 今此下民, 或敢侮予?' 孔子曰: '爲此詩者, 其知道乎, 能治其國家, 誰敢侮之?' 今國家閒暇, 及是時, 般樂怠敖, 是自求禍也, 禍福無不自己求之者. 詩云. '永言[51]配命, 自求多福.' 太甲曰: '天作孼, 猶可違, 自作孼, 不可活.' 此之謂也."

다섯 유형의 세금 문제 해결이 왕 노릇의 시발점 3.5

맹자께서 말씀하셨다.

"어진 자를 높이고 능력 있는 자를 부려서 준걸들이 자리에 있으면 천하의 선비가 모두 기뻐서 그 조정에 [벼슬하려고] 서는 것을 원할 것이다. 저자에서 [점포의] 자릿세만 받고 세금을 거두어들이지

---

50) 원문의 "천명天命"을 번역하지 않고 그대로 놔두었는데, 이 개념은 사물에 드러나는 자연스러운 이치 또는 하늘이 부여한 사명으로 보아도 무방하다. 정현은 이 개념에 대해 "천명은 하늘이 명한 바로 사람을 낳은 것이니, 이것을 일컬어 성명性命이라고 한다〔天命, 謂天所命生人者也, 是謂性命〕"고 했다. 그리고 "명命"은 '령令' 자와 호용된다는 점을 부기한다.

51) 원문의 "언言"을 조기는 '나〔我〕', 즉 주나라를 가리킨다고 했고, 주희는 '염두에 둔다〔念〕'는 의미로 풀었다. 양보쥔은 "문장 가운데 쓰이는 어조사로 의미가 없는 것〔言爲語中助詞, 無義〕"이라고 해석하기도 했다.

않으며,[52] 법대로 하면서 자릿세도 받지 않으면[53] 천하의 장사꾼이 모두 기뻐하여 물품을 그 저자에 쌓아두기를 원할 것이다. 관문에서 [인적 사항을] 검문하기만 하고 통행세를 거두어들이지 않으면 천하의 여행자가 모두 기뻐하며 그 길로 다니기를 원할 것이다.[54] 농사짓는 데 공전을 도와서 경작하게만 하고 세금을 거두어들이지 않으면[55] 천하의 농부가 모두 기뻐하며 그 들녘에서 농사짓기를 원할 것이다. [사람들이] 사는 곳[56]에 각종 잡세[57]를 없애면 천하의 백성이

---

52) 원문의 "시전이부정市廛而不征"을 번역한 것으로, 《주자어류朱子語類》에서는 "'시전이부정市廛而不征'은 시장의 가게에 거주하는 자에게 각각 점포의 세금을 약간씩 내게 하는 것으로, 지금 사람들이 가게를 임대하는 것과 비슷하니, 쌓아둔 재화에는 세금을 징수하지 않는 것"이라고 했다.

53) 원문의 "법이부전法而不廛"을 번역한 것으로, 《주례주소》에 "어떤 물건이 오랫동안 점포에 쌓여 있으면서도 팔리지 않는 것은 관청에서 법으로 그 물건을 사들였으므로 '법이부전'이라고 했다〔其有貨物久滯於廛而不售者, 官以法爲居取之, 故曰: 法而不廛〕"라고 풀이했다.

54) 제14편 〈진심 하〉 8장의 "옛날에 [국경의] 관문을 만든 이유는 난폭한 자를 막고자 함이었는데, 오늘날 관문을 만든 이유는 난폭한 짓을 하기 위함이다〔古之爲關也, 將以禦暴, 今之爲關也, 將以爲暴〕"라고 한 구절을 함께 읽어보면 의미를 더 확연히 알 수 있다.

55) 원문의 "조이부세助而不稅"를 번역한 것으로, 조기는 "'조助'는 정전井田의 10분의 1로, 공가公家를 도와 공전公田을 다스리는 것이고, 함부로 세금을 거두지 않는 것〔助者, 井田什一, 助佐公家治公田, 不橫稅賦〕"이라고 했다. 정약용은 "'조이부세'는 춘추시대 노나라 사람이 처음 이랑〔畝〕에 세금을 내게 했는데, 그 후 마침내 여러 나라에 통용되는 제도가 되었기 때문에 맹자가 이것을 말씀한 것이니, 조기의 주석이 없으면 안 된다〔助而不稅者, 春秋魯人初稅畝, 其後遂爲列國之通制, 故孟子言之, 趙註不可沒〕"라고 했다.

56) 원문의 "전廛"을 번역한 것으로, 《주례》 〈지관사도地官司徒·전인廛人〉의 주석에 '전'은 시장 안에 점포를 가지고 있지 않으면서 재물을 저장할 수 있는 것을 이른다〔廛, 謂市中之地未有肆而可居以畜藏貨物者也〕라고 했는데, 여기에서 '전'은 물건을 쌓아두는 것에 대한 의미이나, 지금의 '점포' 개념으로 보아도 무방하다. 역자는 뒤에 나오는 "부리夫里"의 의미를 새겨 '거주하다'라는 의미를 포함하여 번역했다.

모두 기뻐하며 그의 백성[58]이 되기를 원할 것이다.

진실로 이 다섯 가지를 잘 시행한다면 이웃 나라 백성이 군주를 우러러보기를 부모처럼 할 것이고, 그 [이웃의] 자제들을 이끌고 와서 그 부모[같은 우리]를 공격하는 일은 인류가 생긴 이래 성공한 자가 없으니, 이와 같이 한다면 천하에 대적할 자가 없을 것이다. 천하에 대적할 자가 없으면 하늘이 낸 벼슬아치(天吏)[59]이니, 그런데도 왕 노릇 하지 못한 자는 없었다."

孟子曰: "尊賢使能, 俊傑在位, 則天下之士皆悅, 而願立於其朝矣. 市, 廛而不征, 法而不廛, 則天下之商皆悅, 而願藏於其市矣. 關, 譏而不征, 則天下之旅皆悅, 而願出於其路矣. 耕者, 助而不稅, 則天下之農皆悅, 而願耕於其野矣. 廛, 無夫里之布, 則天下之民皆悅, 而願爲之氓矣. 信能行此五者, 則鄰國之民仰之若父母矣, 率其子弟, 攻其父母,

57) 원문의 "부리지포夫里之布"를 번역한 것으로, '포布'는 돈이다. '부포'는 《주례》〈지관·여사閭師〉에 나오는데, '무릇 직업이 없는 자는 부포를 내게 했다(凡無職者, 出夫布)'라는 것은 일정한 직업도 없이 다른 사람에게 고용되어 노동력을 파는 사람은 매년 사흘 동안 부역해야 하는 공순(公旬: 옛날의 백성이 통치자를 위해서 무상으로 제공하는 강제 노동)에 갈 수 없는데, 그러한 사람에게는 장정 한 명의 노동력에 상당하는 돈을 내도록 했다는 말이다(양보쥔 설).

58) 원문의 "맹氓"을 번역한 것으로, 양보쥔의 해석을 참조하면 이렇다. 초순은 《맹자정의》에서 "조기는 '맹은 백성을 일컫는 것이다'라고 주석했다. 이것을 살펴보면 '맹'과 '민'은 약간의 차이가 있는데, 대개 다른 지역에서 스스로 온 백성은 '맹'이라고 불렀다. 그러므로 '맹' 글자는 '민(백성, 民)'과 '망(망명하다, 亡)'을 따랐다(趙註, 氓者, 謂其民也, 按此, 則氓與民小別, 蓋自他歸往之民則謂之氓, 故字從民亡)"라고 했다. 단옥재段玉裁도 《설문해자주說文解字注》에서 비슷한 해설을 했다.

59) 원문의 "천리天吏"는 '천명을 행하는 벼슬아치'라는 뜻으로, 조기는 "정치하는 것은 마땅히 하늘이 부리는 것(爲政當爲天所使)"으로 풀었고, 주희는 여대림呂大臨의 말을 인용하여 "천명을 받들어 행하는(奉行天命)" 것으로 풀이했다.

自生民以來未有能濟者也, 如此, 則無敵於天下. 無敵於天下者, 天吏也, 然而不王者, 未之有也."

사단四端이 인정의 기본이다 3.6

맹자께서 말씀하셨다.

"사람들은 모두 남에게 차마 하지 못하는 마음을 가지고 있다. 옛 왕들은 남에게 차마 하지 못하는 마음을 가지고 있어서 남에게 차마 하지 못하는 정치를 시행했으니, 남에게 차마 하지 못하는 마음으로 남에게 차마 하지 못하는 정치를 시행한다면, 천하를 다스리는 것은 손바닥 위에 놓고 움직이듯 [쉽게] 할 수 있을 것이다.

사람들이 모두 남에게 차마 하지 못하는 마음을 가지고 있다고 말하는 까닭은, 지금 사람들이 느닷없이 어린아이가 우물로 들어가려는 것을 보고는 모두 깜짝 놀라 측은해하는 마음을 가지는 것이니, 이는 어린아이의 부모와 교분을 맺기 위한 것도 아니고, 향당[60]이나 친구들에게서 명예를 얻기 위한 것도 아니며, 그 [남이 비난하는] 소리 듣는 것을 싫어해서 그러는 것도 아니다. 이로 말미암아 본다면 측은해하는 마음이 없으면 사람이 아니며, 부끄러워하고 미워하는 마음이 없으면 사람이 아니며, 사양하는 마음이 없으면 사람이 아니며, 옳고 그름을 따지는 마음이 없으면 사람이 아니다.

측은해하는 마음은 인仁의 단서[61]요, 부끄러워하고 미워하는 마

60) 고대에는 200가구를 당黨이라고 했고, 2만 5,000가구를 향鄕이라고 했다. 향당은 주희에 의하면, "부형과 종족이 있는 곳〔父兄宗族之所在〕"이라고 하는데, 보통 큰 마을을 말한다.

음은 의로움(義)의 단서요, 사양하는 마음은 예禮의 단서요, 옳고 그름을 따지는 마음은 지혜(智)의 단서다. 사람이 이 네 가지 단서(四端)를 가지고 있음은 사지를 가지고 있는 것과 같다. 이 네 가지 단서를 가지고 있으면서 스스로 [인과 의를] 행할 수 없다고 말하는 자는 자신을 해치는 자이고, 자신의 군주가 [인과 의를] 행할 수 없다고 말하는 자는 군주를 해치는 자다. 무릇 이 네 단서가 나에게 있는 것을 모두 넓혀 채울 줄을 알면 마치 불이 막 타오르거나 샘물이 막 솟아나는 것과 같을 것이니, 만일 이것을 채워나간다면 충분히 천하를 보호할 수 있고, 만일 이것을 채워나가지 못한다면 부모조차 섬길 수 없을 것이다."

孟子曰: "人皆有不忍人之心. 先王有不忍人之心, 斯有不忍人之政矣. 以不忍人之心, 行不忍人之政, 治天下可運於掌上. 所以謂人皆有不忍人之心者, 今人乍見孺子將入於井, 皆有怵惕惻隱之心. 非所以內交於孺子之父母也, 非所以要譽於鄉黨朋友也, 非惡其聲而然也.[62] 由是觀之, 無惻隱之心, 非人也, 無羞惡之心, 非人也, 無辭讓之心, 非人也, 無是非之心, 非人也. 惻隱之心, 仁之端也, 羞惡之心, 義之端也, 辭

61) "단端"은 본래 '단耑'으로 되어 있다. 《설문해자》에서 "'단'은 식물이 처음 막 나오는 앞부분이다. [글자의] 윗부분은 자라나는 모양을 형상한 것이고, 아랫부분은 그 뿌리를 형상한 것이다(耑, 物初生之題也, 上象生形, 下象其根也)"라고 하며, 조기는 "'단'은 첫머리다. 사람은 모두 인仁·의義·예禮·지智의 첫머리가 있어 끌어내어 사용할 수 있는 것이다(端者, 首也, 人皆有仁義禮智之首, 可引用之)"라고 했다. 성백효는 남송南宋 대의 진식陳埴의 설을 고증하여 '단端' 자의 자의적 의미를 풀었다. "'단'이란 단서이니, 사물의 실마리이다. 누에고치의 실에 비유하면, 밖에 한 가닥의 실마리가 있으면 곧 안에 한 덩어리의 실이 있음을 알 수 있으니, 만약 안에 실이 없다면 실마리가 어떻게 밖에 보일 수 있겠는가(端者, 端倪也. 物之緒也, 譬之繭絲, 外有一條緒, 便知得內有一團絲, 若其無絲在內, 則緒何由而見於外)."

讓之心, 禮之端也, 是非之心, 智之端也. 人之有是四端也, 猶其有四體也. 有是四端而自謂不能者, 自賊者也, 謂其君不能者, 賊其君者也. 凡有四端於我者, 知皆擴而充之矣, 若火之始然, 泉之始達. 苟能充之, 足以保四海, 苟不充之, 不足以事父母."

화살 만드는 자와 갑옷 만드는 자는 마음가짐이 다르다 3.7

맹자께서 말씀하셨다.

"화살 만드는 사람이 어째서 갑옷 만드는 사람[63]보다 인하지 못하겠는가? 화살 만드는 사람은 오직 사람을 상하게 하지 못할까 걱정하고, 갑옷 만드는 사람은 오직 사람을 상하게 할까 걱정하니, [병을 고치는] 무당과 [관을 만드는] 목수도 또한 이와 같다. 따라서 기술은 [선택에] 신중하지 않을 수 없는 것이다. 공자께서 말씀하시기를 '마을에 인한 풍속이 있는 것은 아름다우니, 택하여 인한 곳에 있지 않는다면[64] 어떻게 지혜로울 수 있겠는가'라고 하셨으니, 인仁이란 하늘의 존귀한 벼슬이고 사람의 편안한 집이다. 이것을 막는 이가 없는

62) '측은지심'에 대한 주희의 자구 해설이 가장 명쾌하다. "'사乍'는 '홀忽'과 같다. '출척怵惕'은 놀라 움직이는 모양이다. '측惻'은 상심함이 간절한 것〔乍, 猶忽也. 怵惕, 驚動貌. 惻, 傷之切〕이고 '은隱'은 깊이 아파하는 것〔隱, 痛之深〕이니, 이것이 곧 이른바 '사람이 차마 해치지 못하는 마음〔不忍人之心〕'이란 것이다. '내內'는 맺는 것〔結〕이고 '요要'는 구하는 것이다. '성聲'은 이름〔名〕이다. 갑자기 이것을 보았을 때 곧 이 마음이 보는 것에 따라 나오는 것이다. 이 세 가지로 말미암아 그러한 것이 아님을 말씀한 것이다." 정자程子(명도明道)는 "몸에 가득한 것이 측은지심이다〔滿腔子, 是惻隱之心〕"라고 했다.

63) 원문의 "함인函人"을 번역한 것으로, 《주례》〈고공기考工記〉에서는 "연나라에는 갑옷이 없다〔燕無函〕"라고 했는데, 정현은 "'함'은 갑옷이다〔函, 鎧也〕"라고 주석했다.

데도 인하지 못하니, 이는 지혜롭지 못한 것이다. 인하지 못하고 지혜롭지 못하며 예의가 없고 의로움이 없으면 다른 사람의 노역자이다. 다른 사람의 노역자가 되어 노역하는 것을 부끄러워하는 것은 마치 활 만드는 사람이 활 만드는 것을 부끄러워하고 화살 만드는 사람이 화살 만드는 것을 부끄러워하는 것과 같은 것이다. 만일 노역하는 것을 부끄러워한다면 인을 행하는 것만 못하다.[65] 인한 자는 활쏘기와 같으니, 활을 쏘는 자는 자신을 바로잡은 뒤에 쏜다. 쏜 것이 맞지 않더라도 자신을 이긴 자를 원망하지 않고 자신에게서 돌이켜 찾을 뿐이다."

孟子曰: "矢人豈不仁於函人哉? 矢人惟恐不傷人, 函人惟恐傷人. 巫匠亦然. 故術不可不愼也. 孔子曰: '里仁爲美. 擇不處仁, 焉得智?' 夫仁, 天之尊爵也, 人之安宅也. 莫之禦而不仁, 是不智也. 不仁不智, 無禮無義, 人役也. 人役而恥爲役, 由弓人而恥爲弓, 矢人而恥爲矢也. 如恥之, 莫如爲仁, 仁者如射, 射者正己而後發, 發而不中, 不怨勝己者, 反求諸己而已矣."

64) 주희는 "택불처인擇不處仁"에 대해 《논어집주》에서는 "마을을 가려서 이곳에 살지 않는다〔擇里而不居於是焉〕"라고 하여 '택'을 '택리擇里'로 보아 '마을을 가리다'의 의미로 해석하고, 여기에서는 공자의 말씀을 인용하여 "사람이 스스로 처할 곳을 선택하되 인에 의해 하지 않으면 어찌 지혜로울 수 있겠는가〔人擇所以自處, 而不於仁, 安得爲智乎〕"라고 주석했다.

65) 정약용은 이 문장의 의미에 대해 "'막여위인莫如爲仁'에서 '위'는 '작作'과 같다. '위'란 일을 행하는 것이니, 주자가 인仁으로 천지에 만물을 생성하는 마음과 본심의 전체의 덕이라고 하여, '위인' 두 글자를 해석할 수 없었으므로 '위인'을 '지어인志於仁'으로 해석했다〔莫如爲仁, 爲猶作也, 爲者行事也, 朱子以仁爲天地生物之心, 本心全體之德, 則爲仁二字不可解, 故解之曰志於仁〕"라고 했는데 맹자의 발언 의도를 잘 파악한 것으로 보인다.

우임금과 순임금이 위대한 이유 3.8

맹자께서 말씀하셨다.

"자로는 남이 그에게 허물이 있다고 알려주면 기뻐했다. 우임금은 선한 말을 들으면 절을 하셨다. 위대한 순임금은 더 훌륭하셨으니, 선을 실천하기를 남과 함께했고, 자신[의 허물]을 버리고 남[의 장점]을 따르시며 남에게서 [훌륭한 점을] 취하여 선을 행하는 것을 좋아하셨다. 밭 갈고 곡식을 심으며 질그릇 굽고 물고기 잡을 때부터[66] 황제가 되었을 때에 이르기까지 남[의 장점]을 취하지 않은 것이 없으셨다. 남에게서 취하여 선을 행하는 것은 남이 선을 행하도록 도와주는 것이다. 그러므로 군자는 남이 선을 행하도록 도와주는 것보다 더 위대한 것이 없다."

孟子曰: "子路, 人告之以有過, 則喜. 禹聞善言, 則拜. 大舜有大焉, 善與人同, 捨己從人, 樂取於人以爲善. 自耕稼陶漁以至爲帝, 無非取於人者. 取諸人以爲善, 是與人爲善者也. 故君子莫大乎與人爲善."

66) 원문의 "경가도어耕稼陶漁"를 해석한 것으로, 《사기》〈오제본기五帝本紀〉에는 "순이 역산에서 농사를 지었는데 역산의 사람들은 모두 밭의 경계를 양보했고, 뇌택에서 물고기를 잡자 뇌택 사람들은 모두 거주지를 양보했으며, 하수의 물가에서 질그릇을 빚자 하수의 물가에서 생산되는 기물들도 모두 조악한 도자기가 아니었다. 1년이 지나자 사는 곳에 촌락이 이루어졌고, 2년이 지나자 읍이 이루어졌으며, 3년이 지나자 도시가 이루어졌다(舜耕歷山, 歷山之人皆讓畔, 漁雷澤, 雷澤上人皆讓居, 陶河濱, 河濱器皆不苦窳, 一年而所居成聚, 二年成邑, 三年成都)"라고 했다.

처신이 상반된 백이와 유하혜의 사례 3.9

맹자께서 말씀하셨다.

"백이는 [스스로 생각해서] 군주답지 않으면 섬기지 않았고, 그의 벗으로 삼을 만한 사람이 아니면 벗하지 않았다. 악한 사람의 조정에 서지 않았고, 악한 사람과는 말하지도 않았다. 악한 사람의 조정에 서고 악한 사람과 말하는 것을 마치 조복朝服을 입고 조관朝冠을 쓰고서 진흙과 숯 구덩이에 앉아 있는 것처럼 여겼으며, 악을 미워하는 마음을 미루어서 생각하기를 마을 사람과 함께 서 있을 때, 마을 사람의 갓이 바르지 않으면 언짢은 마음으로 떠나며 마치 자신을 더럽힌 듯이 여겼다. 이 때문에 제후들 가운데 비록 그 사명辭命(임금의 명을 받아 외교사절로 하는 말)을 잘하여 찾아오는 자가 있더라도 받아주지 않았으니, 받아주지 않은 이유는 이 또한 나아가는 것을 달갑게 여기지 않았기 때문이다.

유하혜는 더러운 군주 섬기는 것을 부끄러워하지 않았고 하찮은 벼슬을 낮게 여기지도 않았으며, 조정에 나아가서는 현명함을 숨기지 않아, 반드시 자신의 원칙을 다했고, 임용되지 못해도 원망하지 않고 곤궁과 액을 당해도 근심하지 않았다. 그러므로 [그는] 말하기를 '너는 너이고 나는 나이니, [네가] 비록 내 곁에서 옷을 걷고 알몸을 드러낸다고 해서[67] 네가 어찌 나를 더럽힐 수 있겠는가?'라고 했

67) 원문의 "단석나정袒裼裸裎"을 번역한 것으로, '단袒'은 《설문해자》에 '단但'으로 되어 있고, "'단'은 [웃옷을] 벗다이다(但, 裼也)"라는 주석이 덧붙여 있다. 《이아》〈석훈釋訓〉과 주희의 《시경》〈정풍鄭風·대숙우전大叔于田〉에는 모두 "'단석'은 웃옷을 벗어 어깨를 드러내는 것이다(袒裼, 肉袒也)"라고 주석하고 있다.

다. 그러므로 즐거운 모습[68]으로 그들과 함께 있으면서도 스스로를 잃지 않았으므로, [떠나려는 그를] 잡아당겨 머무르게 하면 머물렀다. 잡아당겨 머무르게 하면 머문 까닭은 이 또한 떠나가는 것을 달갑게 여기지 않았기 때문이다."

맹자께서 말씀하셨다.

"백이는 도량이 좁고, 유하혜[69]는 공손하지 못하니, 도량이 좁고 공손하지 못한 것을 군자는 따르지 않는다."

孟子曰: "伯夷, 非其君, 不事, 非其友, 不友. 不立於惡仁之朝, 不與惡人言. 立於惡人之朝, 與惡人言, 如以朝衣朝冠坐於塗炭, 推惡惡之心, 思與鄕人立, 其冠不正, 望望然去之, 若將浼焉. 是故諸侯雖有善其辭命而至者, 不受也. 不受也者, 是亦不屑就已. 柳下惠不羞汙君, 不卑小官, 進不隱賢, 必以其道, 遺佚而不怨, 阨窮而不憫. 故曰: '爾爲爾, 我爲我, 雖袒裼裸裎於我側, 爾焉能浼我哉?' 故由由然與之偕而不自失焉, 援而止之而止. 援而止之而止者, 是亦不屑去已."

孟子曰: "伯夷隘, 柳下惠不恭. 隘與不恭, 君子不由也."

---

68) 원문의 "유유연由由然"을 번역한 것으로, 세 가지 설이 있다. 조기는 "드넓은 모양〔浩浩之貌〕"으로 풀이했고, 주희는 "자득하는 모습〔自得之貌〕"이라고 했다. 양보쥔은 《한시외전》에 근거하여 "즐거워하는 모습〔高興之貌〕"으로 풀이했는데, 역자는 양보쥔을 따랐다.

69) 《회남자》〈설림훈說林訓〉의 고유의 주석에는 "유하혜는 노나라 대부 전무해의 아들로, 이름은 획獲이고 자는 금禽이다. 집에는 큰 버드나무가 있고 [몸에는] 은혜와 덕망이 있어 유하혜라고 불리게 되었다〔柳下惠, 魯大夫展無駭之子, 名獲, 字禽, 家有大柳樹, 惠德, 因號柳下惠〕"라고 했다. 그 밖에 자가 계季라는 주장을 살펴보면, 공영달이 《좌전정의左傳正義》 희공 26년에서 "계는 50세 때의 자이고, 금은 20세 때의 자다〔季是五十字, 禽是二十字〕"라고 주석한 것이 있다.

제4편

공손추 하

公孫丑下

【해설】

이 편은 14장으로 구성되어 있는데, 앞 편과 달리 공손추가 전면에 등장하지 않고 맹자가 하는 말로 구성되어 있는데도 제목에 '공손추'라는 글자가 들어가는 이유는 한 대의 주석가 조기가 편 장을 상하로 나누었기 때문에 그대로 따랐다는 분석이 설득력이 있다.

맹자는 이 편에서도 자신의 정치관을 언급하고 있다. 1장에서 '인화'가 '천시'와 '지리'보다 중요하다는 점을 거론하면서 어진 정치의 근본이 화합임을 강조하고 있다. 2장에서는 감기에 걸려 맹자를 만나지 못하겠다는 제나라 왕에게 굳이 자신이 만날 필요가 없다는 점을 분명히 하면서 군주라고 해서 신하를 오라 가라 해서는 안 된다는 자존심을 보여주고 있다. 3장에서는 선물과 뇌물의 개념 차이를 설명하고 있고, 4장에서는 정치를 목축에 비유하고 있다. 5장에서는 직책을 맡은 자, 즉 관료의 책임의식을 강조하며, 6장에서는 자신을 수행한 인물과 공무에 관하여 한 마디의 대화도 안 한 이유를 설명한다. 7장에서는 어버이의 장례를 후하게 치르는 것이 효의 기본임을 밝히고 있다.

8장의 천명을 얻는 자만이 정벌 자격이 있다는 단락은 영토를 확장하려는 욕심에 사로잡혀 침략전쟁을 정당화하는 왕의 행태를 보지 못하겠다는 맹자의 의식이 깔려 있다. 맹자가 제나라 대부 심동沈同에게 연나라를 공격해도 된다고 말하여 침략전쟁을 정당화시켰다는 오해를 받자 무도한 연나라를 무도한 제나라가 친 것이므로 자신은 책임이 없다는 식으로 자기 변론을 한 것인데, 이 부분에서 맹자의 논지에 반론을 제기할 소지가 있다. 그런데 맹자는 폭정에 시달리는 백성을 구제하는 왕도로서의 정벌을 일관되게 강조한 것이다.

정치에 관심 있는 맹자가 제나라 군주를 찾아간 대목이 10장부터 세 장에 걸쳐 나오는데, 맹자를 만류하는 왕에게 맹자가 기꺼이 왕의 곁에 남아 왕의 정치를 돕겠다고 했으나 서로 간의 오해로 인해 무산된 장(10장)에서 그 유명한 '농단壟斷'이란 성어가 나온다. 군주가 현자를 대하는 태도를 말하는 11장과 맹자가 지체하지 않고 제나라를 떠난 이유를 설명하는 내용이 12장에 있고, 자기 생각을 실현할 수 없어 객경의 지위를 반납하고 떠난 이유를 충우라는 자에게 설명하는 내용이 13장에 나온다. 맨 마지막에 벼슬하면 반드시 녹을 받아야 한다는 맹자의 경제 안목도 흥미로운 읽을거리다.

천시, 지리, 인화에서 인화가 최우선 4.1

맹자께서 말씀하셨다.

"하늘의 때[1]가 땅의 유리함[2]만 못하고, 땅의 유리함이 사람의 화목만 못하다. 3리의 [작은] 성城과 7리의 [작은] 성곽[3]을 에워싸고 공격해도 이기지 못하는 경우가 있다. 에워싸고 공격하면 반드시 하늘의 때를 얻을 것이나, 이기지 못하는 것은 하늘의 때가 땅의 유리

1) 원문의 "천시天時"를 번역한 것으로, 양보쥔은 조기의 설과 비교하여 풀이하였다. 즉, 조기가 "'천시'란 때와 날을 천간과 지지에 사용하여 오행의 왕상과 고허법의 등속으로 길흉화복을 점치는 것을 말한다〔天時謂時日支幹五行旺相孤虛之屬也〕"라고 한 것과 관련하여 역대 주석가들이 음양오행가의 해석을 취한 것은 맹자의 본의가 아닐 것으로 보아, 《맹자》에서 말하는 천시는 "흐리고, 맑고, 춥고, 더운 날씨가 전쟁에 적합한지 아닌지를 가리킨다〔可能是指陰晴寒暑之宜於攻戰與否〕"라고 주장했다. 부연하자면 《순자荀子》〈왕패王霸〉에서는 "농부가 농사에만 힘쓰고 다른 할 일이 적어지면 위로는 하늘의 때를 잃지 않고, 아래로는 땅의 이로움을 잃지 않으며, 가운데로는 사람의 화목함을 얻어서 모든 일이 어긋나지 않는다〔農夫朴力而寡能, 則上不失天時, 下不失地利, 中得人和, 而百事不廢〕"라고 하여 각각의 내용을 수록했다. 《순자》에서 '천시'는 '농사철〔農時〕'을 말하고, '지리'는 '땅의 힘〔土力〕'을 말하며, '인화'는 '일을 분담하는 것〔分工〕'을 말한다. 그러나 《맹자》에서 '천시'는 전투하기에 적당한 날씨의 여부를 말하고, '지리'는 높은 성과 깊은 못, 험준한 산천을 말하며, '인화'는 사람들의 화합을 말한다고 했다.

2) 원문의 "리利"를 번역한 것으로, 이 구절을 《손자병법》의 다음 대목과 함께 볼 만하다. "[전쟁이란] 다섯 가지에 따라 경영되어야 하고, 항목을 비교해 그 정황을 탐색해야 한다. 첫째를 '도'라고 하고, 둘째를 '천'이라고 하며, 셋째를 '지'라고 하고, 넷째를 '장'이라고 하며, 다섯째를 '법'이라고 한다. …… '천'이란 음양, 추위와 더위, 사계절의 변화를 가리킨다. '지'란 멀고 가까움, 험준함과 평탄함, 넓음과 좁음, 살 곳과 죽을 곳을 가리킨다. '장'이란 지혜, 믿음, 어짊, 용기, 엄격함을 가리킨다〔經之以五, 校之以計, 而索其情. 一曰道, 二曰天, 三曰地, 四曰將, 五曰法. …… 天者, 陰陽寒暑時制也. 地者, 遠近險易廣狹死生也. 將者, 智信仁勇嚴也〕."

3) 원문의 "삼리지성三里之城, 칠리지곽七里之郭"을 번역한 것으로, 《전국책戰國策》〈제책齊策〉에 나온다. 이것은 모두 즉묵卽墨 지역을 가리키고, 성곽의 크기가 작은 것을 말한다.

함만 못한 것이다.

성이 높지 않은 것이 아니고, 연못이 깊지 않은 것이 아니며, 병기와 갑옷이 견고하고 날카롭지 않은 것이 아니며, 쌀과 좁쌀이 많지 않은 것이 아니지만, [그런데] 버리고[4] 달아나니, 이는 땅의 유리함이 사람의 화목만 못한 것이다.

따라서 [옛말에] 말하기를 '백성을 한정하는[5] 데는 국경으로 경계를 삼지 않고, 나라를 견고히 하는 데는 산과 강의 험난함으로 하지 않으며, 천하를 두렵게 하는 데는 병기의 예리함으로 하지 않는다'고 한 것이다. 도道를 얻은 사람은 도와주는 사람이 많고, 도道를 잃은 사람은 도와주는 사람이 적다. 도와주는 사람이 지극히 적어지면 친척이 배반하고, 도와주는 사람이 지극히 많아지면 천하가 그에게 순종하는 것이다.

천하 사람들이 따르는 것으로써 친척조차 배반하는 것[6]을 공격한다. 그러므로 군자는 싸우지 않을지언정 싸우면 반드시 이기게 된다."

4) 원문의 "위委"를 번역한 것으로, 주희는 '버리다〔棄〕'로 풀이했다.

5) 원문의 "역민域民"을 번역한 것으로, 조기는 "주민〔居民〕"이라고 풀이했으나 주희는 '역域'을 "경계와 한정〔界限〕"이라고 풀이했다.

6) 원문의 "친척지소반親戚之所畔"을 번역한 것으로, 양보쥔은 고대에 '친척'이란 말은 《열자》〈탕문〉, 《사기》〈오제본기〉, 《예기》〈곡례〉에서 그 의미를 찾아볼 수 있다고 해석했고, 이 중에서 《맹자》에서 말하는 '친척'이란 《사기》와 《예기》에 나온 개념으로 이해하는 것이 옳다고 보았다. 즉 《사기정의史記正義》에서 "친척은 아버지인 고수, 계모와 남동생 상, 여동생 과수 등을 말한다〔親戚, 謂父瞽叟, 後母弟象, 妹顆手等也〕"라고 한 것과 《예기정의》에서 "'친'은 친가의 친척을 가리키고, '척'은 외가의 친척을 가리킨다〔親指族內, 戚指族外〕"라고 주석한 것을 보면 도움이 된다.

孟子曰: "天時不如地利, 地利不如人和. 三里之城, 七里之郭, 環而攻之而不勝. 夫環而攻之, 必有得天時者矣, 然而不勝者, 是天時不如地利也. 城非不高也. 池非不深也, 兵革非不堅利也, 米粟非不多也, 委而去之, 是地利不如人和也. 故曰: '域民不以封疆之界, 固國不以山谿之險, 威天下不以兵革之利.' 得道者多助, 失道者寡助. 寡助之至, 親戚畔之, 多助之至, 天下順之. 以天下之所順, 攻親戚之所畔, 故君子有不戰, 戰必勝矣."

맹자가 왕을 피한 이유 4.2

맹자께서 [제나라] 왕을 알현하고자 하셨는데, 왕이 사람을 보내 와서 말했다.

"과인이 마땅히 와서 뵈려고 했는데, 감기에 걸려 바람을 맞을 수 없습니다. 아침에 조회에서 볼 수 있을 것 같은데, 알지 못하겠습니다만, 과인이 뵐 수 있겠습니까?"

[맹자께서] 대답하셨다.

"불행히 [저도] 병이 나서 조회에 나갈 수 없습니다."

다음 날 밖으로 나가 동곽씨東郭氏[7]에게 조문하려고 하시니, 공손추가 말했다.

"어제 병으로 [왕명을] 사양하셨는데 오늘 조문하시는 것은 아마도 옳지 않겠지요?"

7) 강姜씨 성에서 나왔으며, 제나라 공족公族의 후손이다. 춘추시대에 제나라 환공의 자손이 임치의 동쪽 지방에 살았는데, 이를 동곽대부東郭大夫라고 불렀다. 그 후대의 자손들은 거주지를 성姓으로 이름하여 동곽씨라 일컬었다는 설이 있다.

[맹자께서] 말씀하셨다.

“어제는 병이 들었으나 오늘은 나았으니, 어찌 조문하지 않겠는가?”

왕이 사람을 보내 병을 물으시고 의원을 오게 하자, 맹중자孟仲子[8]가 대답하여 말했다.

“어제는 왕명이 있었으나 가벼운 병이 나서 조회에 나가지 못하시더니, 오늘은 병이 조금 나으셔서 조정에 달려 나가셨습니다. 제가 알지 못하겠습니다만, 도착하지 않으셨는지요?”

[그러고는] 몇 사람에게 길목에서 지키고 있다가 말하게 했다.

“꼭 [집으로] 돌아오지 마시고 조정으로 나가십시오!”

[맹자께서] 어쩔 수 없어서 경추씨景丑氏에게 가서 묵으셨는데, 경자景子가 말했다.

“안으로는 부자父子 간이, 밖으로는 군신君臣 간이 사람의 큰 윤리입니다. 부자 간에는 은혜가 중요하고 군신 간에는 공경이 중요한데, 저는 왕께서 선생을 공경하는 것을 보았으나, 선생께서 왕을 공경하는 것은 아직 보지 못했습니다.”

[맹자께서] 말씀하셨다.

“아! 이게 무슨 말인가! 제나라 사람이 왕과 [함께] 인과 의를 가지고 말하는 자가 없는데 어찌 인과 의를 좋지 않다고 여기기 때문이겠는가? 그 마음으로 말하기를 ‘어찌 [왕과] 함께 인과 의를 말하기에 충분하겠는가?’라고 하고 있을 것이니, 그렇다면 불경함이 이

8) 원문의 “맹중자孟仲子”에 대하여 양보쥔은 조기가 “맹중자는 맹자의 사촌 형제이며, 맹자에게 배웠다〔孟仲子, 孟子之從昆弟, 學於孟子者也〕”라고 주석했다.

보다 더 큰 것이 없다. 나는 요순의 도가 아니면 감히 왕 앞에서 말씀드리지 않으니, 그러므로 제나라 사람 중에는 내가 왕을 공경하듯이 하는 사람이 없을 것이다."

경자가 말했다.

"아닙니다. 그것을 말하는 것이 아닙니다. 《예기》에 말하기를 '아버지가 부르시면 느리게 대답하지 않고, 군주가 명령하여 부르시면 말에 멍에 얹는 것을 기다리지 않는다'[9]고 했습니다. 본래 [선생은] 조회 드시려다가 왕명을 듣고는 도리어 가지[10] 않으셨으니, 이 《예기》[11]의 가르침과는 아마도[12] 서로 들어맞지 않는 듯합니다."

[맹자께서] 말씀하셨다.

"어찌 그것을 말하려는 것이겠는가? 증자가 말씀하기를 '진晉나라와 초나라의 부유함을 따라갈 수 없거니와, 저들이 자신의 부유함을 가지고 나를 상대하면 나는 나의 인仁을 가지고 상대하며, 저

9) 원문의 "군명소君命召, 불사가不俟駕"를 번역한 것으로, 《논어》〈향당〉 10.13에는 "군주가 명령하여 부르시면 수레에 멍에를 얹는 것을 기다리지 않고 가셨다〔君命召, 不俟駕行矣〕"라고 했다.

10) 원문의 "과果"를 번역한 것으로, 조기는 "할 수 있다〔能〕"의 의미로 풀었으나 양보쥔은 "일이 미리 예견하는 대로 되는 것〔事之合於豫期者〕"의 의미로 풀었다.

11) 아버지와 군주가 부를 때의 행동으로, 이 내용은 《예기》〈옥조玉藻〉에 "아버지가 명하여 부르시면 빨리 대답하고 느리게 대답하지 않으며, 손에 일을 잡고 있으면 던진다〔父命呼, 唯而不諾, 手執業則投之〕"라고 했고, 또 "무릇 군주가 부를 적에는 3절로써 하니, 2절을 가지고 [부를 때는] 달려가고, 1절을 가지고 [부를 때는] 바쁜 걸음으로 가며, 관청에 있을 때 [군주가 부르면] 신발을 신기를 기다리지 않고, 밖에 있을 때 [군주가 부르면] 수레에 멍에 얹기를 기다리지 않는다〔凡君召以三節, 二節以走, 一節以趨, 在官不俟屨, 在外不俟車〕"라고 했다. 여기서 '절'은 군주의 소명을 받을 때의 예절로, 군주가 부절符節을 내려서 부르는 세 가지 양식을 말한다.

12) 원문의 "의宜"를 번역한 것으로, 왕인지王引之의 《경전석사經傳釋詞》의 기록에서 왕염손王念孫은 "'의'는 '아마도'와 같다〔宜, 猶殆也〕"라고 했다.

들이 그들의 작위를 가지고 나를 상대하면 나는 나의 의로움을 가지고 상대할 것이니, 내가 어째서 부족하겠는가'[13]라고 하셨으니, 이 어찌 의롭지 않은 것을 증자께서 말씀하셨겠는가? 이것도 아마 한 방법일 것이다. 천하에 영달하고 존귀한 것이 세 가지가 있으니, 작위가 하나요, 나이가 하나요, 덕이 하나이다. 조정에는 작위만 한 것이 없고, 마을에는 나이만 한 것이 없고, 세상을 돕고 백성을 자라게 하는 데는 덕만 한 것이 없으니, 어찌 그 [작위] 하나를 갖고서 [나이와 덕] 둘을 가진 사람을 소홀히 할 수 있겠는가?

그러므로 큰 일을 할 수 있는 군주는 반드시 [함부로] 부를 수 없는 신하가 있다. [그리하여] 도모하고자 하는 일이 있으면 그에게 찾아갔으니, 덕을 높이고 도道를 즐거워하는 것이 이와 같지 않으면 함께 [큰 일을] 할 수 없는 것이다. 그러므로 탕왕은 이윤에게 배우고 난 뒤에 그를 신하로 삼아서 힘도 들이지 않고 왕 노릇을 하셨고, 환공은 관중에게 배우고 난 뒤에 그를 신하로 삼아서 힘도 들이지 않고 [천하의] 패자霸者가 된 것이다.

오늘날 천하의 [제후들이] 영토가 엇비슷하고[14] 덕도 엇비슷해서 서로 능가하지 못하는 것은 다른 이유가 아니라 자기가 가르칠 만한 사람을 신하로 삼는 것을 좋아하고, 자기가 가르침을 받을 만한 사람을 신하로 삼는 것을 좋아하지 않기 때문이다. 탕왕이 이윤을 대할 때와 환공이 관중을 대할 때 감히 부르지 못했다. 관중도 오히려 부를 수 없었는데, 하물며 관중처럼 하지 않는 [나 같은] 자임에랴."

---

13) 원문의 "겸慊"을 번역한 것으로, 조기는 "'겸'은 '적다'이다〔慊, 少也〕"라고 했다.

14) 원문의 "추醜"를 번역한 것으로, 《방언方言》에는 "'추'는 '같다〔同〕'이다. 동쪽 제나라 사람들은 '추'라고 말한다〔醜, 同也, 東齊曰醜〕"고 했다. 역자도 "유사하다〔類〕"의 의미로 보았다.

孟子將朝王, 王使人來曰: “寡人如就見者也, 有寒疾, 不可以風. 朝, 將視朝, 不識可使寡人得見乎?” 對曰: “不幸而有疾, 不能造朝.” 明日, 出弔於東郭氏. 公孫丑曰: “昔者辭以病, 今日弔, 或者不可乎?” 曰: “昔者疾, 今日愈, 如之何不弔?” 王使人問疾, 醫來. 孟仲子對曰: “昔者有王命, 有采薪之憂, 不能造朝. 今病小愈, 趨造於朝. 我不識能至否乎?” 使數人要於路, 曰: “請必無歸, 而造於朝!” 不得已而之景丑氏宿焉. 景子曰: “內則父子, 外則君臣, 人之大倫也. 父子主恩, 君臣主敬. 丑見王之敬子也, 未見所以敬王也.” 曰: “惡! 是何言也! 齊人無以仁義與王言者, 豈以仁義爲不美也? 其心曰: ‘是何足與言仁義也?’ 云爾, 則不敬莫大乎是. 我非堯舜之道, 不敢以陳於王前, 故齊人莫如我敬王也.” 景子曰: “否, 非此之謂也. 禮曰: ‘父召, 無諾, 君命召, 不俟駕.’ 固將朝也. 聞王命而遂不果, 宜與夫禮若不相似然.” 曰: “豈謂是與? 曾子曰: ‘晉楚之富, 不可及也, 彼以其富, 我以吾仁, 彼以其爵, 我以吾義, 吾何慊乎哉?’ 夫豈不義而曾子言之? 是或一道也. 天下有達尊三, 爵一, 齒一, 德一. 朝廷莫如爵, 鄕黨莫如齒, 輔世長民莫如德, 惡得有其一以慢其二哉? 故將大有爲之君, 必有所不召之臣. 欲有謀焉, 則就之, 其尊德樂道, 不如是, 不足與有爲也. 故湯之於伊尹, 學焉而後臣之, 故不勞而王, 桓公之於管仲, 學焉而後臣之, 故不勞而霸. 今天下地醜德齊, 莫能相尙, 無他, 好臣其所敎, 而不好臣其所受敎. 湯之於伊尹, 桓公之於管仲, 則不敢召. 管仲且猶不可召, 而況不爲管仲者乎?”

맹자가 돈을 받을 때와 그러지 않을 때 4.3

진진陳臻[15]이 여쭈었다.

"지난번에 제나라에서 왕께서 품질 좋은 금[16] 100일鎰을 주셨는데 받지 않으셨으나, 송나라에서는 70일을 주셨는데 받으셨고, 설薛나라에서 50일을 주셨는데 받으셨으니, 지난번에 받지 않으신 것이 옳다면 오늘날 받으신 것이 잘못이고, 오늘날 받으신 것이 옳다면 지난번에 받지 않으신 것이 잘못이니, 선생님께서는 반드시 여기에서 하나에 놓인 것입니다."

맹자께서 말씀하셨다.

"모두 맞다. 송나라에 있을 때 나는 먼 길을 가게 되었는데, 멀리 가는 자에게는 반드시 노잣돈을 주기 마련이다. [노잣돈을 주면서] 말하기를 '노잣돈을 드립니다'[17]라고 했으니, 내가 어찌 받지 않을 수 있었겠는가? 설나라에 있을 때 나는 경계하는 마음을 품고 있었는데,[18] [군주가] 말하기를 '[선생께서] 경계하고 계시다는 말씀을 들었

15) 맹자의 제자 가운데 한 사람이라고 하나, 자세한 것은 알 수 없다.

16) 원문의 "겸금兼金"을 번역한 것으로, 조기는 "'겸금'은 좋은 금이다. 그 값이 일반 금보다 두 배나 비싸다. 그러므로 '겸금'이라고 불렀다〔兼金, 好金也, 其價兼倍於常者, 故謂之兼金〕"고 했다.

17) 원문의 "신贐"을 번역한 것으로, 조기는 "떠나는 자에게 재물을 주는 것이 예의다. 당시 사람들은 그것을 '신'이라 이른다〔送行者贈賄之禮也, 時人謂之贐〕"고 했다. 이에 대해 양보쥔은 이 글자는 본래 '신賮'으로도 쓰이는데, 《설문해자》에서 "'신'은 회합할 때의 예의이다〔賮, 會禮也〕"라고 하여 각종 예물을 가리킨다고 풀이했다. 또 '신賮'이 '진進' 자로 쓰이기도 하는 용례를 《한서》〈고제기〉 등에서 인용하여 자의적 의미 해석을 상세히 기록했다.

18) 원문의 "계심戒心"을 번역한 것으로, 조기는 "뜻밖의 일에 대비하려는 마음이 있었다. 당시에 나쁜 사람들이 맹자를 해치려고 하여 맹자가 경계하고 대비했던 것이다〔有戒備不虞之心也, 時有惡人欲害孟子, 孟子戒備〕"라고 했다.

기 때문에 병기 마련을 위해 드립니다'라고 했으니, 내가 어찌 받지 않을 수 있었겠는가? 제나라에 있을 때는 [돈을 받을 상황에] 처해 있지 않았다. 처한 일이 없는데 돈을 준다면 이는 재물로 매수하는 것이니, 어찌 군자로서 재물에 농락당할 수가 있겠는가?"

陳臻問曰: "前日於齊, 王餽兼金一百, 而不受, 於宋, 餽七十鎰而受, 於薛, 餽五十鎰而受. 前日之不受是, 則今日之受非也, 今日之受是, 則前日之不受非也. 夫子必居一於此矣." 孟子曰: "皆是也. 當在宋也, 予將有遠行, 行者必以贐, 辭曰: '餽贐.' 予何爲不受? 當在薛也, 予有戒心, 辭曰: '聞戒, 故爲兵餽之.' 予何爲不受? 若於齊, 則未有處也. 無處而餽之, 是貨之也. 焉有君子而可以貨取乎?"

누구의 죄인가 4.4

맹자께서 평륙 읍에 가서 그 대부(공거심을 지칭)에게 말씀하셨다.

"창을 잡고 있는 당신의 전사가 하루에 세 번이나 대오를 벗어나면[19] 그를 죽이겠는가, 죽이지 않겠는가?"

[대부가] 말했다.

"세 번을 기다리지 않을 것입니다."

[맹자께서 말씀하셨다.]

"그렇다면 당신이 대오를 벗어난 일 또한 많다. 흉년이 들어 굶주

19) 원문의 "실오失伍"를 번역한 것으로, 조기는 "그 대오를 벗어나다[失其行伍]"라고 했다. 《사서석지四書釋地》〈평륙平陸〉에서 명나라 학경郝敬은 "'오'는 군대의 대열이다. 대오를 벗어났다는 것은 대열에 있지 않다는 것이다[伍, 班次也, 失伍, 不在班也]"라는 말을 인용했다.

리는 해에 당신의 백성 중에 늙고 허약한 자들[의 시신]이 도랑과 구덩이에서 나뒹굴고[20] 건장한 자들이 흩어져 사방으로 가는 자가 몇 천 명이나 된다."

[대부가] 말했다.

"그것은 제가 마음대로 할 수 있는 바가 아닙니다."

[맹자께서] 말씀하셨다.

"지금 다른 사람의 소와 양을 받아서 그들을 위해 그것들을 길러 주는 자가 있으면, 반드시 그것들을 위해 목장과 꼴을 구할 것이다. [그런데] 목장과 꼴을 구하려다 얻지 못하면 그들에게 돌려주어야 하겠는가? 아니면 또한 선 채로 그것들이 죽는 것을 보고만 있어야 하겠는가?"

[대부가] 말했다.

"이는 저의 죄입니다."

다른 날 [맹자께서] 왕을 뵙고 말씀하셨다.

"왕의 도읍을 다스리는 사람 중에 신이 다섯 사람을 알고 있는데, 그 [자신의] 죄를 아는 사람은 오직 [대부] 공거심孔距心뿐입니다."

왕을 위해 그 일을 외워 진술하자 왕이 말씀하였다.

"이것은 과인의 죄입니다."

孟子之平陸, 謂其大夫曰: "子之持戟之士, 一日而三失伍, 則去之否乎?" 曰: "不待三." "然則子之失伍也亦多矣. 凶年饑歲, 子之民, 老羸

20) 원문의 "전轉"을 번역한 것으로, 조기는 "'전'은 시체가 도랑과 구덩이로 굴려진 것이다. 이것은 곧 자식이 대오를 잃은 것이다(轉, 轉屍於溝壑也. 此則子之失伍也)"라고 했다.

轉於溝壑, 壯者散而之四方者, 幾千人矣." 曰: "此非距心之所得爲也." 曰: "今有受人之牛羊而爲之牧之者, 則必爲之求牧與芻矣. 求牧與芻而不得, 則反諸其人乎? 抑亦立而視其死與?" 曰: "此則距心之罪也." 他日, 見於王曰: "王之爲都者, 臣知五人焉. 知其罪者, 惟孔距心." 爲王誦之. 王曰: "此則寡人之罪也."

자리를 떠나야 하는 이유 4.5

맹자께서 지와蚳鼃[21]에게 말씀하셨다.

"그대가 영구(현)[의 현령]를 마다하고 사사士師가 되기를 요청한 이유는 아마도 [사사가] 간언을 할 수 있기 때문일 것이다. [하지만 어찌하여] 지금 이미 몇 개월이 지났는데도 아직 간언을 하지 않은 것인가?"

지와가 왕에게 간언했는데 받아들여지지 않자 관직을 내려놓고 떠나가니, 제나라 사람들이 말했다.

"[맹자가] 지와를 위해 한 것으로는 잘한 것이나 [맹자] 자신을 위해 한 것으로는 내가 알 수 없다."[22]

공도자公都子[23]가 [이것을] 알려주자, [맹자께서] 말씀하셨다.

"내가 듣기로는, '관직을 맡은 자가 그 직책을 수행할 수 없으면 떠나야 하고, 간언의 책임을 지고 있는 자가 그 간언을 할 수 없으

---

21) 지와蚳鼃는 제나라 대부다. '지蚳'는 '개미알 지', '와鼃'는 '개구리 와' 자다.

22) 이 말은 '지와'와 마찬가지로 맹자 역시 간언하지 않은 것과 도가 행해지지 않는데 제나라를 떠나지 않는 것을 비꼬는 말투지, 결코 우호적인 말이 아니다.

23) 공도자公都子에 대해 조기는 간단히 "맹자의 제자다(孟子弟子也)"라고 풀이했다.

면 떠난다'고 했다. 나는 관직도 없고 나는 간언의 책임도 없으니, 그렇다면 내가 나아가고 물러남에 어찌 넉넉하게 여유가 있지 않겠는가?[24)]"

孟子謂蚳鼃曰: "子之辭靈丘而請士師, 似也, 爲其可以言也. 今旣數月矣, 未可以言與?" 蚳鼃諫於王而不用, 致爲臣而去. 齊人曰: "所以爲蚳鼃則善矣, 所以自爲, 則吾不知也." 公都子以告曰: "吾聞之也, '有官守者, 不得其職則去, 有言責者, 不得其言則去.' 我無官守, 我無言責也, 則吾進退, 豈不綽綽然有餘裕哉?"

맹자가 말을 하지 않은 이유 4.6

맹자께서 제나라에서 경卿(객경)이 되어 등나라에 가서 조문하게 되었을 때, 왕이 개蓋 땅의 대부 왕환에게 사행을 보필하게 했다. 왕환이 아침저녁으로 [맹자를] 뵈었으나, [맹자께서는] 제나라와 등나라의 길을 다녀오는 동안 일찍이 그와 함께 사행에 관한 일을 이야기하지 않으셨다.

공손추가 말했다.

"제나라 경의 지위가 작지 않고, 제나라와 등나라의 길이 가깝다고 할 수 없는데, 다녀오는 동안 일찍이 [그와] 함께 사행의 일을 이야기하지 않으신 것은 어찌 된 일입니까?"

---

24) 원문의 "작작연유여유綽綽然有餘裕"를 번역한 것으로, 조기가 '작綽'과 '유裕' 모두 "넓다〔寬〕"는 의미로 풀이한 것에 비해 주희는 '작작綽綽'을 "넓은 모습〔寬貌〕"으로, '유'를 "여유 있는 마음〔寬意〕"으로 풀이했다.

[맹자께서] 말씀하셨다.

"어떤 사람이 이미 그 일을 처리했으니, 내가 무엇을 말하겠는가?"

孟子爲卿於齊, 出弔於滕, 王使蓋大夫王驩爲輔行. 王驩朝暮見, 反齊滕之路, 未嘗與之言行事也. 公孫丑曰: "齊卿之位, 不爲小矣, 齊滕之路, 不爲近矣, 反之而未嘗與言行事, 何也?" 曰: "夫旣或治之, 予何言哉?"

장례를 치르는 데에 인색하지 말라 4.7

맹자께서 제나라에서 노나라로 가셔서 장사를 치르고[25] 제나라로 돌아오시는데 영嬴 땅에 머무셨다. 충우가 청하여 말했다.

"이전에 저의 어리석음을 알지 못하고 제게 관을 만드는 일[26]을 맡기셨는데, [그때는] 다급하여 제가 감히 여쭙지 못했습니다. 지금에야 삼가 여쭙겠습니다. [그때] 관에 쓴 나무가 [지나치게] 아름다운 것 같았습니다."

---

25) 원문의 "자제장어노自齊葬於魯"를 번역한 것으로, 조기는 "맹자가 제나라에서 벼슬할 때 어머니 초상을 당하여 노나라로 돌아가 장사를 치렀다〔孟子仕於齊, 喪母, 歸葬於魯〕"라고 이 단락의 맥락을 부연하여 설명했다.

26) 원문의 "돈장敦匠"을 번역한 것으로, 조기는 '돈장'을 한 구절로 하고 '사事'를 다음 문장에 귀속시켜 "'돈장'은 두텁게 관을 만드는 것이다〔敦匠, 厚作棺也〕"라고 했고, 주희는 충우에 대한 주석으로 "관을 만드는 일을 감독하는 자이다〔董治作棺之事者也〕"라고 풀이했다. 이에 대해 정약용은 "'돈敦'은 '두텁다〔厚〕'의 뜻이고 또 '가깝다〔迫〕'라는 뜻이니, 그렇게 되면 음이 '돈'이다. 또 '돈'은 '다스리다〔治〕'라는 뜻이니, 그렇게 되면 음이 '퇴'다. 조기의 설을 따르면 음을 마땅히 '돈'으로 읽어야 하고《집주集註》를 따르면 '돈'인 것도 같고 '퇴'인 것도 같으니 정할 수 없다〔敦厚也. 又敦迫也, 然則音墩. 又敦治也然則音堆. 從舊說則讀當音墩, 而從集註則似墩似堆, 未可定也〕"라고 했다.

[맹자께서] 말씀하셨다.

"옛날에는 관곽棺槨(내관과 외관)이 [치수] 제한이 없었는데,[27] 중고中古 시대에는 관은 [두께가] 일곱 치이고 곽도 그에 맞추어 천자로부터 일반 백성에까지 이르렀으니, 이는 단지 [겉으로] 아름답게 보이기 위해서만이 아니라 그렇게 하고 나서 사람의 마음에 [정성을] 다한 것이기 때문이다. [법도에 따라 좋은 목재를] 쓸 수 없으면 마음에 흡족할 수 없고, 재물이 없어도 [쓸 수 없어] 흡족할 수가 없을 것이다. [법도에 따라 좋은 목재를] 쓸 수 있고 또 재물이 있으면 옛사람들이 모두 썼는데, 내가 어찌하여 홀로 그렇게 하지 않겠는가? 하물며 죽은 자를 위해 흙이 [시신의] 피부에 가까이 닿지 않게 한다면 사람의 마음에 어찌 만족[28]이 되지 않겠는가? 내가 듣기로는 '군자는 [어떠한 경우라도] 천하 때문에 그 어버이에게 검소하게 하지 않는다'고 했다."

孟子自齊葬於魯, 反於齊, 止於嬴. 充虞請曰: "前日不知虞之不肖, 使虞敦匠事, 嚴, 虞不敢請. 今願竊有請也, 木若以美然." 曰: "古者棺槨無度, 中古棺七寸, 槨稱之. 自天子達於庶人, 非直爲觀美也, 然後盡於人心. 不得, 不可以爲悅, 無財, 不可以爲悅. 得之爲有財, 古之人皆用之, 吾何爲獨不然? 且比化者無使土親膚, 於人心獨無恔乎? 吾聞之也, '君子不以天下儉其親.'"

27) 원문의 "고자관곽무도古者棺槨無度"를 번역한 것으로, 조기는 "옛날에는 관곽의 두께가 얇거나 두꺼운 정도와 치수의 한도가 없었음을 말하는 것이다(言古者棺槨薄厚無尺寸之度)"라고 풀이했다.

28) 원문의 "교恔"를 번역한 것으로, 조기와 주희는 모두 "만족하다(快)"라고 풀이했다.

누가 정벌하는가가 중요하다 4.8

심동沈同[29]이 사사로이 물었다.

"연나라를 정벌할 수 있습니까?"

맹자께서 말씀하셨다.

"가능하다. [연나라 왕] 자쾌子噲도 연나라를 남에게 줄 수 없고, [연나라 재상] 자지子之도 연나라를 자쾌에게 받을 수 없는 것이다. 여기에 벼슬하려는 사람이 있는데, 자네가 그를 달가워하여 왕에게 알리지 않고 그대의 녹봉과 작위를 그에게 개인적으로 주고, 그 선비도 왕의 임명도 없이 개인적으로 그대에게서 받는다면 옳겠는가? 무엇이 이것과 다르겠는가?"

제나라 사람이 연나라를 정벌하자, 어떤 사람이 물었다.

"제나라에게 연나라를 정벌하게 권하셨다고 하는데, 그런 적이 있으십니까?"

[맹자께서] 말씀하셨다.

"아니다. 심동이 '연나라를 정벌할 수 있습니까?'라고 물어서 내가 '가능하다'라고 응수하여 말했더니 저들이 연나라를 정벌한 것이다. [그러나] 그 사람이 만일 '누가 그들을 정벌할 수 있겠습니까?'라고 물었다면 [나는] 응수하여 말하기를 '하늘이 낸 벼슬아치[天吏]라야 정벌할 수 있다'라고 했을 것이다. 지금 사람을 죽인 자가 있는데, 어떤 사람이 '그자를 죽일 수 있습니까?'라고 물으면 [나는]

---

29) 심동沈同의 질문에 대해 조기의 해석을 참조하면 이렇다. "심동은 제나라 대신으로, 자신이 사적인 감정이 있어 물은 것으로 왕명이 아니기에 그러므로 '사'라고 한 것이다[沈同, 齊大臣. 自以私情問, 非王命也, 故曰私]."

응수하여 말하기를 '가능하다'라고 할 것이다. [그러나] 그 사람이 만일 '누가 그자를 죽일 수 있겠습니까?'라고 물으면 [나는] 응수하여 말하기를 '사사士師라면 죽일 수 있다'라고 대답할 것이다. 지금 연나라[의 형세와 같은 제나라]로 연나라를 정벌한 격이니, 내가 무엇 때문에 그렇게 하도록 권했겠는가?"[30]

沈同以其私問曰: "燕可伐與?" 孟子曰: "可. 子噲不得與人燕, 子之不得受燕於子噲. 有仕於此, 而子悅之, 不告於王而私與之吾子之祿爵, 夫士也, 亦無王命而私受之於子, 則可乎? 何以異於是?" 齊人伐燕. 或問曰: "勸齊伐燕, 有諸?" 曰: "未也, 沈同問, '燕可伐與?', 吾應之曰: '可', 彼然而伐之也. 彼如曰: '孰可以伐之?' 則將應之曰: '爲天吏, 則可以伐之.' 今有殺人者, 或問之曰: '人可殺與?' 則將應之曰: '可.' 彼如曰: '孰可以殺之?' 則將應之曰: '爲士師, 則可以殺之.' 今以燕伐燕, 何爲勸之哉?"

제 선왕이 맹자에게 부끄럽다고 한 이유에 대한 맹자의 답변 4.9

연나라 사람들이 [제나라를] 배반[31]하자 [제나라] 왕이 말씀하였다.

30) 주희는《주자어류朱子語類》에서 이 말의 맥락을 부연하여 설명했으니, "맹자가 연나라를 정벌할 것을 말씀하신 곳이 네 곳이 있으니, 합해서 보아야 한다. 연나라의 부자와 군신이 이와 같았으니, 진실로 정벌할 만한 이치가 있었다. 그러나 맹자가 일찍이 제나라에게 정벌하지 말라고 가르치지도 않으셨고, 또한 일찍이 제나라에게 반드시 정벌하라고 가르치지도 않으셨다. 다만 '하늘이 낸 벼슬아치라야 정벌할 수 있다'라고 말씀하셨다〔孟子言伐燕處有四, 須合而觀之, 燕之父子君臣如此, 固有可伐之理, 然孟子不曾教齊不伐亦不曾教齊必伐, 但曰爲天使則可以伐之〕"고 했다.

"나는 맹자에게 대단히 부끄럽다."

[제나라 대부] 진가陳賈가 말했다.

"왕께서는 걱정하지 마십시오. 왕께서는 스스로 주공과 누가 더 인하고 지혜롭다고 생각하십니까?"

왕이 말씀하였다.

"아아! 이는 무슨 말인가!"

[진가가] 말했다.

"주공이 관숙에게 은나라를 관리하게 했는데,[32] 관숙이 은나라로써 배반했으니,[33] [주공이] 이것을 알고 하도록 했다면 이는 인하지 못한 것이고, 알지 못하고 하도록 했다면 이는 지혜롭지 못한 것입니다. 인과 지혜는 주공도 다하지 못한 것인데, 하물며 왕은 어떻겠

---

31) 원문의 "연인반燕人畔"을 번역한 것으로, 제나라가 연나라를 쳐서 연나라 왕 자쾌는 죽고 재상 자지는 도망갔다. 조나라는 한韓나라에 있던 연나라의 공자 직職을 불러와 왕으로 세웠는데 이 사람이 연나라 소왕昭王이다. 제나라 선왕은 연나라를 취하는 데 목적이 있었으나, 제후와 연나라 백성이 힘을 합쳐 따로 왕을 세우므로 제나라에서는 배반으로 여겼다.《사기》〈연소공세가燕召公世家〉에는 "연나라 자지가 죽은 지 2년(기원전 312년)에 연나라 사람들이 함께 태자 평을 세우니, 이 자가 연燕 소왕昭王이다〔燕子之亡二年, 而燕人共立太子平, 是爲燕昭王〕"라고 했고,《사기》〈조세가趙世家〉에는 "[조나라 무영왕] 11년(기원전 315년)에 한韓나라에서 공자 직職을 불러 연왕燕王으로 삼으려고 악지樂池로 하여금 그를 전송하게 했다〔十一年, 王召公子職於韓, 立以爲燕王, 使樂池送之〕"라고 했다.

32) 원문의 "주공사관숙감은周公使管叔監殷"에 대하여《사기》〈관채세가管蔡世家〉에 관숙이 형이고 주공이 동생으로 되어 있는 것은《맹자》의 아래 단락의 내용과 일치한다.《사기》〈노주공세가〉에는 "먼저 주왕을 주살한 후, 주공은 큰 도끼를 들고 소공은 작은 도끼를 들고 무왕의 곁에서 힘을 합해 그 희생의 피로 토지 신에게 제사를 지내고 하늘에 주의 죄를 고하여 은나라 백성에게 미치게 되었다. 또한 갇혀 있던 기자를 풀어주었다. [무왕은] 주왕의 아들 무경 록보를 [제후로] 봉하고 관숙과 채숙으로 그의 스승이 되게 했으며, 은나라의 제사를 이어받았다〔已殺紂, 周公把大鉞, 召公把小鉞, 以夾武王, 釁社, 告紂之罪于天, 及殷民. 釋箕子之囚. 封紂子武庚祿父, 使管叔蔡叔傅之, 以續殷祀〕"라고 했다.

습니까? 청컨대 제가 맹자를 뵙고 이해시켜드리겠습니다."

[진가가] 맹자를 뵙고 물었다.

"주공은 어떤 분입니까?"

[맹자께서] 말씀하셨다.

"옛날의 성인이시다."

[진가가] 말했다.

"관숙에게 은나라를 관리하게 했는데, 관숙이 은나라로써 배반했다고 하니, 그런 일이 있었습니까?"

[맹자께서] 말씀하셨다.

"옳다."

[진가가] 말했다.

"주공은 배반할 것을 알고서 하도록 했습니까?"

[맹자께서] 말씀하셨다.

"모르셨다."

[진가가 말했다.]

"그렇다면 성인도 또한 허물이 있는 것입니까?"

33) 원문의 "관숙이은반管叔以殷畔"을 번역한 것으로, 《사기》 〈관채세가〉에는 "무왕이 죽고 나서 성왕의 나이가 어렸으므로 주공 단이 왕실을 좌지우지했다. 관숙과 채숙은 주공의 행위가 성왕에게 불리하게 될까 의심하여 즉시 무경을 끼고 반란을 일으켰다. 주공 단은 성왕의 명을 이어받아 무경을 쳐서 주살하고 관숙도 죽였으며, 채숙을 쫓아내어 그를 옮겨 살게 하면서 전차 열 대와 종 일흔 명을 주었다(武王旣崩, 成王少, 周公旦專王室. 管叔蔡叔疑周公之爲不利於成王, 乃挾武庚以作亂. 周公旦承成王命伐誅武庚, 殺管叔, 而放蔡叔, 遷之, 與車十乘, 徒七十人從)"라고 했다. 《사기》 〈주본기〉에서도 "성왕과 강왕의 시대에는 천하가 안정되어 형벌이 40여 년 동안이나 쓰이지 않았다(成康之際, 天下安寧, 刑錯四十餘年不用)"라고 하여 성왕과 강왕의 성덕을 언급한 부분을 참조할 만하다.

[맹자께서] 말씀하셨다.

"주공은 동생이고 관숙은 형이다. 주공의 허물은 또한 마땅하지 않은가? 게다가 옛날의 군자는 허물이 있으면 고쳤는데, 지금의 군자는 허물이 있으면 그것을 따른다.[34] 옛날의 군자는 그 허물이 마치 일식이나 월식과 같아 백성이 모두 보았고 그것을 고치게 되면 백성이 다 우러러보았는데, 지금의 군자[35]는 다만 허물을 따를 뿐만 아니라 게다가 그것을 위해 핑계까지 댄다."

燕人畔. 王曰: "吾甚慙於孟子." 陳賈曰: "王無患焉. 王自以爲與周公孰仁且智?" 王曰: "惡! 是何言也!" 曰: "周公使管叔監殷, 管叔以殷畔, 知而使之, 是不仁也, 不知而使之, 是不智也. 仁智, 周公未之盡也, 而況於王乎? 賈請見而解之." 見孟子, 問曰: "周公何人也?" 曰: "古聖人也." 曰: "使管叔監殷, 管叔以殷畔也, 有諸?" 曰: "然." 曰: "周公知其將畔而使之與?" 曰: "不知也." "然則聖人且有過與?" 曰: "周公, 弟也, 管叔, 兄也. 周公之過, 不亦宜乎? 且古之君子, 過則改之, 今之君子, 過則順之. 古之君子, 其過也, 如日月之食, 民皆見之, 及其更也, 民皆仰之. 今之君子, 豈徒順之, 又從而爲之辭."

---

34) 원문의 "순지順之"를 번역한 것으로, 조기에 따르면 "과오를 따라 옳지 못함을 꾸미고 그것을 위해 핑곗거리를 찾는 것〔順過飾非就爲之辭〕"이다. 주희는 순順을 '수遂' 자와 같다고 하여 "따르다"라는 의미로 해석했다.

35) 양보쥔의 설명이 다소 이색적인데, 여기의 '군자'와 제2편 〈양혜왕 하〉 14장의 "군자는 업적을 창조하고 전통을 드리워서 이어나갈 수 있게 하면 됩니다〔君子創業垂統, 爲可繼也〕"의 '군자'는 의미가 서로 비슷하다고 했다. 이러한 양보쥔의 입장은 단지 지위에 있는 자를 가리킬 뿐 아니라 군주를 가리켜 말한 것이다.

농단하려는 자는 누구인가 4.10

맹자께서 신하의 자리를 내려놓고 돌아가려고 하자, 왕이 맹자를 만나 말씀하였다.

"지난날부터 뵙기를 바랐으나 뵐 수 없었다가, [나중에] 조정에서 함께 모시게 되어서는 매우 기뻤습니다. 이제 다시 과인을 버리고 돌아가신다고 하니, 알지 못하겠습니다만, 이후로 이어서 뵐 수 있습니까?

[맹자께서] 대답하셨다.

"감히 청하지 못했지만 진정 바라는 것입니다."

다른 날 왕이 시자時子에게 말씀하였다.

"나는 나라 한가운데에 맹자에게 집을 주고 제자들을 만종萬鍾[의 녹봉]으로 길러 대부들과 나라 사람들에게 모두 공경[36]하고 본받도록 하고자 하는데, 자네는 무엇 때문에 나를 위해 그에게 말하지 않는가!"

시자가 진자陳子를 통하여 맹자께 알리게 하자, 진자가 시자의 말을 맹자께 알렸다.

맹자께서 말씀하셨다.

"그러한가. 시자가 어찌 그것이 안 되는 일임을 알겠는가? 만일 내가 부유해지고 싶었다면 10만 종을 마다하고 1만 종을 받는 것, 이런 것이 부유해지고자 하는 것이겠는가? 계손씨가 말하기를 '이

36) 원문의 "긍矜"을 번역한 것으로, 조기와 주희는 모두 '공경하다〔敬〕'라는 뜻으로 해석했다.

상하다, 자숙의子叔疑[37]여! 자신에게 정치를 하게 했으나, [더 이상] 등용되지 않으면 그만두어야 하는데, 또 그 자제들로 경卿이 되게 하는구나. 사람들 또한 누구라도 부유하고 귀하고자 하지 않겠는가만 유독 부유하고 귀한 가운데에서도 농단[38]을 사사로이 차지하려는 자가 있다'고 했다. 옛날에 저잣거리에서 교역하는 자들이 [자신이] 갖고 있는 물건을 없는 물건과 바꾸면 유사有司(담당 관리)는 [다툼을] 관리할 뿐이었다. [그런데] 비천한 사내 한 사람이 있어 반드시 농단을 찾아 올라가서 주위를 바라보면서 시장의 이익을 모두 거두어 가버리자 사람들이 모두 천하게 여겼다. 그러므로 그에게 세금을 거두어들였으니, 장사꾼에게 세금을 거두어들인 것은 이 비천한 사내로부터 시작된 것이다."

孟子致爲臣而歸, 王就見孟子曰: "前日願見而不可得, 得侍同朝, 甚喜. 今又棄寡人而歸, 不識可以繼此而得見乎?" 對曰: "不敢請耳, 固所願也." 他日, 王謂時子曰: "我欲中國而授孟子室, 養弟子以萬鍾, 使諸大夫國人皆有所矜式. 子盍爲我言之!" 時子因陳子而以告孟子, 陳子以時子之言告孟子. 孟子曰: "然. 夫時子惡知其不可也? 如使予欲富, 辭十萬而受萬, 是爲欲富乎? 季孫曰: '異哉子叔疑! 使己爲政, 不用, 則亦已矣, 又使其子弟爲卿. 人亦孰不欲富貴, 而獨於富貴之中有

37) 자숙의子叔疑에 대해 주희는 "어느 시대 사람인지 알 수 없다〔不知何時人〕"라고 했다.

38) 원문의 "용단龍斷"을 말하는 것으로, '용'은 곧 언덕을 뜻하는 '농壟'이다. 조기는 "흙더미가 끊어져 높은 곳〔堁斷而高者〕"이라 풀었고, 주희는 "비탈진 언덕이 끊겨서 높다〔岡壟之斷而高〕"로 해석했다. 높은 곳에 올라가면 사방이 잘 보여서 값싼 물건을 많이 취하여 독차지한 것이다. 이 구절에서 이익이나 권리를 독차지한다는 뜻의 '농단'이 유래했다.

私龍斷焉.' 古之爲市也, 以其所有易其所無者, 有司者治之耳. 有賤丈夫焉, 必求龍斷而登之, 以左右望, 而罔市利, 人皆以爲賤. 故從而征之, 征商自此賤丈夫始矣."

맹자가 안석에 누운 까닭 4.11

맹자께서 제나라를 떠나실 때 주晝 땅에 묵으셨는데, 왕을 위해 떠나는 것을 붙들고자 하는 자가 있었다. [조심스럽게] 앉아 말했으나, [맹자께서는] 대답하지도 않고 안석에 기대 누우셨다.

손님이 불쾌해하며 말했다.

"제가 밤새 재계하고 난 다음에 감히 [어렵게] 말씀드렸으나 선생님께서 누워서 듣지도 않으시니, 다시는 감히 뵙지 말 것을 청합니다."

[맹자께서] 말씀하셨다.

"앉으시오! 내가 그대에게 분명히 말하겠소. 옛날에 노나라 목공繆公은 자사의 곁에 [마음을 전할] 사람이 없으면 자사를 편안하게 해드리지 못했다고 여겼고, 설류泄柳와 신상申詳은 목공의 곁에 [보좌할 만한] 사람이 없으면 그 자신들을 편안하게 여기지 않았소. 그대가 연장자인 나[39]를 위해 생각해주었으나 자사에게는 미치지 못하니, 그대가 나를 거절한 것이오? 내가 그대를 거절한 것이오?"

孟子去齊, 宿於晝. 有欲爲王留行者, 坐而言. 不應, 隱几而臥. 客不悅

39) 조기는 "맹자가 연로했기 때문에 스스로 '장자'라 일컬었다〔孟子年老, 故自稱長者〕"라고 했는데 일리가 있다.

曰: "弟子齊宿而後敢言, 夫子臥而不聽, 請勿復敢見矣." 曰: "坐! 我明語子. 昔者魯繆公無人乎子思之側, 則不能安子思, 泄柳申詳無人乎繆公之側, 則不能安其身. 子爲長者慮, 而不及子思, 子絶長者乎, 長者絶子乎?"

맹자가 제나라를 떠나려 했던 속내 4.12

맹자께서 제나라를 떠나가실 때 윤사尹士[40]가 사람들에게 말했다.

"왕께서 탕왕이나 무왕이 될 수 없다는 것을 [맹자가] 알지 못했다면 이는 현명하지 못한 것이고, 불가능한 것을 알면서도 왔다면 이것은 녹봉을 요구한[41] 것이네. 천 리를 와서 왕을 뵙고 뜻이 맞지 않아서 떠나가면서도 사흘을 머문 뒤에 주晝 땅을 나섰으니, 어찌 이리도 오랫동안 머문단 말인가? 나 윤사는 이 점을 달가워하지 않는다."

고자高子[42]가 [맹자에게 이 말을] 아뢰었다.

[맹자께서] 말씀하셨다.

"저 윤사가 어찌 나를 알겠는가? 천 리를 와서 왕을 뵌 것, 이것은 내가 원해서 한 것이나, 뜻이 맞지 않아서 떠나는 것이 어찌 내가 바라는 것이겠는가? 나는 어쩔 수 없어서였다. 내가 사흘 동안 머문 뒤에 주 땅을 나섰으나, 내 마음에는 오히려 [사흘을 머문 것이] 빠르다고 여기니, [나는] 왕께서 행여나 [생각을] 바꾸시기를[43] 바랐

---

40) 제나라 대부로 추정되는 인물이다.

41) 원문의 "간택干澤"을 번역한 것으로, 조기는 "'간'은 '구하다'이고, '택'은 '녹봉'이다(干, 求也, 澤, 祿也)"라고 했다.

42) 제나라 사람으로 맹자에게 배웠으나 유가가 아닌 다른 학문을 배운 자이다.

다. 왕께서 만일 바꾸신다면 반드시 나를 돌아오게 하셨을 것이다. 주 땅을 나섰는데도 왕께서 나를 쫓아오지 않으셨으니 나는 그러고 난 다음에야 거침없이 돌아갈 뜻을 품게 된 것이다. 내가 비록 그렇다 하더라도 어찌 왕을 버려두겠는가! 왕께서는 충분히 선정을 펼치실 수 있을 것이니, 왕께서 만일 나를 등용한다면 어찌 단지 제나라 백성만 편안하겠는가? 천하의 백성이 모두 편안할 것이니, 왕께서 행여나 [생각을] 고치시기를 나는 날마다 바란다. 내가 어찌 이 하찮은 사내 같겠는가? 군주에게 간언하다가 받아주지 않으면 성내어 얼굴빛에 노여운 표정[44]을 나타내고 떠나면서는 온종일 힘을 다해서 간 뒤에 머물겠는가?"

윤사가 이 말을 듣고 말했다.

"나는 진실로 소인이구나."

孟子去齊, 尹士語人曰: "不識王之不可以爲湯武, 則是不明也, 識其不可, 然且至, 則是干澤也. 千里而見王, 不遇故去, 三宿而後出晝, 是何濡滯也? 士則玆不悅." 高子以告. 曰: "夫尹士惡知予哉? 千里而見王, 是予所欲也, 不遇故去, 豈予所欲哉? 予不得已也. 予三宿而出晝, 於

---

43) 원문의 "개改"를 번역한 것이다. 조기는 '반복反復'으로 풀이했으며 주희는 '바꾸다'라는 뜻으로 풀이하면서 "고친다는 것은 반드시 특정한 일을 가리키는 말이다. 그러나 이제 [그것이 무엇인지] 상고할 수 없다(所改, 必指一事而言, 然今不可考矣)"라고 했다. 역자는 주희와 같이 고친다는 뜻으로 풀었다.

44) 원문의 "행행연悻悻然"을 번역한 것으로, 조기는 "《논어》의 '꽉 막힌 소인일 것이다'라는 말이 내 뜻이다(論曰悻悻然小人哉言己志)"라고 했다. 《논어》〈자로子路〉 13.20의 구절은 '갱갱연소인재硜硜然小人哉'인데 "행행연소인재悻悻然見於其面"로 바꾸어 인용함으로써 《맹자》의 '행행연'을 풀이했다. 참고로 '갱硜'은 '돌 부딪히는 소리 갱' 자로, '갱갱'은 쨍그랑거리는 소리다. 자기 고집만 부리는 융통성 없는 소인배의 모습을 비유한 말이다.

予心猶以爲速, 王庶幾改之. 王如改諸, 則必反予. 夫出晝, 而王不予追也, 予然後浩然有歸志. 予雖然, 豈舍王哉! 王由足用爲善, 王如用予, 則豈徒齊民安? 天下之民擧安, 王庶幾改之, 予日望之. 予豈若是小丈夫然哉? 諫於其君而不受, 則怒, 悻悻然見於其面, 去則窮日之力而後宿哉?" 尹士聞之曰: "士誠小人也."

천하를 다스림에 나 말고 누가 있겠는가 4.13

맹자께서 제나라를 떠나실 때 충우가 길에서 여쭈었다.

"선생님께서 달갑지 않은 안색인 듯합니다. 지난날 제가 선생님께 듣기로는 '군자는 하늘을 원망하지 않고 사람을 탓하지 않는다'[45]고 하셨습니다."

[맹자께서] 말씀하셨다.

"그때는 그때이고 이때는 이때이다. 500년마다 반드시 왕 노릇하는 자가 나타나니, 그사이에 반드시 세상에 이름난 자가 있다. 주나라 이래로 700여 년이 되었으니, 햇수로는 [이미] 지났지만 시기를 살펴본다면 [지금이] 가능하다. 하늘이 아직 천하를 평안히 다스리고자 하지 않은 것 같으니, 만일 천하를 평안하게 다스리고자 한다면 지금 세상에서 나를 제외하고 그 누가 있겠는가? 내가 어찌

---

45) 원문의 "불원천不怨天, 불우인不尤人"을 번역한 것으로, 《논어》〈헌문憲問〉 14.35에 "공자께서 말씀하셨다. '아무도 나를 알아주는 사람이 없구나!' 자공이 아뢰었다. '어찌 아무도 선생님을 알아주지 않는다고 하십니까?' 공자께서 말씀하셨다. '하늘을 원망하지 않고, 사람을 탓하지 않고, 아래로 배우고 위로는 통달했는데, 나를 알아주는 자는 아마도 하늘일 것이다(子曰: 莫我知也夫! 子貢曰: 何爲其莫知子也? 子曰: 不怨天, 不尤人. 下學而上達. 知我者其天乎!)'"라는 말과 함께 읽어보아야 한다. 맹자는 그의 제자에게 공자의 말을 전달한 것이다.

달갑지 않은 것이겠느냐?"

孟子去齊, 充虞路問曰: "夫子若有不豫色然. 前日虞聞諸夫子曰: '君子不怨天, 不尤人.'" 曰: "彼一時, 此一時也. 五百年必有王者興, 其間必有名世者. 由周而來, 七百有餘世矣. 以其數, 則過矣, 以其時考之, 則可矣. 夫天未欲平治天下也, 如欲平治天下, 當今之世, 舍我其誰也? 吾何爲不豫哉?"

제나라에 머문 것은 내 의지가 아니다 4.14

맹자께서 제나라를 떠나 휴休 땅에 머무시니, 공손추가 여쭈었다.
"벼슬하면서도 녹봉을 받지 않는 것이 옛날의 도리입니까?"
[맹자께서] 말씀하셨다.
"틀렸다. 숭崇 땅에서 내가 왕을 뵙고도 물러나 떠나려는 마음을 품었으니, [내 마음을] 변치 말고자 했으므로[46] [녹봉을] 받지 않았다. 계속해서 전쟁이 일어나 [떠날 것을] 요청할 수 없었으니, 제나라에 오래 머문 것은 내 의지가 아니었다."

孟子去齊, 居休, 公孫丑問曰: "仕而不受祿, 古之道乎?" 曰: "非也. 於崇, 吾得見王, 退而有去志, 不欲變, 故不受也. 繼而有師命, 不可以請. 久於齊, 非我志也."

---

46) 조기는 보충하여 "물러나 [제나라를] 떠나고자 뜻을 두었다. 그러나 바로 떠나지 않은 것은 만약 갑자기 변하는 태도를 보인다면 [사람들의] 극심한 비난을 당하게 된다. 그래서 당분간 [제나라에] 머물렀던 것이다(退出, 志欲去矣, 不欲卽去, 若爲變詭, 見非太甚, 故且宿留)"라고 했다.

제5편

등문공 상

滕文公上

【해설】

《맹자》 전체 중에서 가장 짧은 편으로 총 5장으로 구성되어 있는데, 등나라 문공과 관련된 내용이다. 맹자는 문공이 그나마 인정仁政을 행하고 있다면서 1장에서 문공이 세자일 때의 일화를 예시로 들어 인간의 본성이 선하다는 점을 강조하면서 성인의 마음은 보통 사람과 같다는 시각을 보여주고 있다. 2장에서도 남을 탓하지 말고 자신이 할 일을 하라는 유가의 가르침을 그대로 받아들일 것을 요구한다.

아울러 맹자는 3장에서 인정의 방법 중 하나로서 일정한 생업과 일정한 법에 근거한 세금 징수 및 정전제의 회복을 통한 조세법 추진과 정전제의 확립을 통해 일정한 생업의 중요성을 강조하고, 학교교육의 제도적 활성화를 통한 인륜의 확립 등을 거론하고 있다.

특히 맹자는 4장에서 신농씨神農氏의 설을 지지하는 농가인 허행의 겉과 속이 다른 면을 비판하면서 그가 말만 앞세우는 자임을 드러내고 있다. 맨 마지막 5장에서는 묵가의 학설을 신봉하는 이지夷之라는 자의 견해를 비판하면서 자신의 주장을 결국 인정하게 하는 설득술을 보여주고 있다.

맹자를 의심하는 세자에게 한 말 5.1

등 문공이 세자[1]였을 때, 초나라로 가는 길에 송나라를 지나다가 맹자를 만났다. 맹자께서 본성의 선함[2]을 말씀하시면서[3] 말씀마다 요임금과 순임금을 꼭 거론하셨다.

세자가 초나라에서 돌아와서 다시 맹자를 만났는데 맹자께서 말씀하셨다.

"세자께서는 제 말을 의심하십니까? 무릇 도는 하나일 뿐입니다. 성간成覵[4]이 제나라 경공에게 말하기를 '그[성인]도 사내이고 나도 사내인데, 내 어찌 그를 두려워하겠는가?'라고 했고, 안연이 말하기를 '순임금은 어떤 사람이고 나는 어떤 사람인가? [훌륭한 일을] 하고자 하는 자도 순임금과 같다[5]'라고 했으며, 공명의公明義[6]가 말하기

1) 원문의 "세자世子"는 태자太子를 말한다. 양보쥔은 "'세世'와 '태太'는 옛날에 음이 서로 같아서 옛 책에서는 항상 통했다"라고 했다. 《공양전》 장공 32년 조에 "군주가 생존해 있으면 세자라고 일컫는다〔君存稱世子〕"라고 한 말을 특기한다.

2) 원문의 "성선性善"을 번역한 것으로, 주희는 "'성性'이란 사람이 하늘로부터 품부 받고 생겨난 리理이니, 혼연히 지극히 선하여 일찍이 악함이 있지 않다〔性者, 人所稟於天以生之理, 渾然至善, 未嘗有惡〕"라고 풀이했다.

3) 원문의 "도道"를 번역한 것으로, '말하다〔言〕'의 뜻으로 쓰였다.

4) 성간成覵은 제나라의 용사勇士다. 《회남자》 〈제속훈齊俗訓〉에는 '성형成荊', 《전국책》 〈조책趙策〉과 《한서》 〈광천왕전廣川王傳〉에는 '성경成慶'으로 나온다. 왕부지가 《맹자패소》에서 "그의 말은 '내가 어찌 저 사람을 두려워하겠는가?'라고 했는데, 이로써 힘을 다투는 것을 말했을 뿐이나, 맹자께서는 이를 빌려 사람이 스스로 강해짐을 비유했다〔其言吾何畏彼者, 以角力言耳, 孟子借引以喩人之自强〕"라고 말한 것을 참조할 만하다.

5) 원문의 "유위자역약시有爲者亦若是"를 번역한 것으로, 주희는 "사람이 능히 할 수 있으면 모두 순임금과 같음을 말한 것이다〔言人能有爲, 則皆如舜也〕"라고 하여 훌륭한 일을 하고자 노력하는 사람이라면 순임금의 경지와 같아진다고 본 것이다.

를 '[주공이] 「문왕은 나의 스승이다」[7]라고 하셨는데, 주공께서 어찌 나를 속였겠는가?'라고 했습니다. 지금 등나라 땅의 긴 곳을 잘라 짧은 곳에 보태어도[8] 거의 50리 정도지만 오히려 좋은 나라가 될 수 있습니다.《서경》에서 말하기를 '만일 약이 명명하고 어지럽지[9] 않으면 그 병이 낫지 않을 것이다'라고 했습니다."

滕文公爲世子, 將之楚, 過宋而見孟子. 孟子道性善, 言必稱堯舜. 世子自楚反, 復見孟子, 孟子曰: "世子疑吾言乎? 夫道一而已矣. 成覸謂齊景公曰: '彼, 丈夫也, 我, 丈夫也, 吾何畏彼哉?' 顔淵曰: '舜, 何人也? 予, 何人也? 有爲者亦若是.' 公明儀曰: '「文王, 我師也」, 周公豈

---

6) '공명公明'은 성이고 '의義'는 이름으로, 제나라 현인이다.《예기》〈단궁檀弓〉과 〈제의祭儀〉에 이름이 보이며, 정현의 〈제의〉 주에 "공명의는 증자의 제자〔公明義, 曾子弟子〕"라고 되어 있다.

7) 원문의 "문왕아사야文王我師也"를 번역한 것으로, 이에 대해서는 논란거리가 있다. 주희가 주공의 말로 본 것과 달리 조기는 공명의의 말로 보아 "문왕을 스승으로 삼고, 주공을 신뢰함은 그 모범이 되는 바를 알았음을 말한 것이다〔師文王, 信周公, 言其知所法則也〕"라고 풀이했다. 이에 대해 정약용은 조기와 주희의 설 중에 판단을 유보하여 "[공자의 아들인] 백어가 '공자는 나의 스승이다'라고 하고 [증자의 아들인] 증신이 '증자는 나의 스승이다'라고 한 것은 아마도 이치에 맞지 않는 것이다〔伯魚曰孔子我師也, 曾申曰曾子我師也, 恐無此理〕"라고 하여 조기의 설에 좀 더 비중을 두었다.

8) 원문의 "절장보단絶長補短"을 번역한 것이다. 긴 쪽을 잘라 짧은 쪽에 보탠다는 뜻인데, 토지 면적을 계산하는 방식을 말한다. "절絶"은 '자르다'의 의미로, '절截' 자와 같다.

9) 원문의 "명현瞑眩"을 번역한 것으로, '명현'은 '면현'으로 읽어야 한다는 설도 있다. 주희의《주자대전朱子大全》〈답이숙문答李叔文〉의 기록을 참조할 만하다. "마치 명현의 약을 복용하여 깊은 고질의 병을 제거하듯 하고, 다만 느긋하게 해서는 안 될 뿐이다〔如服瞑眩之藥, 以除深錮之病, 直是不可悠悠耳〕." 보충하면 이 구절은《위고문상서僞古文尙書》〈설명說命〉 편에 있는 것으로, 약을 먹을 때 독하더라도 현기증이 날 정도로 제대로 먹어야 한다는 의미를 담고 있으니, 등나라가 약소국이라서 안 된다고 하지 말고 근본적인 인정을 베풀라는 비유로 보아야 한다.

欺我哉?' 今滕, 絶長補短, 將五十里也, 猶可以爲善國. 書曰: '若藥不瞑眩, 厥疾不瘳.'"

어버이의 상에 효성을 다해야 하는 이유 5.2

등나라 정공[10]이 죽자, 세자가 [스승] 연우에게 말했다.

"예전에 맹자께서 일찍이 나와 함께 송나라에서 이야기를 나누셨는데, 마음에서 끝내 잊히지 않습니다. 이제 불행하게도 큰 변고[11]를 당하게 되니 나는 스승님으로 하여금 맹자께 여쭙게 한 후에 장례 의식을 행하고자 합니다."

연우가 추나라 땅에 가서 맹자께 여쭙자, 맹자께서 말씀하셨다.

"훌륭하지 않습니까![12] 어버이의 상은 참으로 스스로 [효성을] 다해야 하는 것입니다. 증자께서 말씀하시기를 '살아 계실 때는 섬기기를 예로써 하고, 돌아가셨을 때는 장례 치르기를 예로써 하며, 제사 지내기를 예로써 하면 효라고 할 수 있다'고 하셨습니다. 제후의 예는 내가 아직 배우지 않았는데, 비록 그러하나 내가 일찍이 듣기로는, 삼년상에 거친 상복[13]을 입고 미음과 죽[14]을 먹는 것은 천자

---

10) 원문의 "등정공滕定公"을 번역한 것으로, 등 문공의 아버지를 말한다.

11) 원문의 "대고大故"를 번역한 것으로, 아버지 정공의 죽음을 뜻하며, 조기는 '큰 초상〔大喪〕'이라고 풀이했다. 이와 달리 《논어》〈미자微子〉 18.10에 보면 "이전 옛사람들도 큰 문제가 없으면 버리지 않아야 한다〔故舊無大故, 則不棄也〕"라고 했는데, 여기에서 '대고'란 패륜이나 반역 등의 죄악인 악역惡逆을 이르는 의미로 쓰인 예도 참고할 수 있다.

12) "당시 제후 중에 옛 상례를 행하는 자가 없었는데, 문공이 유독 이것을 질문한 것이다. 그러므로 맹자께서 훌륭하다고 여긴 것이다〔當時諸侯, 莫能行古喪禮, 而文公, 獨能以此爲問, 故孟子善之〕"라는 주희의 발언을 염두에 두고 읽어야 한다.

로부터 일반 백성에 이르기까지 [하·은·주] 삼대가 그것을 한가지로 한 것입니다."

연우가 돌아와 보고하여, [세자는] 삼년상을 치르기로 결정했는데, 부형[15]들과 백관이 모두 원하지 않으면서 말했다.

"우리 종주국[16]인 노나라 선대 군주께서도 그것(삼년상)을 치르지 않으셨고, 우리 선대 군주께서도 또한 그것(삼년상)을 치르지 않으셨는데, 그대의 대에 이르러 이것을 바꾸는 것은 옳지 않습니다. 또한 [옛] 기록에 말하기를 '상례와 제례는 조상의 법도를 따른다'고 했고, [어떤 이는] 말하기를 '우리가 그렇게 전해 받은 것이 있다[17]'라고 했습니다."

[세자가] 연우에게 말했다.

13) 원문의 "자소齊疏"를 번역한 것으로, 언해본에서는 '재소'라고 읽었다. 주희에 따르면 '소疏'는 "거칠다〔麤〕"는 뜻이다. 양보쥔에 따르면 '자齊'는 "옷의 가장자리를 꿰맨 것〔衣服縫邊〕"을 말한다. 《의례儀禮》〈상복喪服〉에는 "거친 천으로 만든 꿰맨 상복의 상의와 하의〔疏衰裳齊〕"라고 했다.

14) 원문의 "전죽飦粥"을 번역한 것으로, '전飦'에 대하여 조기는 '미죽糜粥'이라고 했고, 주희는 '미糜'라고 했으며, 양보쥔은 '된 죽〔稠粥〕'이라고 풀이했는데, 모두 걸쭉하게 끓인 죽을 의미한다고 보면 무방하다. 부연하자면 《예기》〈단궁〉에서 공영달은 "진한 것은 전飦이고, 열은 것은 죽粥이다〔厚曰飦, 稀曰粥〕"라고 했다. 그러므로 '전죽'이란 미음과 죽을 말한다. 부모님이 돌아가신 지 사흘이 지난 후에 죽을 먹고, 장례를 치르고 난 뒤에 거친 밥을 먹었다.

15) 원문의 "부형父兄"에 대해 주희가 "성이 같은 나이 든 신하〔同姓老臣〕"라고 한 것을 염두에 두어야 한다.

16) 원문의 "종국宗國"을 번역한 것으로, 조기는 "등나라와 노나라는 성이 같으므로 모두 문왕으로부터 [그 뿌리가] 나온 것이다. 노나라는 주공의 후손이고 등나라는 숙수叔繡의 후손이다〔滕魯同姓, 俱出文王. 魯周公之後, 滕叔繡之後〕"라고 했다. 주희는 역사적 의미를 추적하여 "등나라와 노나라는 모두 문왕의 후손인데, 노나라의 조상인 주공이 첫째가 되니, 형제간에 그를 종주로 삼은 것이다. 그러므로 등나라가 노나라를 일러 종주국이라 이른 것이다〔滕與魯, 俱文王之後而魯祖周公, 爲長, 兄弟宗之. 故滕謂魯爲宗國也〕"라고 풀이했다.

"나는 지난날 일찍이 학문을 하지 않고, 말달리기와 칼 시험하기를 좋아했습니다. 지금 부형들과 백관이 나를 만족스럽게 생각하지 않아서 부친상에서 [예를] 다하지 못할까 걱정하는 것 같으니,[18] 그대는 나를 위해 맹자께 [다시] 여쭈어주시오!"

연우가 다시 추나라 땅에 가서 맹자께 여쭈니, 맹자께서 말씀하셨다.

"그렇겠습니다. 다른 데서 찾을 것 없습니다.[19] 공자께서 말씀하시기를 '군주가 죽으면 [세자는] 총재(재상)에게 [모든 정사를] 듣도록 한다. 죽을 먹으며[20] [슬픔으로] 얼굴이 짙은 검은색이 되어[21] 자리에 나아가 곡을 하게 되면, 백관과 담당 관리들이 아무도 감히 슬퍼

---

17) 원문의 "오유소수지야吾有所受之也"를 번역한 것으로, 양보귄의 풀이에 따라 부형과 관리가 하는 말로 번역했다. 그러나 이 구절을 따로 떼어 세자가 하는 말로 보아 "나는 그렇게 전수한 바가 있습니다"라고 번역하기도 하는데 여기서는 취하지 않았다.

18) 원문의 "공기불능진어대사恐其不能盡於大事"를 번역한 것으로, 이 구절의 주어를 부형과 백관으로 보았다. 그러나 이 구절의 주어를 세자로 볼 경우, "[부친상이라는] 대사를 [맹자께 배운 대로] 극진히 다하지 못할까 염려스럽다"는 의미로 해석할 수도 있다.

19) 세자가 자신을 반성하는 것에 대하여 맹자가 공감하여 대안을 제시하는 대목으로, 제7편 〈이루 상〉 4장의 "행했는데도 얻지 못하는 것이 있으면 모두 자신에게 돌이켜 구해야 한다〔行有不得者皆反求諸己〕"라는 구절을 보면 맹자의 반응을 이해하는 데 도움이 된다. 맹자의 말씀인 "연然, 불가이타구자야不可以他求者也"에 대해 조기는 "다른 일로써 구할 필요가 없으니, 상례는 슬퍼함을 높이기 때문에 오직 마땅히 슬퍼함으로써 감동하게 할 뿐이다〔不可用他事求也. 喪尚哀, 惟當以哀戚感之耳〕"라고 했다. 주희는 "마땅히 자기에게서 책임을 구해야 하는 것이다〔當責之於己〕"라고 했다.

20) 원문의 "철죽歠粥"을 번역한 것으로, '철歠'은 《설문해자》에 '마시다〔飮〕'의 뜻이라고 했는데, 역자는 편의상 '먹다'로 번역했다.

21) 원문의 "면심묵面深墨"을 번역한 것으로, '심묵深墨'에 대해 조기는 "'심'은 '심하다'이고, '묵'은 '검다'이다〔深, 甚也. 墨, 黑也〕"라고 했다.

하지 않는 자가 없으니, 이는 앞서 했기 때문이다. 위에서 좋아하는 것이 있으면 아래에서는 반드시 [그것에 대해 좋아하기를] 심하게 하는 것이 있다. 군자의 덕은 바람이고, 소인의 덕은 풀이[라고 비유되]니, 풀 위에 바람이 불면 반드시 [그 부는 쪽으로] 눕는다[22)]'고 했습니다. 이것은 세자에게 달려 있는 것입니다."

연우가 돌아와 보고하자, 세자가 말했다.

"그렇습니다. 이것은 정녕 나에게 달려 있습니다."

[그러고는] 다섯 달 동안 여막에 살면서[23)] [정사의] 명령과 금하는 명을 내리지 않았다. [이에] 백관과 친족이 다 옳다고 여겨 말하기를 '[세자가 예를] 안다'고 했으며, 장례를 치를 때에 이르러 사방에서 와서 그것을 참관했는데, 얼굴빛은 수척했고 곡하며 우는 것은 애처로워 조문하는 자들이 매우 달가워했다.

22) 《논어》〈안연顔淵〉 12.19에 공자와 계강자가 정치에 관해 이야기하는 장면이 있다. "계강자가 공자에게 정치에 대해 물었다. '만약 도리가 없는 사람을 죽여서, 도리가 있는 데로 나간다면 어떻겠습니까?' 공자께서 대답했다. '선생께서는 정치를 하는 데 어찌 살인이라는 방법을 쓰십니까? 선생께서 선해지려 한다면 백성도 선해질 것입니다. [윗자리에 있는] 군자의 덕은 바람이고 소인(백성)의 덕은 풀입니다. 풀은 위로 바람이 불어오면 반드시 눕습니다'〔季康子問政於孔子曰: 如殺無道, 以就有道, 何如? 孔子對曰: 子爲政,焉用殺? 子欲善而民善矣. 君子之德風, 小人之德草. 草上之風, 必偃〕." 이 문장으로 미루어볼 때 원문에서 공자의 말씀을 인용하는 부분이 "선지야先之也"까지로 표시되어 있는데 역자는 "필언必偃"까지를 공자의 말씀으로 보는 것이 타당하다고 본다. 이렇듯 《맹자》에는 인용문의 종결이 어디에 있는가에 따라 그 해석이 달라지는 부분이 종종 있다.

23) 원문의 "오월거려五月居廬"를 번역한 것이다. 《좌전》 은공隱公 원년 조에 "천자는 일곱 달 뒤에 장사 지내니 수레바퀴를 나란히 하여 모두 이르고, 제후는 다섯 달 뒤에 장사 지내니 동맹을 맺은 나라에서 찾아오고, 대부는 석 달 뒤에 장사 지내니 같은 지위에 있는 자들이 오고, 사士는 한 달 뒤에 장사 지내니 외척과 친척이 모여든다〔天子七月而葬, 同軌畢至, 諸侯五月, 同盟至, 大夫三月, 同位至, 士踰月, 外姻至〕"라고 했다.

滕定公薨, 世子謂然友曰: "昔者孟子嘗與我言於宋, 於心終不忘. 今也不幸至於大故, 吾欲使子問於孟子, 然後行事." 然友之鄒問於孟子. 孟子曰: "不亦善乎! 親喪, 固所自盡也. 曾子曰: '生事之以禮, 死葬之以禮, 祭之以禮, 可謂孝矣.' 諸侯之禮, 吾未之學也, 雖然, 吾嘗聞之矣. 三年之喪, 齊疏之服, 飦粥之食, 自天子達於庶人, 三代共之." 然友反命, 定爲三年之喪. 父兄百官皆不欲曰: "吾宗國魯先君莫之行, 吾先君亦莫之行也. 至於子之身而反之, 不可. 且志曰: '喪祭從先祖.' 曰: '吾有所受之也.'" 謂然友曰: "吾他日未嘗學問, 好馳馬試劍. 今也父兄百官不我足也, 恐其不能盡於大事, 子爲我問孟子!" 然友復之鄒問孟子. 孟子曰: "然. 不可以他求者也. 孔子曰: '君薨, 聽於冢宰. 歠粥, 面深墨, 卽位而哭, 百官有司莫敢不哀, 先之也.' 上有好者, 下必有甚焉者矣. 君子之德, 風也, 小人之德, 草也. 草上之風, 必偃. 是在世子." 然友反命. 世子曰: "然. 是誠在我." 五月居廬, 未有命戒. 百官族人可, 謂曰知.[24] 及至葬, 四方來觀之, 顏色之戚, 哭泣之哀, 弔者大悅.

세금으로 백성을 그물질하지 말라 5.3

등 문공이 나랏일 하는 것을 물으니, 맹자께서 말씀하셨다.

---

24) 원문의 "백관족인가百官族人可, 위왈지謂曰知"는 본래 주희의 《집주》에는 "백관족인百官族人, 가위왈지可謂曰知"로 되어 있다. 이에 대해 양보쥔은 "백관족인가百官族人可, 위왈지謂曰知"로 구분하고, "관리와 동족이 모두 찬성하여 [세자가] 예를 안다고 인정한 것이다"라고 해석하며, 주희가 이 구절을 "'가위왈지'라고 한 것은 아마도 궐문이거나 오자일 것이다〔可謂曰知, 疑有闕誤〕"라고 한 것과 조기 역시 "백관과 친족이 [예를] 안다고 말한 것이다〔百官族人可謂曰知〕"라고 주석하여 명확한 설명이 없음을 적시했다. 역자도 양보쥔의 설을 취하여 원문을 교감하여 번역했다.

"백성의 일[25]은 늦출 수가 없으니,《시경》에 이르기를 '낮에는 가서 띠풀을 취해 오고, 밤에는 새끼를 꼬아[26] 빨리 그 지붕에 올라 [엮어]야 비로소 온갖 곡식의 씨를 뿌릴 수 있다네'라고 했습니다. 백성이 도리로 삼는 것은 일정한 생업이 있는 자는 일정한 마음을 갖게 되지만, 일정한 생업이 없으면 일정한 마음이 없어진다는 것입니다. 만일 일정한 마음이 없어진다면 방탕하고 편벽되며 사악하고 사치스럽지 않은 것이 없을 것이니, [그들이] 죄에 빠지고 난 뒤에 쫓아가 이들을 벌한다면 이는 백성을 그물질하는 격입니다. 어찌 인한 사람이 자리에 있으면서 백성을 그물질할 수 있겠습니까? 그러므로 현명한 군주는 반드시 공손하고 검소하며 아랫사람을 예우하고, 백성에게 거두는 것에 법제가 있는 것입니다.

양호陽虎[27]가 말하기를 '부자가 되려면 인하지 못하고, 인하려면 부자가 못 된다'고 했습니다. 하나라 사람은 50이랑마다 공법貢法을 썼고, 은나라 사람은 70이랑마다 조법助法을 썼으며, 주나라 사

25) 원문의 "민사民事"를 번역한 것으로, 주희는 "농사를 말한다(謂農事)"라고 했는데, 오히려 농사에 한정되지 않고 더 포괄적인 일로 보아야 한다는 시각에서 원문대로 '백성의 일'로 번역했다.

26) 원문의 "삭도索綯"를 번역한 것으로, '삭索'은 '[새끼줄을] 꼬다'라는 의미의 동사로 쓰였으며, '교絞'와 같다. 두서너 줄을 비벼 꼬아 하나의 줄로 만드는 동작을 말한다.

27) "양호陽虎"에 대해서는 제6편 〈등문공 하〉 7장에도 나오고,《논어》〈양화陽貨〉 17.1에도 그에 대한 기록이 보인다. 양화陽貨라는 자와 동일 인물이라는 설(공안국)이 가장 설득력이 있는데, '호虎'와 '화貨' 중에 무엇이 이름이고 자인지 불분명하다. 계씨의 가신이었고, 계평자·계환자 등을 모셨으며, 마지막에 삼환을 제거하려다가 실패하여 진晉나라로 달아났다. 당시 그에 대한 평이 좋지 않았는데 공자에 대해서는 대단한 호의를 보였다. 공자가 양호를 싫어하여 만나지 않으려 했고, 양호는 끊임없이 공자에게 혼미한 세상을 구제하기 위해서는 정치를 해야 한다면서 공자를 정치의 세계로 끌어들였다. 이런 상황과 대비시켜보면 맹자가 그의 말을 인용한 이유를 알 수 있다.

람은 100이랑마다 철법徹法을 썼는데,[28] 그 실제 세금은 모두 10분의 1이었습니다. 철徹[29]은 통한다는 것이고, 조助는 빌린다[30]는 것입니다. 용자가 말하기를 '토지를 다스리는 것은 조(법)보다 [더] 좋은 것이 없고, 공(법)보다 [더] 나쁜 것이 없다'고 했으니, 공(법)은 몇 해 동안의 중간값을 비교하여[31] 일정액으로 하는 것입니다. 풍년에

---

28) 공법貢法과 조법助法과 철법徹法은 하·은·주 때의 토지제도다. 주희는 다음과 같이 상세히 고증했다. "하나라 때는 한 장정이 50이랑를 받고 장정마다 5이랑의 수입을 계산하여 바치게 했었는데, 은나라 사람이 처음으로 정전의 제도를 만들어 630이랑의 땅을 가지고 나누어 아홉 구역으로 만들었으니, 한 구당 70이랑이었다. 한가운데는 공전公田이 되고 그 바깥은 여덟 집에 각 한 구역을 주어, 단지 그 힘을 빌려 공전을 도와 경작하게 하고 다시 그 사전에 세를 부과하지 않았다. 주나라 때는 한 농부가 땅 100이랑을 받는데, 향수에는 공법을 써서 10부夫에 구가 있었고, 도비에는 조법을 써서 여덟 집이 정井을 함께하여 경작하게 되며 노력을 통하여 일하고 수확하면 이랑 수를 계산하여 분배했다. 그러므로 철이라고 이른 것이다. 그 실제는 모두 10분의 1이라는 것은 공법은 진실로 10분의 1을 떳떳한 수로 삼았고, 오직 조법은 바로 9분의 1의 세법이나 은나라 제도는 헤아릴 수 없으며, 주나라 제도는 공전 100이랑에 가운데 20이랑을 여사로 만들어서 한 농부가 경작하는 공전을 실제로 계산하면 10이랑이다. 사전 100이랑을 통틀어 보면 11분의 1을 취하게 되니, 이는 또한 10분의 1보다 가벼운 것이다〔夏時, 一夫受田五十畝, 而每夫計其五畝之入以爲貢, 商人, 始爲井田之制, 以六百三十畝之地, 畫爲九區, 區七十畝, 中爲公田, 其外, 八家各授一區, 但借其力, 以助耕公田, 而不復稅其私田, 周時, 一夫受田百畝, 鄕遂, 用貢法, 十夫有溝, 都鄙, 用助法, 八家同井, 耕則通力而作, 收則計畝而分. 故謂之徹. 其實皆什一者, 貢法, 固以十分之一, 爲常數, 惟助法, 乃是九一, 而商制, 不可攷, 周制則公田百畝, 中以二十畝, 爲廬舍, 一夫所耕公田, 實計十畝, 通私田百畝, 爲十一分而取其一, 蓋又輕於十一矣〕."

29) 원문의 "철徹"은 《논어》〈안연〉 12.9에서 유약이 애공哀公에게 "어찌 철법徹法을 하시지 않습니까〔盍徹乎〕?"라고 한 것에 주희는 '통하다〔通〕', '균등하다〔均〕'라는 뜻으로 보았다. 정현은 "주나라 법에 10분의 1을 과세하는 것을 '철'이라고 한다. 철은 통한다는 뜻이니, 천하의 통용되는 법으로 삼는 것이다〔周法什一而稅謂之徹, 徹, 通也, 爲天下之通法〕"라고 주석을 덧붙였다.

30) 원문의 "자藉"를 번역한 것으로, 조기가 "'자'는 '빌리다〔借〕'라는 뜻이다. 사람들이 서로 힘을 빌려 돕는 것과 같다〔藉者, 借也, 猶人相借力助之也〕"라고 한 주석에 따른 번역이다.

는 [어디든] 곡식이 넘쳐나[32] [세금으로] 많이 취해 가도 포악하다고 하지 않는데 적게 취해 가고, 흉년에는 그 토지를 [비옥하게] 돋아주기에도[33] 부족한데 반드시 채워서[34] 취하니, 백성의 부모가 되어서 백성을 한스럽게 하여[35] 일 년 내내 부지런히 일해도 자신의 부모를 봉양할 수 없게 하고, 또 빚을 내서라도 세금에 보태니 늙은이와 어린아이[의 시체]를 도랑과 골짜기에서 굴러다니게 한다면 백성의 부모라고 하는 뜻은 어디에 있습니까? 무릇 대대로 받는 녹봉은 등나라도 본래부터 그것을 시행하고 있습니다.《시경》에 이르기를 '우리 공전公田에 비를 내리고 드디어 우리 사전私田에도 내린다'고 했으니, 오직 조(법)에 공전이 있다고 한 것입니다. 이로 말미암아 본다면 주나라도 조법을 썼던 것입니다.

상庠·서序·학學·교校[36]를 설치하여 그들을 가르쳤으니, 상庠은 기른다는 것이고, 교校는 가르친다는 것이며, 서序는 활을 쏜다는 것입니다. 하나라는 교校라고 했고, 은나라는 서序라고 했으며, 주나라는 상庠이라고 했는데, 학學은 [하·은·주] 삼대가 공동으로 그렇게

31) 원문의 "교挍"를 번역한 것으로, '비교하다'라는 뜻이다. '교校' 자로도 쓰는데, 옛 책에서는 두 글자가 통용되었기 때문이다.

32) 원문의 "입미낭려粒米狼戾"를 번역한 것으로, '낭려狼戾'에 대해 주희는 "'낭자함'과 같으니 많음을 말한 것이다(猶狼藉, 言多也)"라고 풀이했다. 조기는 "'낭자함'과 같으니 넉넉하게 많아 낭자하여 땅에 버린다(猶狼藉也, 饒多狼藉, 棄捐於地)"라고 했다. 미묘한 차이는 있으나 모두 설득력 있는 주석이다.

33) 원문의 "분糞"을 번역한 것으로, 주희는 '옹壅'과 같다고 풀이했다. 흙으로 돋아준다는 의미로 보면 무방하다.

34) 원문의 "영盈"을 번역한 것으로, 주희는 '가득 채우다(滿)'와 같다고 했다.

35) 원문의 "혜혜연盻盻然"을 번역한 것으로, 조기는 "부지런하고 고통스러워 쉬지 못하는 모양(勤苦不休息之貌)"이라고 했다. 주희는 "혜盻"를 "한스럽게 보는 것(恨視)"으로 보았다.

불렀으니, 모두 인륜을 밝히기 위한 것이었습니다. 인륜이 위에서 밝아지면 소소한 백성이 아래에서 친해집니다. 왕 노릇 하는 자가 나오면 반드시 와서 본보기로 취할 것이니, 이는 왕 노릇 하는 자의 스승이 되는 것입니다. 《시경》에 이르기를 '주나라가 비록 오래된 나라이지만 그 천명은 새롭구나'[37]라고 했으니, 문왕을 [두고] 말한 것입니다. 왕[38]께서도 힘써 실행하신다면 또한 왕의 나라를 새롭게 하실 것입니다!"

[등 문공이] 필전畢戰을 보내 정전법을 여쭙게 하자, 맹자께서 대답하셨다.

"그대의 군주가 어진 정치를 실행하려고 그대를 뽑아 보내셨으니, 그대는 반드시 힘써야 할 것이다! 무릇 어진 정치는 반드시 [토지의] 경계를 다스리는 것에서 시작되니, 경계가 바르지 않으면 정

36) "상서학교庠序學校"는 모두 교육기관의 이름이다. 이에 대해 주희는 "'상庠'은 노인을 봉양함으로써 의義로 삼았고, '교校'는 백성을 가르침으로써 의로 삼았으며, '서序'는 활쏘기를 익힘으로써 의로 삼았으니, 모두 향학이다. '학學'은 국학國學(태학太學)이다. 공지共之는 다른 명칭이 없다는 것이다. '윤倫'은 차례이니, 부자간에는 친함이 있고 군신 간에는 의가 있고 부부간에는 분별이 있고 장유長幼 간에는 질서가 있고 친구 간에는 믿음이 있는 것이니, 이는 사람의 큰 인륜이다. '상·서·학·교'는 모두 이것을 밝히려 했을 뿐이다〔庠以養老爲義, 校以教民爲義, 序以習射爲義, 皆鄕學也. 學國學也. 共之無異名也. 倫序也. 父子有親, 君臣有義, 夫婦有別, 長幼有序, 朋友有信, 此人之大倫也. 庠序學校, 皆以明此而已〕"라고 했다.

37) 이 시는 《시경》〈대아·문왕〉에 나온다. 주희의 주석에 의하면 "주나라가 비록 오래되었으나, 문왕에 이르러 능히 그 덕을 새롭게 함으로써 백성에게 미쳐서 처음으로 하늘의 명을 받은 것을 말한다〔言周國雖舊, 至於文王, 能新其德以及於民而始受天命也〕"라는 의미를 함축하고 있다. 이 시의 구절에서 "유신維新"은 통치자와 백성이 함께 인간 생존 환경의 발전을 추구하는 '새로움'이다.

38) 원문의 "자子"를 번역한 것으로, '문공'을 말한다. '자'에 대해 주희는 "제후로서 즉위한 지 1년을 넘지 않은 자의 칭호이다〔諸侯未踰年之稱也〕"라고 했다.

전의 토지가 고르지 않고 녹봉[39]도 공평하지 않게 된다. 이 때문에 사나운 군주와 나쁜 벼슬아치들은 꼭 그 경계를 게을리한다. 경계가 정확하게 되면 토지를 나누어주고 녹봉을 제정하는 것을 가만히 앉아서도 확정할 수 있다.

등나라는 영토가 협소하지만 [그중에는] 군자가 될 사람이 있고 야인이 될 사람도 있게 마련이다. 군자가 없으면 야인을 다스리지 못하고, 야인이 없으면 군자를 먹여 살릴 수 없다. 청하건대 교외[의 토지]에는 9분의 1 세율로 조법을 쓰고, 수도에는 10분의 1 세율로 스스로 내게 하라. 경卿 이하의 관리는 반드시 [제사를 받들 수 있는] 규전圭田[40]이 있어야 하고, 규전은 [가구당] 50이랑이고, [나머지 사람] 여부餘夫는 25이랑이다.[41] [그리하면] 죽거나 이사해도 고향을 떠나지 않을 것이다. 마을의 정전을 함께 일구고[42] 나가고 들어올 때 서

39) 원문의 "곡록穀祿"을 번역한 것으로, 곡식으로 나누어주는 녹봉이다. 옛사람들은 녹봉을 곡식으로 주었기 때문에 '곡穀'에는 녹봉이라는 의미가 있다.

40) 원문의 "규전圭田"에 대해서 주희는 '규圭'는 "깨끗하다〔潔〕"의 뜻으로, "제사를 받드는 바이다〔所以奉祭祀也〕"라고 했고, 조기는 "옛날에는 경卿 이하 사士까지 모두 규전 50이랑을 받아서 제사에 이바지했다〔古者卿以下至於士, 皆受圭田五十畝, 所以供祭祀也〕"라고 했다. 한편 공영달은 "선비는 결백함으로써 받들기 때문에 규전으로 [제사를] 올리도록 한다〔士以潔白而升, 則與以圭田〕"라고 했다.

41) 원문의 "여부이십오무餘夫二十五畝"를 번역한 것으로, 조기는 "한 집안에서 한 사람이 (규)전을 받고, 나머지 노인과 어린 사람 중에 여력이 되는 사람은 규전의 절반인 25이랑을 받는데, 이를 여부라고 한다〔一家一人受田, 其餘老小尙有餘力者, 受二十五畝, 半於圭田, 謂之餘夫也〕"고 했다. 한편 정약용은 "다섯 사람 미만이면 정지井地를 받을 수 없고, 여부에 귀속시킨다〔不滿五人者, 不能受井地, 歸之於餘夫也〕"라고 했다.

42) 원문의 "향전동정鄕田同井"을 번역한 것이다. 조기는 "마을의 정전을 함께 가꾸는 집이 각자 서로 경작하는 것이다〔同鄕之田, 共井之家, 各相營勞也〕"라고 했다. 주희는 "동정同井이란 여덟 집이다〔同井者, 八家也〕"라고 했다.

로 벗하며, [도둑으로부터 마을을] 지키고 망볼 때 서로 도우며, 병에 걸렸을 때도 서로 부축하고 잡아준다면 백성이 사이좋게 될 것이다.

사방 1리가 정井이고 정은 900이랑이며, 그 가운데가 공전公田이다. 여덟 집에서 모두 100이랑씩을 사전私田으로 받고 공동으로 공전을 경작하는데, 공전의 일을 마친 뒤에야 감히 사전의 일을 하니, 이는 [군자와] 야인을 구별하기 때문이다. 이것은 정전법의 대략이니, 무릇 이것을 [실정에 맞도록] 윤택하게 하는 것은 군주와 그대에게 달려 있다."

滕文公問爲國, 孟子曰: "民事不可緩也. 詩云, '晝爾于茅, 宵爾索綯, 亟其乘屋, 其始播百穀.' 民之爲道也, 有恒產者有恒心, 無恒產者無恒心, 苟無恒心, 放辟邪侈, 無不爲已. 及陷乎罪, 然後從而刑之, 是罔民也, 焉有仁人在位罔民而可爲也? 是故賢君必恭儉禮下, 取於民有制. 陽虎曰: '爲富不仁也, 爲仁不富矣.' 夏后氏五十而貢, 殷人七十而助, 周人百畝而徹, 其實皆什一也. 徹者, 徹也, 助者, 藉也. 龍子曰: '治地莫善於助, 莫不善於貢.' 貢者, 挍數歲之中以爲常. 樂歲, 粒米狼戾, 多取之而不爲虐, 則寡取之, 凶年, 糞其田而不足, 則必取盈焉. 爲民父母, 使民盻盻然, 將終歲勤動, 不得以養其父母, 又稱貸而益之, 使老稚轉乎溝壑, 惡在其爲民父母也? 夫世祿, 滕固行之矣. 詩云, '雨我公田, 遂及我私.' 惟助爲有公田. 由此觀之, 雖周亦助也. 設爲庠序學校以教之, 庠者, 養也, 校者, 教也, 序者, 射也. 夏曰校, 殷曰序, 周曰庠, 學則三代共之, 皆所以明人倫也. 人倫明於上, 小民親於下. 有王者起, 必來取法, 是爲王者師也. 詩云, '周雖舊邦, 其命維新.' 文王之謂也. 子力行之, 亦以新子之國!" 使畢戰問井地, 孟子曰: "子之君將行仁政, 選擇而使子, 子必勉之! 夫仁政, 必自經界始. 經界不正, 井地不均, 穀祿不平. 是故暴君汙吏必慢其經界, 經界旣正, 分田制祿可坐而定也. 夫滕, 壤地褊小, 將爲君子焉, 將爲野人焉. 無君子, 莫治野人, 無野人, 莫養君子. 請野九一而助, 國中什一使自賦. 卿以下必有圭田, 圭田五十畝, 餘夫二十五畝. 死徙無出鄕, 鄕田同井, 出入相友, 守望相助, 疾病相扶持, 則百姓親睦. 方里而井, 井九百畝, 其中爲公田. 八家皆私百畝, 同養公田, 公事畢, 然後敢治私事, 所以別野人也. 此其大略也, 若夫潤澤之, 則在君與子矣."

맹자가 허행을 비판한 이유 5.4

신농씨神農氏[43]의 말을 실천하는 허행이 초나라에서 등나라로 가서 궁궐 문에 이르러 문공에게 아뢰었다.

"먼 곳의 사람이 군주께서 인한 정치를 실행하신다는 말을 듣고는 살 집[44]을 받아 백성[45]이 되기를 원합니다."

43) 신농씨神農氏는 중국 고대 전설상의 제왕으로, 삼황三皇의 하나다. 전설에 따르면 신농씨는 오장이 훤하게 들여다보이는 특이한 생김새였으며 병을 치료할 수 있는 약을 발명했다고 한다. 한편 '신농'이란 말이 부족 이름이라는 설도 있다.

44) 원문의 "전廛"을 번역한 것으로, 조기는 '거주하는〔居〕' 개념으로 보았고, 주희는 "백성이 거주하는 곳이다〔民所居也〕"라고 좀 더 구체적으로 풀이했다.

45) 원문의 "맹氓"을 번역한 것으로, 제3편 〈공손추 상〉 5장의 각주 58을 참고하기 바란다.

문공이 그에게 머무를 집을 주자, 그를 따르는 무리 수십 명이 모두 갈옷을 입고 짚신을 두드리고 치며 [만들고] 자리를 짜서 [이것을 팔아] 먹고살았다.

[당시] 진량의 문하인 진상이 그의 동생 신辛과 함께 보습과 쟁기를 지고 송나라에서 등나라로 가서 말했다.

"군주께서 성인의 정사를 실행하신다는 말을 들었는데, 이러한 분이 또한 성인이십니다. 성인의 백성이 되기를 원합니다."

[얼마 지나서] 진상이 허행을 만나보고는 매우 기뻐하며 자기가 배운 것을 다 버리고 [그에게] 배웠다. 진상이 맹자를 뵙고서 허행의 말을 이렇게 전했다.

"등나라 군주는 진실로 현명한 군주지만 아직도 도를 깨치지는 못했습니다. 현명한 자는 백성과 함께 밭을 갈아서 먹고, 밥을 지으면서[46] 다스립니다. 지금도 등나라는 곡식 창고와 재물 창고가 있습니다. 그렇다면 이는 백성을 병들게 하고서[47] 스스로를 봉양하는 것이니, 어찌 현명하다고 할 수 있겠습니까?"

맹자께서 물으셨다.

"허자(허행)는 반드시 곡식을 심은 뒤에 먹는가?"

[진상이] 대답했다.

"그렇습니다."

46) 원문의 "옹손饔飧"을 번역한 것으로, 조기는 "익혀 먹는 밥이다. 아침에 먹는 것을 '옹'이라고 하고, 저녁에 먹는 것을 '손'이라고 한다(熟食也. 朝曰饔, 夕曰飧)"라고 구분하여 설명했다. 주희는 조기의 설을 따라 "마땅히 스스로 불을 때서 밥을 지어 먹는 것을 말한다(言當自炊爨以爲食)"라고 풀이했다.

47) 원문의 "려厲"를 번역한 것으로, 주희가 '병들다(病)'라는 뜻으로 풀이한 것에 따랐다.

[맹자께서 물으셨다.]

"허자는 반드시 베를 짠 뒤에 입는가?"

[진상이] 대답했다.

"아닙니다. 허자는 갈옷을 입습니다."

[맹자께서 물으셨다.]

"허자는 관을 쓰는가?"

[진상이] 대답했다.

"관을 씁니다."

[맹자께서] 물으셨다.

"무슨 관인가?"

[진상이] 대답했다.

"흰 비단으로 만든 관입니다."

[맹자께서] 물으셨다.

"스스로 그것을 짜는가?"

[진상이] 대답했다.

"아닙니다. 곡식으로 그것과 바꿉니다."

[맹자께서] 물으셨다.

"허자는 어째서 스스로 짜지 않는가?"

[진상이] 대답했다.

"밭을 가는 데 방해되기 때문입니다."

[맹자께서] 물으셨다.

"허자는 가마솥과 시루로 밥을 짓고, 쇠붙이(농기구)로 밭을 가는가?"

[진상이] 대답했다.

"그렇습니다."

[맹자께서 물으셨다.]

"스스로 그것을 만드는가?"

[진상이] 대답했다.

"아닙니다. 곡식으로 그것과 바꿉니다."

[맹자께서 말씀하셨다.]

"곡식으로 그릇과 기구를 바꾸는 것이 도공과 대장장이에게 손해를 끼치는 것이 아니니, 도공과 대장장이 또한 그릇과 기구로 곡식과 바꾸는 것이 어찌 농부에게 손해를 끼치는 것이 되겠는가? 또 허자는 어찌하여 [손수] 도공과 대장장이의 일을 해서 다만[48] 모두 그 집안에서 취하여 쓰지 않는가? 어찌하여 분주하게 여러 직공과 교역하는가? 어찌 허자는 번거로운 일을 꺼리지 않는가?"

[진상이] 대답했다.

"여러 직공의 일은 본래 밭을 갈면서 할 수는 없는 것입니다."

[맹자께서 말씀하셨다.]

"그렇다면 천하를 다스리는 일이 유독 밭 갈면서 할 수 있다는 것인가? 대인[49]의 일이 있고 소인의 일이 있다. 또 한 사람의 몸에

48) 원문의 "사舍"를 번역한 것으로, '사'에 대한 해석에는 여러 견해가 있다. 주희는 "'사'는 '다만(止)'과 같다. 혹자는 위 구와 이어 붙여서 읽으니, '사'는 도공과 대장장이가 일하는 곳을 말한다고 했다(舍, 止也. 或讀屬上句, 舍謂作陶冶之處也)"고 했다. 양보쥔은 '사'를 의문사로 보아 '무엇(啥)', '어떤 물건(何物)'의 뜻으로 풀이했다. 한편 '사'를 '장소'로 보아야 한다는 설도 있다.

는 여러 직공이 만든 것이 다 필요한데 만일 반드시 자신이 만든 뒤에 그것들을 쓴다면, 이는 천하 사람들을 [수고롭게] 길바닥으로 이끄는 것이다. 그러므로 말하기를 '어떤 사람은 마음을 수고롭게 하고, 어떤 사람은 몸을 수고롭게 하니, 마음을 수고롭게 하는 자는 남을 다스리고, 몸을 수고롭게 하는 자[50]는 남에게 다스려진다'고 했으니, 남에게 다스려지는 자는 남을 먹여주고, 남을 다스리는 자는 남에게 얻어먹는 것이 천하에 통용되는 이치다.

요임금의 때에는 천하가 아직 평안하지 못해 홍수가 거세게 흘러 천하에 넘치고 초목이 울창하고 무성하여 금수가 번식했다. 오곡이 여물지 못하고 금수가 사람을 핍박하여 들짐승의 발자국과 새 발자국이 나라 안에 어지러웠다. 요임금이 홀로 이 점을 걱정하여 순임금을 기용하여 다스림을 펴게[51] 하셨다. 순임금은 익益에게 불을 관장하게 했는데, 익이 산과 늪에 불을 질러 태우자 금수가 달아나 숨었다. 우임금은 아홉 개의 물길[52]을 통하게 하여 제수와 탑수[53]를

49) 원문의 "대인大人"에 대해 양보권은 지위가 있는 사람을 가리키며, '소인小人'과는 상대된다고 했다. 즉 여기서 대인이란 덕이 있는 자로, '군자'라는 뜻으로 보면 무리가 없다.

50) 원문의 "노심자勞心者"를 번역한 것으로, 조기는 "'마음을 수고롭게 하는 자'는 군주이고, '힘쓰는 자'는 백성이다〔勞心, 君也. 勞力, 民也〕"라고 했는데, 일리가 있는 주석이다.

51) 원문의 "부敷"를 번역한 것으로, 《시경》〈주송周頌 · 뢰賚〉의 "이때 두루 생각의 실마리를 펼쳐서〔敷時繹思〕"라는 구절에서 주희는 '부'를 '펴다〔布〕'라고 했는데, 여기서도 이러한 풀이를 취하여 번역했다.

52) 원문의 "구하九河"을 번역한 것으로, 주희는 "도해, 태사, 마협, 복부, 호소, 간, 결, 구반, 격진을 말한다〔曰徒駭, 曰太史, 曰馬頰, 曰覆釜, 曰胡蘇, 曰簡, 曰潔, 曰鉤盤, 曰鬲津〕"라고 구체적으로 명시했다.

53) 원문의 "탑漯"을 번역한 것이다. '루'로 읽기도 하는데, 여기서는 '탑'으로 읽어야 한다.

치수하여 바다로 흘러가게 했고, 여수와 한수의 물길을 트고 회수와 사수를 통하게 하여 강으로 흘러가게 하시고 난 뒤에야 온 나라가 먹고살 수 있었다. 이때에 우임금이 8년 동안 밖에서 세 번이나 자기 집 문 앞을 지나면서도 들어가지 못하셨으니, 비록 [손수] 밭을 갈려고 해도 할 수 있었겠는가?

후직后稷이 백성에게 심고 거두는 법을 가르쳐서 오곡을 심고 기르게 하자 오곡이 여물어 백성이 잘 길러졌다. 사람에게는 도리가 있는데 배불리 먹고 따뜻하게 입으며 편안히 살기만 하고 가르침이 없으면 금수에 가깝게 된다. 성인이 이를 근심하는 마음이 있어 설契로 하여금 사도司徒(교육을 담당하는 관리)로 삼아 인륜을 가르치게 하셨으니, 아버지와 아들 사이에는 친함이 있고, 군주와 신하 사이에는 의리가 있으며, 남편과 아내 사이에는 구별이 있고, 어른과 아이 사이에는 차례가 있으며, 친구 사이에는 믿음이 있어야 한다는 것이다.

방훈放勳(요임금)이 말씀하시기를 '[백성을] 위로하고 오도록 하며,[54] 바로잡아주고 곧게 펴주며, 도와주고 거들어 스스로 [선한 본성을] 깨닫게 하고, 이에 따라 북돋워주고 덕을 베풀어주어라'라고 하셨다. 성인이 백성을 걱정하는 것이 이와 같거늘, 밭을 갈 겨를이 있겠는가? 요임금은 순임금[같은 사람]을 얻지 못한 것을 자신의 걱정거리로 삼으셨고, 순임금은 우임금과 고요皐陶[55][같은 사람]를 얻

54) 원문의 "노지래지勞之來之"를 번역한 것으로, 이에 대한 김장생의 관점이 흥미롭다. "노勞와 래來는 인륜을 이어 말한 것이니, 인륜을 부지런히 하고 배반하지 않는 자는 노래勞來를 하는 것이다. 더러는 《한사漢史》의 '왕성이 노래하기를 게을리하지 않는다'의 뜻으로 보기도 하는데, 옳지 않다〔勞來, 承人倫而言, 勤於人倫而不畔者, 勞來之. 或以漢史王成勞來, 不怠之意看, 非是〕."

지 못한 것을 자신의 걱정거리로 삼으셨으니, 100이랑이 다스려지지[56] 못한 것을 자신의 걱정거리로 삼는 사람은 농부인 것이다.

남에게 재물로써 나누어주는 것을 '혜惠'라 하고, 남에게 선善으로써 가르쳐주는 것을 '충忠'이라 하며, 천하 사람을 위해 인재를 얻는 것을 '인仁'이라 한다. 그러므로 천하를 남에게 주기는 쉽고, 천하 사람을 위해 인재를 얻기는 어려운 것이다. 공자께서 말씀하시기를 '위대하다, 요임금의 임금됨이여! 오직 하늘이 위대한데 오직 요임금이 그것을 본받으셨으니, 아득히 넓어서 백성이 이름 지을 수가 없도다! 임금답다, 순임금이여! 높고 크셔서 천하를 소유하고도 관여하지 않도다!'[57]라고 하셨으니, 요임금과 순임금이 천하를 다스림에 어

55) 원문의 "고요皐陶"는 '구요咎陶', '구요咎繇', '고요皋繇'로도 쓰인다. 《서경》〈순전舜典〉에 "고요 너에게 사士의 일을 맡게 하겠다〔皐陶, 汝作士〕"라고 했는데, 순임금 때 고요는 사법관이었다.

56) 원문의 "이易"를 번역한 것으로, 주희는 '다스림〔治〕'으로 풀이하고는 좀 더 보충하여 "요임금과 순임금이 백성을 걱정한 것은 일마다 걱정한 것이 아니며 먼저 할 일을 급히 했을 뿐이다. 백성을 걱정한 것이 그 큼이 이와 같다면 밭을 갈 겨를이 없을 뿐만 아니라 또한 꼭 밭을 갈 필요가 없는 것이다〔堯舜之憂民, 非事事而憂之也, 急先務而已, 所以憂民者, 其大如此, 則不惟不暇耕, 而亦不必耕矣〕"라고 했다. 깊이 있고 군더더기 없는 주석이다.

57) 이 구절과 관련 있는 《논어》의 구절을 살펴보면, 《논어》〈태백泰伯〉 8.18의 "높고도 높구나! 순임금과 우임금께서는 천하를 가지고서도 그것을 누리지 않으셨다〔巍巍乎, 舜禹之有天下也, 而不與焉〕"라는 구절과 《논어》〈태백〉 8.19의 "위대하도다, 요의 군주 됨됨이여. 높고도 높도다! 오직 하늘이 위대한데, 요임금만이 그것을 본받았다. 넓고 넓음이여! 백성이 뭐라고 이름 붙일 수도 없었다. 높고도 높도다! 그가 이룬 공적이여. 빛나는구나, 그 문장이여〔大哉堯之爲君也. 巍巍乎唯天爲大, 唯堯則之. 蕩蕩乎民無能名焉〕"라는 구절을 들 수 있다. 한편 주희는 원문의 "칙則"에 대해 '본받다〔法〕'라고 했고, "탕탕蕩蕩"은 '넓고 큰 모양〔廣大之貌〕'이라고 했으며, "군재君哉"는 "군주의 도리를 다하는 것을 말한다〔言盡君道也〕"라고 했다. "외외巍巍"는 '높고 큰 모양〔高大之貌〕'이고, "불여不與"는 "'관여하지 않는다'라는 말과 같으니, 지위를 즐거움으로 여기지 않음을 말한 것이다〔猶言不相關, 言其不以位爲樂也〕"라고 했다.

찌 그 마음을 쓰는 바가 없으셨겠는가? 다만 밭을 가는 데에 쓰지 않으셨을 뿐이다.

나는 중화의 가르침을 써서 오랑캐를 변화시켰다는 말은 들었어도, 오랑캐로 변했다는 말은 듣지 못했다. 진량은 초나라 태생이나, 주공과 공자[58]의 도를 좋아하여 북쪽의 중원에서 [그들의 학문을] 배웠는데, 북방의 학자가 더러는 그를 앞서지 못했으니, 그는 호걸다운 선비라 할 만하다. 그대 형제가 그를 수십 년 섬기다가 스승이 죽자 마침내 그를 배반한 것이다.

옛날에 공자께서 돌아가시고 3년이 지나 문인들이 짐을 꾸려 [고향으로] 돌아갈 때 들어가서 자공에게 읍하고 서로를 향해 통곡하여 모두 목이 쉰 뒤에 돌아갔다. 자공은 다시 돌아와 묘 마당에 집을 짓고서 홀로 3년을 [더] 머문 뒤에 돌아갔다. 훗날 자하·자장·자유가 유약이 공자와 닮았다고 하여 공자를 섬기던 예로써 그를 섬기고자 해서 증자에게 강요하자, 증자께서 말씀하시기를 '그럴 수는 없다. [선생님의 덕과 학문은] 강수와 한수로 씻고 가을볕으로 쪼인 것과 같이 환하고 깨끗하여 더할 나위 없다'라고 하셨다.

지금 남쪽 오랑캐로 왜가리 소리하는 사람(허행)[59]이 선왕의 도가

58) 주공周公과 공자(仲尼)를 언급한 것에 대해 박문호는 "옛날에는 주공을 '선성先聖'으로 삼았고, 공자를 '선사先師'로 삼았기 때문에 여기에 주공과 공자를 나열하여 말한 것이다(古以周公爲先聖, 孔子爲先師, 故此列言周公仲尼)"라고 했다.

59) 원문의 "격설지인鴃舌之人"을 번역한 것으로, 남쪽 출신인 허행의 사투리를 비하하는 말이다. 양보권은 '격鴃'을 '때까치(勞鳥)'라고 했다. 조기는 "허행이 남쪽 초나라 남만 오랑캐로 그 혀에서 나오는 악한 소리가 마치 격조와 같다. 격은 때까치다(許行, 乃南楚蠻夷, 其舌之惡如鴃鳥耳, 鴃, 博勞也)"라고 했고, 주희는 "악한 소리를 내는 새로, 남만의 소리가 이와 비슷하니 허행을 가리킨다(惡聲之鳥, 南蠻之聲, 似之, 指許行也)"라고 구체적으로 적시했다.

잘못되었다고 하는데, 그대가 그대의 스승을 배반하고 그것을 배우고 있으니, 이는 증자[의 경우]와는 다르구나. 나는 그윽한 골짜기에서 나와 높은 나무로 옮겨간다는 말은 들었어도, 높은 나무에서 내려와 그윽한 골짜기로 들어간다는 말은 듣지 못했다. [《시경》] 〈노송魯頌〉에 말하기를 '융·적을 치고, 형(초)·서를 응징했네'[60]라고 했다. 주공도 바야흐로 그들을 응징하셨는데 그대는 이러한 것을 배우니 또한 잘못 변하는 것이다."

[진상이 말했다.]

"허자의 도를 따르면 시장의 물건값이 [공평하여] 둘이 아니어서 온 나라 안에 거짓이 없어져, 비록 5척의 어린아이를 시장에 가게 해도 혹여라도 그 아이를 속일 수 없을 것입니다. 베와 비단의 길이가 같으면 값이 서로 같고, 굵은 베와 가는 베, 비단실과 무명실의 무게가 같으면 값이 서로 같으며, 오곡의 수량이 같으면 값이 서로 같고, 신발의 크기가 같으면 값이 서로 같을 것입니다."

[맹자께서] 말씀하셨다.

"무릇 물건[값]이 같지 않은 것은 물건의 실정이니, [값이] 어떤 것은 서로 배가 되고 다섯 배가 되며, 어떤 것은 서로 열 배가 되고 백 배가 되며, 어떤 것은 서로 천 배가 되고 만 배가 되거늘, 그대가 이것(물건값의 실질적인 차이)을 엇비슷하게 하여 같게 하니, 이는 천하를 어지럽히는 것이다. 거칠게 만든 신발과 정교하게 만든 신발이 같은 값이면 사람들이 어찌 공들여 정교한 신발을 만들겠는가? 허

60) 《시경》 〈노송·비궁閟宮〉의 일부분으로, 희공이 제나라 환공을 따라 초나라 정벌을 한 것을 찬미하고 축원한 시인데, 맹자는 '주공'이라고 단장취의했다.

자의 도를 따른다는 것은 서로 이끌어 거짓된 행위를 하는 것이니, 어찌 나라를 다스릴 수 있겠는가?"

有爲神農之言者許行, 自楚之滕, 踵門而告文公曰: "遠方之人聞君行仁政, 願受一廛而爲氓." 文公與之處, 其徒數十人, 皆衣褐, 捆屨, 織席以爲食. 陳良之徒陳相與其弟辛負耒耜而自宋之滕, 曰: "聞君行聖人之政, 是亦聖人也. 願爲聖人氓." 陳相見許行而大悅, 盡棄其學而學焉. 陳相見孟子, 道許行之言曰: "滕君則誠賢君也, 雖然, 未聞道也. 賢者與民竝耕而食, 饔飧而治. 今也滕有倉廩府庫. 則是厲民而以自養也, 惡得賢?" 孟子曰: "許子必種粟而後食乎?" 曰: "然." "許子必織布而後衣乎?" 曰: "否. 許子衣褐." "許子冠乎?" 曰: "冠." 曰: "奚冠?" 曰: "冠素." 曰: "自織之與?" 曰: "否. 以粟易之." 曰: "許子奚爲不自織?" 曰: "害於耕." 曰: "許子以釜甑爨, 以鐵耕乎?" 曰: "然." "自爲之與?" 曰: "否. 以粟易之." "以粟易械器者, 不爲厲陶冶, 陶冶亦以其械器易粟者, 豈爲厲農夫哉? 且許子何不爲陶冶, 舍皆取諸其宮中而用之? 何爲紛紛然與百工交易? 何許子之不憚煩?" 曰: "百工之事固不可耕且爲也." "然則治天下獨可耕且爲與? 有大人之事, 有小人之事. 且一人之身, 而百工之所爲備, 如必自爲而後用之, 是率天下而路也. 故曰: '或勞心, 或勞力, 勞心者治人, 勞力者治於人.' 治於人者食人, 治人者食於人, 天下之通義也. 當堯之時, 天下猶未平, 洪水橫流, 氾濫於天下, 草木暢茂, 禽獸繁殖. 五穀不登, 禽獸偪人, 獸蹄鳥跡之道交於中國. 堯獨憂之, 擧舜而敷治焉. 舜使益掌火, 益烈山澤而焚之, 禽獸逃匿. 禹疏九河, 瀹濟漯而注諸海, 決汝漢, 排淮泗而注之江, 然後中國可得而食也. 當是時也, 禹八年於外, 三過其門而不入, 雖欲耕, 得乎? 后稷教民稼穡, 樹藝五穀, 五穀熟而民人育. 人之有道也, 飽食煖衣逸居而無教, 則近於禽獸. 聖人有憂之, 使契爲司徒, 教以人倫, 父子有親, 君臣有義, 夫婦有別, 長幼有序, 朋友有信. 放勳曰: '勞之來之, 匡之直之, 輔之翼之, 使自得之, 又從而振德之.' 聖人之憂民如此而暇耕乎? 堯以不得舜爲己憂, 舜以不得禹皐陶爲己憂. 夫以百畝之不易爲己憂者, 農夫也. 分人以財謂之惠, 教人以善謂之忠, 爲天下得人者謂之仁. 是故以天下與人易, 爲天下得人難. 孔子曰: '大哉堯之爲君! 惟天爲大, 惟堯則之, 蕩蕩乎民無能名焉! 君哉舜也! 巍巍乎有天下而不與焉!' 堯舜之治天下, 豈無所用心哉? 亦不用於耕耳. 吾聞用夏變夷者, 未聞變於夷者也. 陳良, 楚産也, 悅周公仲尼之道, 北學於中國, 北方之學者, 未能或之先也, 彼所謂豪傑之士也. 子之兄弟事之數十年, 師死而遂倍之! 昔者孔子沒, 三年之外, 門人治任將歸, 入揖於子貢, 相嚮而哭, 皆失聲, 然後歸. 子貢反, 築室於場, 獨居三年, 然後歸. 他日, 子夏子張子游以有若似聖人, 欲以所事孔子事之, 强曾子, 曾子曰: '不可, 江漢以濯之, 秋陽以暴之, 皜皜乎不可尙已.' 今也南蠻鴃舌之人, 非先王之道, 子倍子之師而學之, 亦異於曾子矣. 吾聞出於幽谷遷於喬木者, 未聞下喬木而入於幽谷者. 魯頌曰: '戎狄是膺, 荊舒是懲.' 周公方且膺之, 子是之學, 亦爲不善變矣." "從許子之道, 則市賈不貳, 國中無僞, 雖使五尺之童適市, 莫之或欺. 布帛長短同, 則賈相若, 麻縷絲絮輕重同, 則賈相若, 五穀多寡同, 則賈相若, 屨大小同, 則賈相若." 曰: "夫物之不齊, 物之情也, 或相倍蓰, 或相什百, 或相千萬. 子比而同之, 是亂天下也. 巨屨小屨同賈, 人豈爲之哉? 從許子之道, 相率而爲僞者也, 惡能治國家?"

맹자가 병이 낫거든 만나자는 이유 5.5

묵자墨者(묵가)인 이지夷之[61]가 서벽徐辟을 통해 맹자를 뵙기를 청하자[62] 맹자께서 말씀하셨다.

"내가 본래 만나보고 싶었으나 지금은 내가 아직 병중이니, 병이 낫거든 내가 가서 만나볼 것이다. 이자(이지)는 오지 말라고 해라.[63]"

다른 날 또 맹자를 뵙기를 청하자, 맹자께서 말씀하셨다.

"내가 지금은 [그를] 만나볼 수 있으나 [내 뜻을] 직설적으로 말하지 않으면 도道가 드러나지 않으니, 나는 또한 직설적으로 말하겠다. 내가 듣기로는 이자가 묵자[의 문하]라고 하는데, 묵자는 장례를

---

61) 주희는 '이夷'가 성이고, '지之'는 이름이라고 했다. 조기는 "묵가의 도를 배운 사람〔治墨家之道者〕"이라고 했다.

62) 원문의 "구求"를 번역한 것으로, '요구하다'라고 번역해야 하나 문맥을 고려하여 '청하다'라고 번역한다. 이하 이 구절의 '구'도 마찬가지다.

63) 원문의 "이자불래夷子不來"를 번역한 것으로, 조기는 "이날 이자가 맹자에게 병이 든 것을 들었기 때문에 오지 않은 것이다〔是日夷子聞孟子病, 故不來〕"라고 풀이했는데, 이에 대하여 정약용은 "주희의 《집주》에 '이자불래'를 윗절에 이어 썼기 때문에 우리나라 언해본에서는 '불래'를 '오지 말라〔勿來〕'와 같이 읽었는데, 아마도 조기의 주가 순탄한 듯하다〔集註夷子不來屬上節, 吾東諺解, 不來讀之如勿來, 恐趙注平順〕"라고 하여 주희의 설을 따른 우리나라 언해본과 조기의 설을 비교 분석하면서 조기의 설을 지지했다.

치르는 데에 검소한 것을 도리로 삼는다. 이자가 이[도리]로써 온 천하의 풍속을 바꿀 것을 생각하니, 어찌 이것을 옳다고 하지 않겠으며 귀하다고 여기지 않겠는가? 그런데도 이자는 그 어버이의 장례는 성대하게 했으니, 이는 천하게 여기는 것으로써 어버이를 섬긴 것이다."

서자(서벽)가 이 말을 이자에게 알리자 이자가 말했다.

"유자儒者의 도에 '옛사람이 [《서경》에 이르기를] 어린아이를 보호하듯이 한다'고 했으니, 이 말은 무슨 말이겠는가? 내가 생각하기에 사랑에는 차등이 없고, [사랑을] 베푸는 것이 어버이에게서 시작한다는 뜻이다."

서자가 이 말을 맹자에게 아뢰자 맹자께서 말씀하셨다.

"이자는 정녕 사람들이 그 형의 아들을 사랑하는 것이 그 이웃 어린아이를 사랑하는 것과 같다고 생각하는 것인가? 《서경》은 [다른 뜻을] 취하고 있을 뿐이다. 어린아이가 엉금엉금 기어서 우물로 빠지려 하는 것은 어린아이의 죄가 아니다. 또 하늘이 만물을 낼 때 하나의 근본으로 했는데, 이자는 근본을 둘로 여기기 때문[에 이자가 잘못 이해한 것]이다.

대체로 상고시대에 일찍이 그 어버이를 장례 지내지 않은 자가 있었는데, 그 어버이가 죽자 [시신을] 들어서 골짜기에 내버렸다. 다른 날 그곳을 지나다가 여우와 살쾡이가 파먹고 파리와 등에가 빨아먹자 그자의 이마가 땀에 흥건히 젖어서는[64] 곁눈질할 뿐 [차마]

64) 원문의 "차泚"를 번역한 것으로, 조기는 "땀이 흥건하게 젖은 모습이다〔汗出泚泚然也〕"라고 했다.

쳐다볼 수 없었으니, 무릇 땀이 흥건한 것은 남들이 보기 때문에 젖은 것이 아니라 속마음이 얼굴에 드러난 것이다. [집으로] 돌아와서 삼태기와 들것에 흙을 가져와서 시신을 덮어 가렸으니, 시신을 덮는 것이 정녕 옳다면 효자와 어진 사람이 그 어버이의 시신을 덮는 것이 또한 반드시 도리가 있는 것이다."

서자가 이 말을 이자에게 알리니, 이자가 멍하니 한참 있다가 말하기를 "나에게 가르침을 주셨다[65]"라고 했다.

墨者夷之因徐辟而求見孟子, 孟子曰: "吾固願見, 今吾尙病, 病愈, 我且往見. 夷子不來." 他日, 又求見孟子, 孟子曰: "吾今則可以見矣. 不直, 則道不見, 我且直之. 吾聞夷子墨者, 墨之治喪也, 以薄爲其道也. 夷子思以易天下, 豈以爲非是而不貴也? 然而夷子葬其親厚, 則是以所賤事親也." 徐子以告夷子, 夷子曰: "儒者之道, '古之人若保赤子.' 此言何謂也? 之則以爲愛無差等, 施由親始." 徐以告孟子, 孟子曰: "夫夷子信以爲人之親其兄之子爲若親其隣之赤子乎? 彼有取爾也. 赤子匍匐將入井, 非赤子之罪也. 且天之生物也, 使之一本, 而夷子二本故也. 蓋上世嘗有不葬其親者, 其親死, 則擧而委之於壑. 他日過之, 狐狸食之, 蠅蚋姑嘬之, 其顙有泚, 睨而不視, 夫泚也, 非爲人泚, 中心達於面目. 蓋歸反虆梩而掩之, 掩之誠是也, 則孝子仁人之掩其親, 亦必有道矣." 徐子以告夷子, 夷子憮然爲間曰: "命之矣."

65) 원문의 "명지의命之矣"를 번역한 것으로, 주희는 "'명命'은 '가르치다〔敎〕'와 같으니, 맹자가 이미 나를 가르쳤다고 말한 것이다〔命, 猶敎也, 言孟子已敎我矣〕"라는 주석에 유의하여 번역했다.

제6편

등문공 하

滕文公下

【해설】

이 편은 10장으로 구성되어 있는데, 앞의 〈등문공 상〉 편과 달리 문공과 관련된 내용이라기보다는 맹자가 생각하는 삶의 방식이 일정한 주제 없이 수록되어 있다. 첫 장은 함부로 제후를 만나지 않는다는 맹자의 지조를 제자가 칭송하는 부분으로 시작하는데, 맹자는 합당한 부름이면 언제든 갈 자세가 되어 있다고 강조한다.

2장은 종횡가에 속하는 공손연公孫衍과 장의張儀가 대장부인지 묻는 대화로 이루어져 있는데 맹자는 물론 이들의 견해에 부정적이다. 3장에서 선비라면 응당 직위를 갖는 벼슬살이를 해야 한다는 맹자의 시각이 이어지고 있고, 4장은 선비의 역할이 무엇인지 알려주고 있으며, 제나라와 초나라라는 강대국 사이에서 왕도정치를 하려는 소국 송나라의 고민이 5장에 나와 있다.

교육에 있어 스승보다는 언어 환경, 즉 지리적 환경이 중요하다고 강조한 6장은 맹자의 교육관을 일부 드러내고 있고, 7장에는 맹자가 제후를 만나지 않으려는 근본 이유가 공손추와의 대화에서 잘 드러난다. 특히 9장에서 맹자가 다른 사람과 논쟁을 즐기는 것을 많은 사람이 인지하고 있었지만, 맹자는 부득이해서 그런 것이지 논쟁 그 자체를 좋아하는 것은 아니라고 강변한다. 고대의 역사적 사실을 길게 인용하면서 맨 마지막 단락에서 내린 결론은 "우임금과 주공, 공자 세 분 성인의 일을 계승하기 위함"이라는 대목에서 결국 맹자는 성인의 도를 따르려는 자임을 분명히 드러내고 있다.

왜 제후를 만나지 않으십니까 6.1

진대가 말했다.

"제후를 만나지 않는 것은 사소한 것에 연연하는 것 같습니다. 지금 한 번 만나시면 크게는 왕 노릇 하게 하고, 작게는 패왕 노릇 하게 할 것입니다. 또한 기록에 말하기를 '한 자(尺)를 굽혀 한 길(尋)(여덟 자)을 곧게 편다'[1]고 했으니, 마땅히 해볼 만한 일인 듯합니다."

맹자께서 말씀하셨다.

"옛날에 제나라 경공이 사냥할 때 사냥터 관리인(虞人)을 [새 깃털이 장식된] 깃발로 불렀는데, 오지 않아서 그를 죽이려고 했었다. [공자께서] '뜻있는 선비는 도랑이나 골짜기에 버려질 수 있다는 것을 잊지 않고, 용감한 선비는 자신의 머리가 베어질 수 있다는 것을 잊지 않는다'고 하셨으니, 공자께서 어떤 점을 취하셨는가? 자신을 부르는 방법이 아니면 가지 않은 것을 취하신 것이니, 만약 부르는 것조차 기다리지 않고 간다면 어떻겠는가? 또한 '한 자를 굽혀 한 길을 곧게 편다'는 말은 이익으로 말한 것이니, 만일 이익으로 따져 보자면 한 길을 굽혀 한 자를 펴는 이익이 있더라도 또한 [그리] 하겠는가?

옛날에 조간자趙簡子가 왕량王良[2]에게 총애하는 신하 해奚와 함께

---

1) 원문의 "왕척이직심枉尺而直尋"을 번역한 것으로 주희의 설은 이렇다. "자기 몸을 굽혀 한 번 제후를 만나보면 왕 노릇 하는 자와 패자霸者를 이룰 수 있는 것과 같으니, 굽힌 것이 작고 편 것이 큰 것이다(猶屈己一見諸侯而可以致王霸, 所屈者小, 所伸者大也)." 한 자를 굽혀 여덟 자를 곧게 편다는 것은 큰 이익을 얻기 위해서 합당하지 않은 방법을 사용할 수 있다는 의미다(동양고전연구회 역주설).

수레를 몰[고 사냥하]게 했는데, 온종일 짐승 한 마리도 잡지 못했다. [신하] 해가 돌아와 보고하여 말하기를 '천하에 형편없는 말몰이꾼이었습니다'라고 했다. 어떤 사람이 [이 말을] 왕량에게 전하자 왕량이 말하기를 '다시 하게 해주십시오'라고 하면서 간청한 뒤에 [겨우] 승낙을 받았다. [이번에는] 하루 아침나절 만에 열 마리의 짐승을 잡았다. 해가 돌아와 보고하여 말하기를 '천하에 훌륭한 말몰이꾼이었습니다'라고 하니, 간자가 말하기를 '내가 그에게 너만을 위해 수레를 몰게 하겠다'라고 하고는 왕량에게 [이 말을] 전했다. 왕량이 거절하면서 말하기를 '제가 그를 위해서 저만의 말 모는 법도대로 했더니[3] 온종일 한 마리도 잡지 못했고, 그를 위해서 [제가 익힌 법도와] 어긋나게 짐승을 만나게 했더니 아침나절 만에 열 마리의 짐승을 잡았습니다. 《시경》에 이르기를 「말 모는 법도를 잃지 않으면 화살을 쏘아 깨뜨리는 것과 같이 명중하네」라고 했습니다. 저는 소인과 함

---

2) 왕량王良은 춘추시대 진晉나라 조양자趙襄子의 수레를 몰던 왕오기王於期를 말한다. 수레를 잘 몰기로 이름난 인물로, 《한비자韓非子》에 그에 대한 기록들이 있다. 예를 들면 〈비내備內〉 편에 "왕량이 말을 사랑하고 월나라 구천이 사람을 아꼈던 것은 전쟁에 출전시키고 전쟁에서 잘 타고 달리기 위해서였다(王良愛馬, 越王勾踐愛人, 爲戰與馳)", 〈외저설外儲說 우상右上〉 편에 "왕량이 고삐를 잡도록 한다면, 몸은 수고롭게 하지 않으면서도 빠른 짐승을 쉽게 잡을 수 있다(使王良佐轡, 則身不勞而易及輕獸矣)", 〈외저설 우하右下〉 편에 "왕량과 조보는 천하의 훌륭한 수레몰이꾼이다(故王良造父, 天下之善御者也)", 〈난세難勢〉 편에 "무릇 좋은 말과 견고한 수레를 노예로 하여금 그것들을 부리도록 한다면 다른 사람의 웃음거리가 되지만, 왕량이 그것들을 부리면 하루에도 1,000리를 달릴 수 있게 될 것이다(夫良馬固車, 使臧獲御之則爲人笑, 王良御之而日取千里)"와 같은 기록을 참조하여 읽어보아도 좋다.

3) 원문의 "범아치구範我馳驅"를 번역한 것으로, 양보쥔은 '범範'은 동사(作動詞)로 쓰였다고 했다. 《공양전》 소공 8년 기록에 따르면, 사냥하는 수레를 몰 때는 수레가 달리며 먼지가 날려도 뒤의 수레가 앞 수레의 궤적을 벗어나서는 안 되고, 수레를 모는 말발굽의 보폭과 절주도 마땅히 박자에 맞아야 했다.

께 수레 모는 것을 익히지 않았으니, 사양하겠습니다'라고 했다. 말몰이꾼도 활 쏘는 자에게 아부하는 것을[4] 수치스러워해서 아부하는 방법으로는 금수 잡는 것을 비록 언덕과 같이 많이 하더라도[5] 하지 않았는데, 만약 도를 굽혀 그(제후)를 따른다면 어찌하겠는가? 또 네가 잘못 생각했다. 자기[지조]를 굽힌 자가 남을 곧게 할 수 없다."

陳代曰: "不見諸侯, 宜若小然. 今一見之, 大則以王, 小則以覇. 且志曰: '枉尺而直尋.' 宜若可爲也." 孟子曰: "昔齊景公田, 招虞人以旌, 不至, 將殺之. '志士不忘在溝壑, 勇士不忘喪其元.' 孔子奚取焉? 取非其招不往也, 如不待其招而往, 何哉? 且夫'枉尺而直尋'者, 以利言也, 如以利, 則枉尋直尺而利, 亦可爲與? 昔者趙簡子使王良與嬖奚乘, 終日而不獲一禽. 嬖奚反命曰: '天下之賤工也.' 或以告王良. 良曰: '請復之.' 强而後可. 一朝而獲十禽. 嬖奚反命曰: '天下之良工也.' 簡子曰: '我使掌與女乘.' 謂王良. 良不可, 曰: '吾爲之範我馳驅, 終日不獲一, 爲之詭遇, 一朝而獲十. 詩云, 「不失其馳, 舍矢如破.」 我不貫與小人乘, 請辭.' 御者且羞與射者比, 比而得禽獸, 雖若丘陵, 弗爲也, 如枉道而從彼, 何也? 且子過矣. 枉己者, 未有能直人者也."

---

4) 원문의 "비比"를 번역한 것으로, 본래 자원字源이 '숟가락〔匕〕'을 나란히 한 모양에서 '나란히 함께하다'라는 의미를 지니고 있다. 《설문해자》에서는 '밀접하다〔密〕'라는 뜻으로 풀이했다. 양보쥔은 《한서》 〈유흠전劉歆傳〉의 "'친밀하다〔比〕'라는 뜻은 '력力' 자와 같다〔比, 意同力〕"라고 한 문장에서 안사고가 "'비'는 '합하다'라는 뜻이다〔比, 合也〕"라고 주석한 내용을 고증하여 제5편 〈등문공 상〉 4장에 "그대가 이것(물건값의 실질적인 차이)을 엇비슷하게 하여 같게 하니〔子比而同之〕"에서의 '비'와 같은 의미로 보았다. 주희는 "무리 지어 아부함〔阿黨〕"이라고 했는데, 역자는 주희 설을 취하여 '아부함'으로 번역했다.

5) 원문의 "약구릉若丘陵"을 번역한 것으로, 주희는 "'언덕과 같다'는 것은 '많음'을 말한 것이다〔若丘陵, 言多也〕"라고 풀이했다.

경춘景春[6]이 말했다.

"공손연公孫衍[7]과 장의張儀[8]는 어찌 정녕 대장부가 아니겠습니까? 한번 노여워하면 제후들이 두려움에 떨고, 편안히 있으면 천하가 [다] 조용합니다."

맹자께서 말씀하셨다.

"이들이 어찌 대장부라고 할 수 있겠는가? 그대는 예를 배우지 않았던가? 사내가 관례[9]를 치를 때에는 아버지가 도리를 가르치고, 여자가 시집갈 때에는 어머니가 도리를 가르치니, 시집가는 딸을 문간에서 배웅하면서도 타이르며 말하기를 '네 시집에 가서 반드시 [시부모님을] 공경하고 반드시 삼가며 남편의 뜻을 어기지 말라!'[10]라고 하니, 순종하는 것을 올바른 것으로 여기는 것은 아녀자

6) 경춘景春에 대하여 조기는 "맹자 때의 사람으로 종횡가의 술수를 행한 사람이다(孟子時人, 爲縱橫之術者)"라고 간단한 주를 덧붙였다.

7) 공손연公孫衍에 대하여 양보쥔은 "위魏나라 사람 서수犀首로, 저명한 유세객이었다(魏國人犀首, 著名的說客)"라고 설명했다. 위나라 양왕 원년에 진秦나라에 대항해 연합하자는 합종책을 올려 장의의 연횡책에 맞섰다.

8) 《사기》〈장의열전張儀列傳〉에 "장의는 위魏나라 사람으로 처음에는 일찍이 소진과 함께 귀곡 선생을 스승으로 모시고 종횡술을 배웠는데, 소진은 스스로 장의에 미치지 못한다고 생각했다. 장의는 학업을 마치자 유세하러 제후들을 찾아갔다(張儀者, 魏人也. 始嘗與蘇秦俱事鬼谷先生學術, 蘇秦自以不及張儀. 張儀已學游說諸侯)"라는 기록이 보인다. 장의는 유세를 하다가 의심을 받고 수백 번 매질을 당하기도 했는데, 걱정스러워하는 아내에게 "내 혀가 아직 붙어 있는지 아닌지 보시오(視吾舌尚在不)"라고 한 일화가 전해지며, 권모술수와 임기응변에 능했던 장의를 사마천은 "나라를 기울게 하는 위험한 선비이구나(眞傾危之士哉)"라고 평가절하했다.

9) 원문의 "관冠"은 관례를 치르는 것으로, 주희는 "머리에 관을 더하는 것을 '관'이라고 한다(加冠於首曰冠)"라고 풀이했다.

의 도리다.[11]

천하의 넓은 집(仁)에 살고 천하의 바른 자리(禮)에 서서 천하의 큰 도道[12]를 행하여, 뜻을 얻으면 백성과 함께 도를 따르고 뜻을 얻지 못하면 혼자라도 그 도를 실행하는 것이다. 부유하고 귀해도 [이 마음을] 어지럽힐 수 없고, 가난하고 비천해도 바꿀 수 없으며, 위세와 무력에도 굽힐 수 없는 것, 이런 자를 일컬어 대장부라고 한다."

景春曰: "公孫衍張儀豈不誠大丈夫哉? 一怒而諸侯懼, 安居而天下熄." 孟子曰: "是焉得爲大丈夫乎? 子未學禮乎? 丈夫之冠也, 父命之, 女子之嫁也, 母命之, 往送之門, 戒之曰: '往之女家, 必敬必戒, 無違夫子!' 以順爲正者, 妾婦之道也. 居天下之廣居, 立天下之正位, 行天下之大道, 得志, 與民由之, 不得志, 獨行其道. 富貴不能淫, 貧賤不能移, 威武不能屈, 此之謂大丈夫."

10) 원문의 "무위부자無違夫子"를 번역한 것으로, 주희는 "'부자夫子'는 남편이다. 여자는 남을 따르니, 순종함을 정도로 삼는 것이다(夫子, 夫也. 女子從人, 以順爲正道也)"라고 했다. 《의례》 〈사혼례士婚禮〉에 "아버지가 딸을 시집보내는데 훈계하여 말하기를 '경계하고 공경하여 이른 새벽부터 밤늦게까지 명命을 어기지 말라'(父送女, 命之曰: 戒之敬之, 夙夜無違命)"라고 했는데, 이에 대해 정현은 "'명'은 시부모님의 가르침의 명(命, 舅姑之教命)"이라고 했다.

11) 이 문장에 대해 주희가 "아마도 공손연과 장의 두 사람은 아첨하고 구차히 용납하여 권세를 취했으니, 이는 곧 아녀자의 순종하는 도리일 뿐이고 대장부의 일이 아니라고 말씀한 것이다(蓋言二子阿諛苟容, 竊取權勢, 乃妾婦順從之道耳, 非丈夫之事也)"라고 한 말처럼 이 말의 맥락을 따져보아야 한다.

12) 원문의 "광거廣居", "정위正位", "대도大道"의 의미에 대해 주희는 "'광거'는 '인仁'이고, '정위'는 '예禮'이며, '대도'는 '의義'를 가리킨다"라고 했다.

벼슬살이와 벼슬하기를 어렵게 여기는 이유 6.3

주소周霄[13])가 물었다.

"옛날의 군자도 벼슬을 했습니까?"

맹자께서 말씀하셨다.

"벼슬을 했다. 전하는 기록에 말하기를 '공자는 석 달 동안 [섬길] 군주가 없으면 [안타까워] 머뭇거리며[14]) 국경을 나갈 때 반드시 예물[15])을 싣고 갔다'라고 했고, 공명의가 말하기를 '옛사람은 석 달 동안 [섬길] 군주가 없으면 위문했다'라고 했다."

[주소가 말했다.]

"석 달 동안 [섬길] 군주가 없다고 해서 위문하는 것은 너무[16]) 성급하지 않습니까?"

[맹자께서] 말씀하셨다.

"선비가 지위를 잃는 것은 제후가 나라를 잃는 것과 같다. 《예기》에 말하기를 '제후가 밭을 갈면 [백성이] 도와서[17]) 제사에 쓸 곡식을 바치고, 부인이 누에를 치고 실을 뽑아 의복을 만든다. [제사에 쓸] 희생이 살지지 못하고[18]) 제사에 쓸 곡식이 깨끗하지 못하며, 의복

---

13) "주소周霄"에 대해 조기는 "위魏나라 사람이다(魏人也)"라고 했다. 주소는 《전국책》 〈위책魏策〉에도 기록이 있는데, 양나라 혜왕과 양왕 때의 사람이라고 한다.

14) 원문의 "황황여皇皇如"를 번역한 것이다. 주희는 "'황황皇皇'은 구함이 있으나 얻지 못하는 것처럼 하는 뜻이다(皇皇, 如有求而弗得之意)"라고 했다.

15) 원문의 "지質"를 번역한 것으로, 고대에는 처음 만났을 때의 예우로 반드시 예물을 주었는데, 이 예물을 '지'라고 했다. 선비들은 예물로 꿩을 주었다.

16) 원문의 "이以"에 대해 주희는 '이已' 자와 통하니, '너무(太)'라는 뜻이라고 한 것을 염두에 두어야 한다고 했다.

이 준비되지 못하면 감히 제사를 지내지도 못하고, 선비가 [제사용] 전답[19]이 없어도 제사를 지내지 못한다'라고 했다. 희생과 제기와 의복이 준비되지 못하여 감히 제사 지내지 못하면 감히 잔치도 못할 것이니 또한 위문하기에 충분하지 않겠는가?"

[주소가 말했다.]

"국경을 나갈 때 반드시 예물을 싣는 것은 어째서입니까?"

[맹자께서] 말씀하셨다.

"선비가 벼슬하는 것은 농부가 밭 가는 것과 같으니, 농부가 어찌 국경을 나가면서 쟁기와 보습을 버리겠는가?"

[주소가] 말했다.

"진晉(위)나라 또한 벼슬할 만한 나라지만 벼슬하는 것을 이처럼 성급하게 했다는 말은 일찍이 들어보지 못했습니다. 벼슬하는 것을 이처럼 성급하게 해야 한다면 군자가 벼슬하는 것을 어렵게 여기

17) 원문의 "경조耕助"를 번역한 것으로, 제5편 〈등문공 상〉 3장에 "'조助'는 '빌린다'는 것이다(助者, 藉也)"라고 한 것을 참조해보면 이 문장에서도 '조'는 '빌리다(藉)'의 의미로 해석될 수 있다. 《좌전》 소공 18년에 "우인이 벼농사를 지었다(鄅人藉稻)"라고 한 문장에 대해 "'자藉'는 밭 가는 것이다(藉, 耕也)"라고 하여 《정의》에 복건服虔의 주를 인용하여 풀이했다. 여기서는 문맥상 '돕다'라는 의미로 보는 것이 더 설득력이 있다.

18) 원문의 "희생불성犧牲不成"을 번역한 것이다. 희생은 제사 때 쓰는 소(牛)·양羊·돼지(豬) 등의 제물을 말하는데, '생살牲殺'이라고도 한다. 왕부지가 《맹자패소》에서 "가축을 기른 것을 생牲이라고 하고, 고기잡이한 것을 살殺이라고 한다. 대부는 고라니를 쓰고, 선비는 토끼를 쓰는데, 모두 물고기 사냥으로 잡은 것이므로 살이라 한다(畜牧曰牲, 漁獵曰殺. 大夫用麋, 士用兔, 皆漁獵所獲, 所謂殺也)"라는 발언을 유념할 필요가 있다. 《석명釋名》 〈석언어釋言語〉에 "'성'은 가득 담겨 있는 것이다(成, 盛也)"라고 했다. 조기는 "'불성'이란 [희생이] 살지지 않은 것이다(不成, 不實肥腯也)"라고 하면서 그 대상을 구체적으로 적시했다.

19) 원문의 "전田"을 번역한 것으로, 제사에 쓸 제수를 마련할 전답을 말한다.

는 것[20]은 무엇 때문입니까?

[맹자께서] 말씀하셨다.

"사내가 태어나면 그를 위해 아내가 있기를 바라고, 여자가 태어나면 그를 위해 시집가기를 바라는 것은 부모의 마음이라 모든 사람이 가지고 있지만, [이러한] 부모의 명령과 중매쟁이의 말을 기다리지 않고 구멍을 뚫고 틈으로 서로 엿보면서 담을 넘어가고 서로 어울리면 부모와 나라 사람들이 모두 그들을 천하게 여긴다. 옛날 사람들이 일찍이 벼슬을 원하지 않은 것이 아니고, 또한 그 정도를 따르지 않는 것을 싫어한 것이니, 그 정도를 따르지 않고 [벼슬하러] 찾아가는 것은 구멍을 뚫고 틈을 엿보는 부류와 같은 것이다."

周霄問曰: "古之君子仕乎?" 孟子曰: "仕. 傳曰: '孔子三月無君, 則皇皇如也, 出疆必載質.' 公明儀曰: '古之人三月無君, 則弔.'" "三月無君則弔, 不以急乎?" 曰: "士之失位也, 猶諸侯之失國家也. 禮曰: '諸侯耕助以供粢盛, 夫人蠶繅, 以爲衣服. 犧牲不成, 粢盛不潔, 衣服不備, 不敢以祭, 惟士無田, 則亦不祭.' 牲殺器皿衣服不備, 不敢以祭, 則不敢以宴, 亦不足弔乎?" "出疆必載質, 何也." 曰: "士之仕也, 猶農夫之耕也, 農夫豈爲出疆舍其耒耜哉?" 曰: "晉國亦仕國也, 未嘗聞仕如此其急. 仕如此其急也, 君子之難仕, 何也?" 曰: "丈夫生而願爲之有室, 女子生而願爲之有家, 父母之心, 人皆有之. 不待父母之命媒妁之言,

20) 원문의 "군자지난사君子之難仕"를 번역한 것인데, 성백효는 "군자는 일반적으로 훌륭한 사람을 가리키지만 '군자지난사'의 '군자'는 맹자를 빗대어 말한 것이다. 앞의 '진晉(위)나라가 또한 벼슬할 만한 나라'라고 한 것 역시 맹자가 일찍이 삼진三晉의 하나인 위魏나라에 있었기 때문에 말한 것이다"라고 그 맥락을 덧붙였다.

鑽穴隙相窺, 踰牆相從, 則父母國人皆賤之. 古之人未嘗不欲仕也, 又惡不由其道, 不由其道而往者, 與鑽穴隙之類也."

밥을 얻어먹으려는 선비라면 6.4

팽경彭更이 물었다.

"뒤따르는 수레가 수십 대이고 따르는 자가 수백 명인데 제후들에게 여기저기서 밥을 얻어먹는 것은 너무 지나치지[21] 않습니까?"

맹자께서 말씀하셨다.

"그것이 도리에 맞지 않는다면 한 그릇의 밥이라도 남에게 받을 수 없지. [그러나] 만일 그것이 도리에 맞는다면 순임금이 요임금의 천하를 받은 것도 지나치다고 하지 않으니 그대는 [우리가] 지나치다고 생각하는가?"

[팽경이] 말했다.

"아닙니다. 선비가 하는 일 없이 밥을 축내는 것이 옳지 않다는 것입니다."

[맹자께서] 말씀하셨다.

"그대가 [남들이 세운] 공功을 [서로] 통하게 일거리를 바꾸어 남는 것으로써 부족한 것을 보충해주지 않는다면 농사꾼에게는 남아도는 곡식이 있고, 여자들에게도 남아도는 삼베가 있을 것이네. [그러나] 그대가 만일 이를 통하게 한다면 목수와 수레를 만드는 사람 모

21) 원문의 "불이태호不以泰乎"를 번역한 것으로, 주희는 "태泰"는 '지나치다〔侈〕'라는 뜻이라고 했다. '분수에 넘치다'는 뜻이다.

두 그대에게 밥을 얻어먹을 것이네. 여기에 어떤 사람이 있는데, 들어오면 효도하고 나가면 [어른을] 공경하여 선왕의 도를 지켜 후세의 학자를 기다리는데도 그대 [같은 자]에게 밥을 얻어먹지 못한다면, 그대는 어찌하여 목수와 수레를 만드는 사람은 존중하면서 인과 의를 행하는 선비는 가볍게 여기는 것인가?"

[팽경이] 말했다.

"목수와 수레를 만드는 사람은 그 뜻이 밥을 구하려는 것이지만, 군자가 도를 행하는 것도 그 뜻이 또한 밥을 구하려는 것입니까?"

[맹자께서] 말씀하셨다.

"자네는 어찌하여 그런 뜻을 가지고 [말]하는가? 자네에게 공이 있어 밥을 먹일 만하면 밥을 먹이는 것이네. 또 자네는 뜻을 따져서 밥을 먹이는가? 공을 따져서 밥을 먹이는가?"

[팽경이] 말했다.

"뜻을 따져서 밥을 먹입니다."

[맹자께서] 말씀하셨다.

"여기에 사람이 있는데, 기와를 부수고 꾸며놓은 담장을 함부로 그어놓고도 그 뜻이 밥을 구하려고 해서라면 자네는 그에게 밥을 먹이겠는가?"

[팽경이] 말했다.

"아닙니다."

[맹자께서] 말씀하셨다.

"그렇다면 그대는 뜻을 따져서 밥을 먹이는 것이 아니라 공을 따져서 밥을 먹이는 것이네."

彭更問曰: "後車數十乘, 從者數百人, 以傳食於諸侯, 不以泰乎?" 孟子曰: "非其道, 則一簞食不可受於人. 如其道, 則舜受堯之天下, 不以爲泰, 子以爲泰乎?" 曰: "否. 士無事而食, 不可也." 曰: "子不通功易事, 以羨補不足, 則農有餘粟, 女有餘布. 子如通之, 則梓匠輪輿皆得食於子. 於此有人焉, 入則孝, 出則悌, 守先王之道, 以待後之學者, 而不得食於子, 子何尊梓匠輪輿而輕爲仁義者哉?" 曰: "梓匠輪輿, 其志將以求食也, 君子之爲道也, 其志亦將以求食與?" 曰: "子何以其志爲哉? 其有功於子, 可食而食之矣. 且子食志乎? 食功乎?" 曰: "食志." 曰: "有人於此, 毁瓦畫墁, 其志將以求食也, 則子食之乎?" 曰: "否." 曰: "然則子非食志也, 食功也."

작은 나라에서 왕도정치를 하게 된다면 6.5

만장萬章[22]이 여쭈었다.

"송나라는 작은 나라입니다. 이제 왕도정치를 시행하려고 하는데 제나라와 초나라가 미워하여 송나라를 정벌하면 어찌합니까?"

맹자께서 말씀하셨다.

---

22) 조기는 "만장은 만이 성이고, 장은 이름이며, 맹자의 제자다(萬章者, 萬姓, 章名. 孟子弟子也)"라고 했는데, 맹자의 뛰어난 제자로 추정된다. 어려운 질문을 가장 많이 했다. 《사기》 〈맹자순경열전〉에 "[맹자는] 물러나 만장의 무리와 《시》, 《서》를 순서대로 정리하고 공자의 사상을 서술하여 《맹자》 일곱 편을 썼다(退而與萬章之徒序詩書, 述仲尼之意, 作孟子七篇)"라고 한 것을 보면 알 수 있다.

"탕왕이 박읍에 사실 때 갈나라와 이웃했는데, 갈백이 방탕하여 제사를 지내지 않자 탕왕이 사람을 보내서 그(연유)를 묻기를 '어찌하여 제사를 지내지 않는가?' 하니, [갈백이] 대답하기를 '희생을 바칠 것이 없기 때문입니다'라고 했다. 탕왕이 소와 양을 보내주게 하셨는데 갈백이 이것을 먹어버리고 또 제사를 지내지 않았다. 탕왕이 다시 사람을 보내서 그(연유)를 묻기를 '어찌하여 제사를 지내지 않는가?' 하니, [갈백이] 대답하기를 '제사에 바칠 곡식이 없기 때문입니다'라고 했다. 탕왕이 박읍의 백성[23]에게 [갈나라에] 가서 밭을 갈아주게 하고 노약자들은 밥을 내다 먹이게 했다. 갈백이 그의 백성을 거느리고 가서 술과 밥과 기장과 쌀을 내오는 자들을 가로막고 빼앗았는데 주지 않는 자는 죽였다.

어떤 동자가 기장과 고기를 가지고 와서 밥을 먹이는데, [그를] 죽이고 음식을 빼앗았다. 《서경》에 말하기를 '갈백이 밥을 먹이는 자를 원수로 여겼다'라고 했으니, 이것을 두고 말한 것이다. 이 동자를 죽였기 때문에 [탕왕이] 갈나라를 정벌하셨는데, 천하 사람이 모두 말하기를 '천하를 욕심내서가 아니라 평범한 사내와 평범한 아낙을 위해 복수해주시는 것이다'라고 했다.

탕왕이 처음 정벌을 갈나라부터 시작하여 열한 번 정벌하셨는데 천하에 대적한 이가 없었으니, 동쪽을 향하여 정벌하면 서쪽의 오랑캐가 원망하고, 남쪽을 향하여 정벌하면 북쪽의 오랑캐가 원망하여 말하기를 '어찌하여 우리를 뒤에 [정벌]하시는가?'라고 하여, 백

---

23) 원문의 "박중亳衆"을 번역한 것으로, 주희는 "탕왕의 백성(湯之民)"으로 '박읍에 사는 사람들'을 말한다고 했다.

성이 [탕왕이] 정벌해주기를 바라는 것이 큰 가뭄에 비를 바라듯이 했다. 시장으로 돌아가는 자들이 그치지를 않았고 밭 가는 자도 동요하지 않았다. [탕왕이] 그 군주를 주살하여 벌하고 백성을 위문하시자, 때 맞춰 비가 내린듯이 백성이 크게 기뻐했다.《서경》에 말하기를 '우리 임금님을 기다리니, 임금님이 오시면 아마도 형벌이 없으시겠지!'라고 했다.[24] [또] '신하가 되지 않는 자가 있어[25] 동쪽을 정벌하여 그 [곳의] 남녀를 편안하게 하시자, [그들이] 검은 비단과 황색 비단을 광주리에 담아 와서 우리 주왕을 섬겨 아름다움을 받아서 큰 도읍인 주나라에 신하로 복종한다'라고 했다. 군자들은 검은 비단과 황색 비단을 광주리에 담아 와서 군자를 맞이하고, 소인들은 대그릇의 밥과 병에 담은 음료로 소인들을 맞이했으니, 이는 백성을 물과 불 가운데에서 구원하여 잔학한 자를 제거했기 때문이다. 〈태서太誓〉에 말하기를 '우리의 [무왕이] 무력을 떨쳐 그들의 국경을 침략하여 그 잔학한 자를 취해 주살하여 정벌하는 공이 베풀어지니, 탕왕보다 더욱 빛나네'라고 했다.

왕도정치를 시행하지 않은 것이지, 만일 왕도정치를 시행한다면 천하가 모두 머리를 들고 바라보면서 [자신의] 군주로 삼고자 할 것이니, 제나라와 초나라가 비록 크더라도 무엇이 두렵겠는가?"

---

24) 원문의 "탕시정湯始征, 자갈재自葛載 …… 기무벌其無罰"을 번역한 것으로, 제2편 〈양혜왕 하〉 11장에 같은 내용이 보인다. 다만 인용된《서경》의 문구는 〈상서·태갑太甲 중中〉에 보인다.

25) 원문의 "유유불유신有攸不維臣"을 번역한 것으로, '유攸'에 대해 조기는 '소所'와 같다고 했는데, 양보쥔은 나라 명칭으로 보아 '유攸나라'로 풀이하기도 했다. 한편 '유維'에 대해 주희의《집주》에는 '유維(惟)' 자가 '위爲'로 되어 있는데, 이에 동의한 양보쥔은 '유惟'와 '위爲'는 같다고 하여《서경》〈익직益稷〉에 "여러 나라의 현명한 백성이 모두 황제의 신하가 될 것이다〔萬邦黎獻, 共惟帝臣〕"라는 구절의 '유惟' 자와 용법이 같은 것으로 보았다.

萬章問曰: "宋, 小國也. 今將行王政, 齊楚惡而伐之, 則如之何?" 孟子曰: "湯居亳, 與葛爲鄰, 葛伯放而不祀, 湯使人問之曰: '何爲不祀?' 曰: '無以供犧牲也.' 湯使遺之牛羊, 葛伯食之, 又不以祀. 湯又使人問之曰: '何爲不祀?' 曰: '無以供粢盛也.' 湯使亳衆往爲之耕, 老弱饋食. 葛伯率其民, 要其有酒食黍稻者奪之, 不授者殺之. 有童子以黍肉餉, 殺而奪之. 書曰: '葛伯仇餉.' 此之謂也. 爲其殺是童子而征之, 四海之內皆曰: '非富天下也, 爲匹夫匹婦復讎也.' 湯始征, 自葛載, 十一征而無敵於天下, 東面而征, 西夷怨, 南面而征, 北狄怨, 曰: '奚爲後我?' 民之望之, 若大旱之望雨也. 歸市者弗止, 芸者不變. 誅其君, 弔其民, 如時雨降, 民大悅. 書曰: '徯我后, 后來其無罰!' '有攸不維臣, 東征, 綏厥士女, 篚厥玄黃, 紹我周王見休, 惟臣附于大邑周.' 其君子實玄黃于篚以迎其君子, 其小人簞食壺漿以迎其小人, 救民於水火之中, 取其殘而已矣. 太誓曰: '我武惟揚, 侵于之疆, 則取于殘, 殺伐用張, 于湯有光.' 不行王政云爾, 苟行王政, 四海之內皆擧首而望之, 欲以爲君, 齊楚雖大, 何畏焉?"

제나라 말을 잘 가르치는 법 6.6

맹자께서 대불승戴不勝[26]에게 말씀하셨다.

"그대는 그대의 왕이 선해지기를 바라는가? 내가 그대에게 분명히 알려주겠다. 여기에 초나라 대부가 있는데, 그의 아들이 제나

---

26) 조기는 대불승戴不勝을 간단히 "송나라의 신하〔宋臣〕"라고 했다.

라 말을 하기를 원한다면 제나라 사람에게 그를 가르치게[27] 하겠는가? 초나라 사람에게 그를 가르치게 하겠는가?"

[대불승이] 대답했다.

"제나라 사람에게 그를 가르치게 할 것입니다."

[맹자께서] 말씀하셨다.

"제나라 사람 한 명이 그를 가르치려는데 초나라 사람 여러 명이 [초나라 말로] 떠들어댄다면[28] 비록 날마다 종아리를 때리면서 제나라 말[29]을 하기를 요구하더라도 할 수 없을 것이다. [그러나] 그를 데려다 장악莊嶽(제나라의 산악)의 사이에 여러 해 동안 둔다면 비록 날마다 종아리를 때리면서 초나라 말을 하기를 요구하더라도 또한 할 수 없을 것이다. 그대가 설거주薛居州를 선한 선비라고 하여 그를 왕의 처소에 거처하게 했는데, 왕의 처소에 있는 자가 어른이든지 아이든지 지위가 낮든지 높든지, 모두 설거주와 같은 [선한] 사람이라면 왕이 누구와 함께 선하지 않은 일을 할 것이며, 왕의 처소에 있는 자가 어른이든지 아이든지 지위가 낮든지 높든지, 모두 설거주와 같은 [선한] 사람이 아니라면 왕이 누구와 함께 선한 일을 하겠는가? 한 명의 설거주가 홀로[30] 송왕에게 어찌하겠는가?"

孟子謂戴不勝曰: "子欲子之王之善與? 我明告子. 有楚大夫於此, 欲

27) 원문의 "부傅"를 주희는 '가르치다〔教〕'의 뜻이라고 풀이했다.

28) 원문의 "휴咻"를 번역한 것으로, 조기는 '시끄럽다〔讙〕'라는 뜻으로 풀었다.

29) 원문의 "제齊"에 대해 주희는 곧 '제나라 말〔齊語〕'을 가리킨다고 하여 주희의 설에 따라 번역했다.

30) 원문의 "독獨"를 번역한 것으로, 왕인지는 《경전석사》에서 "'독'은 '장차'라는 뜻과 같다〔獨, 猶將也〕"라고 풀었으나, 여기서는 '홀로', '단독'의 의미다.

其子之齊語也, 則使齊人傳諸? 使楚人傳諸?" 曰: "使齊人傳之." 曰: "一齊人傳之. 衆楚人咻之, 雖日撻而求其齊也, 不可得矣, 引而置之莊嶽之間數年, 雖日撻而求其楚, 亦不可得矣. 子謂薛居州, 善士也, 使之居於王所. 在於王所者, 長幼卑尊皆薛居州也, 王誰與爲不善? 在王所者, 長幼卑尊皆非薛居州也, 王誰與爲善? 一薛居州, 獨如宋王何?"

제후를 만나보지 않는 이유 6.7

공손추가 여쭈었다.

"제후를 만나지 않는 것은 무슨 도의(義)입니까?"

맹자께서 말씀하셨다.

"옛날에 신하가 되지 않았으면 [그 군주를] 만나지 않았다. 단간목段干木[31]은 담장을 넘어 피했고, 설류泄柳는 문을 닫고 들이지 않았으니, 이는 모두 너무 심한 경우이고 [만나보려는 뜻이] 간절하다면 만나볼 수 있는 것이다. 양화는 공자를 [불러] 찾아뵙게 하려고 했으나[32] 무례하다는 비난을 [듣기] 싫어하여, 대부가 선비에게[33] 물건을 하사할 때 자기 집에서 그 물건을 [직접] 받지 못했으면 대부의 문에 가서 절하는 예가 있으므로, 양화가 [이것을 기회로 삼아] 공자께서 집에 없을 때를 엿보아 공자께 삶은 돼지고기를 보내주자, 공자께서

31) 단간목段干木은 성이 '단'이고 이름은 '간목'이다. 《고사전高士傳》에 "단간목은 진晉나라 사람이다. 어릴 때 가난하고 비천하여 마음에 둔 뜻을 이루지 못하여 이에 청렴한 절개를 다스리고, 서하 지방에 유학하며 복자하와 전자방을 스승으로 모셨다. 이극과 적황과 오기 등이 위나라에 있을 때 모두 장군이 되었으나 오직 단간목만 도를 지켜 출사하지 않았다(段幹木者, 晉人也. 少貧且賤, 心志不遂, 乃治清節, 遊西河, 師事蔔子夏與田子方, 李克翟璜吳起等居於魏, 皆爲將, 唯幹木守道不仕)"라고 했다.

도 그가 집에 없을 때를 엿보아 찾아가서 그곳[대부의 문]에 절하셨다. 이때 양화가 먼저 예를 베풀었다면 [공자께서] 어찌 만나보지 않으셨겠는가?

증자가 말씀하시기를 '어깨를 움츠리고 아첨하여 웃는 것[34]이 여름에 밭일하는 것보다 [더] 힘들다[35]'라고 하셨고, 자로가 말하기를 '[뜻이] 같지 않은데 [억지로] 말하는 그 얼굴빛을 보면 무안하여 붉어지는데, 이는 내가 알 바가 아니다'라고 했으니, 이로 말미암아 본다면 군자가 수양해야 할 바를 알 수 있다."

---

32) 원문의 "양화욕현공자陽貨欲見孔子"를 번역한 것으로, 《논어》의 기록과 비교해볼 필요가 있다. 〈양화〉 17.1에 "양화가 공자를 만나고자 했으나 공자께서 만나려 하지 않자, [없는 틈에] 공자께 삶은 돼지를 선물로 보냈다. 공자께서는 그가 없을 때를 기다렸다가 그에게 사례하러 갔는데 [돌아오는] 길에서 우연히 만났다. [양화가 지나치는] 공자께 말했다. '[이리] 오십시오! 제가 당신과 할 말이 있습니다.' [양화가] 말했다. '그 보배를 품고서도 자신의 나라를 혼미하게 한다면 인하다고 할 수 있겠습니까?' [공자께서] 말씀하셨다. '그렇다고 할 수 없습니다.' '[정사에] 종사하는 것을 좋아하면서 자주 때를 놓치면 지혜롭다고 할 수 있겠습니까?' [공자께서] 말씀하셨다. '그렇다고 할 수 없습니다.' [양화가 말했다.] '해와 달이 가버리듯 세월은 나와 함께하지 않습니다.' 공자께서 말씀하셨다. '알겠습니다. 나는 장차 벼슬할 것입니다〔陽貨欲見孔子, 孔子不見, 歸孔子豚. 孔子時其亡也, 而往拜之. 遇諸塗. 謂孔子曰: "來! 予與爾言." 曰: "懷其寶而迷其邦, 可謂仁乎?" 曰: "不可." "好從事而亟失時, 可謂知乎?" 曰: "不可." "日月逝矣, 歲不我與." 孔子曰: "諾, 吾將仕矣〕"라고 했다.

33) 양화는 비록 노나라의 정경正卿은 아니었으나 정경이었던 계씨의 재상이었기 때문에 '대부'라고 칭하고, 그 당시 공자는 재야에 있었기 때문에 '선비'라고 일컬었다고 했다(양보쥔 설).

34) 원문의 "협견첨소脅肩諂笑"을 번역한 것으로, 주희는 "'협견脅肩'은 몸을 움츠리는 것이고, '첨소諂笑'는 억지로 웃는 것이니, 모두 소인들이 간사한 마음으로 아첨하는 태도다〔脅肩, 竦體, 諂笑, 彊笑, 皆小人側媚之態也〕"라고 했고, 양보쥔은 '협견'에 대해 "어깨를 으쓱하여 일부러 공경하는 척하는 모양이다〔聳起肩頭, 故作恭敬的樣子〕"라고 했다.

35) 원문의 "병우하휴病于夏畦"를 번역한 것으로, 주희는 "'병病'은 '수고롭다〔勞〕'의 뜻이고, '하휴夏畦'는 여름철에 밭일하는 사람이다〔夏月治畦之人也〕"라고 했다.

公孫丑問曰: "不見諸侯何義?" 孟子曰: "古者不爲臣不見. 段干木踰垣而辟之, 泄柳閉門而不納, 是皆已甚, 迫, 斯可以見矣. 陽貨欲見孔子而惡無禮, 大夫有賜於士, 不得受於其家, 則往拜其門, 陽貨瞯孔子之亡也, 而饋孔子蒸豚, 孔子亦瞯其亡也, 而往拜之. 當是時, 陽貨先, 豈得不見? 曾子曰: '脅肩諂笑, 病于夏畦.' 子路曰: '未同而言, 觀其色赧赧然, 非由之所知也.' 由是觀之, 則君子之所養, 可知已矣."

세금 내는 방식 6.8

대영지戴盈之가 말했다.

"10분의 1의 세금을 걷고, 관문과 시장의 세금을 없애는 것을 금년에는 할 수 없고, [대신] 세금을 경감하여 이듬해를 기다리고 난 다음에 폐지하려고 합니다. 어떻습니까?"

맹자께서 말씀하셨다.

"지금 어떤 사람이 날마다 이웃집 닭을 훔치는[36] 경우가 있었는데 어떤 사람이 그에게 충고하며 말하기를 '그것은 군자의 도의가 아니다'라고 하자, 대답하기를 '그 [훔치는] 수를 줄여서[37] 달마다 닭 한 마리를 훔치다가 이듬해를 기다리고 난 다음에 그만두겠다'라

36) 원문의 "양攘"를 번역한 것으로, 《상서》〈여형呂刑〉에서 정현은 "어떤 원인이 있어서 도적질하는 것을 '양'이라고 한다〔有因而盜曰攘〕"고 했고, 양보귄은 《회남자》〈범론훈氾論訓〉에 "그의 아버지가 양을 훔치다〔其父攘羊〕"라고 한 말에 대해 고유가 "가축들이 자기에게 오는 것을 취하는 것을 '양'이라고 한다〔凡六畜自來而取之曰攘〕"고 한 것을 보면 '양'은 '훔치다〔盜〕'의 뜻과는 구별된다고 보았다. 이와 같은 맥락에서 주희는 "물건이 자기에게 온 것을 취하는 것이다〔物自來而取之也〕"라고 풀이했다. 그러나 이웃집 닭이 매일 저절로 와서 취했다고 보면 다소 무리가 있는 해석으로, 도적질하는 것으로 이해해야 한다는 설(동양고전연구회 설)도 참조할 만하다.

고 했다. 만일 도의가 아닌 것을 안다면 빨리 그만두어야지, 어찌 이듬해까지 기다리겠는가?"

戴盈之曰: "什一, 去關市之征, 今玆未能, 請輕之, 以待來年, 然後已, 何如?" 孟子曰: "今有人日攘其鄰之雞者, 或告之曰: '是非君子之道.' 曰: '請損之, 月攘一雞, 以待來年, 然後已.' 如知其非義, 斯速已矣, 何待來年?"

나는 변론을 좋아하는 자가 아니다 6.9

공도자가 여쭈었다.

"바깥 사람들이 모두 선생께서 변론을 좋아한다고 말합니다. 감히 여쭙겠는데 무엇 때문입니까?"

맹자께서 말씀하셨다.

"내가 무엇 때문에 변론을 좋아하겠는가? 나는 어쩔 수 없어서 그런 것이다. 천하에 [사람이] 살아온 지가 오래되었는데, [대개] 한 번 다스려지면 한 번은 어지러웠다. 요임금 때는 물이 거꾸로 흘러[38] 중원에 범람하여 뱀과 용이 살았으니, 사람들이 정착할 곳이 없어서 낮은 곳에 사는 자들은 둥지를 만들었고, 높은 곳에 사는 자들은

37) 원문의 "손損"을 번역한 것으로, 주희가 '덜어내다〔減〕'의 뜻으로 본 것을 따라 번역한 것이다.

38) 원문의 "수역행水逆行"을 번역한 것으로, 주희는 "하류가 막혔기 때문에 물이 거꾸로 흘러 옆으로 넘친 것이다〔下流壅塞, 故水倒流而旁溢也〕"라고 부연했는데, 뒤에 나오는 '하下'는 낮은 지역〔下地〕을 말하고, '상上'은 높은 지역〔高地〕을 말한다.

굴을 만들어서 살았다. 《서경》에 말하기를 '큰물이 나를 경계하게 만들었다'라고 했으니, 큰물이란 홍수洪水다. 우임금에게 홍수를 다스리게 하시니, 우임금은 땅을 파서 바다로 흘러가게 하고 뱀과 용을 몰아내어 물풀이 우거진 곳으로 내쫓으셨다. 물이 줄기를 따라 흐르게 하니 강수江水·회수淮水·하수河水·한수漢水가 그것이다. 위험하게 막히는 일이 이미 사라지고, 사람을 해치는 새와 짐승이 없어진 뒤에야 사람들이 평지를 얻어서 살게 되었다.

요임금과 순임금이 이미 세상을 떠나고 성인의 도가 사그라지니 폭군[39]들이 대대로 일어나 백성의 집[40]을 무너뜨리고 연못을 만드니 백성은 편안히 쉴 곳이 없었고, 농지를 망가뜨려 동산을 만드니 백성이 입고 먹지 못했다. 그릇된 학설과 포학한 행동이 또다시 일어나 정원과 연못과 늪[41]이 많아지니 새와 짐승이 모여들었다. 주왕의 때에 이르러 천하가 다시 크게 어지러워졌다. 주공이 무왕을 도와 주왕을 주살하고, 엄奄나라를 정벌하고 3년 만에 그 군주를 토벌하셨으며, 비렴飛廉을 바닷가로 몰아내어 죽이시니 나라를 멸망시킨 것이 50개국이었고, 호랑이와 표범, 코뿔소와 코끼리를 몰아내어 멀리 쫓으시니 천하가 매우 기뻐했다. 《서경》에 말하기를 '크게 드러나셨다, 문왕의 계책이여! 크게 계승하셨다, 무왕의 빛나

39) 주희는 "폭군은 하나라의 태강太康·공갑孔甲·이계履癸와 상商(殷)나라의 무을武乙 같은 부류를 말한다〔暴君謂夏太康孔甲履癸, 商武乙之類也〕"라고 하여 그 대상을 적시했다.

40) 원문의 "궁실宮室"을 번역한 것으로, 자의적 의미에 대해 주희는 '백성의 집〔民居〕'이라고 했다.

41) 원문의 "패택沛澤"을 번역한 것으로, 주희는 "'패沛'는 초목이 자라나는 곳이요, '택澤'은 물이 모이는 곳이다〔沛, 草木之所生也. 澤, 水所鍾也〕"라고 했다.

는 공적이여! 우리 후세 사람들을 도와 이끌어 지도해주시니, 모두 올바른 도로써 하고 결함이 없게 하셨다'라고 했다.

세상이 쇠퇴하고 올바른 도가 미약해져서 그릇된 학설과 포학한 행동이 [또다시] 일어나 신하로서 그 군주를 시해하는 자가 있었고, 자식으로서 그 아버지를 죽이는 자도 있었다.[42] 공자께서 [이를] 두려워하여 《춘추》를 지으셨으나, 《춘추》와 같은 역사서 저술은 천자가 하는 일이기 때문에 공자께서 말씀하시기를 '나를 알게 하는 것도 오직 《춘추》이고, 나를 벌주게 하는 것도 오직 《춘추》이다!'라고 하신 것이다.

성스러운 왕이 나오지 않고 제후가 방자하며, 재야의 선비들이 멋대로 논의에 부쳐 양주·묵적의 말이 천하에 가득해서 천하의 주장이 양주에게 돌아가지 않으면 묵적에게 돌아갔다. 양씨는 자신만을 위한다는 것이니 이것은 군주가 없다는 것이고, 묵씨는 똑같이 사랑한다는 것이니 이는 아버지가 없다는 것이다. 아버지가 없다고 하고 군주가 없다고 하면 이는 금수와 같다. 공명의가 말하기를[43] '푸줏간에 살진 고기가 있고, 마구간에 살진 말이 있는데도 백성이 굶주린 기색이 있고 들에 굶어 죽은 시체가 있다면 이는 짐승을 몰

---

42) 이 문장에 대해 주희는 "주나라 왕실이 동쪽으로 옮긴 뒤다(周室東遷之後)"라고 했는데, 성백효는 "동천은 동쪽 낙읍洛邑으로 천도함을 이른다. 주나라는 원래 호경鎬京에 도읍했으나 유왕幽王이 덕을 잃고 견융犬戎에게 시해당하며 아들 평왕平王 의구宜臼가 즉위하여 낙읍으로 수도를 옮겼다"라고 부연했다.

43) 공명의의 말을 인용한 구절에 대해 주희는 "맹자께서 공명의의 말을 인용하여 양주·묵적의 도道가 행해지면 사람들은 모두 아버지가 없고 군주가 없어서 금수에 빠져 큰 난리가 장차 일어날 것이니, 이는 또한 짐승을 몰아 사람을 잡아먹게 하고, 사람이 또 서로 잡아먹는 것임을 밝힌 것이다. 이는 또 한 번 어지러워진 것이다(孟子引儀之言, 以明楊墨道行, 則人皆無父無君, 以陷於禽獸而大亂將起, 是亦率獸食人而人又相食也. 此又一亂也)"라고 풀이했다.

아서 사람을 잡아먹게 하는 형국이다'라고 했다. 양주·묵적의 도가 없어지지 않으면 공자의 도가 드러나지 못할 것이니, 이는 그릇된 학설이 백성을 속여 인과 의로 가는 길을 막는 것이다. 인과 의의 길이 막혀 짐승을 몰아서 사람을 잡아먹게 하다가는 [결국] 사람들이 서로 잡아먹게 될 것이다.

내가 이것을 두려워하여 옛 성인의 도를 지켜내서[44] 양주와 묵적의 말을 막고 잘못된 말을 내쳐서 그릇된 학설을 일삼는 자가 나오지 못하게 하는 것이다. [그릇된 학설은] 그 마음에서 일어나면 그 일에 해를 끼치고 일에서 일어나면 정사에 해를 끼치게 된다. 성인이 다시 살아나도 내 말을 바꾸지 않으실 것이다.

옛날에 우임금이 홍수를 다스리자[45] 천하가 태평해졌고, 주공이 오랑캐를 정벌하고[46] 맹수를 몰아내자 백성이 편안해졌으며, 공자께서 《춘추》를 완성하시자 인륜을 어지럽힌 신하와 자식이[47] 두려워했다. 《시경》에 이르기를 '서쪽 오랑캐와 북쪽 오랑캐를 정벌하고, [남쪽의] 초(형)나라와 서舒나라를 응징하면 나에게 감히 대적할

44) 원문의 "한閑"을 번역한 것으로, 《설문해자》를 참조해보면, "'한'은 '가로막다〔闌〕'이다. 문 가운데 나무가 있는 형상을 따른 것이다〔閑, 闌也. 從門中有木〕"라고 했다. 주희는 '지키다〔衛〕'의 뜻으로 풀이했다. 한편 조기는 "'한'은 '익히다'이다〔閑, 習也〕"라고 했는데, 역자는 취하지 않았다.

45) 원문의 "억抑"을 번역한 것으로, 조기는 '다스리다〔治〕'로 풀이했고, 주희는 '그치다〔止〕'로 보았다. 역자는 조기의 설을 취했다.

46) 원문의 "겸兼"을 번역한 것으로, 주희는 "그들을 겸병하는 것이다〔幷之也〕"라고 했고, 조기는 "주공이 오랑캐 나라의 사람들을 두루 사랑하고, 사람을 해치는 사나운 짐승들을 몰아냈다〔周公兼懷夷狄之人, 驅害人之猛獸也〕"고 풀이했다.

47) 원문의 "난신적자亂臣賊子"를 번역한 것으로, 《관본언해官本諺解》와 《율곡언해栗谷諺解》에는 '난신'과 '적자'로 구분했다. 한편 성백효는 "일반적으로 난신적자는 군주와 아버지를 배반하는 신하를 가리킨다"라고 덧붙였다.

자가 없네'라고 했으니, 아버지가 없다 하고 군주가 없다 하는 것을 주공도 응징하신 것이다. 나 또한 사람의 마음을 바르게 하고자 하여 그릇된 학설을 없어지게 하고 비뚤어진 행동을 막으며 잘못된 말을 내쳐서 세 성인을 계승하려는 것이지, 어찌 변론을 좋아서 하는 것이겠는가? 나는 어쩔 수 없어서 한 것이다. 양주와 묵적을 막는 것을 말하는 자는 성인의 무리다."

公都子曰: "外人皆稱夫子好辯, 敢問何也?" 孟子曰: "予豈好辯哉? 予不得已也. 天下之生久矣, 一治一亂. 當堯之時, 水逆行, 氾濫於中國, 蛇龍居之, 民無所定, 下者爲巢, 上者爲營窟. 書曰: '洚水警余.' 洚水者, 洪水也. 使禹治之, 禹掘地而注之海, 驅蛇龍而放之菹. 水由地中行, 江淮河漢是也. 險阻既遠, 鳥獸之害人者消, 然後人得平土而居之. 堯舜既沒, 聖人之道衰, 暴君代作, 壞宮室以爲汙池, 民無所安息, 棄田以爲園囿, 使民不得衣食. 邪說暴行又作, 園囿汙池沛澤多而禽獸至. 及紂之身, 天下又大亂. 周公相武王誅紂, 伐奄三年討其君, 驅飛廉於海隅而戮之, 滅國者五十, 驅虎豹犀象而遠之, 天下大悅. 書曰: '丕顯哉, 文王謨! 丕承者, 武王烈! 佑啓我後人, 咸以正無缺.' 世衰道微, 邪說暴行有作, 臣弑其君者有之, 子弑其父者有之. 孔子懼, 作春秋, 春秋, 天子之事也. 是故孔子曰: '知我者其惟春秋乎, 罪我者其惟春秋乎!' 聖王不作, 諸侯放恣, 處士橫議, 楊朱墨翟之言盈天下, 天下之言不歸楊, 則歸墨. 楊氏爲我, 是無君也, 墨氏兼愛, 是無父也. 無父無君, 是禽獸也. 公明儀曰: '庖有肥肉, 廐有肥馬, 民有飢色, 野有餓莩, 此率獸而食人也.' 楊墨之道不息, 孔子之道不著, 是邪說誣民, 充塞仁義也. 仁義充塞, 則率獸食人, 人將相食. 吾爲此懼, 閑先聖之道, 距楊墨, 放淫辭, 邪說者不得作. 作於其心, 害於其事, 作於其事, 害於其政. 聖人復起, 不易吾言矣. 昔者禹抑洪水而天下平, 周公兼夷狄, 驅猛獸而百姓寧, 孔子成春秋而亂臣賊子懼. 詩云, '戎狄是膺, 荊舒是懲, 則莫我敢承.' 無父無君, 是周公所膺也. 我亦欲正人心, 息邪說, 距詖行, 放淫辭, 以承三聖者, 豈好辯哉? 予不得已也. 能言距楊墨者, 聖人之徒也."

청렴한 선비의 자질 6.10

광장匡章[48]이 말했다.

"진중자陳仲子[49]는 어찌 진실로 청렴한[50] 선비가 아니겠습니까? 오릉에 있을 때 사흘이나 먹지 못해서 귀에 들리는 것이 없고 눈에 보이는 것이 없었다고 합니다. 우물가에 오얏나무가 있는데, 벌레[51]가 반도 넘게 파먹은 것을 [보고] 기어가서[52] 주워 먹고 세 번 삼킨

---

48) 광장匡章은 제나라 명장名將이다. 제나라 위왕의 장수로, 진秦나라와 싸워 크게 승리했다. 선왕 때는 다섯 도읍의 정예 병사를 이끌고 연燕나라를 정벌했다. 주희는 간단히 제나라 사람이라고만 했는데, 그의 언행에 대해 《전국책》〈제책〉, 〈연책燕策〉과 《여씨춘추》의 〈불굴不屈〉, 〈애류愛類〉 등에서 볼 수 있다. 광장은 맹자의 제자라고도 하며, 친구지간이라는 설도 존재한다.

49) 제나라 사람으로, 맹자의 제자라고 한다. 그의 이름은 《전국책》〈제책〉, 〈연책〉이나 《여씨춘추》 등에 보인다.

50) 원문의 "렴廉"을 번역한 것으로, 주희는 "분별함이 있어 구차하게 취하지 않는 것이다〔有分辨, 不苟取也〕"라고 했다.

51) 원문의 "조螬"를 번역한 것으로, 주희는 '굼벵이 벌레〔蠐螬蟲〕'라고 풀이했다.

뒤에야 귀에 들리는 것이 있고 눈에 보이는 것이 있었다고 합니다."

맹자께서 말씀하셨다.

"제나라 선비 가운데 나는 반드시 중자를 엄지손가락[53]으로 꼽는다. 비록 그렇지만 중자가 어찌 청렴하다고 하겠는가? 중자의 지조를 충족하려면 지렁이가 된 뒤에나 가능할 것이다. 지렁이는 [땅] 위에서는 마른 흙을 먹고 [땅] 아래에서는 누런 샘물을 마신다. 중자가 사는 집은 백이 같은 사람이 지은 것인가 아니면 도척 같은 사람이 지은 것인가? 그가 먹는 곡식은 백이 같은 사람이 심은 것인가 아니면 도척 같은 사람이 심은 것인가? 이것은 알 수가 없다."

[광장이] 말했다.

"이것이 무슨 문제입니까? 그는 손수 신발을 짜고 아내가 마를 단련하여 길쌈하며[54] 곡식과 바꾸어 먹습니다."

[맹자께서] 말씀하셨다.

"중자는 제나라에서 대대로 벼슬해온 집안의 사람이다. 형 대戴가 개蓋 땅에서 받는 녹봉이 만종이었는데, 형의 녹봉이 의롭지 못한 녹봉이라고 여겨 [그것을] 먹지 않고, 형의 집이 의롭지 못한 집이라고 여겨 [그곳에] 살지 않았다. [그리하여] 형을 피하고 어머니를 떠나 오릉에서 살았다. 어느 날 집에 돌아왔는데, 그 형에게 거위

52) 원문의 "포복匍匐"을 번역한 것으로, 주희는 "힘이 없어서 걸어갈 수 없음을 말한 것이다〔言無力, 不能行也〕"라고 했다.

53) 원문의 "거벽巨擘"을 번역한 것이다. 조기는 '엄지손가락〔大指〕'이라고 했는데, '대벽大擘'이라고 풀이하기도 한다. 양보쥔은 "어떤 한 분야에 걸출한 사람 또는 사물〔某一方面傑出的人或事物〕"이라고 했다.

54) 원문의 "벽로辟纑"를 번역한 것으로, 조기는 "마麻를 길쌈질 하는 것을 '벽辟'이라고 하고, 마를 단련하는 것을 '로纑'라고 한다〔緝績其麻曰辟, 練其麻曰纑〕"라고 했다.

를 선물로 보내온 사람이 있었다. [그는] 제 이맛살을 찌푸리며[55] 말하기를 '이 꽥꽥거리는 것을 어디에 씁니까?'라고 했다. 다른 날 그의 어머니가 이 거위를 잡아서 그에게 주자 그것을 먹었는데, 그 형이 밖에서 돌아와서 말하기를 '이것이 꽥꽥거리는 거위 고기다'라고 하자, 밖으로 나가 그것을 토했다. 어머니가 주는 것은 먹지 않고 아내가 주는 것은 먹고, 형의 집에는 살지 않고 오릉에서는 살았으니, 이런 것이 어찌 그 부류를 충족했다고 할 수 있는가? 중자 같은 사람은 지렁이가 된 뒤에나 그 지조를 충족할 것이다."

匡章曰: "陳仲子豈不誠廉士哉? 居於陵, 三日不食, 耳無聞, 目無見也. 井上有李, 螬食實者過半矣, 匍匐往, 將食之, 三咽, 然後耳有聞, 目有見." 孟子曰: "於齊國之士, 吾必以仲子爲巨擘焉. 雖然仲子惡能廉? 充仲子之操, 則蚓而後可者也. 夫蚓, 上食槁壤, 下飮黃泉. 仲子所居之室, 伯夷之所築與, 抑亦盜跖之所築與, 所食之粟, 伯夷之所樹與, 抑亦盜跖之所樹與, 是未可知也." 曰: "是何傷哉? 彼身織屨, 妻辟纑, 以易之也." 曰: "仲子, 齊之世家也. 兄戴, 蓋祿萬鍾, 以兄之祿爲不義之祿而不食也, 以兄之室爲不義之室而不居也. 辟兄離母, 處於於陵. 他日歸, 則有饋其兄生鵝者. 己頻顣曰: '惡用是鶃鶃者爲哉?' 他日, 其母殺是鵝也, 與之食之, 其兄自外至曰: '是鶃鶃之肉也.' 出而哇之. 以母則不食, 以妻則食之, 以兄之室則弗居, 以於陵則居之, 是尙爲能充其類也乎? 若仲子者, 蚓而後充其操者也."

55) 원문의 "빈축頻顣"을 번역한 것이다. 양보쥔은 얼굴을 찡그려 불쾌함을 드러내는 것이라고 했고, 주희는 이마를 찌푸리고 말한 것에 대해 "그 형이 선물을 받은 것을 의롭지 못하다고 여겼기 때문이다(以其兄受饋爲不義也)"라고 했다.

제7편

이루 상

離婁上

【해설】

모두 28장으로 구성되어 있는 이 편의 이름은 황제黃帝 때 눈이 밝기로 유명한 전설상의 인물인 이루離婁의 이름을 딴 것이다. 단편적인 내용이 많은데, 이 편에서도 어진 정치의 중요성과 군주에게 간언하는 신하가 어떤 방식으로 무엇을 진언해야 하는지 설파하고 있다.

5장에는 왕도정치의 출발점이 군주 한 사람의 역량과 인성에 달려 있음을 주장하는 문장이 있고, 6장에는 특이하게 맹자가 힘 있는 가문의 영향력을 중시할 수밖에 없다는 정치적 현실과의 타협을 주장하는 부분이 있는데, 이 부분은 맹자의 평소 소신과 거리가 멀어서 독자들을 당혹케 하기에 충분하다. 9장에서는 천하를 얻는 방법은 바로 백성을 얻는 것이라며 백성의 존재 의미, 즉 민심의 향방이 군주의 존재 이유가 됨을 분명히 말하고 있다.

《시경》과 《서경》을 인용하는 장이 많으며, 우리에게 널리 알려진 "권도權道", "역자교지易子教之", "삼불효三不孝" 등의 성어가 나오는 부분도 흥미로운 독서 거리다. 형수가 물에 빠지면 손을 잡아 구해주어야 한다는 현실론이 17장에 있고, 18장에는 군자가 자식을 직접 가르치지 않고 남과 바꿔서 가르치는 이유를 설명하고 있다. 19장에서는 어버이를 섬기는 방법을 말하고 있는데, 육체의 봉양과 그분의 뜻을 봉양하는 두 가지를 모두 잘해야 한다고 강조한다.

24장과 25장에는 악정자라는 인물이 나오는데, 권력자 주변에 기웃거리며 이익을 탐하는 자를 비판하고 있다. 맨 마지막 장에서 맹자는 순임금이 아버지 고수를 극진히 모신 효도 이야기로 이 편을 마무리하고 있다.

아무리 뛰어난 자라도 기준을 모범으로 삼아야 한다 7.1

맹자께서 말씀하셨다.

"이루離婁[1]의 밝은 눈과 공수자公輸子[2]의 기교를 갖고도 그림쇠와 곱자[3]를 사용하지 않으면 네모와 원을 그리지 못하고, 사광師曠[4]의 밝은 귀로도 육률[5]을 사용하지 않으면 오음[6]을 바로잡지 못하며, 요순의 도로도 인한 정치로써 하지 않으면 천하를 태평하게 다스리지 못한다. 이제 인한 마음과 인하다는 명성[7]이 있으나 백성이 그 은택을 받지 못하여 후세에 모범이 될 수 없는 것은 선왕의 도를

---

1) 이루離婁는 《장자莊子》〈천하天下〉 편과 〈변무騈拇〉 편에는 '이주離朱'라고 되어 있으며, 황제黃帝 때 사람으로 시력이 매우 좋아서 100보 밖에 있는 '가을철[가늘어진] 짐승의 털끝〔秋毫之末〕'마저 볼 수 있었다고 한다.

2) 공수자公輸子는 이름이 반班(반般 또는 반盤으로도 씀)이고, 노나라 사람이라 노반이라고도 한다. 노나라 정공定公 또는 애공 때의 저명한 장인으로, 나이는 공자보다 적었다.

3) 원문의 "규구規矩"를 번역한 것으로, "규規"는 원을 그릴 때 쓰는 도구이고, "구矩"는 네모 모양을 그릴 때 쓰는 도구이다.

4) 춘추시대 진晉나라 평공平公의 악사로, 자는 자야子野이며, 고대에 매우 유명한 음악가였다. 태어나면서부터 앞을 보지 못했으나 귀가 밝아 귀신의 소리까지 들었다고 하며, 소리를 잘 가려들어 길흉까지 점쳤다고 한다. 평공 때는 자문 역할을 겸했으며 예언이나 비평을 잘했다. 그의 행적이 《좌전》, 《예기》, 《국어》 등에 나오는데, 여기서는 《한비자》에 나오는 기록을 소개한다. "[사광이] 한 번 연주하자 검은 구름이 서북쪽에서 일어났고, 거듭 연주하자 큰바람이 불고 큰비가 쏟아져 휘장을 찢고 제사 그릇을 깨뜨리며 회랑의 기와를 떨어뜨리자 앉아 있던 사람들이 혼비백산해 달아났으며 평공도 두려워 궁정의 내실로 가서 숨었다〔一奏而有玄雲從西北方起, 再奏之, 大風至, 大雨隨之, 裂帷幕, 破俎豆, 隳廊瓦. 坐者散走, 平公恐懼於廊室之間〕."

5) 중국 고대 음률은 양률과 음률로 양분되고, 각각 6종의 율이 있다. 원문의 육률은 양률을 말하며, 태주太蔟·고선姑洗·유빈蕤賓·이칙夷則·무역無射·황종黃鍾을 말한다.

6) 중국 고대 음계의 명칭으로, 궁宮(도)·상商(레)·각角(미)·치徵(솔)·우羽(라)의 다섯 음을 말한다.

실행하지 않기 때문이다. 그러므로 말하기를 '한갓 선한 마음만으로는 정치를 하기에 부족하고, 한갓 법도만으로는 저절로 실행될 수 없다'[8]고 한 것이다. 《시경》에 이르기를 '잘못하지도 않고 잊어버리지도 않으며 옛 법도를 따르네'[9]라고 했으니, 선왕의 법도를 따르고서 잘못되는 자는 없다. 성인은 이미 시력을 다하고도 그림쇠와 곱자, 수평자와 먹줄[10]로써 이어주니 네모와 원, 평평하고 곧은 것을 만듦에 다 쓸 수 없고, 이미 청력을 다하고도 육률로써 이어주니 오음을 바로잡음에 다 쓸 수 없으며, 이미 마음과 생각을 다하고도 남에게 차마 하지 못하는 정치로써 이어주니 인덕이 세상에 입혀졌다.[11] 그러므로 말하기를 '높은 것을 만들려면 반드시 언덕을 따르고, 낮은 것을 만들려면 반드시 하천과 연못을 따르라'고 했으니, 정치를 하면서 선왕의 도를 따르지 않는다면 지혜롭다고 말할 수 있겠는가? 이 때문에 오직 인한 자만이 마땅히 높은 자리에 있어야

---

7) 원문의 "인심인문仁心仁聞"을 번역한 것으로, 주희는 "'인심仁心'은 사람을 사랑하는 마음이요, '인문仁聞'은 사람을 사랑한다는 명성이 사람들에게 들려진 것이다. 선왕의 도는 인정仁政이 이것이다〔仁心, 愛人之心也. 仁聞者, 有愛人之聲, 聞於人也. 先王之道, 仁政是也〕"라고 했다.

8) 원문의 "도선부족이위정徒善不足以爲政, 도법불능이자행徒法不能以自行"을 번역한 것으로, "'도徒'는 빈 것과 같다. 선한 마음만 있고 선한 정치가 없는 것을 '도선徒善'이라고 하고, 선한 정치만 있고 선한 마음이 없는 것을 '도법徒法'이라고 한다〔徒, 猶空也. 有其心, 無其政, 是謂徒善. 有其政, 無其心, 是謂徒法〕"라는 주희의 발언이 인상적이다.

9) 시는 《시경》〈대아·가락〉 편이다. 주희는 원문의 "건愆"과 "솔率", "장章"에 대하여 "'건'은 잘못〔愆, 過〕"이고, "'솔'은 따름〔率, 循〕"이며, "'장'은 법전〔章, 典法〕"이라고 했다.

10) 원문의 "준승準繩"에 대해 주희는 "'준準'은 평평하게 하는 것이고, '승繩'은 곧게 하는 것을 만드는 것이다〔準所以爲平, 繩所以爲直〕"라고 했다.

11) 원문의 "부覆"를 번역한 것으로, 주희가 "'부'는 입히는 것이다〔覆, 被也〕"라고 한 주석을 따랐다.

하니, 인하지 못하면서 높은 자리에 있으면 이는 그 악을 많은 사람에게 끼치는 것이다. 윗사람이 도로써 헤아리지 않고 아랫사람이 법을 지키지 않으며, 조정에서는 도를 믿지 않고 장인들은 척도를 믿지 않으며, 군자가 의로움에서 어긋나고 소인이 형벌을 거스르면서 나라가 보존되는 것은 요행일 뿐이다. 그러므로 말하기를 '성곽이 견고하지 못하고[12] 병사와 무기가 많지 못한 것이 나라의 재앙이 아니며, 밭과 들이 개간되지 못하고 재화가 모이지 않는 것이 나라의 해로움이 아니다.

윗사람이 예가 없고 아랫사람이 배우지 않으면 [나라를] 해치는 백성이 일어나 며칠도 못 가 멸망하게 된다'고 한 것이다.《시경》에 말하기를 '하늘이 이제 막 무너뜨리려 하니, 그렇게 말을 많이 하지 말라'[13]고 했으니, 말이 많다는 것은 수다스럽다는 것과 같다. 군주를 섬기는 데 의로움이 없고, 나아가고 물러남에 예의가 없으며, 말에는 선왕의 도를 헐뜯는[14] 것이 [쓸데없이] 말을 많이 하는 것과 같

12) 원문의 "성곽불완城郭不完"을 번역한 것으로, 양보쥔은《주례》〈고공기·윤인輪人〉에 "윤인이 수레바퀴를 만드는데 세 목재를 베어 반드시 그 때에 맞게 한다. 세 목재가 이미 갖추어지면 기교로 이것을 조화롭게 한다. 수레의 바퀴통은 구르는 데 유리한 것으로써 하고, 바큇살은 곧게 가리키는 것으로써 하며, 바퀴의 테는 견고하게 모아주는 것으로써 한다. 수레가 낡아도 세 목재는 제 역할을 잃지 않는 것을 완이라고 한다(輪人爲輪, 斬三材必以其時, 三材旣具, 巧者和之. 轂也者, 以爲利轉也, 輻也者, 以爲直指也, 牙也者, 以爲固抱也. 輪敝, 三材不失職, 謂之完)"고 했는데, '완'은 견고하다는 뜻이며, 여기에서의 '완'의 의미도 이와 같다.

13) 시는《시경》〈대아·판板〉편이다. 주희는 "'설설泄泄'은 게으르고 느슨하며 기뻐하여 따르는 모양이다. 하늘이 주나라 왕실을 전복시키려 하니, 신하들은 설설하여 급히 바로잡지 않을 수 없음을 말한 것이다(泄泄, 怠緩悅從之貌. 言天欲顚覆周室, 群臣無得泄泄然不急救正之)"라고 했고 "답답沓沓"은 "'설설'의 뜻이니, 맹자 당시 사람들의 말이 이와 같았다(泄泄之意, 蓋孟子時人語如此)"라고 했다. 그러나 역자는 취하지 않았다.

다는 것이다. 그러므로 말하기를 '어려운 일을 군주에게 실행하도록 책하고 권고하는 것을 '공恭'이라 하고, 선한 것을 말하고 사악한 것을 막는 것을 '경敬'이라 하고, 우리 군주는 할 수 없다고 하는 것을 '적賊'이라 한다고 한 것이다.'"

孟子曰: "離婁之明, 公輸子之巧, 不以規矩, 不能成方圓, 師曠之聰, 不以六律, 不能正五音, 堯舜之道, 不以仁政, 不能平治天下. 今有仁心仁聞而民不被其澤, 不可法於後世者, 不行先王之道也. 故曰: '徒善不足以爲政, 徒法不能以自行.' 詩云, '不愆不忘, 率由舊章.' 遵先王之法而過者, 未之有也. 聖人既竭目力焉, 繼之以規矩準繩, 以爲方員平直, 不可勝用也, 既竭耳力焉, 繼之以六律正五音, 不可勝用也, 既竭心思焉, 繼之以不忍人之政, 而仁覆天下矣. 故曰: '爲高必因丘陵, 爲下必因川澤.' 爲政不因先王之道, 可謂智乎? 是以惟仁者宜在高位, 不仁而在高位, 是播其惡於衆也. 上無道揆也, 下無法守也, 朝不信道, 工不信度, 君子犯義, 小人犯刑, 國之所存者幸也. 故曰: '城郭不完, 兵甲不多, 非國之災也, 田野不辟, 貨財不聚, 非國之害也. 上無禮, 下無學, 賊民興, 喪無日矣.' 詩曰: '天之方蹶, 無然泄泄.' 泄泄猶沓沓也. 事君無義, 進退無禮, 言則非先王之道者, 猶沓沓也. 故曰: '責難於君謂之恭, 陳善閉邪謂之敬, 吾君不能謂之賊.'"

14) 원문의 "비非"를 번역한 것으로, 주희가 "헐뜯는 것이다(非詆毁也)"라고 한 주석을 따랐다.

군주를 공경하는 자, 백성을 해치는 자 7.2

맹자께서 말씀하셨다.

"그림쇠와 곱자는 네모와 원의 지극한 기준이고, 성인은 인륜의 지극한 기준이다. 군주가 되고자 한다면 군주의 도를 다해야 하고, 신하가 되고자 한다면 신하의 도를 다해야 하니, 두 가지는 모두 요순을 본받을 뿐이다. 순임금이 요임금을 섬기던 방식으로써 군주를 섬기지 않는다면 그 군주를 공경하지 않는 자이고, 요임금이 백성을 다스리던 방식으로써 백성을 다스리지 않는다면, 그 백성을 해치는 자이다.

공자께서 말씀하시기를 '방법은 두 가지이니, 인仁과 인하지 않음이 있을 뿐이다'라고 하셨다. 백성에게 포학하게 구는 것이 심하면 자신은 시해당하고 나라는 멸망하며, 심하지 않더라도 자신은 위태롭고 영토는 줄어든다. 그래서 유왕과 여왕[15]이라 시호를 하면 비록 효도하는 자식과 자애로운 손자가 나오더라도 백 세대가 지나도록 [오명을] 고치지 못한다. 《시경》에 이르기를 '은나라의 본보기가 멀리 있지 않고 하후의 시대에 있네'[16]라고 했으니, 이것을 두고

15) 원문의 "유여幽厲"를 번역한 것으로, 《일주서逸周書》 〈시법해諡法解〉에 "어리고 고아가 되거나 병을 앓은 채 재위하는 것을 '유'라고 하고, 막히고 은폐되어 통하지 않는 것을 '유'라고 하며, 제사를 발동하여 일상을 어지럽히는 것을 '유'라고 한다. …… 무고한 자를 살육하는 것을 '여'라고 한다〔蚤孤鋪位曰幽, 壅遏不通曰幽, 動祭亂常曰幽, …… 殺戮無辜曰厲〕"고 했다. 유왕은 포사褒姒를 총애하고 괵석보虢石父를 등용하여 신후申侯와 견융에게 죽임을 당했다. 자세한 내용이 《사기》 〈주본기〉에 있다. "유왕이 괵석보를 경으로 삼아 정치를 맡기자 나라 안 사람이 모두 원망했다. 석보는 사람됨이 간사하고 아첨을 잘하며 이익을 탐했는데도 유왕이 그를 중용했기 때문이다〔幽王以虢石父爲卿, 用事, 國人皆怨. 石父爲人佞巧善諛好利, 王用之〕."

말한 것이다."

孟子曰: "規矩, 方員之至也, 聖人, 人倫之至也. 欲爲君, 盡君道, 欲爲臣, 盡臣道, 二者皆法堯舜而已矣. 不以舜之所以事堯事君, 不敬其君者也, 不以堯之所以治民治民, 賊其民者也. 孔子曰: '道二, 仁與不仁而已矣.' 暴其民甚, 則身弑國亡, 不甚, 則身危國削. 名之曰幽厲, 雖孝子慈孫, 百世不能改之. 詩云, '殷鑒不遠, 在夏后之世.' 此之謂也."

인함이 천하를 얻는 원천이다 7.3

맹자께서 말씀하셨다.

"[하·은·주] 삼대가 천하를 얻은 것은 인했기 때문이고, 그 천하를 잃은 것은 인하지 못했기 때문이다. [제후의] 나라가 폐하거나 흥하고 존재하거나 멸망하는 이치도 그러하다. 천자가 인하지 못하면 천하를 보전하지 못하고, 제후가 인하지 못하면 사직을 보전하지 못하며, 경대부가 인하지 못하면 종묘를 보전하지 못하고, 선비와 일반 백성이 인하지 못하면 사지를 보전하지 못한다. 지금 죽고 멸망하는 것을 싫어하면서 인하지 못한 것을 좋아하니, 이는 술 취하기를 싫어하면서 술을 억지로 마시는 것과 같다."

孟子曰: "三代之得天下也以仁, 其失天下也以不仁. 國之所以廢興存亡

---

16) 《시경》〈대아·탕蕩〉에 나오는 구절이다. 고대의 거울은 구리로 주조하여 '감鑒'이라고 했고, 은나라의 거울이 하나라에 있다는 것은 군주가 먼저 불의하여 하늘을 저버린 것이니 문왕이 주왕을 탄식하는 말이다.

者亦然. 天子不仁, 不保四海, 諸侯不仁, 不保社稷, 卿大夫不仁, 不保宗廟, 士庶人不仁, 不保四體. 今惡死亡而樂不仁, 是猶惡醉而强酒."

자신에게서 모든 것을 구하라 7.4

맹자께서 말씀하셨다.

"남을 사랑하더라도 [남이] 친하게 여기지 않으면 그 [자신의] 인함을 돌이켜보고, 남을 다스려도 [남이] 다스려지지 않으면 그 [자신의] 지혜를 돌이켜보고, 남에게 예로 대해도 답례하지 않으면 그 [자신의] 공경하는 마음을 돌이켜보아야 한다. 행했는데도 얻지 못하는[17] 것이 있으면 모두 자신에게 돌이켜 구해야[18] 하니, 그 자신이 바르게 되면 천하가 귀의하게 되는 것이다. 《시경》에 이르기를 '영원히 천명에 들어맞아 스스로 많은 복을 구하네'라고 했다."

孟子曰: "愛人不親, 反其仁, 治人不治, 反其智, 禮人不答, 反其敬. 行有

17) 원문의 "부득不得"을 번역한 것으로, 주희는 "'부득'은 자기의 하고자 하는 바를 얻지 못하는 것을 이르니, 마치 친하지 못하거나 다스리지 못하거나 대답하지 못하는 것이 이것이다(不得, 謂不得其所欲, 如不親不治不答是也)"라고 설명했다.

18) 원문의 "행유부득자行有不得者, 개반구저기皆反求諸己"를 번역한 것으로, 유가에서 말하는 군자의 상은 모든 것을 자기에게서 구하고 살필 것이며, 남에게서 말미암는 것이 없다. 《중용中庸》 14.5에서는 "활쏘기는 군자와 비슷한 것이 있으니, 정곡을 잃으면 돌이켜서 그 자신에게서 구한다(射有似乎君子. 失諸正鵠, 反求諸其身)"라고 했고, 《대학大學》 전9.4에서는 "군자는 자기에게 있고 난 뒤에 남에게 구한다(君子有諸己, 而後求諸人)"라고 했으며, 《논어》 〈위령공衛靈公〉 15.20에서는 "군자는 [원인을] 자기에게서 찾고, 소인은 [원인을] 남에게서 찾는다(君子求諸己, 小人求諸人)"라고 했으니 본문과 비슷한 함의를 지닌 구절들이다.

不得者皆反求諸己, 其身正而天下歸之. 詩云, '永言配命, 自求多福.'"

일심동체 7.5

맹자께서 말씀하셨다.

"사람들이 늘 하는 말이 있는데, 모두 말하기를 '천하와 나라와 집안'이라고 하니, 천하의 근본은 나라에 있고, 나라의 근본은 집안에 있으며, 집안의 근본은 자신에게 있는 것이다."

孟子曰: "人有恒言, 皆曰: '天下國家.' 天下之本在國, 國之本在家, 家之本在身."

정치하는 법 7.6

맹자께서 말씀하셨다.

"정치를 하는 것은 어렵지 않으니, 경대부의 집안에 죄를 짓지 않아야 한다.[19] 경대부가 흠모하는 것을 온 나라가 흠모하고, 온 나라가 흠모하는 것을 천하 사람들이 흠모한다. 그러므로 덕의 교화가

19) 원문의 "거실巨室"을 번역한 것으로, 주희는 "'거실'은 세신世臣과 대가大家이다. 원문의 '득죄得罪'는 몸이 바르지 못하여 원망과 노여움을 취하는 것이다. 맥구읍麥丘邑 사람이 제나라 환공에게 축원하기를 '주군께서는 뭇 신하와 백성에게 죄를 얻지 마소서'라고 했으니, 그 뜻이 아마도 이와 같은 것이다(巨室, 世臣大家也. 得罪, 謂身不正而取怨怒也. 麥丘邑人, 祝齊桓公曰: 願主君, 無得罪於群臣百姓, 意蓋如此)"라고 했다. 한편 조기는 '거실'을 '대가大家'라고 하며, 현명한 경대부의 집안은 사람들 모두 본받으려고 하는 것이라고 보았다. 두 사람의 설이 다 일리가 있다.

온 천하에 콸콸 넘치게 되는 것이다."

孟子曰: "爲政不難, 不得罪於巨室. 巨室之所慕, 一國慕之, 一國之所慕, 天下慕之. 故沛然德教溢乎四海."

천하에 도가 있을 때와 없을 때 7.7

맹자께서 말씀하셨다.

"천하에 도가 있으면 작은 덕이 큰 덕에 부림당하고[20] 작은 현명함이 큰 현명함에 부림당하며, 천하에 도가 없으면 덩치 작은 자가 큰 자에게 부림당하고 약자가 강자에게 부림당한다. 이 두 가지는 하늘의 이치이니, 하늘에 순종하는 자는 살고 하늘을 거스르는 자는 망한다.

제나라 경공이 말하기를 '이미 [나라의 여건상] 명령을 내리지도 못하고 또 명령을 받지도 않는다면, 이는 남과 관계를 끊는 것이다'[21] 라고 하고는 눈물을 흘리면서 오나라로 딸을 시집보냈다.[22]

오늘날 소국은 대국을 스승으로 삼으면서 [대국에게] 명령받는 것

---

20) 원문의 "소덕역대덕小德役大德"을 번역한 것으로, '작은 덕은 큰 덕에 의해 부림을 당한다(小德役於大德)'라는 뜻이다. 조기는 큰 덕과 큰 현명함에 기꺼이 부림을 당하고자 하니 그 덕과 재능에 따르는 것이라고 했고, 주희는 세상에 도가 있을 때는 사람들이 모두 덕을 닦아서 지위가 반드시 덕의 대소에 걸맞게 된다고 했다. '어於'가 생략되었으며, 피동태이다. 이하 "소현역대현小賢役大賢", "소역대小役大"도 같은 유형이다.

21) 원문의 "기불능령旣不能令, 우불수명又不受命, 시절물야是絶物也"를 번역한 것으로, 주희는 "'영令'은 명령을 내어 남을 부리는 것이요, '수명受命'은 남에게 명령을 받는 것이다. '물物'은 남과 같다(令, 出令以使人也. 受命, 聽命於人也. 物, 猶人也)"라고 했다.

을 수치스럽게 여기니, 이는 마치 제자가 스승[23]에게 명령받는 것을 수치스러워하는 것과 같은 이치다. 만일 이것을 수치스러워한다면 문왕을 스승 삼는 것만 한 것이 없으니, 문왕을 스승 삼으면 큰 나라는 5년, 작은 나라는 7년이면 반드시 천하에 정치를 펼치게 될 것이다.

《시경》에 이르기를 '은나라의 자손이 그 숫자가 10만[24]에 그치겠는가? 하느님께서 이미 [문왕에게] 명하셔서 주나라에 복속되었네. 주나라에 복속되니, 천명은 일정하지 않다네. 은나라 선비로서 아름답고 영민한 자들이 수도에서 강신주를 부으며 [제사를] 돕네'라

---

22) 《설원說苑》〈권모權謀〉에 "제나라 경공이 그 자신의 딸을 합려에게 시집보내며 교외에서 전송했다. 울며 말하기를 '내가 죽을 때까지 너를 볼 수가 없겠구나'라고 했다. 고몽자가 말하기를 '제나라는 바다를 등지고 산으로 둘러 있으니, 비록 온 천하를 거둘 수는 없을지라도 누가 우리를 간섭하겠습니까? 군주께서 아끼신다면 가지 말라고 하십시오'라고 하니, 경공이 말하기를 '내가 제나라의 견고함이 있어도 제후에게 명령할 수 없고 또 듣게 할 수도 없으니 이는 혼란이 생기는 것이다. 과인이 들으니, 명령할 수 없으면 따르는 것만 못하다고 했다'고 하며 이에 딸을 보냈다〔齊景公以其子妻闔廬, 送諸郊. 泣曰: '餘死不汝見矣.' 高夢子曰: '齊負海而縣山, 縱不能全收天下? 誰幹我君, 愛則勿行.' 公曰: '餘有齊國之固, 不能以令諸侯, 又不能聽, 是生亂也. 寡人聞之, 不能令則莫若從.' 遂遣之〕"라는 기록이 있다. 주희는 원문의 "여女"에 대해 "딸을 남에게 주는 것이다〔以女與人也〕"라고 풀이했다.

23) 원문의 "선사先師"를 번역한 것으로, 이 개념에 대해 정약용은 "선사는 이미 죽은 자의 호칭이 아니다. 후세의 이른바 '선사와 선왕에게 석존을 올린다는 것'은 모두 이미 죽은 자의 호칭이다. [여기서는] 이른바 선생, 선배의 '선'이므로 친히 그 가르침을 받을 수 있는 것이다〔先師不是已亡之稱. 後世所謂釋奠於先師先聖者則皆是已亡者之稱. 所謂先生先輩之先, 故得親受其命〕"라고 보충하여 그 심층적 의미를 확장했다.

24) 원문의 "억億"을 번역한 것으로, 《설문통훈정성說文通訓定聲》에 "〈초어〉의 주에 '10만을 억이라고 한다'고 했는데, 이는 옛날의 숫자이다. 지금 사람들은 만의 만 배로써 억으로 삼는다〔楚語註'十萬曰億', 此古數也. 今人乃以萬萬爲億〕"라고 했다. 김득신이 〈백이열전〉을 1억 2만 8천 번을 읽었다는 것도 이러한 맥락에서 봐야 한다.

고 했다. 공자께서 말씀하시기를 '인한 자에게는 많은 사람이라도 당해낼 수 없으니, 무릇 나라의 군주가 인을 좋아하면 천하에 적이 없다'고 하셨다.

지금은 천하에 적이 없기를 바라면서 인한 정치를 실행하지 않으니, 이는 뜨거운 것을 잡고서도 [찬물에] 씻지 않는 것과 같다.《시경》에 이르기를 '누가 뜨거운 것을 잡고서도 씻지 않을 수 있으리오'라고 했다."

孟子曰: "天下有道, 小德役大德, 小賢役大賢, 天下無道, 小役大, 弱役强. 斯二者, 天也. 順天者存, 逆天者亡. 齊景公曰: '旣不能令, 又不受命, 是絶物也.' 涕出而女於吳. 今也小國師大國而恥受命焉, 是猶弟子而恥受命於先師也. 如恥之, 莫若師文王. 師文王, 大國五年, 小國七年, 必爲政於天下矣. 詩云, '商之孫子, 其麗不億? 上帝旣命, 侯于周服. 侯服于周, 天命靡常. 殷士膚敏, 祼將于京.' 孔子曰: '仁不可爲衆也, 夫國君好仁, 天下無敵.' 今也欲無敵於天下而不以仁, 是猶執熱而不以濯也. 詩云, '誰能執熱, 逝不以濯?'"

인하지 못한 자의 결과 7.8

맹자께서 말씀하셨다.

"인하지 못한 자와 함께 말할 수 있겠는가? 그 위태로움을 편안하게 여기고 그 재앙을 이롭게 여겨 망치는 짓을 즐기는 자이다. 인하지 못한데 함께 말할 수 있다면 어찌 나라를 멸망하게 하고 집안을 패망하게 하는 일이 있겠는가?

어떤 어린아이가 있어 노래하기를 '창랑의 물이 맑으면 내 갓끈을 빨 것이요, 창랑의 물이 흐리면 내 발을 씻겠네'[25]라고 했다. 공자께서 말씀하시기를 '너희는 들어보아라! 물이 맑으면 갓끈을 빨고 물이 흐리면 발을 씻는 것이니, 이는 물이 스스로 가려낸 것이다'라고 하셨다.

무릇 사람은 반드시 스스로를 업신여기고[26] 난 뒤에 남이 그를 업신여기며, 집안은 반드시 스스로를 허물어버리고 난 뒤에 남이 그 집안을 허물어뜨리며, 나라는 반드시 스스로를 공격하고 난 뒤에 남이 그 나라를 공격하는 것이다. 〈태갑〉에 말하기를 '하늘이 지은 재앙은 오히려 피할 수 있으나 스스로 지은 재앙은 [피해] 살아갈 수 없네'라고 했으니, 이것을 [두고] 말한 것이다."

孟子曰: "不仁者可與言哉? 安其危而利其菑, 樂其所以亡者. 不仁而

---

25) 《사기》〈굴원가생열전屈原賈生列傳〉의 한 대목이 연상된다. "내가 듣건대 새로 머리를 감은 사람은 반드시 관의 먼지를 털어서 쓰고, 새로 목욕을 한 사람은 반드시 옷의 티끌을 털어서 입는다고 했소. 사람이라면 또 누가 자신의 깨끗한 몸에 더러운 때를 묻히려 하겠소? 차라리 강물에 몸을 던져 물고기 배 속에서 장사를 지내는 게 낫지. 또 어찌 희디흰 깨끗한 몸으로 속세의 더러운 티끌을 뒤집어쓰겠소!〔吾聞之, 新沐者必彈冠, 新浴者必振衣. 人又誰能以身之察察, 受物之汶汶者乎? 寧赴常流, 而葬乎江魚腹中耳. 又安能以皓皓之白而蒙世俗之溫蠖乎!〕"

26) 원문의 "자모自侮"를 번역한 것으로, 성백효는 자신이 남들로부터 업신여김을 당할 만한 행위를 하는 것이며, 뒤의 "자훼自毁", "자벌自伐" 역시 스스로 자기 집안을 훼손하고 자기 나라를 망하게 할 만한 행위를 하는 것을 말한다고 그 내포적 의미를 보충했다.

可與言，則何亡國敗家之有？有孺子歌曰：'滄浪之水清兮，可以濯我纓，滄浪之水濁兮，可以濯我足.' 孔子曰：'小子聽之！淸斯濯纓，濁斯濯足矣，自取之也.' 夫人必自侮，然後人侮之，家必自毁，而後人毁之，國必自伐，而後人伐之. 太甲曰：'天作孽，猶可違，自作孽，不可活.' 此之謂也."

백성을 얻는 자가 천하를 얻는다 7.9

맹자께서 말씀하셨다.

"걸왕과 주왕이 천하를 잃은 것은 자신의 백성을 잃었기 때문이니, 자신의 백성을 잃었다는 것은 그들의 마음을 잃은 것이다. 천하를 얻는 데는 방법이 있으니, 백성을 얻으면 천하를 얻을 것이다. 백성을 얻는 데는 방법이 있으니, 그 마음을 얻으면 백성을 얻을 것이다. 마음을 얻는 데는 방법이 있으니, [백성이] 바라는 것을 모아서 주고[27] 싫어하는 것을 베풀지 말아야 한다. 백성이 인仁에 돌아오는 것은 물이 아래로 내려가고, 짐승이 넓은 들판[28]으로 달려가는 것과 같은 이치다. 그러므로 연못을 위해 물고기를 몰아주는 것은 수달이고, 숲을 위해 참새를 몰아주는 것은 새매이며, 탕왕과 무왕을 위해 백성을 몰아준 자는 걸왕과 주왕이다.

27) 원문의 "소욕여지취지所欲與之聚之"를 번역한 것으로, 조기는 "민심이 바라는 것을 모아서 주는 것〔欲得民心, 聚其所欲而與之〕"이라고 했고, 이와 달리 주희는 "백성이 원하는 바를 모두 세금을 거두듯이 하는 것〔民之所欲, 皆爲致之, 如聚斂然〕"으로 보았다. 역자는 조기의 설을 따랐다.

28) 원문의 "광壙"을 번역한 것으로, 주희는 "광廣은 넓은 들판이다. 백성이 이곳에 돌아가는 까닭은 원하는 바가 이곳에 있기 때문임을 말씀한 것이다〔廣, 野也. 言民之所以歸乎此, 以其所欲之在乎此也〕"라고 했다.

지금 천하의 군주 가운데 인을 좋아하는 자가 있으면 제후들이 모두 그를 위해 [백성을] 몰아줄 것이니, 비록 왕 노릇을 하지 않으려고 해도 할 수밖에 없을 것이다. 지금의 왕 노릇 하고자 하는 자는 7년 묵은 병에 3년 된 약쑥[29]을 구하는 것과 같으니, 만일 [약쑥을] 쌓아놓지 않으면 죽을 때까지 얻지 못할 것이다. 만일 인한 정치에 뜻을 두지 않으면 죽을 때까지 걱정하고 치욕스러워져서 죽음에 빠지게 될 것이다. 《시경》에 이르기를 '어떻게 잘될 수 있으리오. 서로 함께 빠질 뿐이네'[30]라고 했으니, 이것을 말한 것이다."

孟子曰: "桀紂之失天下也, 失其民也, 失其民者, 失其心也. 得天下有道, 得其民, 斯得天下矣. 得其民有道, 得其心, 斯得民矣. 得其心有道, 所欲與之聚之, 所惡勿施, 爾也. 民之歸仁也, 猶水之就下, 獸之走壙也. 故爲淵敺魚者, 獺也, 爲叢敺爵者, 鸇也, 爲湯武敺民者, 桀與紂也. 今天下之君有好仁者, 則諸侯皆爲之敺矣. 雖欲無王, 不可得已. 今之

29) 원문의 "애艾"를 번역한 것으로, 조기는 "쑥은 사람의 병에 뜸 뜰 수 있는 것으로, 오랫동안 건조하면 더욱 좋으므로 비유한 것이다(艾可以爲灸人病, 乾久益善, 故以爲喩)"라고 했다. 주희는 이를 부연하여 "'애'는 풀이름이니 뜸을 뜨는 것으로, 말린 지 오래되면 약효가 더 좋다. 병이 깊었는데, 말린 지가 오래된 약쑥을 구하려고 하면 갑자기 장만하기가 어렵다. 그러나 지금부터라도 쌓아두면 미쳐 고칠 수 있거니와, 그러지 않으면 병이 날로 더욱 깊어지고 죽음이 날로 더욱 임박하여도 쑥을 끝내 얻지 못할 것이다(艾, 草名, 所以灸者, 乾久益善. 夫病已深而欲求乾久之艾, 固難卒辦. 然自今畜之, 則猶或可及, 不然則病日益深, 死日益迫, 而艾終不可得矣)"라고 했는데 주희의 주석이 꽤 설득력이 있다.

30) 《시경》〈대아·상유桑柔〉에 나온다. 이 구절의 의미에 대해 주희는 "지금의 하는 바가 그 어찌 선할 수 있겠는가. 곧 서로 이끌어 혼란스러워지고 망하는 것에 빠질 뿐임을 말한다(言今之所爲, 其何能善, 則相引以陷於亂亡而已)"라고 했다. 소식蘇軾은 "왕이 어찌 도모하고 또한 신중하지 않겠는가마는, 그러나 그 도리를 얻지 못하니 마침내 혼란을 조장하기 때문에 스스로 깎일 뿐이다(王豈不謀且愼哉, 然而不得其道, 適所以長亂而自削耳)"라고 부연했다.

欲王者, 猶七年之病求三年之艾也. 苟爲不畜, 終身不得. 苟不志於仁, 終身憂辱, 以陷於死亡. 詩云, '其何能淑, 載胥及溺.' 此之謂也."

자포자기의 의미 7.10

맹자께서 말씀하셨다.

"스스로를 해치는 자와는 함께 말할 수 없고, 스스로를 버리는 자와는 함께 일할 수 없으니, 말로써 예의를 헐뜯는 것을 '스스로를 포기한다(自暴)'라고 하고, 나 자신은 인仁에 머물거나 의義를 따를 수 없다고 하는 것을 '스스로를 버린다(自棄)'라고 한다.[31] 인仁이란 사람의 편안한 집이고, 의義란 사람의 올바른 길이다. 편안한 집을 비우고 머물지 않으며 올바른 길을 버리고 따라가지 않으니, 슬프구나!"

孟子曰: "自暴者, 不可與有言也, 自棄者, 不可與有爲也. 言非禮義, 謂之自暴也, 吾身不能居仁由義, 謂之自棄也. 仁, 人之安宅也, 義, 人之安路也. 曠安宅而弗居, 舍正路而不由, 哀哉!"

31) 주희는 "자포自暴"와 "자기自棄"를 이렇게 설명하고 있다. "포暴는 해침(害)과 같고, 비非는 비방(毁)과 같다. 스스로 그 자신을 해치는 자는 예의가 아름답게 되는 것을 알지 못하여 헐뜯으니 비록 그와 함께 말해도 반드시 믿어주지 않을 것이요, 스스로 그 자신을 버리는 자는 오히려 인의가 아름답게 된다는 것을 알지만 단지 게으름에 빠져 스스로 반드시 실행할 수 없다고 말할 것이니 그와 함께하는 것이 있어도 반드시 힘써 하지 못할 것이다(暴猶害也, 非猶毁也, 自害其身者, 不知禮義之爲美而非毁之, 雖與之言, 必不見信也. 自棄其身者, 猶知仁義之爲美, 但溺於怠惰, 自謂必不能行, 與之有爲, 必不能勉也)."

먼 곳에서 찾지 말라 7.11

맹자께서 말씀하셨다.

"도는 가까운 곳에 있는데 먼 곳에서 찾고, 일은 쉬운 곳에 있는데 어려운 곳에서 찾는다. 사람들이 저마다 그 어버이를 어버이로 여기고 그 어른을 어른으로 대하면 천하가 태평해질 것이다."

孟子曰: "道在爾[32]而求諸遠, 事在易而求諸難. 人人親其親, 長其長而天下平."

신임을 얻어야 백성을 다스릴 수 있다 7.12

맹자께서 말씀하셨다.

"낮은 자리에 있으면서 윗사람에게 [신뢰를] 얻지 못하면 백성을 얻어서 다스릴 수 없을 것이다. 윗사람에게 [신뢰를] 얻는 데는 방법이 있으니, 친구의 신임을 얻지 못하면 윗사람에게 신임을 얻지 못할 것이다. 친구에게 신뢰를 얻는 데는 방법이 있으니, 어버이를 섬겨 기쁘게 하지 못하면 친구에게 신뢰를 얻지 못할 것이다. 어버이를 기쁘게 하는 데는 방법이 있으니, 자신을 돌이켜보아 성실하지 못하면 어버이를 기쁘게 하지 못할 것이다. 자신을 성실히 하는 데는 방법이 있으니, 선에 대해 밝게 알지 못하면 그 자신을

---

32) "이爾"는 '가깝다'는 뜻으로 "이邇" 자와 통용하여 쓴다.

성실히 하지 못할 것이다. 그러므로 성실이란 하늘의 도이고, 성실해지려는 생각은 사람의 도이다.[33] 지극히 성실한데 감동하게 하지 못하는 자가 없고, 성실하지 못한데 감동하게 할 자가 없다."

孟子曰: "居下位而不獲於上, 民不可得而治也. 獲於上有道, 不信於友, 弗獲於上矣. 信於友有道, 事親弗悅, 弗信於友矣. 悅親有道, 反身不誠, 不悅於親矣. 誠身有道, 不明乎善, 不誠其身矣. 是故誠者, 天之道也, 思誠者, 人之道也. 至誠而不動者, 未之有也, 不誠, 未有能動者也."

백이와 태공이 문왕에게 귀의한 효과 7.13

맹자께서 말씀하셨다.

"백이가 주왕을 피해 북해의 물가에 살다가 문왕이 [떨쳐] 일어났다[34]는 말을 듣고 고무되어 말하기를 '어찌 돌아가지 않겠는가. 나는 서백[35]이 노인을 잘 받들어 모신다[36]고 들었다'라고 했고, 태공이 주왕을 피해 동해의 물가에 살다가 문왕이 [떨쳐] 일어났다는 말을 듣고 고무되어 말하기를 '어찌 돌아가지 않겠는가. 나는 서백

33) 《중용》 20.18을 인용한 것으로, "성실함은 하늘의 도요, 그것을 성실히 하려는 것은 사람의 도이다(誠者, 天之道也, 誠之者, 人之道也)"라는 구절에서는 '사성자思誠者'를 '성지자誠之者'라고 했다. 아직 성자誠者가 되지 못하여 그렇게 되려고 노력한다는 의미에서 통한다고 볼 수 있다.

34) 원문의 "문왕작흥文王作興"을 번역한 것으로, 조기는 문왕이 일어나 왕도를 실행한 것으로 보았고, 주희는 "'작'과 '흥'은 모두 일어나다(作興皆起也)"라는 뜻으로 풀이했다.

35) 주희는 "서백은 바로 문왕이니, 주왕이 명령하여 문왕을 서쪽에 있는 제후의 우두머리로 삼아 정벌을 마음대로 할 수 있게 했다. 이 때문에 서백이라 일컬은 것이다(西伯卽文王也, 紂命爲西方諸侯之長, 得專征伐. 故稱西伯)"라고 했다.

이 노인을 잘 받들어 모신다고 들었다'라고 했다. 두 노인은 천하의 큰 노인인데 문왕에게 귀의했으니, 이는 천하의 아버지가 문왕에게 귀의한 것이다. 천하의 아버지가 문왕에게 귀의했으니, 그 자식들이 어디로 가겠는가? 제후 가운데 문왕의 정치를 행하는 자가 있으면 7년[37] 안에 반드시 천하에 정치를 펼치게 될 것이다."

孟子曰: "伯夷辟紂, 居北海之濱, 聞文王作, 興曰: '盍歸乎來![38] 吾聞西伯善養老者.' 太公辟紂, 居東海之濱, 聞文王作, 興曰: '盍歸乎來! 吾聞西伯善養老者.' 二老者, 天下之大老也, 而歸之, 是天下之父歸之也. 天下之父歸之, 其子焉往? 諸侯有行文王之政者, 七年之內, 必爲政於天下矣."

36) 《사기》〈백이열전〉에 내용이 자세하게 기록되어 있다. "백이와 숙제는 고죽국 군주의 두 아들인데, 그들의 아버지는 아우인 숙제에게 뒤를 잇게 할 작정이었다. [그러나] 아버지가 죽자 숙제는 왕위를 형 백이에게 양보하려고 했다. [그러자] 백이는 '아버지의 명령이다'라면서 달아나버렸고, 숙제도 [왕위에] 오르려 하지 않고 달아나버렸다. 고죽국 사람들은 [할 수 없이] 중간의 아들을 왕으로 세웠다. 이때 백이와 숙제는 서백 창이 노인을 잘 모신다는 소문을 듣고 그를 찾아가서 몸을 의탁하려고 했다. [그런데 그들이 주나라에] 이르렀을 때 서백 창은 죽었고, 무왕은 나무로 만든 아버지의 위패를 수레에 싣고 [선왕의] 시호를 문왕이라고 했으며, 동쪽으로 주왕을 치려고 했다. 백이와 숙제는 무왕의 말고삐를 붙잡고 간언했다(伯夷叔齊, 孤竹君之二子也. 父欲立叔齊, 及父卒. 叔齊讓伯夷. 伯夷曰: '父命也.' 遂逃去, 叔齊亦不肯立而逃之. 國人立其中子. 於是伯夷叔齊聞西伯昌善養老, 盍往歸焉. 及至, 西伯卒, 武王載木主, 號爲文王, 東伐紂. 伯夷叔齊叩馬而諫)."

37) 앞쪽의 7장에서 "문왕을 스승으로 삼으면 큰 나라는 5년, 작은 나라는 7년이면 반드시 천하에 정사를 펼치게 될 것이다(師文王, 大國五年, 小國七年, 必爲政於天下矣)"라고 한 것을 보았을 때 여기서의 7년은 작은 나라를 말하는 것이 된다.

전쟁을 잘하는 자가 극형을 받아야 한다 7.14

맹자께서 말씀하셨다.

"염구가 계씨의 읍재가 되어 그의 덕(행실)을 고치지도 않고 [세금으로] 곡식을 부과한 것이 다른 때보다 배나 되니, 공자께서 말씀하시기를 '염구는 나의 무리가 아니니, 너희는 북을 울려 그를 성토해도 괜찮다'[39]라고 하셨다. 이것으로 본다면 군주가 인한 정치를 실행하지 않는데, 그 군주를 부유하게 하면 모두 공자에게 버림받는 자인 것이다. 하물며 그 군주를 위해 억지로 전쟁을 하여 토지를 차지하려고 싸우느라 사람을 죽여 시체가 들에 가득 차고, 성을 빼앗으려고 싸우느라 사람을 죽여 주검이 성 안에 가득하니, 이는 이른바 토지를 좇아 사람고기를 먹는 격으로, 죽을죄에 처해도 죄를 다 용서할 수 없을 것이다. 그러므로 전쟁을 잘하는 자는 극형을 받아야 하고, 제후들과 연횡하는 자는 그다음의 형벌을 받아야 하며, 풀밭과 쑥밭(황무지)을 개간하여[40] 토지를 맡게 하는 자는 그다음의 형벌을 받아야 한다."

孟子曰: "求也爲季氏宰, 無能改於其德, 而賦粟倍他日. 孔子曰: '求非我徒也, 小子鳴鼓而攻之可也.' 由此觀之, 君不行仁政而富之, 皆棄於

38) 왕인지의 《경전석사》의 주석대로, "'래來'는 문장 말미에 쓰이는 어조사다. 《맹자》의 '어찌 돌아가지 않겠는가'와 《장자》 〈인간세人間世〉 편의 '일찍이 나에게 말했다', 또 '그대는 나에게 말할 것이 있는가'에서 '來' 자는 모두 어조사다(來語末助詞也. 孟子盍歸乎來, 莊子人間世篇嘗以語我來, 又子其有以語我來, 來字皆語助)"라고 정리할 수 있고, 도연명의 "돌아가자! 전원이 장차 황폐해지려 하는데, 어찌 돌아가지 않겠는가(歸去來兮, 田園將蕪, 胡不歸)", 이백의 "가는 길이 험난하니, 돌아가자(行路難, 歸去來)"라고 하는 구절도 추가할 수 있다.

孔子者也. 況於爲之强戰, 爭地以戰, 殺人盈野, 爭城以戰, 殺人盈城, 此所謂率土地而食人肉, 罪不容於死. 故善戰者服上刑, 連諸侯者次之, 辟草萊任土地者次之."

---

39) 《논어》〈선진〉 11.16에 있는 구절이다. "계씨가 주나라 공신들보다 부유한데도 염구는 그를 위해 세금을 거두어 [그의 부를] 더욱 늘려주었다. [이를 보고] 공자께서 [화가 나서] 말씀하셨다. '나의 무리가 아니다. 너희는 북을 올려 그를 성토해도 괜찮다(季氏富於周公, 而求也爲之聚斂而附益之. 子曰: '非吾徒也. 小子鳴鼓而攻之可也').'" 《좌전》 애공 11년에도 다음과 같은 기록이 보인다. "계손이 밭이랑에 따라 세금을 징수하고자 하여 염유를 보내 공자에게 의견을 묻자, 공자는 '모르겠다'고 했다. [계손이 연달아 염유를] 세 차례 보내어 물었으나 [대답하지 않고 염유를] 마지막으로 보내어 말하기를 '그대는 나라의 원로라서 그대의 대답을 기다려 일을 처리하려고 하는데, 어찌하여 그대는 말을 하지 않는가?'라고 했다. 중니는 대답하지 않고 염유에게 사사로이 말하기를 '군자가 일을 처리함에 예를 헤아려 [은혜를 베푸는 것은] 후한 쪽을 취하고, 일은 적중하게 행하고, 세금 징수는 박한 쪽을 따라야 한다. 이와 같이 하면 구부의 세금만으로도 충분하지만, 만약 예를 헤아리지 않고 탐욕하여 만족할 줄 모른다면 비록 밭이랑에 따라 세금을 거두더라도 도리어 부족할 것이다. 장차 자네의 계손씨가 만일 일 처리를 법에 맞게 하고자 한다면 주공의 법이 있으니 [참조하고] 만약 구차하게 일을 처리하고자 한다면 또 남의 의견을 물을 게 무엇이 있겠는가?'라고 했다. [계손은 공자의 말을] 듣지 않았다(季孫欲以田賦, 使冉有訪諸仲尼, 仲尼曰: '丘不識也.' 三發, 卒曰: '子爲國老, 待子而行, 若之何子之不言也.' 仲尼不對, 而私於冉有曰: '君子之行也, 度於禮, 施取其厚, 事擧其中, 斂從其薄. 如是則以丘亦足矣, 若不度於禮, 而貪冒無厭, 則雖以田賦, 將又不足. 且子季孫若欲行而法, 則周公之典在, 若欲苟而行, 又何訪焉, 弗聽')." 당시 계씨는 세금을 늘리기 위해 전부田賦제도를 시행했으며 염구를 통해 공자에게 자문했다. 물론 공자는 반대 입장을 분명히 했으나 염구는 계씨의 명에 따라 시행했다. 그러자 공자는 염구가 백성을 착취한다며 문하도 아니라고 혹평한 것이다.

40) 주희는 "벽辟은 개간하는 것이다. '임토지任土地'는 땅을 나누어 백성에게 주어서 밭 갈고 농사짓는 책임을 맡게 하는 것이니, 이괴가 지력을 다하고 상앙이 천맥을 개간한 것과 같은 부류다(辟開墾也, 任土地謂分土授民, 使任耕稼之責, 如李悝盡地力, 商鞅開阡陌之類也)"라고 했다. 황무지 개간은 얼핏 보면 좋은 일이지만 맹자가 이를 반대한 것은 제후들이 백성을 위해서 개간한다기보다 자신들의 이익을 위해서 개간하려고 했기 때문이다.

눈동자를 보고 사람을 살펴라 7.15

맹자께서 말씀하셨다.

"사람을 살피는 것[41] 중에서 눈동자보다 더 좋은 것이 없으니, 눈동자는 그의 악한 생각을 감추지 못한다. 가슴속이 바르면 눈동자가 밝고,[42] 가슴속이 바르지 못하면 눈동자가 흐리다.[43] 그의 말을 듣고 그의 눈동자를 살펴본다면 사람이 어찌 [마음을] 숨길 수 있으리오?"

孟子曰: "存乎人者, 莫良於眸子, 眸子不能掩其惡. 胸中正, 則眸子瞭焉, 胸中不正, 則眸子眊焉. 聽其言也, 觀其眸子, 人焉廋哉?"

공손한 자와 검소한 자 7.16

맹자께서 말씀하셨다.

"공손한 사람은 남을 업신여기지 않고, 검소한 사람은 남의 것을 빼앗지 않는다. 남을 업신여기고 빼앗는 군주는 오로지 순종하지

---

41) 원문의 "존存"을 번역한 것으로, 《이아》 〈석고〉에 "'존'은 살피다(存, 察也)"라고 했고, 양보쥔도 이에 동조했다. 한편 원문의 "존호인자存乎人者"를 직역하여 "사람이 가진 것 중에"라고 번역하기도 하는데 역자는 취하지 않았다.

42) 원문의 "모자료언眸子瞭焉"을 번역한 것으로, "모자眸子"는 눈동자(目瞳子)를 말한다. 《논어》 〈팔일〉 3.8의 "고운 미소에 팬 보조개, 아름다운 눈에 또렷한 눈동자를 그리고, 흰 바탕에 여러 가지 색깔을 칠했구나(巧笑倩兮, 美目盼兮, 素以爲絢兮)"라는 구절에서는 밝고 또렷한 눈동자를 '반혜盼兮'로 표현했다.

43) 원문의 "모眊"를 번역한 것으로, 주희가 "몽몽하게 눈이 밝지 못한 모양(蒙蒙目不明之貌)"이라고 한 주석을 염두고 두고 번역했다. 조기는 "'모'는 흐리멍덩하여 눈이 밝지 않은 모양(眊者, 蒙蒙目不明之貌)"이라고 했다.

않을까 두려워하니, 어찌 공손하고 검소할 수 있겠는가? 공손하고 검소한 것을 어찌 음성이나 웃는 모습으로써 할 수 있겠는가?"

孟子曰: "恭者不侮人, 儉者不奪人. 侮奪人之君, 惟恐不順焉, 惡得爲恭儉? 恭儉豈可以聲音笑貌爲哉?"

형수가 물에 빠졌다면 손으로 구하라 7.17

순우곤淳于髡[44]이 말했다.

"남녀 사이에는 [물건을] 주고받는 것을 직접 하지 않는 것이 예입니까?"

맹자께서 대답하셨다.

"예이오."

[순우곤이] 물었다.

"형수가 물에 빠지면 [직접] 손으로 구해야 합니까?"

[맹자께서] 대답하셨다.

44) 《사기》〈맹자순경열전〉에 "순우곤은 제나라 사람으로 견문이 넓고 기억력이 뛰어나며 배움이 [어느 한 학설에] 국한하지 않았다. 그 [군주에게] 간언하고 설득하는 면에서는 안영의 사람됨을 흠모하면서도 군주의 뜻에 따르고 그 얼굴빛을 살피기에 급급했다(淳于髡, 齊人也. 博聞彊記, 學無所主. 其諫說, 慕晏嬰之爲人也, 然而承意觀色爲務)"라는 기록이 있고, 《사기》〈골계열전滑稽列傳〉에 "순우곤은 제나라 사람의 데릴사위로 키가 일곱 자도 못 되지만, 익살스럽고 변설에 뛰어나 자주 제후들에게 사신으로 갔으나 굴욕을 당한 일은 아직 없었다(淳于髡者, 齊之贅婿也. 長不滿七尺, 滑稽多辯, 數使諸侯, 未嘗屈辱)"라고 기록되어 있다. 그는 제나라 위왕에게 수수께끼를 내기도 하고, 고니를 가지고 사신으로 간 일로도 유명한데, 사마천은 "순우곤이 하늘을 우러러보고 크게 웃자 제나라 위왕이 패권을 차지했다(淳于髡仰天大笑, 齊威王橫行)"라고 했다.

"형수가 물에 빠졌는데도 구하지 않는다면 이는 승냥이와 같소. 남녀 사이에 주고받는 것을 직접적으로 하지 않는 것은 예이고, 형수가 물에 빠졌는데 손으로써 구하는 것은 임시변통의 방법(권도)이오."

[순우곤이] 말했다.

"지금 천하가 물에 빠졌는데, 선생님께서 구하지 않는 것은 어째서입니까?"

[맹자께서] 말씀하셨다.

"천하가 물에 빠지면 도로써 구하고, 형수가 물에 빠지면 손으로 구하는 것이니, 그대는 손으로 천하를 구하고자 하려는 것이오?"[45)]

淳于髡曰: "男女授受不親, 禮與?" 孟子曰: "禮也." 曰: "嫂溺, 則援之以手乎?" 曰: "嫂溺不援, 是豺狼也. 男女授受不親, 禮也, 嫂溺, 援之以手者, 權也." 曰: "今天下溺矣, 夫子之不援, 何也?" 曰: "天下溺, 援之以道, 嫂溺, 援之以手, 子欲手援天下乎?"

군자가 자식을 직접 가르치지 않은 이유 7.18

공손추가 말했다.

"군자가 자식을 [손수] 가르치지 않는 것은 어째서입니까?"

맹자께서 말씀하셨다.

45) 이 문장은 순우곤이 맹자께 권도權道로 천하를 구원해달라는 것에 대해 맹자가 반문하는 것으로, 천하를 구원하는 일은 권도가 아닌 정도로 해야 한다는 것을 말하고 있다.

"형세상 [그렇게] 할 수 없기 때문이다. 가르치는 자는 반드시 올바른 도로써 해야 하는데, 올바른 도로써 가르쳐 실행되지 않으면 그것에 매여서 노여워지고, 그것에 매여서 노여워지면 도리어 마음 상하게 된다. '아버지께서 나를 올바른 도로써 가르치신다고 하지만, 아버지[의 뒤따른 행동]도 올바른 도에서 나온 것이 아니다'라고 생각한다면 이는 부자간에 서로 마음 상하는 것이니, 부자간에 서로 마음 상하게 하는 것은 나쁜 것이다. [그래서] 옛날에는 자식을 바꾸어 가르쳤다. 부자 사이에는 잘하라고 꾸짖지 않으니, 잘하라고 꾸짖으면[46] 멀어진다. 멀어지면 더 큰 불상사는 아무것도 없다."

公孫丑曰: "君子之不教子, 何也?" 孟子曰: "勢不行也. 教者必以正, 以正不行, 繼之以怒. 繼之以怒, 則反夷矣. '夫子教我以正, 夫子未出於正也.' 則是父子相夷也. 父子相夷, 則惡矣. 古者易子而教之. 父子之間不責善, 責善則離. 離則不祥[47]莫大焉."

어버이를 섬기는 일이 가장 큰일이다 7.19

맹자께서 말씀하셨다.

"누구를 섬기는 것이 가장 큰일인가? 어버이를 섬기는 것이 가장 큰일이 된다. 지키는 일 중에서 무엇이 가장 큰일인가? 자신을 지

46) 원문의 "책선責善"을 번역한 것으로, 옳은 일을 하도록 강하게 권한다는 뜻이다. 제8편 〈이루 하〉 30장을 보면 책선은 친구 간의 도리로 통한다.

47) 원문의 "상祥"에 대하여 《설문해자》에 "'상'은 복이다〔祥, 福也〕"라고 했고, 《이아》〈석고〉에는 "'상'은 선하다〔祥, 善也〕"라고 했다.

키는 것[48]이 큰일이 된다. 자신을 잃지 않고서 그 어버이를 잘 섬겼다는 말은 내가 들었지만, 자신을 잃고서 그 어버이를 잘 섬겼다는 말은 내가 듣지 못했다. [섬기는 일은] 누구든 섬기지 않겠는가마는 어버이를 섬기는 것이 섬기는 것의 근본이고, [지키는 일은] 무엇이든 지키지 않겠는가마는 자신을 지키는 것이 지키는 것의 근본이다.

증자가 증석을 받들어 모실 때 술과 고기가 꼭 있었는데, 상을 치우려 할 때 [증자는] 반드시 '[남은 음식을] 누구에게 주시겠습니까?'라고 여쭈었으며,[49] [증석이] '남아 있는 것이 있느냐?' 하고 물으시면 반드시 '있습니다'라고 대답하셨다. 증석이 죽고 증원이 증자를 받들어 모셨는데, 술과 고기가 꼭 있었다. [그러나] 상을 치울 때 [증원은] '누구에게 주시겠습니까?'라고 여쭙지 않았으며, [증자가] '남아 있는 것이 있느냐?' 하고 물으시면 '없습니다'라고 대답했으니, 이는 [남은 음식을] 다시 올리고자 했기 때문이다. 이것은 입과 몸만 받들어 모신다고 말하는 것이고, 증자와 같이 하면 [어버이의] 뜻을 받들어 모신다고 말할 만하다. 어버이 섬기는 것은 증자가 한 것처럼 하는 것이 옳다."

孟子曰: "事, 孰爲大? 事親爲大. 守, 孰爲大? 守身爲大. 不失其身而能事其親者, 吾聞之矣, 失其身而能事其親者, 吾未之聞也. 孰不爲事,

48) 원문의 "수신守身"을 번역한 것으로, 주희는 "수신은 그 몸을 지켜 [스스로] 불의에 빠지지 않게 하는 것이다〔守身, 持守其身, 使不陷於不義也〕"라고 했다.

49) 원문의 "청請"을 번역한 것으로, '요청하다'는 뜻이 문맥의 의미와는 거리가 있어 '여쭈었다'로 번역했다. 아래 구절에 보이는 "청" 자도 마찬가지로 "여쭈었다"로 번역했다.

事親, 事之本也, 孰不爲守, 守身, 守之本也. 曾子養曾晳, 必有酒肉, 將徹, 必請所與, 問有餘, 必曰: '有.' 曾晳死, 曾元養曾子, 必有酒肉. 將徹, 不請所與, 問有餘, 曰: '亡矣.' 將以復進也. 此所謂養口體者也. 若曾子, 則可謂養志也. 事親若曾子者, 可也."

군주가 바르면 나라도 안정된다 7.20

맹자께서 말씀하셨다.

"[등용된] 사람들은 [군주와] 함께 지적할 수 없고, 정사를 흠잡을 수 없다.[50] 오직 대인만이 군주 마음의 그른 점을 바로잡을 수 있으니, 군주가 인하면 인하지 않은 것이 없고, 군주가 의로우면 의롭지 않은 것이 없으며, 군주가 바르면 바르지 않은 것이 없으니, 일단 바른 마음의 군주가 있고서 나라는 안정된다."

孟子曰: "人不足與適也, 政不足間也. 唯大人爲能格君心之非, 君仁, 莫不仁, 君義, 莫不義, 君正, 莫不正. 一正君而國正矣."

---

50) 원문의 "인부족여적야人不足與適也, 정부족간야政不足間也"를 번역한 것으로, 이 두 구절의 해석이 나뉜다. 조기는 "'적適'은 잘못을 지적하는 것이고, '간間'은 비난하는 것이며, '격格'은 바로잡는다는 것(適過也, 間非也, 格正也)"이라고 했다. 주희는 "군주가 인물을 잘못 등용한 것을 허물할 수 없고, 행정의 잘못을 흠잡을 수 없다(人君用人之非, 不足過謫, 行政之失, 不足非間)"라고 풀이했다. 여기서는 주희의 설을 따른다.

칭찬과 비방 7.21

맹자께서 말씀하셨다.

"생각하지도 않은 칭찬이 있으며, 온전하기를 추구한 데서 오는 비방이 있다."

孟子曰: "有不虞之譽, 有求全之毁."

말을 쉽게 하는 이유 7.22

맹자께서 말씀하셨다.

"사람이 그 말을 쉽게 하는 것은 꾸짖음이 없기 때문이다."[51)]

孟子曰: "人之易其言也, 無責耳矣."

사람의 우환 7.23

맹자께서 말씀하셨다.

"사람들의 우환은 남의 스승이 되는 것을 좋아하는 데에 있다."

---

51) 이 구절에 대하여 조기는 "실언의 꾸짖음을 받지 못했기 때문이다(不得失言之咎責也)"라고 했고, 주희도 이에 동조했으나, 정약용은 "사람이 말을 쉽게 하면 이는 버려진 물건이니, 그에게 어찌 꾸짖을 것이 있겠는가(人之易其言也, 此是棄物, 於女何誅)"라고 했고, 양보쥔 역시 "꾸짖을 것이 못 된다(無責耳矣)"라고 했으며, 유월兪樾도 《맹자평의孟子平義》에서 "꾸짖기에는 부족한 것을 말한다"라고 했다. 한편 이을호는 '무책임하다'라고 풀이했는데, 나름 타당한 해석이라고 본다.

孟子曰: "人之患在好爲人師."

면담의 조건 7.24

악정자가 자오(왕환의 자字)를 따라 제나라에 갔다.

악정자가 맹자를 뵈었는데, 맹자께서 말씀하셨다.

"그대도 나를 만나보러 왔는가?"

[악정자가] 물었다.

"선생님께서 어찌 이런 말씀을 하십니까?"

[맹자께서] 말씀하셨다.

"그대가 [이곳에] 온 지가 며칠이나 되었는가?"

[악정자가] 말했다.

"어제입니다."

[맹자께서] 말씀하셨다.

"어제라면 내가 이러한 말을 하는 것이 또한 마땅하지 않은가?"

[악정자가] 말했다.

"여관을 정하지 못해서였습니다."

[맹자께서] 말씀하셨다.

"그대는 그렇게 들었는가, 여관을 정한 뒤에 어른을 찾아뵙는다던가?"

[악정자가] 말했다.

"제가 잘못했습니다.[52)]"

樂正子從於子敖之齊. 樂正子見[53)]孟子. 孟子曰: "子亦來見我乎?" 曰: "先生何爲出此言也?" 曰: "子來幾日矣?" 曰: "昔者." 曰: "昔者, 則我出此言也, 不亦宜乎?" 曰: "舍館未定." 曰: "子聞之也, 舍館定, 然後求見長者乎?" 曰: "克有罪."

악정자가 제나라에 온 이유 7.25

맹자께서 악정자에게 말씀하셨다.
"그대가 자오를 따라 [이곳에] 온 것은 한갓 먹고 마시려는 것이군. 나는 그대가 옛날의 도를 배워서 먹고 마시는 것에 쓸 줄은 생각지도 못했네."

孟子謂樂正子曰: "子之從於子敖來, 徒餔啜也. 我不意子學古之道而以餔啜也."

순임금이 장가가는 것을 부모에게 알리지 않은 이유 7.26

맹자께서 말씀하셨다.

52) 원문의 "유죄有罪"를 번역한 것으로, '죄를 지었습니다'로 번역하면 지금의 번역과 어감 차이가 있어 '잘못했습니다'라고 번역한다.

53) 원문의 "현見"에 대한 독음을 살펴볼 필요가 있다. 《관본언해》와 《율곡언해》에서는 '현'으로 읽었고, 제2편 〈양혜왕 하〉 16장의 '樂正子見孟子' 언해에서는 '견'으로 읽었다. 역자는 언해본을 따라 번역했다.

"불효에는 세 가지 있는데,[54] 후손이 없는 것이 가장 크다. 순임금이 [부모에게] 알리지 않고 장가든 것은 후손이 없을까 하셨기 때문이니, 군자는 [순임금이] 알린 것과 같다고 여겼다."

孟子曰: "不孝有三, 無後爲大. 舜不告而娶, 爲無後也, 君子以爲猶告也."

춤추는 이유 7.27

맹자께서 말씀하셨다.

"인仁의 실질은 어버이를 섬기는 것이 이것이고, 의義의 실질은 형을 따르는 것이 이것이다. 지智의 실질은 이 두 가지를 알아서 버리지 않는 것이고, 예禮의 실질은 이 두 가지를 절도에 맞게 꾸미는 것이며, 즐거움(樂)의 실질은 이 두 가지를 즐거워하는 것이다. 즐거움이 생기면[55] [이러한 마음을] 그치게 할 수 없을 것이니, 그치게 할 수 없으면 자신도 모르게 발이 뛰고 손은 춤추게 될 것이다."

孟子曰: "仁之實,[56] 事親是也, 義之實, 從兄是也. 智之實, 知斯二者弗去是也, 禮之實, 節文斯二者是也, 樂之實, 樂斯二者. 樂則生矣, 生則惡可已也, 惡可已, 則不知足之蹈之手之舞之."

---

54) 조기는 "예에서 불효하는 것이 세 가지가 있으니, 뜻에 아첨하고 굽혀 따르며 어버이를 의롭지 못한 것에 빠뜨리는 것이 첫 번째 불효요, 집이 가난하고 어버이가 연로하신데도 녹봉을 받는 벼슬을 하지 않는 것이 두 번째 불효요, 장가들지 않아 자식이 없어 선조의 제사가 끊어지게 하는 것이 세 번째 불효다(於禮有不孝者三者, 謂阿意曲從, 陷親不義, 一不孝也, 家貧親老, 不爲祿仕, 二不孝也, 不娶無子, 絶先祖祀, 三不孝也)"라고 했다.

부모님 기쁘게 하는 것이 큰 효도다 7.28

맹자께서 말씀하셨다.

"천하 사람들이 대단히 기뻐하면서 자신에게 귀의하려 했으나 천하 사람들이 기뻐하면서 자신에게 귀의하는 것 보기를 지푸라기처럼 여기신 분은 오직 순임금이 그러하셨다. 어버이에게 [마음을] 얻지 못하면 사람이 될 수 없고, 어버이에게 순종하게 하지 못하면 자식이 될 수 없다고 여기셨다. 순임금이 어버이 섬기는 도리를 극진히 하여 [아버지] 고수[57]를 기쁘게 했으니, 고수가 기뻐하여 천하가 교화되었으며, 고수가 기뻐하여 천하의 아버지와 자식 된 자들

---

55) 원문의 "낙즉생의樂則生矣"를 번역한 것으로, 여기서 "생生"의 주어가 누구인지 논란이 있어 소개한다. 주희는 "어버이를 섬기고, 형에게 순종하는 마음〔事親從兄之意〕"으로 보았고, 조기는 "이 어버이를 섬기고, 형에게 순종하는 즐거움이 마음 가운데 나오면 즐거움이 이 가운데서 생긴다〔樂此事親從兄, 出於中心, 則樂生其中矣〕"고 하여 '락樂'을 주어로 보았으며, 정약용은 《예기》〈제의〉의 "여러 사람을 가르치는 근본을 효라고 한다. …… 즐거움은 이것을 순하게 하는 것으로부터 생겨난다〔衆之本教曰孝. …… 樂自順此生〕"라는 말을 인용하면서 조기의 설을 지지했다. 양보쥔은 "'락'의 실질은 이 두 가지 즐거움을 얻어서 즐거움이 생겨나는 것이다"라고 하여 '생'의 주어가 '락'이며, 이 문장 전체를 포함하는 것으로 보았다.

56) 원문의 "실實" 자를 두고 정조와 정약용의 문답을 참조하여 읽을 필요가 있다. 정조가 "'실' 자를 꽃에 상대되는 열매로 해석한 것은 리理에 상대되는 실로 해석하는 것만 못한 듯하다. 인의는 단지 리이니, 일이 있는 것이 아니고 사실로 말하면 어버이를 섬기고 형에게 순종하는 것이 이것이다〔御問曰以實字作對華之實, 恐不如作對理之實. 蓋仁義只是理耳, 非有事在, 而以事實言之, 則事親從兄是也〕"라고 했다. 정약용은 "저는 이 장에서 말한 것은 모두 명실名實의 실인 듯합니다. 전국시대에는 인의를 가장하고 예악을 꾸며 오로지 거짓된 지혜만 숭상했습니다. …… 효제의 도가 거의 없어져 맹자께서 요순의 도를 근본적으로 추론하여 효제를 인의지예악의 실로 삼은 것입니다. 실은 허의 반대이고 명의 상대입니다〔臣恐此章所言, 皆名實之實. 蓋戰國之時, 假仁義飾禮樂, 專尙詐智. …… 而孝弟之道, 幾乎熄矣, 於是孟子推本堯舜之道, 以孝弟二者, 爲五者之實. 實者虛之反. 名之對也〕"라고 했다.

이 안정되었으니, 이것을 큰 효도라고 하는 것이다."

孟子曰: "天下大悅而將歸己, 視天下悅而歸己, 猶草芥也, 惟舜爲然. 不得乎親, 不可以爲人, 不順乎親, 不可以爲子. 舜盡事親之道而瞽瞍厎豫, 瞽瞍厎豫而天下化, 瞽瞍厎豫而天下之爲父子者定, 此之謂大孝."

57) 고수瞽瞍에 대해 사마천은《사기》〈오제본기〉에서 이렇게 평하고 있다. "순의 아버지 고수는 맹인이었다. 순의 어머니가 죽자 고수는 다시 아내를 얻어 상象을 낳았는데, 상은 오만했다. 고수는 후처의 자식을 편애하여 항상 순을 죽이려고 했으므로 순은 피해 도망을 다녔다. 어쩌다가 작은 잘못이라도 저지르면 그 즉시 벌을 받았다. [그러나] 순은 아버지와 계모와 동생을 순종하며 섬겼고, 날마다 독실하고 성실하게 살았으며, 게으름을 피우지 않았다〔舜父瞽叟盲. 而舜母死, 瞽叟更娶妻而生象, 象傲. 瞽叟愛後妻子, 常欲殺舜, 舜避逃: 及有小過, 則受罪. 順事父及後母與弟, 日以篤謹, 匪有解〕."

제8편

이루 하

離婁下

【해설】

이 편은 33개의 장으로 이루어져 있는데, 상편과 마찬가지로 일관된 주제보다 단편 위주의 내용이 많다. 대인大人이라는 개념이 등장하고 그에 관한 언급이 많이 나오는데, 기본적인 의미는 도덕적 인격을 갖춘 자이다. 맹자는 대인도 갓난아이의 마음을 잃지 않은 선한 마음을 갖고 있어야 한다고 강조하고 있다. 또한 2장에서는 정치 잘하기로 유명한 자산子產을 비판적인 시각에서 폄하하는데, 그가 근본적인 해결책을 제시하기보다는 임기응변적인 정치를 했다고 보았기 때문이다.

옛 군주를 위해 상복을 입는 이유를 논하는 장면이 있고(3장), 중용의 덕을 가진 사람이 그렇지 못한 자를 이끌어주는 역할을 해야 한다는 장도 있으며(7장), 대인이라면 "적자지심赤子之心"을 갖고 있어야 한다는 논의도 있다(12장). 13장에서 후한 장례 의식이 묵가의 박한 장례보다 중요함을 설파한 장면도 논쟁거리가 되는 부분이며, 학문을 하는 방법으로 자득自得의 중요성을 언급한 14장의 내용이나, 18장에서 물을 늘 찬미한 공자의 의도를 설명하는 맹자의 발언도 흥미롭다.

공자에 관한 이야기가 후반부에 여러 군데 보이는데, 24장에서는 재주와 덕의 상관관계를 언급하고 있고, 28장에서 군자의 걱정거리와 근심거리가 무엇인지 설명하는 부분도 눈여겨볼 곳이다. 맨 마지막 장인 33장에서는 맹자가 처와 첩의 대화 장면을 통해 부귀를 구하기 위해 남의 제사를 기웃거리는 남자의 모습을 풍자하면서 이 남자와 마찬가지로 부귀를 추구하는 지식인들도 속물근성으로 가득한 세속적 인물임을 에둘러 비판하고 있다.

순임금과 문왕이 헤아리는 것은 같다 8.1

맹자께서 말씀하셨다.

"순임금은 제풍에서 태어나 부하로 옮겨와 사시다가 명조[1]에서 돌아가셨으니, 동쪽 오랑캐 사람이다. 문왕은 기주에서 태어나 필영에서 돌아가셨으니, 서쪽 오랑캐 사람이다. 지역이 서로 떨어진 거리가 천여 리이고, 세대가 서로 떨어진 것이 천여 년이었지만, 뜻을 얻어 중원에서 실행한 것은 부절[2]을 합한 듯 들어맞았으니, 옛날의 성인과 훗날의 성인은 그 헤아리는 것이 매한가지다.[3]"

孟子曰: "舜生於諸馮, 遷於負夏, 卒於鳴條, 東夷之人也. 文王生於岐周, 卒於畢郢, 西夷之人也. 地之相去也, 千有餘里, 世之相後也, 千有餘歲. 得志行乎中國, 若合符節, 先聖後聖, 其揆一也."

---

1) 순임금은 전설상의 인물이며 "제풍諸馮", "부하負夏", "명조鳴條" 세 지명을 확실히 고증할 수 없다. 양보쥔의 고증대로 '명조'는 "드디어 걸과 명조의 들판에서 싸웠다〔遂與桀戰於鳴條之野〕"라고 할 때의 '명조'는 아니다. 조기에 따르면 이 세 지명은 동방 이복夷服의 땅이라고 했다. 주희도 이 설을 따랐다.

2) "부절符節"은 중국 고대에 관원이 권한을 받거나 천자의 직권을 대행하는 상징물이다. 재료는 옥·뿔·대나무 등이고, 양식은 호랑이·용·사람 등 용도에 따라 달랐다. 그중에서도 병부兵符는 병사를 모으거나 명령을 하달하는 증표로, 호랑이를 닮아 호부虎符라고도 불렸으며, 두 개로 나누어 한쪽은 군주가 나머지 한쪽은 담당관에게 주어 서로 합치하면 믿을 수 있는 것으로 했다.

3) 원문의 "규일揆一"을 번역한 것으로, 주희는 '규揆'를 '헤아리다〔度〕'와 같다고 보았고, "헤아려보아 그 도道가 같지 않음이 없음을 말한 것이다〔言度之而其道無不同也〕"라고 했다.

정치하는 법을 모른다고 비판받은 자산 8.2

자산子產[4]이 정나라의 정치를 맡았을 때 자신이 타는 수레로 사람들을 진수와 유수[5]에서 건너게 해주었다.

맹자께서 말씀하셨다.

"은혜롭기는[6] 했으나 정치[7]를 할 줄을 모른다. 11월에 사람이 건널 수 있는 외나무다리〔徒杠〕[8]를 완성하고, 12월에는 수레가 다닐 수 있는 다리〔輿梁〕를 완성했다면 백성은 건너는 것을 걱정하지 않

---

4) 자산子產(기원전 580년~기원전 522년 추정)은 공손교公孫僑의 자이고, 정나라 목공穆公의 손자이며 춘추시대 정나라의 어진 재상이다. 그는 공자와 동시대 사람으로, 공자가 매우 존경한 인물 중 한 명이다. 내정을 쇄신하고 형벌을 정비했으며, 도덕의 교화를 추진했다.《사기》〈순리열전循吏列傳〉에 자산에 대한 자세한 대목이 있어 소개한다. "[자산이] 재상이 된 지 1년이 지나자 소인배의 경박한 놀이가 없어지고, 반백의 늙은이들은 무거운 짐을 나르지 않고, 어린아이들은 밭을 갈지 않게 되었다. 2년이 지나자 시장에서 값을 에누리하지 않았고, 3년이 되자 밤에 문을 잠그는 일이 없어지고 길에서 떨어진 물건을 줍는 사람이 없었다. 4년이 지나자 밭갈이하는 농기구를 집으로 가지고 돌아가지 않아도 되었고, 5년이 지나자 군령의 기록이 쓸모없게 되었고, 상복을 입는 기간은 명령을 내리지 않아도 잘 지켜졌다. 자산이 정나라를 다스린 지 26년 만에 죽으니, 장정들은 소리 내어 울고 노인들은 어린아이처럼 울면서 말했다. '자산이 우리를 버리고 죽다니, 백성은 장차 어디로 돌아간단 말인가'〔爲相一年, 豎子不戲狎, 斑白不提挈, 僮子不犁畔. 二年, 市不豫賈. 三年, 門不夜關, 道不拾遺. 四年, 田器不歸. 五年, 士無尺籍, 喪期不令而治. 治鄭二十六年而死, 丁壯號哭, 老人兒啼曰: '子產去我死乎. 民將安歸'〕(김원중 역,《사기열전》, 민음사, 565~566쪽)"라고 했다.

5) 원문의 "진유溱洧"를 번역한 것으로, 이에 대해 조기는 "진유는 물의 이름〔溱洧, 水名〕"이라고 했고, 정약용은 "《시경》〈정풍·진유〉에 '진수와 유수가 봄물이 막 성하다'라고 한 것을 보면 두 물이 분명하다〔鄭風云, 溱與洧, 方渙渙兮, 其爲二水則明矣〕"라고 했으며, 또 "자산이 사람들을 건네준 것은 아마도 진수와 유수가 합쳐 흐르는 곳일 것이다. 그러므로 조기의 주에서 두 개의 물길이라고 말하지 않은 것이다〔子產濟人. 蓋在溱洧合流之處. 故趙注不言二水〕"라고 했다. 이는 자산이 우연히 물가를 지나다가 수레로 건네준 것이지, 두 물에서 일부러 사람을 건네준 것이 아니라는 말도 일리가 있다.

았을 것이다. 군자가 정치를 공평하게 한다면 출행할 때 [징을 울리는 것으로] 길을 여는[9] 것도 가능한데, 어떻게 사람마다 건너게 해줄 수 있었겠는가? 그러므로 정치하는 자가 사람들마다 그 마음을 기쁘게 해주려면 날마다 하더라도 충분하지 못할 것이다."

子産聽鄭國之政, 以其乘輿濟人於溱洧. 孟子曰: "惠而不知爲政. 歲十一月, 徒杠成, 十二月, 輿梁成, 民未病涉也. 君子平其政, 行辟人可也, 焉得人人而濟之? 故爲政者, 每人而悅之, 日亦不足矣."

신하가 군주를 위해 상복을 입는 경우 8.3

맹자께서 제나라 선왕에게 말씀하셨다.

"군주가 신하 보기를 마치 [자신의] 손발처럼 여기면 신하는 군주

---

6) 원문의 "혜惠"를 번역한 것으로, 공자가 자산을 평가한 단어이다. 즉 공자는 《논어》〈헌문〉 14.9에서 "어떤 사람이 자산에 대하여 묻자 공자께서 말씀하셨다. '은혜로운 사람이다'〔或問子産. 子曰: '惠人也'〕"라고 했고, 《논어》〈공야장公冶長〉 5.15에서 "[자산은] 군자의 도 네 가지를 갖추고 있었으니, 행동할 때는 공손하고, 윗사람을 섬김에 있어서는 공경하며, 백성을 봉양함에 있어 은혜롭고, 백성을 부림에 있어서는 의로웠다〔有君子之道四焉, 其行己也恭, 其事上也敬, 其養民也惠, 其使民也義〕(김원중 역, 《논어》, 휴머니스트, 143쪽)"라고 했다.

7) 원문의 "혜惠"와 "정政"에 대한 자의적 개념에 대한 주희의 설명은 이러하다. "'혜'는 사적인 은혜와 작은 이익을 말하고, '정'은 공평하고 바르고 큰 체통과 기강과 법도의 베풂이 있는 것이다〔惠謂私恩小利, 政則有公平正大之體, 綱紀法度之施焉〕."

8) 원문의 "강杠"에 대한 설명은 이렇다. 《설문해자》의 '교橋'에 "무릇 외나무로 만든 것을 '강'이라고 하고, 나무를 나란히 늘어놓은 것을 '교'라고 한다〔凡獨木者曰杠, 駢木者曰橋〕"고 했다.

9) 원문의 "행피行辟"를 번역한 것으로, 지위가 높은 사람이 외출할 때 채찍을 들거나 징을 울려서 앞길을 열었다.

보기를 마치 [자신의] 배와 심장처럼 여기고, 군주가 신하 보기를 마치 개와 말처럼 여기면 신하는 군주 보기를 마치 길가의 사람처럼 여기게 되며, 군주가 신하 보기를 마치 흙이나 지푸라기처럼 여기면 신하는 군주 보기를 마치 원수처럼 여기게 되는 것입니다."

왕이 말씀하였다.

"예법에 옛 군주를 위해 상복이 있다고 했는데, [군주가 신하에게] 어떻게 해야 [군주를 위해] 이 상복을 입을 수 있습니까?"

[맹자께서] 말씀하셨다.

"간언이 실행되고 말[10]은 경청하여 은택이 백성에게 내려지며, 어떤 사정이 생겨 떠나게 되면 군주가 사람을 시켜 그를 이끌어 국경을 넘게 하고, 또 그가 가는 곳에 먼저 기별하며,[11] 떠나고 나서 3년이 되어도 돌아오지 않은 뒤에 그의 땅과 집을 거두니, 이것을 일컬어 세 번 예가 있다 하는 것입니다. 이와 같이 하면 [군주를 위해] 상복을 입을 것입니다. 오늘날에는 신하가 되어 간언해도 실행되지 않고, 말해도 경청하지 않고, 은택이 백성에게 내려지지 않고, 어떤 사정이 생겨 떠나게 되면 군주가 그를 옭아매며, 또 그가 가는 곳에서 곤궁하게 하고,[12] 떠나는 날로 즉시 그의 땅과 집을 거두니, 이것을 일컬어 원수라고 하는 것입니다. 원수를 위해 어찌 상복을 입

10) 원문의 "간諫"과 "언言"의 차이에 대해 쌍봉요씨雙峯饒氏는 "'간'은 간사한 것을 막는 것이고, '언'은 선한 말을 아뢰는 것이다〔諫是閉邪, 言是陳善〕"라고 했다.

11) 원문의 "선先"을 번역한 것으로, "선"에 대해 《예기》〈단궁〉에 "옛날에 선생님께서 노나라 사구 관직을 실직하고 초나라로 가려고 하실 때 자하에게 먼저 가게 하고, 또다시 염유에게 가게 했는데, 이것으로 빠르게 가난해지지 않으려는 것을 알았다〔昔者夫子失魯司寇, 將之荊, 蓋先之以子夏, 又申之以冉有, 以斯知不欲速貧也〕"라고 했는데, 이에 양보쥔은 '사람으로 하여금 먼저 가서 주선하게 한다'라는 의미라고 했다.

을 수 있겠습니까?"

孟子告齊宣王曰: "君之視臣如手足, 則臣視君如腹心, 君之視臣如犬馬, 則臣視君如國人, 君之視臣如土芥, 則臣視君如寇讎." 王曰: "禮, 爲舊君有服, 何如斯可爲服矣?" 曰: "諫行言聽, 膏澤下於民, 有故而去, 則君使人導之出疆, 又先於其所往, 去三年不反, 然後收其田里, 此之謂三有禮焉. 如此, 則爲之服矣. 今也爲臣, 諫則不行, 言則不聽, 膏澤不下於民, 有故而去, 則君搏執之, 又極之於其所往, 去之日, 遂收其田里, 此之謂寇讎. 寇讎, 何服之有?"

죄 없이 단죄하지 말라 8.4

맹자께서 말씀하셨다.

"죄를 짓지 않았는데도 선비를 죽이면 대부가 [그 나라를] 떠나게 될 것이고, 죄를 짓지 않았는데도 백성을 죽이면 선비가 [다른 곳으로] 옮겨가게 될 것이다."

孟子曰: "無罪而殺士, 則大夫可以去, 無罪而戮民, 則士可以徙."

12) 원문의 "극極"을 번역한 것으로, 《설문해자》에 "궁窮은 극極이다〔窮, 極也〕"라고 했고, 《논어》 〈요왈堯曰〉 20.1의 "천하가 곤궁해지다〔四海困窮〕"라는 구절에 대한 포함包咸의 주에 "곤困은 극極이다"라고 되어 있어 '극'은 '곤궁'과 의미가 통한다. 주희는 "극은 궁함이다. 그가 가는 바의 나라에서 궁하게 하는 것이니, 예컨대 진나라가 난영을 금고한 것과 같은 것이다〔極, 窮也. 窮之於其所往之國, 如晉錮欒盈也〕"라고 했다.

군주의 자질 두 가지 8.5

맹자께서 말씀하셨다.

"군주가 인하면 아무도 인하지 않은 사람이 없고, 군주가 의로우면 아무도 의롭지 않은 사람이 없다."

孟子曰: "君仁, 莫不仁, 君義, 莫不義."

대인의 자질 8.6

맹자께서 말씀하셨다.

"[예인 듯하나] 예가 아닌 예와 [의인 듯하나] 의가 아닌 의를 대인이라면 하지 않는다."

孟子曰: "非禮之禮, 非義之義, 大人弗爲."

현명한 사람과 어리석은 사람의 거리 8.7

맹자께서 말씀하셨다.

"중용의 덕이 있는 자는 [아직] 중용의 덕을 갖추지 못한 자를 길러주고, 재능 있는 자는 [아직] 재능을 갖추지 못한 자를 길러주므로[13] 사람들이 현명한 부형이 있는 것을 좋아한다. 만일 중용의 덕이 있는 자가 중용의 덕을 갖추지 못한 자를 버리고, 재능 있는 자가 재능을 갖추지 못한 자를 버린다면 현명한 사람과 어리석은 사람의 거리는 그 간격이 한 치가 안 될 것이다."

孟子曰: "中也養不中, 才也養不才, 故人樂有賢父兄也. 如中也棄不中, 才也棄不才, 則賢不肖之相去, 其間不能以寸."

할 일과 안 할 일 8.8

맹자께서 말씀하셨다.

"사람이란 하지 않는 일이 있고 난 다음에야 [제대로] 하는 일이 있게 된다."

孟子曰: "人有不爲也, 而後可以有爲."

13) 원문의 "중야양부중中也養不中, 재야양부재才也養不才"를 번역한 것으로, "중中"과 "양養"과 "재才"의 개념에 대해 주희는 "지나침과 미치지 못하는 것이 없는 것을 '중'이라고 하고, 족히 할 수 있는 것을 '재'라고 하며, '양'은 받아들여 기르고 훈육하여 스스로 변화하기를 기다리는 것을 이른다〔無過不及之謂中, 足以有爲之謂才, 養謂涵育薰陶, 俟其自化也〕"라고 명쾌하게 해석했는데, 참조할 만하다. 같은 맥락에서 조기는 "'중'이란 중화의 기에 의해 타고난 것을 실천에 옮기는 것으로, 이를 현명하다고 일컫는다고 했고, '재'란 사람 중에 뛰어난 재기가 있는 자를 일컫는다〔中者, 履中和之氣所生, 謂之賢. 才者, 是謂人之有俊才者〕"라고 하여 본문의 "'현'은 도에 맞고 재기가 있는 자를 말한다〔賢, 謂中而才者也〕"라고 했다.

남을 비판 말라 8.9

맹자께서 말씀하셨다.

"다른 사람의 선하지 않은 것을 말한다면, 나중에 닥칠 우환을 어떻게 감당하려는가?"

孟子曰: "言人之不善, 當如後患何?"

중도를 지킨 공자 8.10

맹자께서 말씀하셨다.

"중니(공자)께서는 너무 지나친 것을 하지 않으셨다."[14)]

---

14) 이 문장의 의미에 대해 주희는 "양시楊時가 말했다. '성인이 하시는 바는 본분 밖에 털끝만큼도 더하지 않음을 말씀한 것이니, 맹자가 공자를 진실로 아는 것이 아니라면 이 말로써 일컬을 수 없다'(楊氏曰: '言聖人所爲, 本分之外, 不加毫末, 非孟子眞知孔子, 不能以是稱之')"라고 했고, 조기는 "중니는 삿된 것을 꺼려 바로잡음으로써 바르게 되면 된다고 여기셨다. 그러므로 너무 심하고 크게 지나친 것을 하지 않으신 것이다(仲尼彈邪以正, 正斯可矣. 故不欲爲已甚泰過也)"라고 했는데, 정약용은 다음과 같이 조기의 설을 취하고 주희의 설을 비판했다. "양시의 설은 아마도 오류인 듯하다. 성인의 지극한 선에 머무르려는 것이 어찌 너무 심한 것은 하지 않는다고 할 수 있겠는가? '이심已甚'은 폄하하는 말이다. 맹자가 직접 말씀하시기를 '단간목과 세류는 모두 너무 심하다'라고 하여 조기의 주가 근거가 있어 고칠 수 없다. 호향의 어린아이를 보고 문하생들이 의아해하자 공자께서 말씀하시기를 '진보하려는 자와는 함께하고, 퇴보하려는 자와는 함께하지 않는 것이 무엇이 지나친가!'라고 하셨고, 공자께서 '사람으로서 인하지 못한 것을 너무 지나치게 미워해도 난을 일으키게 된다'(楊說恐謬. 聖人之止於至善, 豈可曰不爲已甚乎? 已甚者, 貶辭. 孟子親口自言曰: '段干木泄柳是皆已甚'. 趙注有據, 未可改也. 互鄕童子見, 門人惑, 子曰: '與其進也, 不與其退也, 惟何甚?' 子曰: '人而不仁, 疾之已甚, 亂也')라고 하셨으며,《역》에 이르기를 '악인을 만나보면 허물이 없다'고 했으니, 성인의 의는 진실로 이와 같다(易曰: '見惡人无咎.' 聖人之義, 固如是也)." 성백효는 정약용의 고증이 확실하다고 보았는데, 일리가 있다.

孟子曰: "仲尼不爲已甚者."

대인의 언행 8.11

맹자께서 말씀하셨다.

"대인은 말에 있어서 꼭[15] 믿어주기를 바라지 않고, 행실에 있어서 꼭 과단성 있기를[16] 바라지 않으며, 오직 의로움이 있는 것으로 한다."

孟子曰: "大人者, 言不必信, 行不必果, 惟義所在."

갓난아이의 마음을 잃지 말라 8.12

맹자께서 말씀하셨다.

"대인은 그 갓난아이의 마음을 잃지 않은 자[17]이다."

15) 원문의 "필必"을 번역한 것으로, 주희는 "'필'은 기약한다는 뜻과 같다. '대인'은 말과 행동이 먼저 믿음과 과단성을 기약하지 않고 단지 의로움이 있는 바이면 반드시 그것을 따르니, 마침내 또한 일찍이 믿음과 과단성이 있게 하는 것이 아니다(必, 猶期也. 大人言行, 不先期於信果, 但義之所在, 則必從之, 卒亦未嘗不信果也)"라고 했다.

16) 원문의 "과果"를 번역한 것으로, 조기는 "'과'는 '능하다'는 뜻이다. 대인은 의로움에 의지하는데, 의로움은 반드시 그 말을 믿어주지 못할 수가 있으니, 아들이 아버지를 위해 숨기는 것 같은 경우다. 하고자 하는 바를 과단성 있게 행하지 못할 수가 있으니, 부모가 계시면 벗을 위해 자신을 내어주지 못하는 것과 같다. 의가 믿음보다 더 중요할 수 있으므로 오직 의로움이 있는 바대로 할 뿐이라고 말한 것이다(果, 能也. 大人杖義, 義有不得必信其言, 子爲父隱也. 有不能得果行其所欲行者, 若親在不得, 以其身許友也. 義或重於信, 故曰惟義所在)"라고 부연했다.

孟子曰: "大人者, 不失其赤子之心者也."

장사 지내는 것이 큰일 8.13

맹자께서 말씀하셨다.

"살아계시는 부모를 [받들어] 모시는 것은 큰일에 해당되기에는 부족하고, 오직 돌아가신 부모를 장사 지내는 것이라야[18] 큰일에 해당될 수 있다."

孟子曰: "養生者不足以當大事, 惟送死可以當大事."

스스로 체득하라 8.14

맹자께서 말씀하셨다.

"군자가 깊이 탐구해 나아가기를 도로써 하는 것[19]은 스스로 체득하고자 하는 것이니, 스스로 [도를] 체득하면 머무는 데에 편안하

---

17) 조기는 "대인은 군주를 말하는데, 나라의 군주는 백성 보기를 어린아이 보는 것처럼 하여 그 백성의 마음을 잃지 않아야 한다는 말이다. 일설에 적자는 영아라고 말한다. 어리고 작을 때의 마음은 오로지 한결같고 아직 변화가 없으니, 사람이 그 어린아이 때의 마음을 잃지 않는다면 곧고 바른 대인이라 할 수 있다(大人謂君, 國君視民當如赤子, 不失其民心之謂也. 一說曰: '赤子嬰兒也.' 少小之心, 專一未變化, 人能不失其赤子時心, 則爲貞正大人也)"고 했는데 취할 만하다.

18) 원문의 "양생養生"과 "송사送死"에 대한 개념은 《논어》〈학이學而〉 1.9의 "임종을 신중하게 모시고 먼 조상까지 추모하면 백성의 덕이 두터운 데로 돌아갈 것이다(愼終追遠, 民德歸厚矣)"라는 증자의 발언과 함께 읽어볼 만하며, 《논어》〈위정爲政〉 2.5의 "[부모가] 살아 계실 때는 예로써 섬기고, 돌아가신 다음에는 예로써 장사를 지내고, 예로써 제사를 모시는 것이다(生事之以禮, 死葬之以禮, 祭之以禮)"라는 구절과도 통한다(김원중 역, 《논어》, 휴머니스트, 69쪽).

고, 머무는 데에 편안하면 쌓이는[20] 것이 깊고, 쌓이는 것이 깊으면 좌우에서 취하여 써도 그 근원을 만나게 된다. 그러므로 군자는 스스로 체득하고자 하는 것이다."

孟子曰: "君子深造之以道, 欲其自得之也. 自得之, 則居之安, 居之安, 則資之深, 資之深, 則取之左右逢其原. 故君子欲其自得之也."

널리 배우고 설명하는 이유 8.15

맹자께서 말씀하셨다.

"널리 배우고 상세히 설명하는 것은 장차 요점[21]을 말하려는 것으로 돌아가려는 것이다."

---

19) 원문의 "군자심조지이도君子深造之以道"를 번역한 것으로, "조造"에 대하여 조기는 '다하다(致)'라고 풀이했고, 주희는 "'조'는 나아감이다. 깊이 나아간다는 것은 나아가는데 멈추지 않는다는 뜻이다(造, 詣也. 深造之者, 進而不已之意)"라고 했으며, "'도道'는 그 나아가는 방법이다(道, 則其進爲之方也)"라고 했다.

20) 원문의 "자資"를 번역한 것으로, 《설문해자》에 "'자'는 재화이다(資, 貨也)"라는 풀이와 단옥재의 주에 "'자'는 쌓는 것이다. 가뭄에는 배를 쌓고, 홍수에는 수레를 쌓으며, 여름에는 가죽을 쌓고, 겨울에는 칡베를 쌓는데, 모두 쌓아둔다는 의미다(資者積也. 旱則資舟, 水則資車, 夏則資皮, 冬則資絺綌, 皆居積之謂)"라고 했는데 본문의 의미는 이보다 더 내포적이다.

21) 원문의 "박博"과 "약約"에 대한 번역으로, 이 구절의 핵심어다. 이에 대하여 정이천程伊川은 "'박'과 '약'은 정반대로, 성인이 사람들에게 가르치는 것은 다만 이 두 글자다. '박'은 널리 배우는 것이니 많이 알고 많이 보고 많이 듣는 것을 말하고, '약'은 다만 사람들에게 요점을 알게 하는 것이다(博與約正相對, 聖人教人, 只此兩字, 博是博學, 多識多見多聞之謂, 約只是使人知要也)"라고 했다. 《논어》〈옹야雍也〉 6.25에 "[군자가] 글을 널리 배우고, 예로써 단속한다면 또한 [도리에] 어긋나지 않을 수 있을 것이다(博學於文, 約之以禮, 亦可以弗畔矣夫!)"라고 한 구절과도 통한다.

孟子曰: "博學而詳說之, 將以反說約也."

선함으로 남을 길러라 8.16

맹자께서 말씀하셨다.

"선善으로 남을 복종시키려 하는 자 가운데 남을 [제대로] 복종시킬 수 있는 자가 없으니, 선으로 남을 길러준 뒤에 천하를 복종시킬 수 있다. 천하가 마음으로 복종하지 않는데도 왕 노릇 하는 자는 없다."

孟子曰: "以善服人者, 未有能服人者也, 以善養人, 然後能服天下. 天下不心服而王者, 未之有也."

말은 실질이 있어야 8.17

맹자께서 말씀하셨다.

"말에는 실제가 상서롭지 못한 경우가 없으니, 상서롭지 못한 실제는 어진 이를 가리는 것이 이에 해당한다."[22]

孟子曰: "言無實不祥. 不祥之實, 蔽賢者當之."

22) 《대학》 전10.16에 "현명한 사람을 보고도 등용할 수 없고, 등용했더라도 우선시하지 않았다면 천명이다. 선하지 못한 사람을 보고도 물러나게 할 수 없고, 물러나게 하더라도 멀리할 수 없다면 허물이다(見賢而不能舉, 舉而不能先, 命也. 見不善而不能退, 退而不能遠, 過也)"라는 구절과 함께 보면 좋다.

공자가 물을 칭송한 이유 8.18

서자가 말했다.

"공자께서는 자주[23] 물을 칭송하여 '물이여! 물이여!'라고 하셨는데,[24] 물에서 어떤 점을 받아들인 겁니까?"

맹자께서 말씀하셨다.

"근원이 좋은 샘물은 콸콸 솟아서[25] 밤낮을 그치지 않고 흘러가 웅덩이를 가득 채운 뒤에 나아가서 사해에 흘러드니, 근원이 있는 것이 이와 같아서 이것을 받아들인 것이다. 만일 근원이 없다면 7, 8월 사이에 빗물이 모여서 도랑을 모두 가득 채우지만, 그것이 마르는 것은 서서 기다릴 정도이니, 명성이 실제보다 지나친 것을 군자는 부끄럽게 여긴다.[26]"

徐子曰: "仲尼亟稱於水, 曰: '水哉, 水哉!' 何取於水也?" 孟子曰: "原泉混混, 不舍晝夜, 盈科而後進, 放乎四海. 有本者如是, 是之取爾. 苟爲無本, 七八月之間雨集, 溝澮皆盈, 其涸也, 可立而待也. 故聲聞過情, 君子恥之."

---

23) 원문의 "극亟"을 번역한 것으로, 주희는 '자주〔數〕'의 뜻이라고 풀이했다.

24) 공자가 물을 칭송하는 것은 《논어》〈자한子罕〉 9.16에서 "공자께서 강가에서 말씀하셨다. '흘러가는 것이 이와 같구나. 밤낮을 그치지 않는구나'〔子在川上曰: '逝者如斯夫, 不舍晝夜'〕"라고 한 문맥적 의미를 고려할 필요가 있다.

25) 원문의 "혼혼混混"을 번역한 것으로, 《설문해자》에 "'혼'은 풍부하게 흐르는 것이다〔混, 豐流也〕"라고 했고, 단옥재의 주에 "풍성하게 가득 흐르는 것이다〔盛滿之流也〕"라고 했다.

사람이 금수와 다른 점 8.19

맹자께서 말씀하셨다.

"사람이 금수와 다른 점은 거의 없는데[27] 뭇사람은 그것을 버리고 군자는 그것을 보존한다. 순임금은 여러 사물의 이치에 밝으며 인륜을 잘 살폈으니, 인仁과 의義를 따라 행동하신 것이고, 인과 의를 [억지로] 실행하시려고 한 것이 아니었다.[28]"

孟子曰: "人之所以異於禽獸者幾希, 庶民去之, 君子存之. 舜明於庶

---

26) 공자께서 소문〔聞〕과 통달〔達〕에 대하여 자장과 나눈 대화가《논어》〈안연〉12.20에 보인다. "자장이 여쭈었다. '선비는 어떻게 해야 통달했다고 할 수 있습니까?' 공자께서 말씀하셨다. '무엇이냐, 네가 말하는 통달이라는 것이?' 자장이 아뢰었다. '나라 안에서 반드시 소문이 나고, 가문 안에서도 반드시 소문이 나는 것입니다.' 공자께서 말씀하셨다. '이것은 소문이지 통달이 아니다. 통달이라는 것은 본바탕이 바르고 의로움을 좋아하며, [다른 사람의] 말을 살피고 [다른 사람의] 안색을 관찰하며, 깊이 생각하고 다른 사람에게 자신을 낮추는 것이다. 나라 안에서도 반드시 통달하고 가문 안에서도 반드시 통달하는 것이다. 소문이 있다는 것은 겉으로는 인을 취하면서도 행동은 [인에] 어긋나는 것인데도 스스로는 인하다고 믿어 의심하지 않는 것이다. [그런 사람은] 나라 안에서 반드시 소문이 나고 가문에서도 반드시 소문이 나는 것이다'〔子張問, '士何如斯可謂之達矣?' 子曰: '何哉, 爾所謂達者?' 子張對曰: '在邦必聞, 在家必聞.' 子曰: '是聞也, 非達也. 夫達也者, 質直而好義, 察言而觀色, 慮以下人. 在邦必達, 在家必達. 夫聞也者, 色取仁而行違, 居之不疑. 在邦必聞, 在家必聞'〕."

27) 원문의 "기희幾希"를 번역한 것으로, 주희는 '적다〔少〕'는 뜻으로, 정약용은 '미미하다〔微〕'라는 뜻으로 풀이했다. 주희가 "사람과 금수가 태어날 때 똑같이 천지의 이치를 얻어 본성을 삼았고, 똑같이 천지의 기를 얻어 형체를 삼았으니, 그 같지 않은 것은 오직 사람만이 그사이에 형기形氣의 올바름을 얻어 그 성性을 온전히 보존할 수 있는 것이 사소한 다름이 될 뿐이다〔人物之生, 同得天地之理, 以爲性, 同得天地之氣, 以爲形, 其不同者, 獨人於其間, 得形氣之正, 而能有以全其性, 爲少異耳〕"라고 한 것에 대하여 정약용은 "[사람과 금수가] 다른 것은 오직 하나의 도심이니, 도심의 물건 됨은 형체가 없고 바탕도 없으며 지극히 미미하고 지극히 황홀하다〔所異者惟是一箇道心, 而道心爲物, 無形無質, 至微至忽〕"라고 했다.

物, 察於人倫, 由仁義行, 非行仁義也."

주공이 앉은 채 밤새워 기다린 것은 8.20

맹자께서 말씀하셨다.

"우임금은 맛있는 술을 싫어하고,[29] 선한 말을 좋아하셨다.[30] 탕왕은 중용의 도를 잡고서, 어진 이를 등용하되 [출신] 지역을 따지지 않으셨다. 문왕은 백성 보기를 상처 입은 듯이 했고,[31] 도를 바라보고도 아직 보지 못한 듯이 하셨다. 무왕은 가까운 곳에 있는 자들을 함부로 대하지[32] 않았고, 먼 곳에 있는 자들도 잊지 않으셨다. 주공

---

28) 원문의 "유인의행由仁義行, 비행인의야非行仁義也"를 번역한 것으로, 조기는 "인의는 안에서 생기는 것이므로 그 중심을 따라서 행하는 것이지, 억지로 인의를 행하는 것은 아니다〔仁義生於內, 由其中而行, 非強力行仁義也〕"라고 보았다. 주희는 "인의가 이미 마음에 뿌리내려서 행하는 바가 모두 이로부터 나온 것이고, 인의를 아름답게 여긴 뒤에 힘써 억지로 행한 것이 아니니, 이른바 '안이행지安而行之'라는 것이다. 이는 성인의 일이니 보존하기를 기다리지 않아도 보존되지 않음이 없는 것이다〔仁義已根於心, 而所行, 皆從此出, 非以仁義爲美而後, 勉强行之, 所謂安而行之也. 此則聖人之事, 不待存之而無不存矣〕"라고 했다.

29) 원문의 "우오지주禹惡旨酒"를 번역한 것으로, 《전국책》〈위책〉에 "의적이 술을 만들었는데, 우임금은 그 술을 마셔보고 맛있게 여기며 말씀하시기를 '후세에 반드시 술로써 그 나라를 망칠 자가 있을 것이다'라고 하시고는 마침내 의적을 멀리하고는 맛있는 술을 끊으셨다〔儀狄作酒, 禹飮而甘之曰: '後世必有以酒亡其國者.' 遂疏儀狄而絶旨酒〕"라는 기록이 있다.

30) 원문의 "호선언好善言"에 대해 《서경》〈우서虞書·대우모大禹謨〉에 "우임금은 합당한 말에 절했다〔禹拜昌言〕"라는 기록이 있다. 맹자는 원문의 '창昌' 대신 '선善'으로 썼다.

31) 원문의 "시민여상視民如傷"을 번역한 것으로, 조기는 "온화하여 어지럽게 움직이지 않는 것〔雍容不動擾〕"이라고 했고, 정약용은 노자의 말을 인용하여 조기의 설을 지지했다. "조기의 주가 의미가 있다. …… 《노자》에 '백성을 다스리는 것은 작은 생선을 찌듯이 한다'라고 했다〔趙注有味. …… 老子曰治民如烹小鮮〕."(이지형 역, 《맹자요의》, 현대실학사, 1994.)

은 [우임금, 탕왕, 문·무왕 등] 세 왕의 덕을 겸비하여 [그들의] 네 가지 일을 실천할 것을 생각하셨고, 들어맞지 않는 것이 있으면 우러러 생각하여 밤으로써 날을 이어 다행히 터득하면 [그대로] 앉은 채 아침을 기다리셨다."

孟子曰: "禹惡旨酒而好善言. 湯執中, 立賢無方. 文王視民如傷, 望道而未之見. 武王不泄邇, 不忘遠. 周公思兼三王, 以施四事, 其有不合者, 仰而思之, 夜以繼日, 幸而得之, 坐以待旦."

공자가 말하는 《춘추》 8.21

맹자께서 말씀하셨다.

"왕 노릇 하는 자의 자취[33]가 사라지면서 시(《시경》)가 없어졌으니,[34] 시가 없어지고 나서 《춘추》가 지어졌다. 진晉나라의 《승》과 초나라의 《도올》과 노나라의 《춘추》가 매한가지다. 《춘추》의 그 일은 제나라 환공과 진나라 문공의 일이고, 그 문체는 사관의 것이다. 공자께서 말씀하시기를 '그 의義는 내가 외람되이 취했다'고 하셨다."

孟子曰: "王者之迹熄而詩亡, 詩亡然後春秋作. 晉之乘, 楚之檮杌, 魯之

---

32) 원문의 "설泄"을 번역한 것으로, 조기의 "'설'은 함부로 대하고 가까이하는 것이다. 가까이 있는 현명한 자를 함부로 대하지 않고, 멀리 있는 선한 자를 잊어버리지 않는다는 말이다. 가까운 자는 조정의 신하를 이르고, 멀리 있는 자는 제후를 이른다(泄, 狎邇近也. 不泄狎近賢, 不遺忘遠善, 近謂朝臣, 遠謂諸侯也)"라는 해석이 정확하다. 주희도 "'설'은 함부로 대하는 것이다. 가까운 자는 사람이 함부로 대하기 쉬운 바인데도 함부로 대하지 않으셨고, 먼 자는 사람이 잊기 쉬운 바인데도 잊지 않으셨으니, 덕이 성대하고 인仁이 지극한 것이다(泄, 狎也. 邇者, 人所易狎而不泄, 遠者, 人所易忘而不忘, 德之盛, 仁之至也)"라고 했다.

春秋, 一也, 其事則齊桓晉文, 其文則史. 孔子曰: '其義則丘竊取之矣.'"

공자의 문하가 되지는 못했으나 8.22

맹자께서 말씀하셨다.

"군자의 [남긴] 은택도 다섯 세대면 끊기게 되고, 소인의 [남긴] 은택도 다섯 세대면 끊기게 된다. 나는 공자의 문하가 되지는 못했지만 나는 남에게서 사사로이 [공자의 선한 도를] 배웠노라.[35)]"

孟子曰: "君子之澤五世而斬, 小人之澤五世而斬. 予未得爲孔子徒也, 予私淑諸人也."

---

33) 원문의 "적迹"을 번역한 것으로, 《설문해자》 기丌 부에 "'적'은 옛날의 '주인遒人'이라는 사람으로, 목탁으로 시와 말을 전했다〔迹, 古之遒人, 以木鐸記詩言〕"라고 했고, 《설문통훈정성》에 "《맹자》의 '맹자왕자지적식이시망孟子王者之迹熄而詩亡'에서 '적迹'은 '적辺'의 오류다〔孟子王者之迹熄而詩亡, 迹卽辺之誤〕"라고 했다. 《예기》 〈왕제〉에 "태사에게 명하여 시를 바치게 함으로써 백성의 풍습을 관찰했다〔命太師陳詩以觀民風〕"라고 했고, 《공양전》 하안何晏의 주에 "오곡이 다 들어오고 백성이 모두 집에 거처하면 시월부터 정월이 다 끝날 때까지 남녀가 서로 따르며 노래하는데, 배고픈 자는 그 먹을 것을 노래하고, 수고로운 자는 그 일을 노래했다. 남자 나이 예순 살과 여자 나이 쉰 살에 자식이 없는 자는 관이 옷과 먹을 것을 주고 그들에게 민간의 시를 구해오게 했다. 마을에서 고을로 가져가고, 고을은 나라로 가져가고, 나라에서는 천자가 듣도록 했다. 그러므로 왕 노릇 하는 자는 문밖을 나가지 않아도 천하를 다 알았다〔五穀畢入, 民皆居宅, 從十月盡正月止, 男女相從而歌. 饑者歌其食, 勞者歌其事. 男年六十女年五十無子者, 官衣食之, 使之民間求詩. 鄕移於邑, 邑移於國, 國以聞於天子. 故王者不出戶牖, 盡知天下〕"라고 했다.

34) 원문의 "시망詩亡"을 번역한 것으로, 주희는 "평왕이 동쪽으로 옮겨 정치적 교화와 호령이 천하에 미치지 못한 것을 일컫는다. 시망이란 〈서리〉가 강등되어 국풍이 되어 '아雅'가 없어진 것을 말한다〔謂平王東遷, 而政敎號令, 不及於天下也. 詩亡, 謂黍離降爲國風而雅亡也〕"고 하여 '아'가 되어야 하는 왕풍이 강등된 것을 '시망'으로 보았다.

청렴·은혜·용맹을 해쳐서는 안 될 일 8.23

맹자께서 말씀하셨다.

"취할 수도 있고 취하지 않을 수도 있는데 취하면 청렴을 해치게 되고, 줄 수도 있고 주지 않을 수도 있는데 주면 은혜를 해치게 되며, 죽을 수도 있고 죽지 않을 수도 있는데 죽게 되면 용맹을 해치게 된다."[36)]

孟子曰: "可以取, 可以無取, 取傷廉, 可以與, 可以無與, 與傷惠, 可以死, 可以無死, 死傷勇."

35) 원문의 "사숙私淑"을 번역한 것으로, 직접 가르침을 받지는 않았지만 마음속으로 본받아서 도나 학문을 닦는 것을 뜻한다. 맹자는 공자의 손자인 자사의 제자에게서 배웠다. 공자로부터 다섯 세대가 지나 직접 배우지는 못했지만, 공자 문하의 제자에게서라도 배운 경위가 나타난다. '숙淑'에 대하여 주희는 "선함〔善〕"이라고 했고, '숙淑'은 가차되어 '숙叔'과 같으므로 《설문해자》에는 "숙叔은 취한다는 것이다〔叔, 取也〕"라고 했다.

36) 이 문장에 대해 주희의 주석을 참조하면 임지기林之奇는 "공서화가 다섯 병의 곡식을 받은 것은 청렴을 상하게 한 것이고, 염자가 그에게 준 것은 은혜를 상하게 한 것이며, 자로가 위나라에서 죽은 것은 용맹을 상하게 한 것이다〔公西華受五秉之粟, 是傷廉也, 冉子與之, 是傷惠也, 子路之死於衛, 是傷勇也〕"라고 했는데, 공서화에 대한 자세한 기록이 《논어》〈옹야〉 6.3에 보인다. "자화(공서화)가 제나라에 사신으로 가게 되자, 염자(염구)가 그의 어머니에게 줄 곡식을 청했다. 공자께서 말씀하셨다. '그에게 1부(여섯 말 넉 되)를 주어라.' 더 달라고 청했다. [공자께서] 말씀하셨다. '1유(열여섯 말)를 주어라.' 염자는 그의 어머니에게 곡식 5병(여든 섬)을 주었다. 공자께서 말씀하셨다. '적(공서화)이 제나라에 갈 때 살진 말을 타고 가벼운 가죽옷을 입었더라. 내가 듣기로는 「군자는 다급한 사람을 도와주지만, 잘사는 사람에게 더 보태주지는 않는다」고 했다'〔子華使於齊, 冉子爲其母請粟. 子曰: '與之釜.' 請益. 曰: '與之庾.' 冉子與之粟五秉. 子曰: '赤之適齊也, 乘肥馬, 衣輕裘. 吾聞之也, 「君子周急不繼富」'〕."

제자를 잘 둔 덕에 목숨을 건진 자 8.24

방몽逢蒙이 활 쏘는 법을 예羿에게서 배웠는데, 예의 기술을 다 익히고 나서 '천하에 오직 예만이 나보다 낫다'고 생각하고는 이에 예를 죽였다.

맹자께서 말씀하셨다.

"이는 또한 예에게도 잘못이 있다."

공명의[37]가 말했다.

"마땅히 잘못이 없는 듯합니다."

[맹자께서] 말씀하셨다.

"[잘못이] 크지 않을 뿐 어찌 잘못이 없다고 하겠는가? 정나라 사람이 자탁유자에게 위衛나라를 침략하도록 했는데, 위나라에서는 유공庾公 사斯를 시켜 그를 뒤쫓게 했다. 자탁유자가 말하기를 '오늘 나는 병이 나서 활을 잡을 수 없으니, 나는 죽게 되었구나!'라고 하고, 그 마부에게 묻기를 '나를 뒤쫓아오는 자가 누구인가?'라고 하자, 그 마부가 대답하기를 '유공 사입니다'라고 했다. [자탁유자가] 말하기를 '나는 [이제] 살았구나'라고 하니, 그 마부가 말하기를 '유공 사는 위나라에서 활쏘기를 잘하는 자인데, 선생님께서 말씀하기를

---

37) 《맹자》 전체에서 공명의는 이곳과 제5편 〈등문공 상〉 1장의 "공명의가 말하기를 '[주공이] 문왕은 나의 스승이다'라고 했다(公明儀曰: '文王, 我師也')", 제6편 〈등문공 하〉 3장의 "공명의가 말하기를 '옛사람은 석 달 동안 [섬길] 군주가 없으면 위문했다'라고 했다(公明儀曰: '古之人三月無君, 則弔')", 제6편 〈등문공 하〉 9장의 "공명의가 말하기를 '푸줏간에 살진 고기가 있고, 마구간에 살진 말이 있는데도 백성이 굶주린 기색이 있고 들에 굶어 죽은 시체가 있다면 이는 짐승을 몰아서 사람을 잡아먹게 하는 형국이다'라고 했다(公明儀曰: '庖有肥肉, 廄有肥馬, 民有飢色, 野有餓莩, 此率獸而食人也')" 이렇게 네 곳에 보인다.

「나는 살았구나」라고 하신 것은 무슨 말씀입니까?'라고 하자, [그가] 대답하기를 '유공 사는 활쏘기를 윤공尹公 타他라는 자에게서 배웠고, 윤공 타는 활쏘기를 나에게서 배웠다. 무릇 윤공 타는 단정한 사람[38]이라서 벗을 사귀는 데도 반드시 단정할 것이다'라고 했다. 유공 사가 도착하여 묻기를 '선생께서는 어찌하여 활을 잡지 않습니까?'라고 하자, [자탁유자가] 대답하기를 '오늘 나는 병이 나서 활을 잡을 수가 없네'라고 했다. [유공 사가] 말하기를 '소인은 활쏘기를 윤공 타에게서 배웠고, 윤공 타는 활쏘기를 선생에게서 배웠으니, 저는 차마 선생의 기술로써 도리어 선생을 해칠 수가 없습니다. 비록 그러하나 오늘의 일은 군주[가 명령한] 일이니, 제가 감히 하지 않을 수는 없습니다'라고 하고는 화살을 뽑아 수레바퀴에 두들겨 화살촉을 떼어버리고는 화살 네 개를 쏘고 나서 돌아갔다."[39]

逢蒙學射於羿, 盡羿之道, 思天下惟羿爲愈己, 於是殺羿. 孟子曰: "是亦羿有罪焉." 公明儀曰: "宜若無罪焉." 曰: "薄乎云爾, 惡得無罪? 鄭人使子濯孺子侵衛, 衛使庾公之斯追之. 子濯孺子曰: '今日我疾作,

---

38) 원문의 "단인端人"을 번역한 것으로, 조기는 "마음 씀씀이가 사악하거나 편벽되지 않는 것〔用心不邪僻〕"이라고 설명했다.

39) 《좌전》 양공 14년에 같은 사건을 두고 달리 서술한 대목이 보인다. "윤공 타는 유공 차에게서 활쏘기를 배우고, 유공 차는 공손 정에게서 활쏘기를 배웠다. 두 사람이 헌공을 추격할 때 공손 정은 헌공의 수레를 몰았다. 유공 차(자어)가 말하기를 '활을 쏘는 것은 스승을 배반하는 것이 되고, 쏘지 않으면 도륙되니, 쏘는 것이 예가 될 것이다'라고 하고 두 말의 멍에를 쏘고 돌아갔다. 윤공 타가 말하기를 '그대에게 스승이 되지만, 나와는 소원합니다' 하고는 수레를 돌렸다. 공손 정이 고삐를 헌공에게 주고 그를 쏘아 팔을 맞추었다〔尹公佗學射於庾公差, 庾公差學射於公孫丁. 二子追公, 公孫丁御公. 子魚曰: '射爲背師, 不射爲戮, 射爲禮乎.' 射兩軥而還. 尹公佗曰: '子爲師, 我則遠矣.' 乃反之. 公孫丁授公轡而射之, 貫臂〕."

不可以執弓, 吾死矣夫!' 問其僕曰: '追我者誰也?' 其僕曰: '庾公之斯也.' 曰: '吾生矣.' 其僕曰: '庾公之斯, 衛之善射者也, 夫子曰:「吾生」. 何謂也?' 曰: '庾公之斯學射於尹公之他, 尹公之他學射於我. 夫尹公之他, 端人也, 其取友必端矣.' 庾公之斯至, 曰: '夫子何爲不執弓?' 曰: '今日我疾作, 不可以執弓.' 曰: '小人學射於尹公之他, 尹公之他學射於夫子. 我不忍以夫子之道反害夫子. 雖然, 今日之事, 君事也, 我不敢廢.' 抽矢, 扣輪, 去其金, 發乘矢而後反."

못생긴 자가 하느님에게 제사 지낼 수 있는 이유 8.25

맹자께서 말씀하셨다.

"[천하의 미인] 서시[40]라도 깨끗하지 않은 것을 뒤집어쓰고 있으면 사람들이 모두 코를 막고 그를 지나갈 것이다. 비록 못생긴 사람이 있더라도 재계하고 머리를 감고 몸을 씻으면 하느님에게 제사 지낼 수 있을 것이다."[41]

孟子曰: "西子蒙不潔, 則人皆掩鼻而過之. 雖有惡人, 齊戒沐浴, 則可以祀上帝."

40) 원문의 "서자西子"를 번역한 것으로, 조기는 "서자는 옛날의 미녀 서시다〔西子, 古之好女西施也〕"라고 했다. 《장자》〈천운天運〉 편에 "서시가 가슴병을 앓아 찌푸리니 그 마을의 추녀가 보고서 그것을 아름답다고 여겨 돌아가서 역시 가슴에 손을 얹고 찌푸렸다〔西施病心而矉, 其里之醜人見而美之, 歸亦捧心而矉〕"라는 내용이 있다. 한편 주희는 "서자는 아름다운 부인이다〔西子, 美婦人〕"라고 했다.

맹자께서 말씀하셨다.

"천하 사람들이 본성이라고 말하는 것은 이미 나타난 흔적을 추구하는 것일 뿐이니, 이미 나타난 흔적을 추구하는 것은 순리를 따르는 것[42]을 근본으로 삼는다. 지혜로운 자를 미워하는 이유는 천착함에 빠지기 때문이니, 만일 지혜로운 자가 우임금이 물을 다스리는 것처럼 한다면 지혜[로운 자]를 미워할 이유가 없을 것이다. 우임금이 물을 다스린 것은 [억지로] 일삼아 행하지 않은 것이니, 만일 지혜로운 자가 또한 [억지로] 일삼아 행하지 않는다면 지혜 역시 클 것이다. 하늘은 높고 별들은 멀지만, 만일 그 이미 나타난 흔적을 추구한다면, 천 년 동안의 동짓날도 앉아서 미루어 알 수가 있다."

孟子曰: "天下之言性也, 則故而已矣. 故者以利爲本. 所惡於智者, 爲其鑿也. 如智者若禹之行水也, 則無惡於智矣. 禹之行水也, 行其所無

41) 이 장에서 원문의 미인인 "서자西子"와 못생긴 사람 "악인惡人"에 대하여 정약용은 "문장과 학식이 순수하고 아름다운 사람이라도 한 번 추하고 더러운 행동을 범하면 사람들이 모두 천하게 여기고 그를 싫어하는데, 서자를 이것에 비유한 까닭이다. …… 악인은 용모가 추악한 자이다. 죽이고 도적질하고 음란하고 망령된 행동을 하지 않은 바가 없다가 잘못을 뉘우쳐 스스로 새로워지면 하늘을 섬길 수 있다. 못생긴 용모를 추악한 행동에 비유한 것이다(文章學識純美之人, 一犯醜穢之行, 人皆賤惡之, 西子所以喩是也. …… 惡人者, 惡貌者也. 殺盜淫妄, 無所不爲, 而悔過自新, 則可以事天. 惡貌所以比醜行也)"라고 했다(이지형 역, 《맹자요의》).

42) 원문의 "리利"를 번역한 것으로, 주희는 "'리'는 '순順'과 같으니 그 자연스러운 형세를 말한다(利, 猶順也, 語其自然之勢也)"라고 했고, 초순은 "잘 인도한다(利導)"라는 의미로 풀이했다.

事也. 如智者亦行其所無事也, 則智亦大矣. 天之高也, 星辰之遠也, 苟求其故, 千歲之日至, 可坐而致也."

맹자가 말하는 예법의 기준 8.27

공행자公行子가 아들 상喪을 당했는데[43] 우사(왕환王驩)가 조문하러 갔다. [우사가] 문으로 들어오자, 나아가 우사와 말하는 자가 있었고, [우사가 자리에 앉자] 우사의 자리로 나아가서 우사와 말하는 자도 있었다.

맹자께서 우사와 말씀을 나누지 않으니, 우사가 언짢아하며 말했다.

"여러 군자는 모두 나와 말하는데, 맹자만 유독 나와 말하지 않으니, 이는 나를 소홀히 여기는[44] 것이다."

맹자께서 이 말을 듣고 말씀하셨다.

"예법에 조정에서는 [자기] 자리를 넘어서 서로 말하지 않고, 위계(자리)를 넘어서 서로 읍(인사)하지 않는다고 했다. 내가 [이] 예를 행하고자 하는데, 자오(왕환)가 나더러 소홀히 여긴다고 말하니, 또한 이상하지 않은가?"

43) 조기는 "공행자는 제나라의 대부이다〔公行子, 齊大夫也〕"라고 했다. 《예기》에 근거하면 아버지는 맏아들을 위해 참최斬衰 3년을 한다고 했는데, 공행자의 아들이 죽자 제나라의 여러 대신이 모두 가서 조문했다. 그의 맏아들이 죽은 것으로 추정된다는 것이 일반론이다.

44) 원문의 "간簡"을 번역한 것으로, '간략하다〔略〕'의 뜻이다. 역자는 문맥상 '소홀히 하다'로 의역했다.

公行子有子之喪, 右師往弔. 入門, 有進而與右師言者, 有就右師之位而與右師言者. 孟子不與右師言, 右師不悅曰: "諸君子皆與驩言, 孟子獨不與驩言, 是簡驩也." 孟子聞之曰: "禮, 朝廷不歷位而相與言, 不踰階而相揖也. 我欲行禮, 子敖以我爲簡, 不亦異乎?"

군자가 보통 사람과 다른 점은 8.28

맹자께서 말씀하셨다.

"군자가 보통 사람과 다른 점은 [자신의] 마음에 간직하고 있는 것[45] 때문이니, 군자는 인仁을 마음에 간직하고 예를 마음에 간직한다. 인한 자는 남을 사랑하고, 예가 있는 자는 남을 공경한다. 남을 사랑하는 자는 남이 늘 그를 사랑하고, 남을 공경하는 자는 남이 늘 그를 공경한다.

여기에 어떤 사람이 있는데 자신을 도리에 어긋나게[46] 대하면 군자는 반드시 스스로 돌이켜보아 '내가 반드시 인하지 못하고, 반드시 예가 없었나 보다. 이런 일이 어찌 이르게 되었는가?'라고 한다.

---

45) 원문의 "존심存心"을 번역한 것으로, 이에 대하여 정약용은 "존심은 옛날과 지금의 차이가 있다. 옛날의 존심이라고 이르는 것은 없어지려고 해서 그것을 보존하는 것이고, 지금의 존심이라고 이르는 것은 마음이 공부한 것이 있어 잊지 않는다는 것을 말한다. 상편에 '사람이 짐승과 다른 점은 거의 없는데 군자는 그것을 보존하고 소인들은 그것을 버린다'고 했는데, 무릇 이른바 존심이라는 것은 모두 거의 없는 것을 보존하는 것을 말한다(存心, 有古今之異. 古之所謂存心者, 將亡而保之也, 今之所謂存心者, 心有工而不忘也. 上篇也, '人之所以異於禽獸者幾希, 君子存之, 小人去之.' 凡所謂存心者, 皆存幾希之謂也)"라고 했다(이지형 역,《맹자요의》).

46) 원문의 "횡역橫逆"을 번역한 것으로, 주희가 "횡역은 강압적이고 난폭하여 이치에 순응하지 않는 것을 이른다(橫逆謂强暴不順理也)"고 한 말을 염두에 두고 읽어야 한다.

스스로 돌이켜보아 인했고 스스로 돌이켜보아 예가 있었는데도 그가 도리에 거스르는 것이 이전과 같으면 군자는 반드시 스스로 돌이켜 '내가 반드시 충실하지 못한가 보다'라고 한다. [그러나] 스스로 돌이켜보아 충실했으나 그 도리에 거스르는 것이 이전과 같으면 군자가 말하기를 '이자 역시 몹쓸 사람일 뿐이다. 이와 같다면 짐승과 무엇으로 가려내겠는가? 짐승에게 또 무엇을 꾸짖겠는가?' 라고 한다.

이 때문에 군자는 죽을 때까지 하는 근심은 있어도 하루아침의 걱정은 없다. 근심하는 것으로 말하면 이러한 것이 있으니, 순임금도 사람이고 나도 또한 사람인데, 순임금은 천하에 모범이 되어 후세에 전할 만한데 나는 아직도 마을 사람[47]의 평범함을 면치 못하고 있으니, 이는 근심할 만한 것이다. 근심하면 어찌하겠는가? 순임금처럼 해야 할 뿐이다. 군자가 걱정하지 않는 것으로 말하면, 인仁이 아니면 [걱정]하지 않으며 예가 아니면 행동하지 않는다. 만일 하루아침의 걱정거리가 있다 하더라도 군자는 걱정하지 않는다."

孟子曰: "君子所以異於人者, 以其存心也. 君子以仁存心, 以禮存心. 仁者愛人, 有禮者敬人. 愛人者, 人恒愛之, 敬人者, 人恒敬之. 有人於此, 其待我以橫逆, 則君子必自反也, '我必不仁也, 必無禮也. 此物奚宜至哉?' 其自反而仁矣, 自反而有禮矣, 其橫逆由是也, 君子必自反也, '我必不忠.' 自反而忠矣, 其橫逆由是也, 君子曰: '此亦妄人也已

47) 원문의 "향인鄕人"을 번역한 것으로, 주희는 "향인은 고을과 마을의 일반 사람이다〔鄕人, 鄕里之常人也〕"라고 했다.

矣. 如此, 則與禽獸奚擇哉? 於禽獸又何難焉?' 是故君子有終身之憂, 無一朝之患也. 乃若所憂則有之, 舜人也, 我亦人也. 舜爲法於天下, 可傳於後世, 我由未免爲鄕人也, 是則可憂也. 憂之如何? 如舜而已矣. 若夫君子所患則亡矣, 非仁無爲也, 非禮無行也. 如有一朝之患, 則君子不患矣."

우임금과 후직과 안회의 공통분모 8.29

우임금과 후직이 태평성대의 때에 자기 집 문 앞을 세 차례나 지나면서도 들어가지 않자, 공자는 그들을 현능하다고 여기셨다. 안자('안회'를 높여 이르는 말)가 난세를 만나 누추한 골목에 살면서 한 그릇의 밥과 한 표주박의 마실 것으로 사는 것을, 사람들은 그 우환을 감당하지 못하는데 안자는 그 즐거움을 고치지 않으니, 공자께서 그를 현능하다고 여기셨다.[48]

맹자께서 말씀하셨다.

"우임금과 후직과 안회의 도가 같다. 우임금이 생각하시기를 천하에 물에 빠진 자가 있으면 마치 자신이 그를 빠뜨린 것과 같이 하시며, 후직이 생각하기를 천하에 굶주리는 자가 있으면 마치 자신이 그를 굶주리게 한 것처럼 하셨으니, 이 때문에 [백성 구하는 일

48) 《논어》〈옹야〉 6.9의 "공자께서 말씀하셨다. '어질구나, 회여! 한 그릇의 밥과 한 표주박의 마실 것을 가지고 누추한 골목에 살면서도, 다른 이들은 그 근심을 견디지 못하는데 회는 그 즐거움을 바꾸려 하지 않으니, 어질구나, 회여! 〔子曰: '賢哉回也! 一簞食, 一瓢飮, 在陋巷, 人不堪其憂, 回也不改其樂. 賢哉, 回也!'〕"라는 구절과 함께 읽으면 좋다. 여기서 즐거움은 현실적인 처지에서의 욕망을 말하는 것이 아니라 소위 군자의 즐거움으로, 천명을 실천하는 형이상학적인 차원의 일이다.

을] 이와 같이 다급하게 하신 것이다. 우임금과 후직과 안자가 처지를 바꾸더라도 모두 그러했을 것이다.

이제 같은 방에 있는 사람이 다투는 자가 있어 그들을 말리는데 머리를 그대로 풀어 헤치고 갓끈만 매고 가서 그들을 말리더라도 괜찮으나, [우리] 마을과 이웃에 싸우는 자가 있어 [말리는데] 머리를 풀어 헤치고 갓끈만 매고 가서 그들을 말린다면 의혹스러운 것이니, 비록 문을 닫고 있어도 괜찮다."

禹稷當平世, 三過其門而不入, 孔子賢之. 顏子當難世, 居於陋巷, 一簞食, 一瓢飮, 人不堪其憂, 顏子不改其樂, 孔子賢之. 孟子曰: "禹稷顏回同道. 禹思天下有溺者, 由己溺之也, 稷思天下有饑者, 由己饑之也, 是以如是其急也. 禹稷顏子易地則皆然. 今有同室之人鬪者, 救之, 雖被髮纓冠而救之, 可也, 鄕鄰有鬪者, 被髮纓冠而往救之, 則惑也, 雖閉戶可也."

세속에서 말하는 불효 다섯 가지 8.30

공도자가 말했다.

"광장이란 자에 대해 온 나라 사람이 모두 불효한다고 일컫는데 선생님께서 그와 교유하시고 게다가 그를 예우까지 하시니, 감히 여쭙겠습니다만 무엇 때문입니까?"

맹자께서 말씀하셨다.

"세속에서 말하는 불효한다는 것은 다섯 가지이다. 사지를 게을리하여 부모를 받들어 모시지 않는 것이 첫 번째 불효이고, 장기를 두며 술 마시기를 좋아하여 부모를 받들어 모시지 않는 것이 두 번째 불효이고, 재물을 좋아하고 아내와 자식만 사사로이 하여 부모를 받들어 모시지 않는 것이 세 번째 불효이고, 귀와 눈이 하고자 하는 대로 따라 부모를 치욕스럽게[49] 하는 것이 네 번째 불효이고, 용맹을 좋아하여 사납게 싸워서[50] 부모를 위태롭게 하는 것이 다섯 번째 불효이니, 장자章子(광장)가 이 가운데 한 가지라도 [해당되는 것이] 있는가?

장자는 부자父子간에 잘하라고 꾸짖다가[51] [부자간에 뜻이] 서로 맞지 않은 것이다. 잘하라고 꾸짖는 것은 친구 간의 도리이니, 부자간에 잘하라고 꾸짖는 것은 은혜를 해치는 것이 큰 것이다. 장자가 어찌 부부나 모자母子의 가족이 있기를 원하지 않겠는가마는 아버지에게 죄를 지어 가까이할 수조차 없었다. [이 때문에] 아내를 내보내고 자식들도 물리쳐서[52] 평생 [아내와 자식의] 봉양을 받지 않으려고

49) 원문의 "륙戮"을 번역한 것으로, 주희가 "'륙'은 부끄럽고 욕된 것이다(戮, 羞辱也)"라고 한 해석은 매우 정확하다.

50) 원문의 "한很"을 번역한 것으로, '랑狼'과 통용되었다. 주희는 "'랑'은 분하고 어그러진 것이다(狠, 忿戾也)"라고 했다. 성백효는 '랑' 자로 교열했다.

51) 원문의 "책선責善"을 번역한 것으로, 부연 설명이 필요하다. 《전국책》〈제책〉에 "장자의 어머니 계啓가 장자의 아버지에게 죄를 짓자, 아버지가 죽여서 마구간 밑에 매장하고는 이장을 허락하지 않았다"라고 했다. 전조망全祖望의 《경사문답經史問答》에 "그렇다면 '책선'이라고 이른 것은 반드시 그 아버지에게 너무 심하게 하지 말라고 권유한 것을 말한 것이나, 아버지가 듣지 않아 결국 가까울 수 없었다(然則所云責善, 蓋必勸其父以弗爲已甚, 而父不聽, 遂不得近)"라고 했다.

했으니 그 부끄러운 마음에 [생각하기를] '이렇게 하지 않으면 죄가 크다'라고 한 것이니, 이것이 바로 장자의 사람됨이다."

公都子曰: "匡章, 通國皆稱不孝焉, 夫子與之遊, 又從而禮貌之, 敢問何也?" 孟子曰: "世俗所謂不孝者五, 惰其四支, 不顧父母之養, 一不孝也, 博奕好飮酒, 不顧父母之養, 二不孝也, 好貨財, 私妻子, 不顧父母之養, 三不孝也, 從耳目之欲, 以爲父母戮, 四不孝也, 好勇鬪很, 以危父母, 五不孝也. 章子有一於是乎? 夫章子, 子父責善而不相遇也. 責善, 朋友之道也, 父子責善, 賊恩之大者. 夫章子, 豈不欲有夫妻子母之屬哉, 爲得罪於父, 不得近. 出妻屛子, 終身不養焉. 其設心以爲不若是, 是則罪之大者, 是則章子已矣."

쳐들어온 도적을 피하지 않은 증자 8.31

증자께서 무성에 사실 때 월나라 도적이 쳐들어오자[53] 어떤 사람이 말했다.

"도적이 쳐들어왔는데, 어찌하여 떠나지 않습니까?"

[증자께서] 말씀하셨다.

52) 원문의 "병屛"을 번역한 것으로, 《예기》〈곡례〉의 정현의 주에 "물리치다(退也)"라고 했고, 《예기》〈왕제〉의 정현의 주에 "쫓아 보내는 것과 같다(猶放去也)"라고 했다.

53) 《한서》〈지리지地理志〉에 의하면 월왕 구천 25년에 일찍이 낭야琅琊에 도읍을 두고 관청과 누대를 지었다고 했다. 《좌전》에는 애공 21년 이후에 오吳와 노魯, 월越과 노魯나라의 관계에 대한 기록이 있는데, 비현 동남 일대의 땅은 월나라가 오나라를 멸망시킨 후에 국경이 서로 맞물린 형국이어서 월나라 도적들이 쳐들어오기 쉬웠다고 한다.

"내 집에 다른 사람이 들어와 땔나무를 훼손시키지 못하도록 하라."

도적들이 물러갔다고 하자 말씀하셨다.

"나의 담장과 지붕을 수리해놓아라. 나는 돌아갈 것이다."

도적이 물러간 다음에 증자께서 돌아오시자, 좌우에 있는 자들이 말했다.

"[무성의 대부가] 선생을 대하기를 이처럼 충성스럽게 하고 또 공경했는데, 도적이 이르자 먼저 떠나가셔서 백성이 [좋지 않은 것을] 바라보게 하시고, 도적이 물러가자 돌아오시니 옳지 못한 듯합니다."

심유행沈猶行이 말했다.

"이는 너희가 알 수 있는 것이 아니다. 옛날에 우리 심유씨 가문에 부추負芻라는 자의 환란이 있었는데, 선생을 따르는 자 일흔 명 중에 한 사람도 참여하지 않았다."

자사[54]께서 위衛나라에 계실 때 제나라 도적이 쳐들어오자, 어떤 사람이 말했다.

"도적이 쳐들어왔는데 어찌하여 떠나지 않습니까?"

자사께서 말씀하셨다.

"만일 내가 떠나가면 군주께서 누구와 지키시겠는가?"

맹자께서 말씀하셨다.

"증자와 자사가 도가 같으니, 증자는 스승이며 부형이었고, 자사

---

54) 《사기》〈공자세가〉에 "공자는 이를 낳았는데, 자가 백어다. 백어는 나이 쉰 살에 공자보다 먼저 세상을 떠났다. 백어가 급을 낳았으니, 자가 자사이고, 향년 예순둘이었다. 자사는 일찍이 송나라에서 곤욕을 치렀다. 자사가 《중용》을 지었다(孔子生鯉, 字伯魚. 伯魚年五十, 先孔子死. 伯魚生伋, 字子思, 年六十二. 嘗困於宋. 子思作中庸)"라는 기록이 있다.

는 신하이며 낮은 위치에[55] 있었다. 증자와 자사가 입장을 바꾸더라도 모두 그러했을 것이다."

曾子居武城, 有越寇. 或曰: "寇至, 盍去諸?" 曰: "無寓人於我室, 毁傷其薪木." 寇退則曰: "修我牆屋, 我將反." 寇退,[56] 曾子反. 左右曰: "待先生如此其忠且敬也, 寇至, 則先去以爲民望, 寇退則反, 殆於不可." 沈猶行曰: "是非汝所知也. 昔沈猶有負芻之禍, 從先生者七十人, 未有與焉." 子思居於衛, 有齊寇. 或曰: "寇至, 盍去諸?" 子思曰: "如伋去, 君誰與守?" 孟子曰: "曾子子思同道. 曾子, 師也, 父兄也, 子思, 臣也, 微也. 曾子子思易地則皆然."

요순도 다 똑같은 사람 8.32

[제나라 재상] 저자儲子[57]가 물었다.

"왕께서 사람을 시켜서 선생을 엿보게[58] 하셨는데, 과연 남과 다

55) 원문의 "미微"를 번역한 것으로, 주희는 "'미'는 미천한 것과 같다(微, 猶賤也)"라고 했다.

56) 원문의 "구퇴寇退"는 이 장에서 두 번 나온다. "구퇴"에 대한 송시열의 해석이 참조할 만한 가치가 있다. "위의 '구퇴'는 증자가 돌아오려고 하는 것을 말하고, 아래의 '구퇴'는 증자가 이미 돌아온 것을 말하니, 글이 비록 중복되어 나오나, 의미는 곧 저마다 다르다(上寇退, 以曾子將返而言, 下寇退, 以曾子旣返而言, 文雖疊出, 而意則各異也)(《송자대전》〈답홍우경答洪虞卿〉)."

57) 조기는 "제나라 사람이다(齊人也)"라고 했는데, 《전국책》〈연책〉에 나오는 인물이다. "장군 시피와 태자 평이 모의하여 자지를 공격하려 했다. 저자가 제나라 민선왕에게 이로 인하여 그들을 치면 연나라를 반드시 격파할 수 있다고 했다(將軍市被太子平謀, 將攻子之. 諸子謂齊閔宣王因而仆之, 破燕必矣)"고 했으니, 같은 인물로 추정된다.

른 점이 있습니까?"

맹자께서 말씀하셨다.

"어찌하여 남과 다르겠습니까? 요순도 남과 같으실 뿐입니다."

儲子曰: "王使人瞯夫子, 果有以異於人乎?" 孟子曰: "何以異於人哉! 堯舜與人同耳."

남편의 뒤를 캐려는 아내의 속내 8.33

제나라 사람 중에서 아내 한 명과 첩 한 명을 집에 두고 사는 자가 있었다. 그 남편[59]이 나가면 반드시 술과 고기를 배불리 먹은 뒤에 돌아오곤 했다. 그 아내가 [남편에게] 누구와 함께 음식을 먹었는가를 물어보면, 모두 부귀한 사람이었다고 했다. 그의 아내가 첩에게 말했다.

"남편이 나가면 반드시 술과 고기를 배불리 먹은 뒤에 돌아오기에 그에게 누구와 함께 음식을 먹었는가를 물어보니, 모두 부귀한 사람이었다고 한다. 그런데도 일찍이 이름이 나고 통달한 자가 찾아오는 일이 없으니, 나는 장차 남편이 가는 곳을 엿보겠다."

---

58) 원문의 "간瞯"을 번역한 것으로, 주희는 "'간'은 훔쳐보는 것이다〔瞯, 竊視也〕"라고 했다.

59) 원문의 "양인良人"을 번역한 것으로, 《의례》〈사혼례〉의 "시첩은 남편의 자리를 동쪽에 편다〔媵衽良席在東〕"라고 한 구절의 정현의 주에 "부인이 남편을 일컬어 양이라 한다〔婦人稱夫曰良〕"고 했다. 육조 때는 이러한 호칭이 있었다. 왕염손의 《광아》〈소증疏證〉에는 "양과 낭은 음이 매우 비슷하여 고대에 아내가 자기 남편을 양이라 일컬었는데 지금은 낭이라고 이른다〔良與郎聲之侈弇耳, 猶古者婦稱夫曰良, 而今謂之郎也〕"고 하는데 타당하다.

그러고는 아침 일찍 일어나 남편이 가는 곳을 미행하여[60] 따라갔는데 온 나라 안을 두루 다녔으나 함께 서서 말하는 사람이 없었다. [남편은] 마침내 동쪽 성곽의 무덤 사이의 제사하는 자에게 가서 남은 음식을 빌어먹고, 부족하면 또 돌아보고 딴 곳으로 가 구걸하니, 이것이 술과 고기를 배불리 얻어먹는 방법이었다. 그 아내가 돌아와서 첩에게 알리며 말했다.

"남편은 [우리가] 우러러 바라보면서 평생을 마쳐야 할 사람인데, 지금 이 모양이다!"

그러고는 첩과 함께 남편을 원망하며 뜰 가운데서 서로 울고 있었는데, 남편은 그것도 모르고 의기양양하게 밖에서 와서 아내와 첩에게 교만하게 굴었다. 군자의 처지에서 본다면, 사람이 부귀와 이익과 영달을 구하는 사람들 중에서 그 아내와 첩이 [본다면] 부끄러워하지 않고 서로 울지 않을 자가 아마도 드물 것이다.

齊人有一妻一妾而處室者. 其良人出, 則必饜酒肉而後反. 其妻問所與飮食者, 則盡富貴也. 其妻告其妾曰: "良人出, 則必饜酒肉而後反, 問其與飮食者, 盡富貴也. 而未嘗有顯者來, 吾將瞯良人之所之也." 蚤起, 施從良人之所之, 徧國中無與立談者. 卒之東郭墦間, 之祭者, 乞其餘, 不足, 又顧而之他, 此其爲饜足之道也. 其妻歸, 告其妾曰: "良人者, 所仰望而終身也. 今若此!" 與其妾訕其良人, 而相泣於中庭, 而

60) 원문의 "이施"를 번역한 것으로, 주희는 "'이'는 비스듬하게 가서 남편으로 하여금 알지 못하게 한 것이다〔施, 邪施而行, 不使良人知也〕"라고 했다. 주희는 이 글자의 음을 '이迤' 또는 '이異'라고 했는데, 여기서는 '비스듬하다〔迤〕'라는 의미로 쓰였다(동양고전연구회, 앞의 책, 300쪽). 역자는 '미행하다'로 의역했다.

良人未之知也, 施施從外來, 驕其妻妾. 由君子觀之, 則人之所以求富貴利達者, 其妻妾不羞也, 而不相泣者, 幾希矣.

제9편

만장 상

萬章上

【해설】

모두 9장으로 이루어져 있으며, 맹자의 제자들 가운데 가장 뛰어나 그 수하에 제자들도 두었던 만장과의 대화를 주축으로 기록한 편이다. 이 편은 1장에서 만장이 순임금의 지극한 효성을 여쭈어보는 것으로 시작되는데, 4장까지 순임금의 효성스러움과 어진 마음이 정치적 자산임을 말하고 있다. 순임금이 자신의 아버지와 이복동생의 악행에 대해 죄를 묻지 않고 용서하고 예우한 일화를 문답식으로 다루고 있다. 그리고 관련 내용은 사마천이 《사기》의 〈오제본기五帝本紀〉 편에서 상당 부분 상세히 다루고 있는 기록과 같거나 다른 시각을 보인다. 유가의 선양에 대한 내용을 다루면서 모든 것이 덕의 유무에 따른다는 견해를 보여준다.

5장은 천하는 하늘이 주는 것이며, 천명의 수수는 덕을 세운 사람만이 가능하다는 맹자의 왕도정치의 기본 맥락을 살펴볼 수 있다. 순임금이 천하를 물려받았던 것도 그가 지닌 덕으로 인해 백성의 신임을 얻어 하늘의 명을 계승했다는 논점을 보여준다.

7장에서는 군주의 수양이 정치의 기본임을 강조하고 있으며, 이윤과 관련된 이야기의 사실관계를 규명하면서 이윤이 요리로 탕왕에게 벼슬을 구했다는 논점을 반박하는 내용으로 이루어져 있다. 8장에서는 여러 나라를 주유하면서 정치를 펼친 사안과 이어지는 9장도 백리해百里奚의 처신을 중점적으로 다루면서 백리해와 관련된 호사가들의 논의에 맹점이 있음을 지적하는 방향으로 이루어져 있다.

부모의 사랑을 얻지 못한 순임금 9.1

만장이 여쭈었다.

"순임금이 밭에 가서 하늘[1]을 향해 소리치며 우셨다는데, 무엇 때문에 소리치며 우신 것입니까?"

맹자께서 말씀하셨다.

"[부모를] 원망하면서도 그리워하신 것이다."

만장이 말했다.

"'부모가 자식을 사랑하면 기뻐하면서 [그 사랑을] 잊지 않으려 하고, 부모가 미워하면 [더욱] 노력하면서[2] 원망하지 않도록 한다'라고 하는데, 그렇다면 순임금은 원망하신 것입니까?"

[맹자께서] 말씀하셨다.

"장식長息이 공명고公明高에게 묻기를 '순임금이 밭에 간 일에 대해서는 제가 이미 가르침을 들었지만, 하늘을 향해 소리치며 울고 부모에게도 그렇게 한 것은 제가 이해하지 못하겠습니다'라고 하자, 공명고가 말하기를 '이것은 네가 이해할 수 있는 일이 아니다'라고 했다. 저 공명고는 '효자의 마음은 이처럼 무덤덤하게[3] 할 수는 없으니, 나는 온 힘을 다해 농사지으며 자식으로서의 직분을 다

---

1) 원문의 "민천旻天"을 번역한 것인데, 주희는 "인함으로 덮어주고 아랫사람들을 가엾게 여기는 것〔仁覆閔下〕"이라고 풀이하며, 이 부분의 출전이《서경》〈우서·대우모〉라고 밝혔다.

2) 원문의 "노勞"를 번역한 것인데,《회남자》〈정신훈精神訓〉에서는 고유의 주에 따라 "노"를 '근심하다〔憂〕'의 뜻으로 보았으나 역자는 취하지 않았다.

3) 원문의 "괄恝"을 번역한 것으로,《설문해자》에는 '개忦'라고 쓰고 '소홀히 하다〔忽也〕'라고 했다. 주희는 "'괄'은 근심이 없는 모양〔恝, 無愁之貌〕"이라고 풀이했다.

할 뿐이다. [설령] 부모께서 나를 사랑하지 않는다고 하더라도 나에게 무슨 죄가 있어서인가?'[4]라고 여기신 것이다.[5]

요임금[6]이 그의 자식 9남 2녀에게 백관과 소와 양과 창고를 갖추어 순임금을 밭 한가운데에서 섬기게 하시자, 천하의 선비들 대부분이 찾아왔다. [그러자] 요임금이 장차 천하를 모두[7] 그에게 물려주려 했으나, [순임금은] 부모에게 사랑을 얻지 못했으므로 마치 곤궁

---

4) 원문의 "어아하재於我何哉"를 번역한 것으로, 주희는 "자기에게 무슨 죄가 있어서인지 알지 못하겠다고 자책한 것일 뿐이니, 부모를 원망한 것은 아니다〔自責不知己有何罪耳, 非怨父母也〕"라고 했는데, 그렇다면 '나에게 무슨 죄가 있어서인가?'로 해석해야 한다. 한편 정약용은 "자식이 부모에게 '만일 나는 단지 나의 [자식 된] 도리를 다하는 데 있을 뿐인데, 저 부모께서 사랑하지 않는 것이 나에게 어찌 일이라 말하겠는가?'라고 한다면 어찌 큰 불효가 아니겠는가? 자식이 부모에 대해서 차라리 원망할지언정 무덤덤할 수는 없으니, 이것이 순이 원망하면서도 그리워한 까닭이다. 아, 지극하도다!〔子之於父母, '若云我但盡在我之道而已, 彼之不慈于我甚事云爾?' 則豈非大不孝乎? 子之於父母, 寧怨無恝, 此舜之所以怨慕也. 嗚呼, 至矣!〕"라고 하여 부모에 대한 순임금의 원망과 그리워한 이유를 밝혔다.

5) 이 문장의 번역에서 핵심을 부연하면 앞 단락에서 맹자가 '부모를 원망했다'고 한 것에 대한 논증으로 정약용의 말처럼 "['아갈력我竭力'] 이하 22자는 '괄恝'자의 주석이다〔以下二十二字, 乃恝字之注脚〕"라고 하여 "효자의 마음은 '나는 온 힘을 다해 농사지으며 자식으로서의 직분을 다할 따름이라, [설령] 부모께서 나를 사랑하지 않는다고 하더라도 나에게 무슨 죄가 있어서인가'라고 이처럼 무덤덤하게 할 수는 없다고 한 것이다"라고 번역하면 주희의 '부모를 원망한 것이 아니다'라는 해석과 반대가 된다. 초순도《맹자정의》에서 비슷한 의견을 보이는데, 역자는 주희가 '괄'의 무덤덤하게 하는 것을 이 구절과 별개로 하여, 사랑받지 못한 슬픈 마음이 부모를 원망하면서도 그리워한 것을 나타낸 것이라고 보았다.

6) 원문의 "제帝"는 요임금을 말한다. 이 내용은《사기》〈오제본기〉에도 나온다. "요임금은 두 딸을 순에게 시집보내어 집 안에서의 행동을 살폈고, 아홉 아들을 시켜 함께 생활하게 하여 [순의] 집 밖에서의 행동을 관찰했다〔堯乃以二女妻舜以觀其內, 使九男與處以觀其外〕"고 했다.

7) 원문의 "서胥"를 번역한 것으로, 주희는 "서로 본다〔相視也〕"라는 뜻으로 풀이했는데, 조기는 이와 달리 '돕다〔須〕'라는 의미로 해석했다. 한편《이아·석고》에 "'서'는 모두이다〔胥, 皆也〕"라고 했다.

한 사람이 돌아갈 곳이 없는 듯하셨다.

천하의 선비가 자신을 좋아하는 것은 사람들이 원하는 바이지만, [순임금의] 근심을 풀어주기에 충분하지 못했고, 아름다운 여색은 사람들이 원하는 바이지만, [순임금은] 요임금의 두 딸을 아내로 삼으셨으나 그의 근심을 풀어주기에 충분하지 못했으며, 부유함은 사람들이 원하는 바이고 [순임금은] 부유함으로 천하를 소유하셨으나 그의 근심을 풀어주기에 충분하지 못했으며, 존귀함은 사람들이 원하는 바이고 존귀함으로 천자가 되셨으나 그의 근심을 풀어주기에 충분하지 못했으니, 사람들이 좋아하는 아름다운 여색과 부유함과 존귀함으로 근심을 풀기에 충분한 것이 없었고, 오직 부모에게 사랑을 받아야만 근심을 풀 수 있었다.

사람들이 어렸을 때는 부모를 그리워하다가 여색을 좋아하게 되면 젊고 예쁜 여자를 그리워하고, 아내와 자식을 두면 아내와 자식을 그리워하고, 벼슬하면 군주를 그리워하고, 군주에게 [신임을] 얻지 못하면 마음속으로 병이 나게 된다. 위대한 효도란 죽도록 부모를 그리워하는 것인데, 쉰 살이 되어서도 [부모를] 그리워한 자를 나는 위대한 순임금에게서 본 것이다."

萬章問曰: "舜往于田, 號泣于旻天, 何爲其號泣也?" 孟子曰: "怨慕也." 萬章曰: "'父母愛之, 喜而不忘, 父母惡之, 勞而不怨.' 然則舜怨乎?" 曰: "長息問於公明高曰: '舜往于田, 則吾旣得聞命矣, 號泣于旻天，于父母，則吾不知也.’ 公明高曰: ‘是非爾所知也.’ 夫公明高以‘孝子之心，爲不若是恝，我竭力耕田，共爲子職而已矣，父母之不我愛，於我何哉?’ 帝使其子九男二女，百官牛羊倉廩備，以事舜於畎畝之中，天下之士多就之者. 帝將胥天下而遷之焉. 爲不順於父母，如窮人無所歸. 天下之士悅之，人之所欲也，而不足以解憂，好色，人之所欲，妻帝之二女，而不足以解憂，富，人之所欲，富有天下，而不足以解憂，貴，人之所欲，貴爲天子，而不足以解憂. 人悅之好色富貴，無足以解憂者，惟順於父母可以解憂. 人少，則慕父母，知好色，則慕少艾，有妻子，則慕妻子，仕則慕君，不得於君則熱中. 大孝終身慕父母. 五十而慕者，予於大舜見之矣.”

순임금의 배포와 아량 9.2

만장이 여쭈었다.

“《시경》에 이르기를 ‘아내를 맞이하려면 어떻게 해야 하는가? 반드시 부모에게 알려야 한다’라고 했으니, 이 말을 믿는다면 마땅히 순임금과 같아서는 안 될 듯합니다. 순임금이 [부모에게] 알리지 않고 아내를 맞이한 것은 무엇 때문입니까?”

맹자께서 말씀하셨다.

“[부모에게] 알렸다면 아내를 맞이할 수가 없었기 때문이다. 남녀가 가정을 이루는 일은 인간의 큰 윤리이니, 만일 [부모에게] 알렸다면 인간의 큰 윤리를 버리게 되어 부모를 원망[8]했을 것이다. 이 때문에 알리지 않은 것이다."

만장이 말했다.

"순임금이 알리지 않고 아내를 맞이한 것은 제가 이미 가르침을 들었지만, 요임금이 순임금에게 딸을 시집보내면서도[9] [그 부모에게] 알리지 않은 것은 무엇 때문입니까?"

[맹자께서] 말씀하셨다.

"요임금 또한 알리면 [딸을] 시집보낼 수 없다는 것을 알고 있었기 때문이다."[10]

만장이 말했다.

"[순임금의] 부모가 순임금에게 창고를 고치게 하고 [지붕 위에 올라가니] 사다리[11]를 치운 다음 [아버지] 고수는 창고에 불을 질렀으며, 우물을 파게 하고는 [순임금이] 나오려 하자[12] 따라가서 흙을 덮어버

---

8) 원문의 "대懟"를 번역한 것으로, 주희는 "'대'는 원수로 여기고 원망하는 것이다〔懟, 讎怨也〕"라고 했다.

9) 원문의 "처妻"를 번역한 것으로, 주희는 "딸을 [시집보내] 남의 아내가 되게 하는 것〔以女爲人妻〕"이라고 했다.

10) 이 장의 내용에 대해 정약용은 "순을 처음 천거할 때 이미 이르기를 '능히 효로 화목하게 하여 점차 잘 다스려 간악함에 이르지 않았습니다'라고 했으니, 고수가 즐거워한 것은 이미 두 딸을 순에게 시집보내기 전에 있었다〔舜之初薦也, 已云, '克諧以孝, 烝烝乂不格姦.' 則瞽瞍底豫, 已在二女釐降之前矣〕"라면서 《서경》 〈요전〉을 토대로 《맹자》의 글을 신빙하지 않았다. 정약용은 《맹자요의》 서문에서 "[《맹자》] 7편이 어찌 모두 [맹자의] 친필이겠는가? 《사기》에도 일찍이 맹자가 혼자서 지은 것이라고 분명하게 말한 적이 없다〔七篇豈皆親筆乎? 史記亦未嘗明云孟子獨作〕"라고 했는데, 이 해설에서 이러한 주장을 뒷받침하고 있다.

11) 원문의 "계階"를 번역한 것으로, 정현의 주에 "'계'는 디디고서 집 위로 올라가는 것이다〔階, 所乘以升屋者〕"라고 했다. 《설문해자》에 "'제梯'는 나무로 만든 사다리다〔梯, 木階〕"라고 한 것과 맥락이 같다.

렸습니다.[13] [동생] 상이 말하기를 '꾀를 내어 도군[14]을 매장하려 한 것은[15] 모두 나의 공적이니, 소와 양은 부모의 것이고 창고도 부모의 것이지만, 창과 방패는 나의 것이고 거문고도 나의 것이고, 활[16]도 나의 것이고 두 형수도 나의 아내로 삼겠다'라고 말했습니다. 상이 순임금의 궁궐에 들어갔는데, 순임금이 평상에서 거문고를 타고 계셨습니다. 상이 말하기를 '갑갑한 마음으로[17] 도군을 그리워했습니

12) 원문의 "출出"을 번역한 것으로, 이 해석에 대한 이견이 분분하다. 조기는 "순에게 우물을 파도록 하자 순은 들어갔다가 곧바로 나왔으나, 고수는 그가 이미 나온 것을 알지 못하고 따라가서 그 우물을 덮어버렸다〔使舜浚井, 舜入而卽出, 瞽瞍不知其已出, 從而蓋其井〕"고 했으므로 여기서는 "순이 나왔다"라고 번역한 것이다. 다른 설은 "고수 등이 나와서 흙을 덮어버렸다"고 했다. 역자는 둘 다 취하지 않고 현재 진행형으로 번역했다.

13) 원문의 "엄揜"을 번역한 것으로, 지금은 '엄掩'과 통용되지만, 《설문해자》에 "'엄揜'은 덮는다〔揜, 覆也〕" 또 "'엄掩'은 거두어들인다〔掩, 斂也〕"라고 구분하여 풀이했다. 고수의 악행에 대해 사마천은 《사기》 〈오제본기〉에서 이렇게 묘사했다. "그 뒤 고수는 또 순에게 우물을 파게 했는데, 순은 우물을 파면서 남몰래 옆으로 빠져나올 수 있는 구멍을 팠다. 순이 이윽고 우물을 깊이 파 들어가자 고수와 상은 함께 흙을 내려 우물을 메웠다. 그러나 순은 몰래 파놓은 구멍을 통해 밖으로 나와서 도망갔다. 고수와 상은 기뻐하며 순이 이미 죽었을 거라고 생각했다〔後瞽叟又使舜穿井, 舜穿井爲匿空旁出. 舜既入深, 瞽叟與象共下土實井. 舜從匿空出, 去. 瞽叟象喜, 以舜爲已死〕."

14) 원문의 한자를 풀이하면 '도성의 군주〔都君〕'라는 개념으로, 순임금이 3년 만에 도읍을 이루었다는 의미로 쓰인다. 《사기》 〈오제본기〉에 관련 내용이 나와 있어 인용하면 다음과 같다. "순이 역산에서 농사를 짓자 역산 사람들은 모두 밭의 경계를 양보했고, 뇌택에서 물고기를 잡자 뇌택 사람들은 모두 거주지를 양보했으며, 하수의 물가에서 질그릇을 빚자 하수의 물가에서 생산되는 기물들도 전부 조악하지 않았다. 1년이 지나자 사는 곳에 촌락이 이루어졌고, 2년이 지나자 읍이 되었으며, 3년이 지나자 도시가 이루어졌다〔舜耕歷山, 歷山之人皆讓畔, 漁雷澤, 雷澤上人皆讓居, 陶河濱, 河濱器皆不苦窳. 一年而所居成聚, 二年成邑, 三年成都〕."

15) 원문의 "개蓋"를 번역한 것이다. 주희는 "우물을 덮는 것이다〔蓋井也〕"라고 했으므로 역자의 번역과 의미가 서로 통한다.

16) 원문의 "저弤"를 번역한 것으로, 《광운廣韻》에서 "'저'는 순임금의 활 이름이다〔弤, 舜弓名〕"라고 한 훈고학적 풀이를 염두에 둘 만하다.

다'라고 하며 부끄러워했습니다. [그러자] 순임금이 말씀하시기를 '너는 나를 도와서[18] 이[19] 여러 신하를 다스려라'라고 하셨다고 하니, 알지 못하겠습니다만, 순임금께서는 상이 장차 자신을 죽이려고 한 것을 모르셨습니까?"

[맹자께서] 말씀하셨다.

"어찌 알지 못하셨겠는가? 상이 근심하면 또한 근심하시고 상이 기뻐하면 또한 기뻐하신 것이다."

[만장이] 말했다.

"그렇다면 순임금은 거짓으로 기뻐하신 분입니까?"

[맹자께서] 말씀하셨다.

"아니다. 옛날에 정나라 자산에게 살아 있는 물고기를 선물한 자가 있었는데, 자산이 연못 관리인[20]에게 그것을 연못에서 기르게 했으나, 연못 관리인은 그것을 삶아 먹고 돌아와 아뢰기를 '처음에 물고기를 놓아주니 비실비실하다가 조금 있으니 노닐면서[21] 유유히[22] 가버렸습니다'라고 하자 자산이 말하기를 '제자리를 얻었구나, 제자리를 얻었구나!'라고 했다. 연못 관리인이 밖에 나와 말하기를 '누가 자산을 지혜롭다고 말하는가? 내가 이미 물고기를 삶아

---

17) 원문의 "울도鬱陶"를 번역한 것으로, 《초사楚辭》 〈구변九辯〉에 "어찌 갑갑한 마음으로 그대를 그리워하지 않으리오〔豈不鬱陶而思君兮〕"라고 했다.

18) 원문의 "우于"는 왕인지의 《경전석사》에 "'우'는 '위爲' 자와 같고, 위는 돕는다는 뜻이다〔于, 爲也, 爲, 助也〕"라고 했다. 일리 있는 해석이다.

19) 원문의 "유惟"를 번역한 것으로, 《설문해자》에 "'유'는 범사이다〔惟, 凡思也〕"라고 했으며, 단옥재는 "범사는 이런저런 생각을 말한다〔凡思, 謂浮泛之思〕"라고 주석을 달아 보충했다.

20) 원문의 "교인校人"을 번역한 것으로, 주희는 "못과 소택을 주관하는 낮은 벼슬아치다〔主池沼小吏也〕"라고 했고, 조기는 "못과 소택을 관리하는 낮은 벼슬아치다〔生池沼小吏也〕"라고 했는데, 그 의미는 일맥상통한다.

먹었는데, 자산은 「제자리를 얻었구나, 제자리를 얻었구나!」라고 했으니'라고 했다. 그러므로 군자는 도리로써 속일 수는 있지만, 도리가 아닌 것으로 속이기는 어려운 것이다.[23] 저 상이 [겉으로는] 형을 사랑하는 도리로써 왔으므로 순이 진실로 믿고 기뻐하신 것이니, 어찌 거짓으로 그러했겠는가?"

萬章問曰: "詩云, '娶妻如之何? 必告父母.' 信斯言也, 宜莫如舜. 舜之不告而娶, 何也?" 孟子曰: "告則不得娶. 男女居室, 人之大倫也. 如告, 則廢人之大倫, 以懟父母. 是以不告也." 萬章曰: "舜之不告而娶, 則吾既得聞命矣, 帝之妻舜而不告, 何也?" 曰: "帝亦知告焉則不得妻也." 萬章曰: "父母使舜完廩, 捐階, 瞽瞍焚廩. 使浚井, 出, 從而揜之. 象曰: '謨蓋都君咸我績, 牛羊父母, 倉廩父母, 干戈朕, 琴朕, 弤朕, 二嫂使治朕棲.' 象往入舜宮, 舜在牀琴. 象曰: '鬱陶思君爾.' 忸怩. 舜曰: '惟茲臣庶, 汝其于予治.' 不識舜不知象之將殺己與?" 曰: "奚而不知也, 象

---

21) 원문의 "어어圉圉"와 "양양洋洋"을 번역한 것으로, 주희는 "'어어'는 피곤하여 펴지 못하는 모양〔圉圉, 困而未紓之貌〕"이라고 풀이했는데, 조기가 "물고기가 물에서 지쳐 힘없는 모양〔魚在水中羸弱之貌〕"라고 주석한 것을 승계한 것이다. '양양'에 대해 주희는 "조금 느슨한 것이다〔稍縱矣〕"라고 풀이했고, 조기는 "편안하게 꼬리를 흔드는 모양〔舒緩搖尾之貌〕"이라고 번역하여 둘의 의미가 다르지만 여기서는 서서히 기운을 차리는 모습으로 보면 무방하다.

22) 원문의 "유연攸然"을 번역한 것으로, 조기의 주에 "신속히 깊은 물로 나아가는 것이다〔迅走趨水深處〕"라고 했는데, 양보쥔은 이를 취하여 "신속한 모양〔迅速的樣子〕"이라고 풀이했다. 역자는 주희가 "스스로 터득하여 멀리 간 것〔自得而遠去〕"이라고 풀이한 해석을 취하여 '유유히'로 번역했다.

23) 이 문장은 《논어》 〈옹야〉 6.24에 "군자는 가버리게 할 수는 있지만, [우물에 유인하여] 빠뜨리게 할 수는 없고, [선량함을 이용하여] 그를 속일 수는 있지만, 기망할 수는 없다〔君子可逝也, 不可陷也. 可欺也, 不可罔也〕"라는 내용과 연관해볼 수 있는 구절이다.

憂亦憂, 象喜亦喜.” 曰: “然則舜僞喜者與?” 曰: “否. 昔者有饋生魚於鄭子產, 子產使校人畜之池. 校人烹之, 反命曰: ‘始舍之, 圉圉焉, 少則洋洋焉, 攸然而逝.’ 子產曰: ‘得其所哉, 得其所哉!’ 校人出, 曰: ‘孰謂子產智? 予旣烹而食之, 曰: 「得其所哉, 得其所哉!」’ 故君子可欺以其方, 難罔以非其道. 彼以愛兄之道來, 故誠信而喜之, 奚僞焉?”

순임금은 상을 추방한 것인가, 아닌가 9.3

만장이 여쭈었다.

“상이 날마다 순임금을 죽이려고 하는 것을 일거리로 삼았는데, [순임금이] 자리에 올라 천자가 되셔서 그를 추방한 것은 어찌 된 일입니까?”

맹자께서 말씀하셨다.

“그를 [제후에] 봉해주셨는데도 누군가가 ‘추방했다’고 말한 것이다.”

만장이 말했다.

“순임금이 공공[24]을 유주에 유배시키고[25] 환두를 숭산으로 추방했으며 삼묘의 군주를 삼위[26]에서 죽이고 곤을 우산에서 죽였으니,[27] 이 네 사람을 벌하자, 천하 사람들이 다 복종한 것은 인하지 않은 자를 주살했기 때문입니다. 상이 지극히 인하지 않은데도 그

---

24) 원문의 “공공共工”은 《사기집해史記集解》에서 정현의 말을 인용하면 “물을 관리하던 관직 이름〔水官名〕”으로 세습직이기도 하다. 이 관직을 맡은 자와 환두가 한통속이 되었으므로 순임금이 유배라는 조처를 내린 것이다.

25) 원문의 “류流”를 번역한 것으로, 역자는 주희와 같은 의미인 “귀양 보내는 것이다〔徙也〕”라고 풀이했다.

를 유비[28] 땅에 봉하셨으니, 유비의 백성은 무슨 죄가 있습니까? 인한 사람이 진실로 이렇게 할 수 있단 말입니까? 다른 사람은 죽이고 동생은 봉해주는 것입니까?"

[맹자께서] 말씀하셨다.

"인한 사람은 동생에게 노여움을 감춰두지 않고, 원망을 묵혀두지 않으며, [오직] 친애할 뿐이다. 그를 친근하게 여긴다면 그가 존귀해지는 것을 바랄 것이고 그를 사랑한다면 그가 부유해지기를 바랄 것이니, 그를 유비 땅에 봉한 것은 그를 부유하고 존귀하게 하고자 한 것이다. 자신은 천자가 되고 동생이 평범한 사내가 된다면 친근하게 여기고 사랑했다고 말할 수 있겠는가?"

---

26) 마융馬融은 '삼묘三苗'는 나라 이름이고, '삼위三危'는 서쪽 변방이라고 했다. 《후한서後漢書》의 주에 "삼위산은 지금의 사주 돈황현 동남쪽에 있으며, 산에 세 봉우리가 있어 삼위라고 한다〔三危山在今沙州敦煌縣東南, 山有三峯, 曰三危也〕"고 했다.

27) 원문의 "극殛"을 번역한 것으로, '극極' 자로도 되어 있다. '추방하다'로 풀이하여 위 문장의 '류流', '방放', '찬竄'과 같은 의미로 쓰이거나 '주살하다'는 의미로 해석하기도 한다. 초순은 '추방하다〔放〕'의 의미로 보았고, 주희는 '죽이다〔誅〕'로 보았는데, 역자는 주희를 따랐다.

28) 원문의 "유비有庳"에 대하여 정약용은 "유비는 백월의 황량한 땅이다. 순이 이미 동생을 사랑하는 뜻으로 상을 봉했다면 어찌 이런 땅에 봉하겠는가? 이 땅은 기주에서 거리가 만 리가 넘는데 또 어찌 항상 그를 만나보고자 하여 끊임없이 오게 할 수 있었겠는가? 모두 이해할 수 없다〔有庳者, 百越蓁荒之地也. 舜旣以愛弟之意封象, 何乃封於此地? 此地距冀州不下萬里, 又何得常常欲見, 使之源源而來乎? 總不可曉〕"고 했다. 양보쥔은 "모두 유비는 지금의 호남성 도현 북쪽에 있다고 여겼다. 그러나 순의 도읍은 포판이고 상은 도현에 봉해졌으니, 육로로는 태항산이 가로막고 뱃길로는 동정호의 물결이 막고 있으며 거리가 3,000리인데 어찌 항상 볼 수 있고 끊임없이 오게 할 수 있겠는가? 이 때문에 염약거閻若璩의 《사서석지속四書釋地續》에서 이를 매우 의심한 것이다〔都以爲庳在今湖南道縣北. 但舜都蒲阪, 象封道縣, 陸路有太行山之阻, 水程有洞庭波之隔, 相距三千里, 何能常常而見源源而來耶? 故閻若璩四書釋地續深以爲疑〕"라고 하여, 두 사람의 지리학적 고증이 다르지만, 의문을 품은 점은 같다.

[만장이 말했다.]

“감히 여쭙겠습니다. 누군가가 ‘추방했다’고 말하는 것은 무엇을 말하는 것입니까?”

[맹자께서] 말씀하셨다.

“상이 그 나라에서 다스리지 못하므로, 천자는 관리에게 그 나라를 다스리게 했고 그 세금을 [상에게] 바치게 했다. 그러므로 ‘추방했다’고 말하는 것이니, 어찌 저 백성에게 포악한 짓을 할 수 있었겠는가? 그러나 항상 그를 만나보고자 하여 계속해서 [상이 조공하러] 오게 하셨으니, ‘조공할 때가 되지 않았는데도 나랏일로 유비에서 [군주를] 만나보았다’라고 한 것은 이것을 말한 것이다.”

萬章問曰: “象日以殺舜爲事, 立爲天子則放之, 何也?” 孟子曰: “封之也, 或曰, 放焉.” 萬章曰: “舜流共工于幽州, 放驩兜于崇山, 殺三苗于三危, 殛鯀于羽山, 四罪而天下咸服, 誅不仁也. 象至不仁, 封之有庳. 有庳之人奚罪焉? 仁人固如是乎? 在他人則誅之, 在弟則封之?” 曰: “仁人之於弟也, 不藏怒焉, 不宿怨焉, 親愛之而已矣. 親之, 欲其貴也, 愛之, 欲其富也. 封之有庳, 富貴之也. 身爲天子, 弟爲匹夫, 可謂親愛之乎?” “敢問或曰放者, 何謂也?” 曰: “象不得有爲於其國, 天子使吏治其國而納其貢稅焉. 故謂之放, 豈得暴彼民哉? 雖然, 欲常常而見之, 故源源而來, ‘不及貢, 以政接于有庳.’ 此之謂也.”

아버지가 자식을 마음대로 할 수 없다는 말 9.4

함구몽咸丘蒙[29]이 물었다.

"옛말[30]에 이르기를 '훌륭한 덕을 갖춘 선비는 군주라도 신하로 삼을 수 없고, 아버지라도 자식을 마음대로 할 수 없다'라고 합니다. 순임금이 남쪽을 향하여 서 계시자 요임금이 제후를 거느리고 북쪽을 향하여 조회하셨으며, [아버지] 고수 또한 북쪽을 향하여 조회하자 순임금이 고수를 보시고는 그 얼굴에는 불안한 기색[31]이 있었다고 했습니다. 공자께서 말씀하시기를 '이때는 천하가 대단히 위태로웠다![32]'라고 하셨다고 하니, 알지 못하겠습니다만 이 말이 정말입니까?"

맹자께서 말씀하셨다.

"아니다. 이것은 군자의 말이 아니고, 제나라 동쪽 시골 사람들의 말이다. 요임금이 늙어 순임금이 섭정하신 것이다. 〈요전〉[33]에 이르기를 '[순임금이 섭정한 지] 28년 만에[34] 방훈(堯)이 마침내 세상을 떠

29) 함구몽咸丘蒙은 양보쥔이 지적한 대로 "함구는 본래 지명(원래 노나라에 있었다)으로, 이 지명을 성씨로 삼은 것이다〔咸丘本是地名(原在魯國), 此以地名爲姓氏〕". 조기는 "함구몽은 맹자의 제자이다〔咸丘蒙, 孟子弟子〕"라고 했고 주희도 동조했다.

30) 원문의 "어語"를 번역한 것으로, 주희가 "옛말〔古語〕"이라고 한 주석을 따른 것이다.

31) 원문의 "축蹙"을 번역한 것으로, 순임금이 본인의 아버지를 신하로 삼은 데서 오는 곤란한 상황의 의미가 들어 있다. 주희는 "눈을 찌푸리고 얼굴을 찡그리며 스스로 편안하지 못한 것이다〔顰蹙不自安也〕"라고 풀이했다.

32) 원문의 "급급岌岌"을 번역한 것으로, 주희는 "불안한 모양〔不安之貌〕"으로 풀이했다.

33) 양보쥔은 "[〈요전〉의] 이하 여러 구는 《금문상서今文尙書》〈순전〉의 문장〔以下數句實爲今文尙書舜典文〕"이라고 했다.

나시니,[35] 백성은 부모[36]를 잃은 듯 3년 동안 슬퍼했고 천하 사람들은 음악 연주하는 것을 그만두었다'라고 했으며, 공자께서 말씀하시기를 '하늘에는 두 개의 태양이 없고 백성에게는 두 분의 왕이 없다'라고 하셨으니, 순임금이 이미 천자가 되시고 또 천하의 제후들을 거느리고서 요임금을 위해 삼년상을 치렀다면 이것은 천자가 두 분인 셈이다."

함구몽이 말했다.

"순임금이 요임금을 신하로 삼지 않으셨다는 것은 제가 이미 가르침을 들었습니다만 《시경》에 이르기를[37] '온 하늘 아래에 왕의 땅이 아닌 것이 없으며, 온 땅 안에 왕의 신하가 아닌 사람이 없네'라고 했는데, 순임금이 이미 천자가 되셨습니다. 감히 여쭙겠습니

---

34) 원문의 "이십유팔재二十有八載"를 번역한 것으로, 《사기》 〈오제본기〉에 "요는 제위에 오른 지 70년 만에 순을 얻었고, [순을 만나고 섭정한 지] 20년이 지나서 연로하자 순에게 천자의 정사를 대신 맡아 행하도록 하고, 하늘에 순을 추천했다. 요는 제위를 물려준 지 모두 28년 만에 세상을 떠났다〔堯立七十年得舜, 二十年而老, 令舜攝行天子之政, 薦之於天. 堯辟位凡二十八年而崩〕"고 했다.

35) 원문의 "조락徂落"을 번역한 것으로, 《이아》 〈석고〉에 "'조락'은 죽는 것이다〔徂落, 死也〕"라고 했다.

36) 원문의 "고비考妣"를 번역한 것으로, 부모님을 가리킨다. 이와 달리 《금문총고金文叢考·전통사상고傳統思想考》와 《갑골문자연구甲骨文字研究·석조비釋祖妣》에서 궈모뤄郭沫若는 "주나라의 제사 그릇 가운데 아버지의 엄嚴(죽은 후에 그 영혼이 멸하지 않는 것을 엄 또는 귀鬼라고 한다)을 고考라고 하고, 배위를 모母라고 하며, 아버지 윗대를 조祖라고 하고, 그의 배위를 비妣라고 한다. 〈요전〉에 '고비의 상과 같이한다'는 말은 바로 위탁이다〔周彝器中父之嚴(死後其靈不滅曰嚴, 亦曰鬼)曰考, 其配曰母, 父以上曰祖, 其配曰妣, 堯典有如喪考妣之語, 乃僞託也〕"라고 했다.

37) 원문의 "시운詩云" 이하의 여러 구는 《시경》 〈소아·북산北山〉에 보인다. 〈시서詩序〉에 "〈북산〉 시는 대부가 유왕을 풍자한 것이다. 사역하는 일이 고르지 못하여 자기만 수고롭게 일을 함으로써 그 부모를 끝까지 봉양할 수 없었다〔北山, 大夫刺幽王也. 役使不均, 己勞於從事, 而不得終養其父母焉〕"라고 했다.

다. 고수를 신하로 삼지 않은 것은 어찌 된 일입니까?"

[맹자께서] 말씀하셨다.

"이 시는 그런 뜻으로 말한 것이 아니다. 나랏일에 수고로워 부모를 받들어 모실 수 없어서 '이것은 나랏일 아닌 것이 없는데, 나만 홀로 현명하여 수고롭게[38] 한단 말인가'라고 말한 것이다. 그러므로 시를 해설하는 자는 글자로써 말의 의미를 해치지 말고, 말로써 본래의 뜻을 해치지 말며, [읽는 이의] 뜻으로써 [지은이의] 뜻에 맞추어야[39] 시를 알 수 있는 것이다. 만일 말대로 본다면 〈운한〉 편에 '주나라의 남은 백성[40]이 단 한 명도 없네'[41]라고 말했으니, 진실로 이 말대로라면 이 의미는 주나라에 남은 백성이 없다는 것이다.

효자의 지극한 도리는 어버이를 높이는 것보다 더 큰 것이 없고, 어버이를 높이는 것의 지극한 도리는 천하로써 받들어 모시는 것

38) 원문의 "현로賢勞"를 번역한 것으로, 《모전》에 "'현'은 수고한다는 뜻이다. '현로'는 수고라는 말과 같다(賢, 勞也. 賢勞, 猶言劬勞)"고 했다. 그러나 역자는 취하지 않았다.

39) 원문의 "역逆"을 번역한 것으로, "헤아려 추측하다"라는 뜻이다. 《주역》 〈설괘전說卦傳〉에 있는 "미래를 아는 것은 헤아려본다는 것이니, 이러한 까닭에 역은 헤아려 셈하는 것이다(知來者逆, 是故易, 逆數也)"라고 했을 때의 '역' 자도 이와 같은 의미로 보는 것이 타당하다.

40) 원문의 "백성百姓"에 대하여 염약거는 《사서석지우속四書釋地又續》에서 "백성의 뜻은 두 가지가 있으니, 백관을 가리켜 말한 것으로 《서경》에 '백성百姓'과 '여민黎民'이 상대되고, 《예기》 〈대전〉에 '백성百姓'과 '서민庶民'이 상대되는 것이 그것이다. 평민을 가리켜 말한 것으로 [《서경》에] '백성이 친목하지 않으며, 오상이 바르지 않다'는 것이 그것이다. 사서에서 백성은 모두 25번 보인다(百姓義二, 有指百官言者, 書百姓與黎民對, 禮大傳百姓與庶民對是也. 有指小民言者, 百姓不親, 五品不遜是也. 四書中百姓凡二十五見)"고 했다.

41) 원문의 "주여여민周餘黎民, 미유혈유靡有孑遺"를 번역한 것으로, 《시경》 〈대아·운한雲漢〉에 보인다. 《방언》에서는 "'혈'은 남다는 뜻이다. 주 지역과 정 지역 사이를 간혹 혈이라고 말하고, 청 지역과 서 지역과 초 지역 사이를 혈이라고 한다(孑, 餘也. 周鄭之間或曰孑, 青徐楚之間曰孑)"고 했다.

보다 더 큰 것이 없다. [고수는] 천자의 아버지가 되었으니 존귀함이 지극함에 이른 것이고, [순임금은] 천하로써 받들어 모셨으니, 받들어 모심이 지극함에 이른 것이다. 《시경》[42]에 말하기를 '영원히 효도하고 그리워하니 효도하고 그리워하는 것이 준칙이 되네'라고 했으니, 이것을 두고 하는 말이다. 《서경》에 말하기를 '[순임금이] 공경하며 고수를 뵈면서 그 모습이 삼가며 두려워하시자 고수도 [순임금을] 믿고 따랐다'라고 했으니, 이것이 아버지가 [자식을] 자식으로 여길 수 없는 것이다."

咸丘蒙問曰: "語云, '盛德之士, 君不得而臣, 父不得而子.' 舜南面而立, 堯帥諸侯北面而朝之, 瞽瞍亦北面而朝之. 舜見瞽瞍, 其容有蹙. 孔子曰: '於斯時也, 天下殆哉, 岌岌乎!' 不識此語誠然乎哉?" 孟子曰: "否. 此非君子之言, 齊東野人之語也. 堯老而舜攝也. 堯典曰: '二十有八載, 放勳乃徂落, 百姓如喪考妣, 三年, 四海遏密八音.' 孔子曰: '天無二日, 民無二王.' 舜既爲天子矣, 又帥天下諸侯以爲堯三年喪, 是二天子矣." 咸丘蒙曰: "舜之不臣堯, 則吾既得聞命矣. 詩云, '普天之下, 莫非王土, 率土之濱, 莫非王臣.' 而舜既爲天子矣, 敢問瞽瞍之非臣, 如何?" 曰: "是詩也, 非是之謂也. 勞於王事而不得養父母也. 曰: '此莫非王事, 我獨賢勞也.' 故說詩者, 不以文害辭, 不以辭害志. 以意逆志, 是爲得之. 如以辭而已矣, 雲漢之詩曰: '周餘黎民, 靡有孑遺.' 信斯言也, 是周無遺民也. 孝子之至, 莫大乎尊親, 尊親之至, 莫大乎以

42) 시는 《시경》 〈대아·하무下武〉이니, 주희는 "사람이 능히 길이 효도하고 그리워하여 잊지 않으면 천하의 준칙이 될 수 있음을 말씀한 것이다〔言人能長言孝思而不忘, 則可以爲天下法則也〕"라고 보충하여 설명했다.

天下養. 爲天子父, 尊之至也, 以天下養, 養之至也. 詩曰: '永言孝思, 孝思維則.' 此之謂也. 書曰: '祗載見瞽瞍, 夔夔齊栗, 瞽瞍亦允若.' 是爲父不得而子也."

천자라고 해도 천하를 남에게 줄 수는 없다 9.5

만장이 말했다.

"요임금이 천하를 순임금에게 주셨다고[43] 하는데, 그런 일이 있었습니까?"

맹자께서 말씀하셨다.

"아니다. 천자라도 천하를 남에게 줄 수는 없다."

[만장이 말했다.]

"그렇다면 순임금이 천하를 차지한 것은 누가 그에게 준 것입니까?"

[맹자께서] 말씀하셨다.

"하늘이 그에게 준 것이다."

[만장이 말했다.]

"하늘이 그에게 주었다는 것은 분명하게[44] 명령한 것입니까?"

[맹자께서] 말씀하셨다.

---

43) 원문의 "여與"를 번역한 것으로, '여'의 개념에 대한 박문호의 설명이 참조할 만하다. "'여'는 사적으로 주는 것을 이르니, 사적으로 주는 것은 자쾌와 같은 부류가 이것이다〔與, 謂私與也, 私與如子噲之類是也〕."

44) 원문의 "순순諄諄"을 번역한 것으로, 《설문해자》에 "'순'은 일러서 익숙하게 알도록 하는 것이다〔諄, 告曉之孰也〕"라고 했고, 《광운》에 "'순'은 친절하게 알려주는 것〔諄, 告之丁寧〕"이라고 했다. 주희는 "상세히 말하는 모습〔詳語之貌〕"이라고 했는데, 역자는 조기의 뜻을 따라 "분명하게"라고 번역했다.

"아니다. 하늘은 말하지 않고, 행실과 사업으로[45] 보여줄 뿐이다."

[만장이] 말했다.

"행실과 사업으로 보여준다는 것은 어떻게 하는 것입니까?"

[맹자께서] 말씀하셨다.

"천자가 사람을 하늘에 천거할 수는 있지만, 하늘로 하여금 그에게 천하를 주게 할 수 없고, 제후가 사람을 천자에게 천거할 수는 있지만, 천자로 하여금 그에게 제후를 주게 할 수 없으며, 대부가 사람을 제후에게 천거할 수는 있지만, 제후로 하여금 그에게 대부를 주게 할 수 없다. 옛날 요임금이 순임금을 하늘에 천거하자 하늘이 받아주시고, 백성에게 드러내자[46] 백성이 받아주었다. 그러므로 '하늘은 말하지 않고, 행실과 사업으로 보여줄 뿐이다'라고 한 것이다."

[만장이] 말했다.

"감히 여쭙겠는데, 하늘에 천거하면 하늘이 받아주시고 백성에게 드러내면 백성이 받아주었다는 것은 어찌 된 일입니까?"

[맹자께서] 말씀하셨다.

"순임금에게 제사를 주관하게 하자 온갖 신이 흠향했으니[47] 이는

45) 원문의 "이행여사以行與事"를 번역한 것으로, '행行'과 '사事'의 개념에 대해 주희가 "자신에게 행함을 '행'이라 이르고, 천하에 베풂을 '사'라고 이른다〔行之於身謂之行, 措諸天下謂之事〕"라고 풀이한 것을 염두에 두고 번역했다.

46) 원문의 "폭暴"을 번역한 것으로, 주희는 "'폭'은 드러내는 것이다. 아랫사람이 윗사람에게 사람을 천거할 수는 있지만 윗사람에게 꼭 등용되게 할 수는 없음을 말씀한 것이다〔暴, 顯也. 言下能薦人於上, 不能令上必用之〕"라면서 비교적 자세하게 의미를 보충 설명했다.

47) 원문의 "백신향지百神享之"를 번역한 것으로, 주희는 《주자어류》에서 "음과 양이 조화롭고 바람과 비가 때에 맞는 것이 온갖 신이 흠향한 것이다〔陰陽和, 風雨時便是百神享之〕"라고 했다.

하늘이 받아주신 것이고, 사업을 주관하게 하자 사업이 잘 다스려져 백성이 편안했으니, 이는 백성이 받아준 것이다. 하늘이 천하를 주고 백성이 천하를 준 것이다. 이 때문에 '천자라도 천하를 남에게 줄 수 없다'라고 말한 것이다. 순임금은 요임금을 28년이나 도왔으니, 이는 사람의 능력만으로 할 수 있는 것이 아니고, 하늘의 뜻이다. 요임금이 세상을 떠나시자 삼년상을 마치고 순임금이 요임금의 아들을 피해 남하南河의 남쪽으로 가셨는데, 천하의 제후로서 조회하는[48] 자들이 요임금의 아들에게 가지 않고 순임금에게 갔고, 송사하는[49] 사람들이 요임금의 아들에게 가지 않고 순임금에게 갔으며, [덕을] 노래하는 자들이 요임금의 아들을 노래하지 않고 순임금을 노래했으므로 '하늘의 뜻'이라고 말한 것이다. 그러고 난 다음에야 수도에 가서 천자의 자리에 올랐으니, 만일[50] 요임금의 궁궐에 살면서 요임금의 아들을 핍박했다면 이는 찬탈이지, 하늘이 주신 것이 아니다. 〈태서〉에 말하기를 '하늘은 우리 백성이 보는 것을 통해 보고, 하늘은 우리 백성이 듣는 것을 통해 듣는다'라고 한 것이 바로 이것을 말한 것이다."

萬章曰: "堯以天下與舜, 有諸?" 孟子曰: "否. 天子不能以天下與人." "然則舜有天下也, 孰之?" 曰: "天與之." "天與之者, 諄諄然命之乎?"

---

48) 원문의 "조근朝覲"을 번역한 것인데, 제후들이 1년에 한 차례 천자를 뵙고 정사를 보고하는 것이다. 이는 봉건제 아래 제후의 당연한 의무였다.

49) 원문의 "송옥訟獄"을 번역한 것으로, '옥송獄訟'이라고 되어 있는 판본도 있는데, 《주례》〈주관·대사도大司徒〉에서 "무릇 백성이 가르침을 받아들이지 않아 형벌에 관한 송사가 있었다[凡民之不服教而有獄訟者]"라고 되어 있는 것이 그 예다.

50) 원문의 "이而"를 번역한 것으로, '여如' 자와 같다.

曰: “否. 天不言. 以行與事示之而已矣.” 曰: “以行與事示之者, 如之何?” 曰: “天子能薦人於天, 不能使天與之天下, 諸侯能薦人於天子, 不能使天子與之諸侯, 大夫能薦人於諸侯, 不能使諸侯與之大夫. 昔者, 堯薦舜於天, 而天受之, 暴之於民, 而民受之. 故曰: ‘天不言, 以行與事示之而已矣.’” 曰: “敢問薦之於天, 而天受之, 暴之於民, 而民受之, 如何?” 曰: “使之主祭, 而百神享之, 是天受之, 使之主事, 而事治, 百姓安之, 是民受之也. 天與之, 人與之. 故曰: ‘天子不能以天下與人.’ 舜相堯二十有八載, 非人之所能爲也, 天也. 堯崩, 三年之喪畢, 舜避堯之子於南河之南, 天下諸侯朝覲者, 不之堯之子而之舜, 訟獄者, 不之堯之子而之舜, 謳歌者, 不謳歌堯之子而謳歌舜, 故曰: ‘天也.’ 夫然後之中國, 踐天子位焉. 而居堯之宮, 逼堯之子, 是簒也, 非天與也. 太誓曰: ‘天視自我民視, 天聽自我民聽.’ 此之謂也.”

우임금이 천하를 어진 자가 아닌 자식에게 물려준 이유 9.6

만장이 여쭈었다.

“사람들이 말하기를 ‘우임금에 이르러 덕이 쇠락하여 어진 자에게 자리를 전해주지 않고 자식에게 전해주었다’라고 하는데, 그런 일이 있습니까?”

맹자께서 말씀하셨다.

“아니다. 그렇지 않다. 하늘이 어진 자에게 주고자 하면 어진 자에게 주고, 하늘이 자식에게 주고자 하면 자식에게 주는 것이다. 옛날에 순임금이 우임금을 하늘에 천거하고 나서 17년이 되어 순임금이 세상을 떠나시자, 삼년상을 끝내고 우임금이 순임금의 아들을 피해 양성으로 가셨는데, 천하의 백성이 따라오는 것이 마치 요임금이 세상을 떠난 뒤에 요임금의 아들을 따르지 않고 순임금을 따른 것처럼 했다. 우임금이 익益을 하늘에 천거하고 나서 7년이 되어 우임금이 세상을 떠나시자, 삼년상을 끝내고 익이 우임금의 아들을 피해 기산 북쪽[51]으로 갔는데, 조회하고 송사하는 자들이 익에게 가지 않고 [우임금의 아들인] 계啓[52]에게 가면서 말하기를 '우리 임금님의 아들이로다'라고 했으며, 노래하는 자들이 익을 노래하지 않고 계를 노래하며 말하기를 '우리 임금님의 아들이로다'라고 했다.

[요임금의 아들인] 단주가 어리석었고 순임금의 아들도 어리석었으며, 순임금이 요임금을 도운 것과 우임금이 순임금을 도운 것은 그 지나온 햇수가 많아 백성에게 은택을 베푼 지가 오래되었다. 계는 어질어 능히 우임금의 도를 공손하게 이어받았으며, 익이 우임금을 도운 것은 그 지나온 햇수가 적어 백성에게 은택을 베푼 지가 오래지 못했으니, 순임금, 우임금, 익 사이의 [임금을 도운] 거리가 오래되고 멀리 떨어졌고 그 아들의 어질거나 어리석음이 다 하늘의 뜻에 달려 있으니, 사람의 힘으로 할 수 있는 것이 아니다. 그렇게 하려

---

51) 원문의 "기산지음箕山之陰"을 번역한 것으로, 《사기》〈하본기夏本紀〉에는 "기산의 남쪽[箕山之陽]"으로 되어 있는데, 본래는 산의 북쪽을 음이라 한다는 양보쥔의 해석을 참조하여 번역했다.

52) 우임금의 아들로, 고서에는 '개開'라고도 했다.

고 하지 않는데도 그렇게 되는 것이 하늘의 뜻이고, 도달하게 하려고 하지 않았는데도 이르게 된 것이 천명이다. 평범한 사내로서 천하를 소유하는 자는 덕이 반드시 순임금과 우임금 같아야 하고, 또 천자가 천거해주어야 한다. 그러므로 공자가 천하를 소유하지 못하신 것이다. 대를 이어 천하를 소유하다가 하늘이 버리는 것은 반드시 걸·주와 같은 자들이다. 그러므로 익과 이윤과 주공이 천하를 소유하지 못한 것이다.

이윤이 탕왕을 도움으로써 천하에 왕 노릇을 하게 했으나, 탕왕이 세상을 떠나시자, [태자인] 태정은 옹립되지 못하고 [죽었으며, 동생인] 외병은 2년 동안 재위했으며, [다른 동생] 중임은 4년 동안 재위했다. [태정의 아들] 태갑이 탕왕의 떳떳한 법도를 전복시키자 이윤이 그를 동桐 땅에 3년 동안 추방했는데, 태갑이 잘못을 뉘우쳐 스스로를 원망하고 스스로를 다스려 동 땅에서 인仁에 처하고 의義를 실천했다. 3년 동안 이윤이 자신에게 훈계한 것을 모두 따랐으며 다시 박읍으로 돌아왔다.

주공이 천하를 소유하지 못한 것은 하나라에서의 익과 은나라에서의 이윤과 같은 이치다. 공자께서 '당(요임금)과 우(순임금)는 선양했고 하나라와 은나라, 주나라는 계승했으니, 그 의로움이 매한가지다'라고 말씀하셨다."

萬章問曰: "人有言, '至於禹而德衰, 不傳於賢, 而傳於子.' 有諸?" 孟子曰: "否, 不然也. 天與賢, 則與賢, 天與子, 則與子. 昔者, 舜薦禹於天, 十有七年, 舜崩, 三年之喪畢, 禹避舜之子於陽城, 天下之民從之, 若堯崩之後不從堯之子而從舜也. 禹薦益於天, 七年, 禹崩, 三年之喪畢, 益避禹之子於箕山之陰. 朝覲訟獄者不之益而之啓, 曰: '吾君之子也.' 謳歌者不謳歌益而謳歌啓, 曰: '吾君之子也.' 丹朱之不肖, 舜之子亦不肖. 舜之相堯, 禹之相舜也, 歷年多, 施澤於民久. 啓賢, 能敬承繼禹之道. 益之相禹也, 歷年少, 施澤於民未久. 舜禹益相去久遠, 其子之賢不肖, 皆天也, 非人之所能爲也. 莫之爲而爲者, 天也, 莫之致而至者, 命也. 匹夫而有天下者, 德必若舜禹, 而又有天子薦之者. 故仲尼不有天下. 繼世以有天下, 天之所廢, 必若桀紂者也. 故益伊尹周公不有天下. 伊尹相湯以王於天下, 湯崩, 太丁未立, 外丙二年, 仲壬四年. 太甲顚覆湯之典刑, 伊尹放之於桐, 三年, 太甲悔過, 自怨自艾, 於桐處仁遷義. 三年, 以聽伊尹之訓己也, 復歸于亳. 周公之不有天下, 猶益之於夏, 伊尹之於殷也. 孔子曰: '唐虞禪, 夏后殷周繼, 其義一也.'"

이윤이 요리하여 탕왕에게 등용되기를 구했는가 9.7

만장이 여쭈었다.

"사람들이 말하길 '이윤[53]이 고기를 썰고 요리하는 것으로 탕왕

53) 제3편 〈공손추 상〉 2장에서 이윤에 대한《사기》의 기록을 소개했는데 좀 더 보충하면, 어떤 사람은 아형을 이윤의 관호官號라고도 한다. 이윤은 옛 책에 '보형保衡'이라고 되어 있기도 하다. 그리고 '아阿'와 '보保' 자 모두 보육한다는 의미가 있으니 '형衡'이 이윤의 이름일 수 있고, '아'와 '보' 자가 관호일 수도 있다.《묵자》에는 이윤의 이름이 '지摯'라고 되어 있다. 이윤이 탕왕을 요리로 유세한 내용은 사마천의 기록을 볼 때 사실로 확인된다.

에게 등용되기를 구했다'[54]고 하는데, 그런 일이 있었습니까?"

맹자께서 말씀하셨다.

"아니다. 그렇지는 않다. 이윤이 유신[55]의 들에서 밭을 갈면서[56] 요순의 도를 좋아했는데, 그 의로움이 아니고 그 도가 아니면 녹봉으로 천하를 주더라도 거들떠보지 않았고, 말 4,000필을 매어놓아도 돌아보지 않았으며, 그 의로움이 아니고 그 도리가 아니면 풀 한 포기라도[57] 남에게 주지 않았으며 풀 한 포기도 남에게서 취하지 않았다.

탕왕이 사람을 시켜 예물[58]로써 이윤을 부르시자, 초연하게[59] 말하기를 '내가 탕왕의 예물로써 무엇을 하겠는가? 내가 어찌 밭이랑

---

54) 원문의 "인유언人有言, 이윤이할팽요탕伊尹以割烹要湯"을 번역한 것이다. 《묵자》〈상현尙賢〉에 "옛날에 이윤은 유신씨의 딸이 탕왕에게 시집갈 때 종신으로 따라가 친히 요리사가 되어 [탕왕을 섬기더니] 탕왕이 [그의 어짊을] 알아보고 그를 천거했다(昔伊尹爲莘氏女師僕, 親爲庖人, 湯得而擧之)"라는 기록이 보인다. 여기서 "요要"는 역자도 주희와 같이 "구하다(求也)"라는 뜻으로 풀이했다.

55) 조기의 주에 따라 역자는 '유신'을 나라 이름으로 보았다. 한편 주희는 "'신'은 나라 이름(莘, 國名)"이라고 다른 해석을 내놓았다.

56) 이윤이 은둔하면서 농사일로 소일한 근본적인 이유는 걸왕의 폭정에 기인한다. 이 문제는 사마천의 《사기》〈은본기〉에도 나오는데, 그 맥락은 맹자의 발언과 달리 상당 부분 그런 사실을 인정했다. 이에 대한 일화는 제3편 〈공손추 상〉 2장의 각주 41을 참고하라.

57) 원문의 "일개一介"를 번역한 것으로, 조기가 "풀 한 포기(一介草)"로 주석한 것을 취하여 번역했다.

58) 원문의 "폐幣"를 번역한 것으로, 양보쥔의 고증을 참조하면 이렇다. 《설문해자》에 "폐는 비단이다(幣, 帛也)"라고 하니 '폐'의 본의는 비단이었다. 고대에는 비단을 묶어 수고한 빈객에게 주거나 빙례의 예물로 바쳤기 때문에 정현의 〈빙례기聘禮記〉 주에 "폐는 속백을 말한다(幣, 謂束帛也)"라고 했다.

59) 원문의 "효효囂囂"를 번역한 것으로, "스스로 터득하여 욕심이 없는 모양(自得無欲之貌)"이라는 주희의 해석이 참조할 만하다.

가운데에 살면서 요순의 도를 좋아하는 것만 하겠는가?'라고 했다. 탕왕이 세 번이나 사람을 보내어 부르시자, 마침내 태도와 마음을 바꿔 말하기를 '내가 밭이랑 가운데에 살면서 이것으로써 요순의 도를 좋아하는 것이 내가 어찌 이런 군주로 하여금 요순과 같은 군주로 만드는 것만 하겠는가? 내가 어찌 이런 백성으로 하여금 요순의 백성이 되게 하는 것만 하겠으며, 내가 어찌 나 자신이 직접 이것을 보는 것만 하겠는가? 하늘이 이 백성(사람)을 낸 것은 먼저 안 사람이 늦게 아는 사람을 깨우치게 하기 위함이고, 먼저 깨달은 사람이 늦게 깨닫는 자를 깨우치게 하기 위함인 것이다. 나는 하늘이 낸 백성 중에서 먼저 깨달은 자이니, 내가 장차 이 도로써 백성을 깨우쳐야 할 것이다. 내가 이들을 깨우치지 않으면 누가 할 수 있겠는가?'라고 했다.

[이윤이] 천하의 백성 중에 평범한 사내와 평범한 아낙일지라도 요순의 은택을 입지 못하는 자가 있으면 자신이 [그를] 밀어 도랑 가운데로 들어가게 한 것처럼 생각했으니, 그가 천하의 무거운 짐을 스스로 짊어지려 한 것이 이와 같았다. 따라서 탕왕에게 나아가 설득하여 하나라를 정벌해서 백성을 구하게 한 것이다.

나는 자신을 굽히면서 남을 바로잡았다는 자를 들어보지 못했는데 하물며 자신을 욕되게 하면서 천하를 바로잡으려 하겠는가? 성인의 행실은 똑같지 않으니, 어떤 이는 [군주를] 멀리하고 어떤 이는 가까이에서 군주를 모시며, 어떤 이는 떠나가고 어떤 이는 떠나가지 않았으나 [결국 모두] 돌아가는 바는 그 자신을 깨끗이 하는 것일 뿐이다. 나는 [이윤이] 요순의 도로써 탕왕에게 [등용되기를] 구했다는 말은 들어보았어도 고기를 썰고 요리한 일을 가지고 [등용되기를 구했다는 말은] 들어보지 못했다.[60] 〈이훈伊訓〉에 말하기를 '하늘의 주벌은 목궁에서부터 공격을 시작한 것인데, 다만 나는 [은나라 수도인] 박읍에서부터 시작한 것이다'라고 했다."

萬章問曰: "人有言, '伊尹以割烹要湯,' 有諸?" 孟子曰: "否, 不然. 伊尹耕於有莘之野, 而樂堯舜之道焉. 非其義也. 非其道也, 祿之以天下, 弗顧也, 繫馬千駟, 弗視也. 非其義也, 非其道也, 一介不以與人, 一介不以取諸人. 湯使人以幣聘之, 囂囂然曰: '我何以湯之聘幣爲哉? 我豈若處畎畝之中, 由是以樂堯舜之道哉?' 湯三使往聘之, 旣而幡然改曰: '與[61]我處畎畝之中, 由是以樂堯舜之道, 吾豈若使是君爲堯舜之君哉? 吾豈若使是民爲堯舜之民哉? 吾豈若於吾身親見之哉? 天之生此民也, 使先知覺後知, 使先覺覺後覺也. 予天民之先覺者也, 予將以斯道覺斯民也. 非予覺之, 而誰也?' 思天下之民匹夫匹婦有不被堯舜之澤者, 若己推而內之溝中. 其自任以天下之重如此. 故就湯而說之以伐夏救民. 吾未聞枉己而正人者也, 況辱己以正天下者乎. 聖人之行不同也, 或遠, 或近, 或去, 或不去, 歸潔其身而已矣. 吾聞其以堯舜之道要湯, 未聞以割烹也. 伊訓曰: '天誅造攻自牧宮, 朕載自亳.'"

60) 이 대목은 《논어》 〈안연〉 12.22에 나온다. "탕임금이 천하를 차지하고 나서 여러 사람 중에 뽑아 이윤을 등용하니, 인하지 않은 자들이 멀어졌던 것이다〔湯有天下, 選於衆, 擧伊尹, 不仁者遠矣〕."

61) 원문의 "여與"는 '~하기보다는〔與其〕'의 뜻으로 쓰였다.

공자께서 머무신 곳 9.8

만장이 여쭈었다.

"어떤 사람이 말하기를 '공자께서 위나라에서는 [종기 짜는 의사] 옹저의 집에 머무셨고,[62] 제나라에서는 내시[63] 척환[64]의 집에 머무셨다'라고 하는데, 그런 일이 있었습니까?"

맹자께서 말씀하셨다.

"아니다. 그렇지 않다. 일 꾸미기 좋아하는 자들이 지어낸 말이다. 위나라에 계실 때에 안수유顔讎由[65]의 집에 머무셨는데, 미자[66]의 아내는 자로의 아내와 자매간이었다. 미자가 자로에게 '공자께서 우리 집에 머무신다면 위나라의 경卿 자리를 얻을 수 있다'라고 하자, 자로가 이 말을 아뢰니 공자께서 '천명에 달려 있다'라고 말씀하셨다. 공자께서는 [벼슬에] 나아가실 때에 예로써 하시고 물러나실 때에는 의로써 하시며 얻고자 했으나 얻지 못하셨을 경우에 말씀하시기를 '천명에 달려 있다'라고 하셨으니, 옹저와 내시 척환의 집에 머무셨다면 이는 의로움도 없고 천명도 없는 것이다.

공자께서 노나라와 위나라에서 [머무시는 것을] 달가워하지 않으셨고, 송나라 환사마가 장차 [공자를] 막고 죽이려 하자,[67] 평상복의 차

62) 원문의 "주옹저主癰疽"를 번역한 것으로, '옹저'는《사기》〈공자세가〉에 '옹거雝渠'라고 했고,《한비자》에서는 '옹저雍鉏'라고 했다.

63) 원문의 "시인侍人"을 번역한 것으로, 주희는 "시인은 내시다〔侍人, 奄人也〕"라고 풀이했다.

64) "척환瘠環"의 '척'은 성이고 '환'은 이름이다.

65) 안수유顔讎由에 대하여 주희는 "위나라의 어진 대부이니,《사기》에는 안탁추顔濁鄒로 되어 있다〔衛之賢大夫也, 史記作顔濁鄒〕"라고 했다.

66) 미자彌子는 위나라 영공이 총애하는 신하인 미자하이다.

림으로 [변복하고] 송나라를 지나가셨다. 이때 공자께서 곤궁함을 당하셨어도 진후陳侯 주周의 신하가 된 사성[68]정자의 집에 머무셨다.

내가 듣건대 '조정에 있는 신하[69]를 관찰할 때는 그 머물게 한 바(사람)로써 살펴보고, 먼 곳에서 온 신하[70]를 관찰할 때는 그 머문 곳으로써 한다'라고 했는데, 만일 공자께서 옹저와 내시 척환의 집에 머무셨다면 어떻게 공자라고 생각할 수 있겠는가?"

萬章問曰: "或謂'孔子於衛主癰疽, 於齊主侍人瘠環.' 有諸乎?" 孟子曰: "否, 不然也. 好事者爲之也. 於衛主顏讎由, 彌子之妻與子路之妻,

---

67) 이에 관한 내용이 《사기》〈송미자세가宋微子世家〉에 "[경공] 25년, 공자가 송나라를 지나가는데 송나라 사마 환퇴가 그를 미워하여 공자를 죽이려 하니 공자는 평상복을 입고 떠났다〔二十五年, 孔子過宋, 宋司馬桓魋惡之, 欲殺孔子, 孔子微服去〕"라고 되어 있으며, 《사기》〈공자세가〉에도 "공자가 조나라를 떠나 송나라로 가는데 제자들에게 큰 나무 아래에서 예의를 강의했다. 송나라 사마 환퇴가 공자를 죽이려고 하면서 그 나무를 뽑아버렸다. 공자는 [어쩔 수 없이] 떠났다. 제자가 말했다. '빨리 떠나야 할 것 같습니다.' 공자가 말했다. '하늘이 나에게 덕을 주었는데 환퇴 같은 자가 나를 어떻게 하겠는가!'〔孔子去曹適宋, 與弟子習禮大樹下. 宋司馬桓魋欲殺孔子, 拔其樹. 孔子去. 弟子曰: '可以速矣.' 孔子曰: '天生德於予, 桓魋其如予何!'〕"라는 내용이 나온다.

68) 원문에서 "사성司城"은 성문을 관리하는 벼슬이다. 이에 관한 내용의 전후 관계에 대해 《사기》〈공자세가〉에 있는 "공자는 드디어 진陳나라에 가서 사성 정자의 집에 머물렀다. 1년 남짓 되었을 때 오나라 왕 부차가 진陳나라를 정벌하여 세 성읍을 빼앗고는 떠났다. 진晉나라의 조앙은 조가朝歌를 공격했다. 초나라가 채蔡나라를 포위하자, 채나라는 오나라로 옮겨 갔다. 오나라는 월나라 왕 구천을 회계산에서 패배시켰다〔孔子遂至陳, 主於司城貞子家. 歲餘, 吳王夫差伐陳, 取三邑而去. 趙鞅伐朝歌. 楚圍蔡, 蔡遷于吳. 吳敗越王句踐會稽〕"라는 기록을 염두에 두고 읽어볼 필요가 있다.

69) 원문의 "근신近臣"을 번역한 것으로, 주희가 "'근신'은 조정에 있는 신하〔近臣, 在朝之臣〕"라고 풀이한 주석을 취하여 번역했다.

70) 원문의 "원신遠臣"을 번역한 것으로, 주희는 "'원신'은 먼 지방에서 와서 벼슬하는 자〔遠臣, 遠方來仕者〕"라고 했다.

兄弟也. 彌子謂子路曰: '孔子主我, 衛卿可得也.' 子路以告. 孔子曰: '有命.' 孔子進以禮, 退以義, 得之不得曰: '有命.' 而主癰疽與侍人瘠環, 是無義無命也. 孔子不悅於魯衛, 遭宋桓司馬將要而殺之, 微服而過宋. 是時孔子當阨, 主司城貞子, 爲陳侯周臣. 吾聞'觀近臣, 以其所爲主, 觀遠臣, 以其所主.' 若孔子主癰疽與侍人瘠環, 何以爲孔子?"

다섯 마리 양가죽값에 불과한 백리해를 둘러싼 이야기 9.9

만장이 여쭈었다.

"어떤 사람이 말하기를 '백리해百里奚[71]는 진秦나라의 희생(통째로 제사에 쓰이는 소)을 기르는 사람에게 [불과] 다섯 마리의 양가죽을 받고 스스로 팔려 가 소를 길러가며 진秦나라 목공에게 등용되기를 구했다'[72]라고 하니, 믿을 만한 일입니까?"

맹자께서 말씀하셨다.

"아니다. 그렇지 않다. 일 꾸미기 좋아하는 자들이 지어낸 말이다. 백리해는 우虞나라 사람으로, 진晉나라 사람이 수극垂棘 땅에서

71) 백리해百里奚가 중용된 사례는《사기》〈진본기秦本紀〉에 상세하게 나온다. 목공이 백리해의 몸값으로 검정 숫양 가죽 다섯 장값을 쳐주었을 때 백리해의 나이가 일흔 살이 넘었다고 했는데, 그 당시 백리해의 겸손한 말과 목공의 문답이 인상적이다. "'신은 망한 나라의 신하인데 어찌 자문할 수 있겠습니까!' 목공이 말했다. '우나라 군주가 그대를 등용하지 않아서 망했으니 그대 죄가 아니오.' 그러고는 묻기를 고집하여 사흘 동안 이야기했다. 목공은 매우 기뻐하며 그에게 나랏일을 맡기면서 오고대부五羖大夫라고 불렀다('臣亡國之臣, 何足問!' 繆公曰: '虞君不用子, 故亡, 非子罪也.' 固問, 語三日, 繆公大說, 授之國政, 號曰五羖大夫)(김원중 역,《사기본기》, 민음사, 176쪽)." 그러나 백리해는 자신이 친구 건숙蹇叔에 미치지 못한다면서 그를 등용하기를 추천하자 목공은 건숙도 등용하여 상대부上大夫로 삼았다는 것이 사마천의 이어진 기록이다.

나는 [아름다운] 옥과 굴屈 땅에서 나는 좋은 말을 가지고 와, 우나라에 길을 빌려 괵나라를 정벌하려고 하자, 궁지기宮之奇는 [길을 빌려주지 말라고] 간언했고[73] 백리해는 간언하지 않았다.

[그는] 우공에게 간언할 수 없다는 것을 알고 떠나서 진秦나라로 갔는데, 나이가 이미 일흔 살이었다. 결국[74] 소를 길러 진나라 목공

72) 이 내용에 관해서는《사기》〈공자세가〉에 "진秦나라는 나라는 비록 작아도 그 뜻은 원대했고, 처한 곳은 비록 외져도 정치하는 것이 정도에 맞았습니다. [목공은] 몸소 오고五羖 백리해를 등용하여 그에게 대부大夫라는 작위를 주고 오랏줄로 간힌 몸을 풀어주고는 그와 함께 사흘 동안 이야기를 나누고서 그에게 정사를 맡겼습니다. 이로써 천하를 다스릴 수 있게 되었으니 [천하의] 왕 노릇 하는 것이 가능했을진대 패자가 된 것은 자그마한 일입니다(秦, 國雖小, 其志大; 處雖辟, 行中正. 身擧五羖, 爵之大夫, 起纍紲之中, 與語三日, 授之以政. 以此取之, 雖王可也, 其霸小矣)"(김원중 역,《사기세가》, 643~644쪽)라는 단락에서 확인할 수 있는데, 공자가 나이 서른 살쯤에 제나라 경공에게 한 말 중에 나오는 것으로, 신빙성이 있어 보인다. 이 부분은《사기》〈상군열전商君列傳〉에도 나온다. "오고대부는 형(초) 땅의 보잘것없는 사람이었습니다. [그는] 진나라 목공이 현명하다는 소문을 듣고 만나보고 싶었지만 찾아갈 여비가 없자 자신을 진나라로 가는 식객에게 팔아 남루한 홑옷을 입고 소를 치며 따라갔습니다. 그로부터 1년이 지나서야 목공은 그를 알아보고 소의 여물이나 먹이던 미천한 그를 천거하여 백성의 윗자리에 두었는데, 진나라에서는 [이 일에] 감히 원망하는 자가 아무도 없었습니다(夫五羖大夫, 荊之鄙人也. 聞秦繆公之賢而願望見, 行而無資, 自粥於秦客, 被褐食牛. 期年, 繆公知之, 擧之牛口之下, 而加之百姓之上, 秦國莫敢望焉)."

73) 궁지기宮之奇가 간언한 내용이《사기》〈진세가晉世家〉에 나온다. 궁지기는 우공의 안일한 태도를 날카롭게 지적하면서 "태백과 우중은 태왕의 아들로서, 태백이 달아나버려 이 때문에 임금의 자리를 잇지 못했습니다. 괵중과 괵숙은 왕계의 아들로서 문왕의 경사卿士가 되었는데, 그들은 공적을 왕실 문서에 기록하고 맹부盟府(맹약의 서류를 보존하는 창고)에 보관했습니다. 장차 괵나라를 멸망시킨다면 어찌 우나라를 애석해하겠습니까? 하물며 우나라가 환숙과 장백의 족속보다 더 친합니까? 환숙과 장백의 족속은 무슨 죄가 있어 모두 멸망시킨 것입니까! 우나라와 괵나라의 관계는 마치 입술과 이와 같아서 입술이 없으면 이가 시리게 되는 것입니다." 우공은 듣지 않고 진나라에 길을 빌리는 것을 허락해주었다. 궁지기는 그의 가족을 데리고 우나라를 떠났다. 이해 겨울 진나라는 괵나라를 멸망시켰고 괵공 추醜는 주나라로 달아났다.(김원중 역,《사기세가》, 282쪽)

에게 [등용되기를 구하는 것이] 더러운 일임을 몰랐다면, [그를] 지혜롭다고 말할 수 있겠는가? 간언할 수 없기에 간언하지 않았으니, 지혜롭지 않다고 말할 수가 있겠는가? 우공이 장차 망할 줄을 알고 먼저 그곳을 떠났으니, 지혜롭지 않다고 말할 수는 없다. 당시에 진秦나라에 등용되어 목공이 함께 [도를] 실행할 수 있는[75] 군주임을 알고 그를 도왔으니 지혜롭지 않다고 말할 수 있겠는가? 진秦나라를 도와 그 군주를 천하에 드러내어 후세에 전할 수 있게 했으니 어질지 않고서야 이렇게 할 수 있겠는가? 스스로 팔려 가서 군주를 이루게 한 것은 마을의 자신을 아끼는 자들도 하지 않는데, 하물며 어진 자(백리해)가 그런 일을 했다고 말할 수 있겠는가?"

萬章問曰: "或曰: '百里奚自鬻於秦養牲者五羊之皮食牛以要秦穆公.' 信乎?" 孟子曰: "否, 不然. 好事者爲之也. 百里奚, 虞人也. 晉人以垂棘之璧與屈產之乘假道於虞以伐虢, 宮之奇諫, 百里奚不諫. 知虞公之不可諫而去之秦, 年已七十矣, 曾不知以食牛干秦穆公之爲汙也, 可謂智乎? 不可諫而不諫, 可謂不智乎? 知虞公之將亡而先去之, 不可謂不智也. 時擧於秦, 知穆公之可與有行也而相之, 可謂不智乎? 相秦而顯其君於天下, 可傳於後世, 不賢而能之乎? 自鬻以成其君, 鄕黨自好者不爲, 而謂賢者爲之乎?"

74) 원문의 "증曾"을 번역한 것으로, '내乃', '경竟'과 의미가 같다.

75) 원문의 "유행有行"을 번역한 것으로, '~할 수 있다(有爲)'와 같은 의미다.

제10편

만장 하

萬章下

【해설】

이 편은 9장으로 이루어져 있는데, 고대 인물에 대한 맹자의 인물평이 전반부에 놓여 있다. 1장에서 백이와 이윤을 비롯하여 유하혜와 공자 등의 특징을 날카로운 안목으로 평가하고 있다. 2장은 주나라의 관직과 녹봉의 체제를 다루고 있으며, 맹자의 경제적인 안목이 잘 드러나 있다. 3장은 벗을 사귀는 도리에 대한 문답으로 이루어졌는데, 결국 덕 있는 사람을 벗해야 한다는 취지로 일관하고 있다. 4장은 왜 제후들과 교제하느냐는 만장의 당돌한 질문에 대한 답으로 이루어져 있다. 물론 맹자의 태도는 집요하고도 신랄한 제자의 질문에 대한 답변이지만, 제자의 힐난 조의 질문에 대한 맹자의 흔들림 없는 감정의 절제가 스승과 제자의 또 다른 모습을 보는 것 같아 흐뭇하다.

5장은 벼슬하는 이유에 대해 말하고 있는데, 가난 때문인지 부모 봉양 때문인지 비교하여 간단히 다루고 있으며, 6장은 군주가 어떻게 선비를 길러야 하는가 하는 문제를 다루고 있다. 7장 역시 군주가 선비를 예우하는 방식 혹은 방법을 말하고 있는데, 노나라 목공의 사례를 들어 그가 자사를 만난 것을 언급하고 있으며, 아울러 제나라 경공의 무도함도 함께 다루고 있다. 8장은 옛사람과의 교우관계를 다루고 있으며, 9장은 간언의 문제를 다룬다.

백이, 이윤, 유하혜에 대한 맹자의 인물평 10.1

맹자께서 말씀하셨다.

"백이는 눈으로는 나쁜 색깔을 보지 않았고, 귀로는 나쁜 소리를 듣지 않았으며, 자기 군주가 아니면 섬기지 않았고, 자기 백성이 아니면 부리지 않았다. [세상이] 다스려지면 나아가고 어지러우면 물러나 무법의[1] 정치가 나오는 곳과 제멋대로인 백성이 지내는 곳에는 차마 살지 않았으며, [도리에 어두운] 마을 사람들과 있으면 마치 조정의 의복과 조정의 관모를 입은 채 진흙과 숯구덩이에 앉은 듯이 여겼는데, 주왕 때에는 북해의 물가에 살면서 천하가 맑아지기를 기다렸다. 그러므로 백이의 풍도를 들은 자들이라면 지각없는[2] 자는 청렴[3]해지고 나약[4]한 자는 뜻을 세우게 된다.

이윤이 말하기를 '어떤 사람을 섬긴들 군주가 아니겠으며, 어떤

---

1) 원문의 "횡橫"을 번역한 것으로, 제8편 〈이루 하〉 28장의 "횡역橫逆"에 대해 주희가 "강압적이고 난폭하여 이치에 순응하지 않는다(强暴不順理也)"라고 풀이한 구절의 '횡'과 같은 뜻이다. 주희는 "법도에 따르지 않는(不順法度)"의 의미로 보았다.

2) 원문의 "완頑"을 번역한 것으로, 모기령은 '탐貪'의 의미로 보아 《사서잉언四書賸言》에서 "《맹자》에 나오는 '완부렴'의 '완' 자는 옛날의 모두 '탐' 자이다(孟子頑夫廉, 頑字古皆是貪字)"라고 했으나, 주희는 "'완'은 지각이 없는 것이다(頑者, 無知覺)"라고 했다. 역자는 주희의 설에 따랐다.

3) 원문의 "렴廉"을 번역한 것으로, 주희는 "'렴'은 분별력이 있는 것(廉者, 有分辨)"이라고 했다.

4) 원문의 "나懦"를 번역한 것으로, 주희는 "'나'는 유약함이다(懦, 柔弱也)"라고 했다. 정약용에 따르면 "'나'는 유약하다는 뜻만이 아니다. '나'는 '심心'과 '수需'가 합해진 글자로, '수'는 기다린다는 뜻이다. 무릇 한 가지 일을 만나 느릿느릿하여 차일피일 미루어 완성함이 없는 것으로, 이는 나약한 사내의 행실이다(懦之一字, 亦非但柔弱之意. 懦者, 心需也. 需者, 須也. 凡遇一事, 姑息姑徐, 今日明日, 荏苒濡滯, 無所建立, 此懦夫之行也)"라고 했다.

사람을 부린들 백성이 아니겠는가?'라고 하여, [나라가] 다스려져도 나아가고 어지러워도 나아가서 말하기를 '하늘이 이런 백성을 낸 것은 먼저 안 사람이 늦게 아는 사람을 깨우치게 하기 위함이며, 먼저 깨달은 사람이 늦게 깨닫는 사람을 깨우치게 하기 위함인 것이다. 나는 하늘이 낸 백성 가운데 먼저 깨달은 사람이니, 내가 이런 도로써 백성을 깨우치겠다'라고 했으며, 천하의 백성 가운데 평범한 사내와 평범한 아낙일지라도 요순의 은택을 입지 못하는 사람이 있으면 마치 자신이 [그를] 밀어 도랑 가운데로 들어가게 한 것과[5] 같이 여겼으니, 이는 천하의 무거운 짐을 스스로 짊어지려 한 것이다.

유하혜는 더러운 군주라도 [섬기는 것을] 부끄러워하지 않았으며, 하찮은 벼슬이라도 마다하지 않았다. [벼슬길에] 나아가서는 어짊(賢)을 숨기지 않았고 반드시 그 도리대로 했으며, 버림받아도 원망하지 않고 곤궁하게 되어도 근심하지 않았으며, 마을 사람들과 함께 있되 유유히 차마 떠나지 못해서 '너는 너이고 나는 나이니, 비록 내 곁에서 옷을 벗고 [또] 벗는다고 한들 네가 어찌 나를 더럽히겠는가?'라고 했다. 그러므로 유하혜의 풍도를 들은 자들이라면 속좁은[6] 자는 너그러워지고 야박한 자는 [인심이] 돈후해진다.

공자께서 제나라를 떠나가실 때 [밥을 지으려] 쌀을 담갔다가도 건져서[7] 떠나셨고, 노나라를 떠나가실 때 말씀하시기를 '더디고 더디구나. 나의 발걸음이여, [이는] 부모의 나라를 떠나는 도이다'라고

5) 원문의 "내內" 자를 번역한 것으로, '들이다(納)'의 의미로 쓰였다.

6) 원문의 "비鄙"를 번역한 것으로, 주희는 "'비'는 좁고 누추한 것이다(鄙, 狹陋也)"라고 했다.

하셨으니, 재빨리 떠날 수 있으면 재빨리 떠나고 오래 머무를 수 있으면 오래 머물며, 숨어 지낼 수 있으면 숨어 지내고 벼슬할 수 있으면 벼슬한 분이 공자이시다."

맹자께서 말씀하셨다.

"백이는 성인 가운데 맑은 자이고, 이윤은 성인 가운데 스스로 책임지려는 자이며, 유하혜는 성인 가운데 온화한 자이고, 공자는 성인 가운데 중도에 들어맞는 자이다.

공자를 집대성한 분이라고 말하는데, 집대성은 [음악에서] 쇠〔金〕로 소리를 퍼뜨리고 옥玉으로 거두는 것과 같다.[8] 쇠로 소리를 퍼뜨리는 것은 곡조를 시작하는 것이고 옥으로 거두는 것은 곡조를 끝맺는 것이니, 곡조를 시작하는 것은 지智의 사안이고 곡조를 끝맺는 것은 성聖의 사안이다.

---

7) 원문의 "접석接淅"을 번역한 것으로,《설문해자》에 "'석'은 쌀을 이는 것이다〔淅, 汰米也〕"라고 했고, "'경'은 마른 쌀을 물에 담갔다가 건지는 것이다.《맹자》에서 '공자가 제나라를 떠날 적에 쌀을 담갔다가 건져갔다'고 했다〔滰, 浚乾漬米也. 孟子曰: '夫子去齊, 滰淅而行'〕"라고 했는데, 이에 따라 허신은《맹자》를 근거로 '접接'을 '경滰' 자로 썼다는 것을 알 수 있다고 했다.

8) 원문의 "금성이옥진金聲而玉振"을 번역한 것으로, 정이천의《이정유서二程遺書》에 기록된 바에 의하면 "종으로 소리를 퍼뜨리고 옥으로 거두는 것, 이것은 맹자가 배우는 자를 위해 마침과 시작의 뜻을 말씀하신 것이다. 치지에서 시작함은 지의 일이요, 아는 바를 행하여 그 극에 이름은 성인의 일이니,《주역》에 이르기를 '그칠 데를 알아 그치고 끝마칠 데를 알아 끝마친다'는 것이 이것이다〔金聲而玉振之, 此孟子爲學者, 言終始之義也. 始於致知, 智之事也, 行所知而至其極, 聖之事也, 易曰: '知至至之, 知終終之.' 是也〕"라는 의미다. 주희는 "팔음을 아울러 연주하면 그 소리를 일으키기 전에 먼저 쇠종을 쳐서 그 소리를 퍼뜨리고, 그 소리가 다하기를 기다린 뒤에 특경을 쳐서 그 운을 거두는 것이다〔竝奏八音, 則於其未作, 而先擊鎛鐘, 以宣其聲, 俟其旣闋而後, 擊特磬, 以收其韻〕"라고 부연했다. 여기서 팔음이란 여덟 악기가 내는 소리로, 중국 고대의 악기 분류법에서 재료에 따라 금부金部·석부石部·사부絲部·죽부竹部·포부匏部·토부土部·혁부革部·목부木部로 나뉘는 여덟 가지 악기에서 나는 소리를 말한다.

지智를 비유하면 기교〔巧〕이고, 성聖을 비유하면 힘〔力〕이니, 100걸음 밖에서 활을 쏘는 것과 같아서 [과녁에] 이르는 것은 네 능력이지만 과녁에 적중하는 것은 네 능력이 아니다."

孟子曰: "伯夷, 目不視惡色, 耳不聽惡聲. 非其君, 不事, 非其民, 不使. 治則進, 亂則退, 橫政之所出, 橫民之所止, 不忍居也. 思與鄕人處, 如以朝衣朝冠坐於塗炭也, 當紂之時, 居北海之濱, 以待天下之淸也. 故聞伯夷之風者, 頑夫廉, 懦夫有立志. 伊尹曰: '何事非君? 何使非民?' 治亦進, 亂亦進, 曰: '天之生斯民也, 使先知覺後知, 使先覺覺後覺. 予, 天民之先覺者也, 予將以此道覺此民也.' 思天下之民匹夫匹婦有不與被堯舜之澤者, 若己推而內之溝中其自任以天下之重也. 柳下惠不羞汙君, 不辭小官. 進不隱賢, 必以其道. 遺佚而不怨, 阨窮而不憫. 與鄕人處, 由由然不忍去也, '爾爲爾, 我爲我, 雖袒裼裸裎於我側, 爾焉能浼我哉?' 故聞柳下惠之風者, 鄙夫寬, 薄夫敦. 孔子之去齊, 接淅而行, 去魯, 曰: '遲遲吾行也, 去父母國之道也.' 可以速則速, 可以久則久, 可以處則處, 可以仕則仕, 孔子也."

孟子曰: "伯夷, 聖之淸者也, 伊尹, 聖之任者也, 柳下惠, 聖之和者也, 孔子, 聖之時者也. 孔子之謂集大成. 集大成也者, 金聲而玉振之也. 金聲也者, 始條理也, 玉振之也者, 終條理也. 始條理者, 智之事也, 終條理者, 聖之事也. 智, 譬則巧也, 聖, 譬則力也. 由射於百步之外也, 其至, 爾力也, 其中, 非爾力也."

주나라 왕실의 작위와 녹봉은 어떠한가 10.2

북궁기北宮錡[9]가 물었다.

"주나라 왕실에서는 작위와 녹봉을 어떻게 등급 매깁니까?"

맹자께서 말씀하셨다.

"그 자세한 내용은 듣지 못했다. 제후들은 자신들을 해롭게 하는 것을 싫어하여 그 문헌들을 모두 없애버렸지만, 나는 일찍이 그 대략적인 내용을 들었다.

[천자의 나라에서는] 천자가 한 지위요, 공公이 한 지위요, 후侯가 한 지위요, 백伯이 한 지위요, 자子와 남男이 똑같이 한 지위이니, 모두 다섯 등급이다. [제후의 나라에서는] 군주가 한 지위요, 경卿이 한 지위요, 대부가 한 지위요, 상사上士가 한 지위요, 중사中士가 한 지위요, 하사下士가 한 지위니, 모두 여섯 등급이다.

[토지에 관한 규정을 보면] 천자의 제도는 [직접] 관리하는 땅이 사방 1,000리요, 공과 후는 모두 사방 100리요, 백伯은 70리요, 자子와 남男은 50리이니, 모두 네 등급이다. 50리가 못 되는 나라는 천자에게 [직접] 전달하지 못하고 제후에게 부속되니, 이것을 부용附庸[10]이라 한다.

9) "북궁기北宮錡"에 대하여 주희는 "'북궁北宮'은 성이고 '기錡'는 이름이니 위衛나라 사람이다〔北宮姓, 錡名, 衛人〕"라고 했다. 대부분의 국내 번역본에는 '의'로 되어 있으나, '기'라고 발음한 것은 중국어 발음이 '치qí'라고 되어 있는 데 따른 것이다.

10) 원문의 "부용附庸"이란 단어의 보충 설명이 필요하다. 제후 중에서 국력이 떨어지는 나라는 천자에게 직접 조회를 들어 보고하지 못하므로 다른 제후를 거쳐 간접적인 방법으로 천자에게 보고했다. 이러한 방식이므로 이 '부용'이란 단어를 붙였다.

천자의 경卿은 땅을 받는 것이 후侯와 비견되고,[11] 대부는 땅을 받는 것이 백伯과 비견되며, 원사元士는 땅을 받는 것이 자子와 남男과 비견된다.

큰 나라는 땅이 사방 100리이니, 군주는 경卿의 녹봉의 열 배이고,[12] 경卿의 녹봉은 대부의 네 배이며, 대부는 상사의 배이고, 상사는 중사의 배이며, 중사는 하사의 배이고, 하사와 일반 백성으로서 관직에 있는 자는 녹봉이 같으니, 녹봉은 그 농사짓는 것을 대체하기에 충분했다.

그다음의 나라는 땅이 사방 70리이니, 군주는 경卿의 녹봉의 열 배이고, 경卿의 녹봉은 대부의 세 배이고, 대부는 상사의 배이며, 상사는 중사의 배이고, 중사는 하사의 배이며, 하사와 일반 백성으로서 관직에 있는 자는 녹봉이 같으니, 녹봉은 그 농사짓는 것을 대체하기에 충분했다.

작은 나라는 땅이 사방 50리이니, 군주는 경卿의 녹봉의 열 배이고, 경卿의 녹봉은 대부의 두 배이고, 대부는 상사의 배이고, 상사는 중사의 배이며, 중사는 하사의 배이고, 하사와 일반 백성으로서 관직에 있는 자는 녹봉이 같으니, 녹봉은 그 농사짓는 것을 대체하기에 충분했다.

---

11) 원문의 "시視"를 번역한 것으로, 조기는 "비하다〔比〕"의 뜻이라고 보았다. '같다'라고 번역하기도 한다.

12) 원문의 "군십경록君十卿祿"을 번역한 것으로, 주희는 "'군십경록'의 '록祿'은 지금의 녹봉과 같으니, 군주의 소득으로 사사로이 사용할 수 있는 것이다. 공부貢賦, 빈객賓客, 조근朝覲, 제향祭饗, 교빙交聘, 왕래往來로 말하면 또 별도의 재물이 저장되어 공용되니 이른바 녹봉이 아니다〔君十卿祿, 祿者, 猶今之俸祿, 蓋君所得, 得爲私用者. 至於貢賦賓客朝覲祭饗交聘往來, 又別有財儲公用, 非所謂祿也〕"(《주자어류》 권58)라고 보충 설명했다.

농사짓는 자의 소득은 한 사내가 100이랑이다. 100이랑을 가꾸는 데[13] 상등급의 농부는 아홉 명을 먹이고, 상등급의 농부 그다음은 여덟 명을 먹이며, 중등급의 농부는 일곱 명을 먹이고, 중등급의 농부 그다음은 여섯 명을 먹이며, 하등급의 농부는 다섯 명을 먹이니, 일반 백성으로서 관직에 있는 자는 그 녹봉을 이런 원칙에 따라서 차등을 두었다."

北宮錡問曰: "周室班爵祿也, 如之何?" 孟子曰: "其詳不可得而聞也, 諸侯惡其害己也, 而皆去其籍, 然而軻也嘗聞其略也. 天子一位, 公一位, 侯一位, 伯一位, 子男同一位, 凡五等也. 君一位, 卿一位, 大夫一位, 上士一位, 中士一位, 下士一位, 凡六等. 天子之制, 地方千里, 公侯皆方百里, 伯七十里, 子男五十里, 凡四等. 不能五十里, 不達於天子, 附於諸侯, 曰附庸. 天子之卿受地視侯, 大夫受地視伯, 元士受地視子男. 大國地方百里, 君十卿祿, 卿祿四大夫, 大夫倍上士, 上士倍中士, 中士倍下士, 下士與庶人在官者同祿, 祿足以代其耕也. 次國地方七十里, 君十卿祿, 卿祿三大夫, 大夫倍上士, 上士倍中士, 中士倍下士, 下士與庶人在官者同祿, 祿足以代其耕也. 小國地方五十里, 君十卿祿, 卿祿二大夫, 大夫倍上士, 上士倍中士, 中士倍下士, 下士與庶人在官者同祿, 祿足以代其耕也. 耕者之所獲, 一夫百畝. 百畝之糞, 上農夫食九人, 上次食八人, 中食七人, 中次食六人, 下食五人. 庶人在官者, 其祿以是爲差."

---

13) 원문의 "분糞"을 번역한 것으로, 단옥재의 《설문해자주》에 "대개 분전에는 치워야 할 더러운 것을 [거름 주어] 많이 사용하기 때문에 분이라고 한다(凡糞田多用所除之穢爲之, 故曰糞)"고 했다.

벗을 사귀는 도 10.3

만장이 여쭈었다.

"감히 벗을 사귀는 도리에 대해 여쭙겠습니다."

맹자께서 말씀하셨다.

"나이 많은 것을 뽐내지 않고 귀한 것을 뽐내지[14] 않으며 형제[의 부귀]를 뽐내지 않고 벗과 사귀는 것이다. 벗과 사귀는 것은 벗의 덕을 벗하는 것이니 뽐내지 않아야 한다. 맹헌자는 수레 백 대를 내는 집안이었다. 벗 다섯이 있었으니 악정구와 목중, 그 나머지 세 사람은 내가 이름을 잊어버렸다. 헌자가 이 다섯 사람과 사귈 때 자신(헌자)의 집안을 의식하지 않았다. 이 다섯 사람이 또한 헌자의 집안이 대부임을 의식했다면 이와 더불어 벗하지 않았을 것이다.

오직 수레 백 대를 내는 집안만이 그런 것이 아니라, 비록 작은 나라의 군주라도 또한 그런 일이 있었으니, 비費 혜공惠公이 말하기를 '나는 자사에 대해서는 스승으로 섬기고 안반顔般[15]에 대해서는 벗으로 대하며, 왕순과 장식은 나를 섬기는 자들이다'라고 했다.

오직 작은 나라의 군주만이 그런 것이 아니라, 비록 큰 나라의 군주라도 또한 그런 일이 있었으니, 진晉 평공平公은 해당亥唐[16]이 들어오라고 이르면 들어가고 앉으라고 이르면 앉고 먹으라고 이르면 먹어서, 비록 거친 밥[17]과 나물국이라도 일찍이 배불리 먹지 않은

14) 원문의 "협挾"을 번역한 것으로, 주희는 "'협'은 가지고 그것을 믿는 것을 겸하는 칭호(挾者, 兼有而恃之之稱)"라는 탁월한 주석을 덧붙였다.

15) 안반顔般에 대하여 양보쥔은 《한서》 〈고금인표古今人表〉에는 '안감顔敢'이라고 쓰여 있다면서 필사 과정의 오기로 유추했다.

적이 없었으니, 아마도 감히 배불리 먹지 않을 수가 없었기 때문이다. 그러나 [진 평공도] 이 정도에서 끝날 뿐이었고, 그와 더불어 관직을 함께하지 않았으며 그와 더불어 정사를 다스리지도 않았고 그와 더불어 녹봉을 누리지도 않았으니, [이는] 선비가 어진 자를 존경하는 것이지 왕공이 어진 자를 존경하는 것이 아니다.

순임금이 요임금을 위로 올라가[18] 뵈었을 때, 요임금이 사위[19] 순임금을 별궁[20]에 머물게 하시고 또한 순임금에게 음식을 먹여 번갈아 손님과 주인이 되었으니, 이는 천자로서 평범한 사내를 벗한 것이다. 아랫사람으로서 윗사람을 공경하는 것을 귀귀貴貴라고 하고 윗사람으로서 아랫사람을 공경하는 것을 존현尊賢이라고 하니, 귀귀와 존현은 그 뜻이 매한가지다."

萬章問曰: "敢問友." 孟子曰: "不挾長, 不挾貴, 不挾兄弟而友. 友也者, 友其德也, 不可以有挾也. 孟獻子, 百乘之家也. 有友五人焉, 樂正裘, 牧仲, 其三人, 則予忘之矣. 獻子之與此五人者友也, 無獻子之家

---

16) "해당亥唐"에 대하여 《태평어람太平御覽》에 황보밀皇甫謐의 《고사전高士傳》을 인용하여 "해당이란 자는 진나라 사람이다. 진나라 평공 때 조정에는 현신이 많이 있었는데, 기해·조무·사광·숙향이 모두 경대부가 되어 이름이 제후들 사이에 널리 알려졌었다〔亥唐者, 晉人也. 晉平公時, 朝多賢臣, 祁奚趙武師曠叔向皆爲卿大夫, 名顯諸侯〕"고 했다.

17) 원문의 "소사蔬食"를 번역한 것으로, 조기의 주에 "거친 밥이다〔糲食也〕"라고 했다. '소蔬' 자는 '소疏'와 같다.

18) 원문의 "상尙"을 번역한 것으로, 주희는 "'상'은 위로 올라감이니 순임금이 위로 올라가서 요임금을 뵙는 것이다〔尙, 上也. 舜上而見於帝堯也〕"라고 했다.

19) 원문의 "생甥"을 번역한 것으로, 조기는 "예에 아내의 아버지를 일러 외구라고 하며, 나에게 구라고 말하는 사람을 나는 사위라고 이른다〔禮, 謂妻父曰外舅, 謂我舅者, 吾謂之甥〕"고 했다.

20) 원문의 "이실貳室"을 번역한 것으로, '궁실의 한 곳'으로 번역하는 학자도 있다.

者也. 此五人者, 亦有獻子之家, 則不與之友矣. 非惟百乘之家爲然也, 雖小國之君亦有之. 費惠公曰: '吾於子思, 則師之矣, 吾於顏般, 則友之矣, 王順長息則事我者也.' 非惟小國之君爲然也, 雖大國之君亦有之. 晉平公之於亥唐也, 入云則入, 坐云則坐, 食云則食, 雖蔬食菜羹, 未嘗不飽, 蓋不敢不飽也. 然終於此而已矣. 弗與共天位也, 弗與治天職也, 弗與食天祿也, 士之尊賢者也, 非王公之尊賢也. 舜尙見帝, 帝館甥于貳室, 亦饗舜, 迭爲賓主, 是天子而友匹夫也. 用下敬上, 謂之貴貴, 用上敬下, 謂之尊賢. 貴貴尊賢, 其義一也."

맹자가 제후들과 교제하는 이유 10.4

만장이 여쭈었다.

"감히 여쭙겠습니다만, 교제하는[21] 것은 어떤 마음으로 합니까?"

맹자께서 말씀하셨다.

"공손함이다."

[만장이] 말했다.

"'[예물을] 거절하고 거절하는 것[22]을 공손하지 않다'고 하는 것은 무엇 때문입니까?"

[맹자께서] 말씀하셨다.

"존귀한 자[23]가 물건을 주는데 '그 예물을 취하는 것이 도의에 맞

---

21) 원문의 "교제交際"란 주희의 주석대로 "사람이 예의와 폐백을 가지고 서로 사귀고 접하는 것(人以禮儀幣帛, 相交接也)"을 말한다. 즉 주희는 예물을 주고받는 것으로 한정했는데, 오늘날 교제의 일반적 개념과는 그 차원이 다르다.

22) 원문의 "각却"을 번역한 것으로, 주희는 "'각'은 받지 않고 되돌려보내는 것이다(却, 不受而還之也)"라고 풀이했다.

는가, 맞지 않는가?'라고 [생각]한 뒤에 받는다면, 이것을 공손하지 않다고 하니, 이 때문에 거절하지 않는 것이다."

[만장이] 말했다.

"말로써 거절하지 않고 마음속으로 거절하며 말하기를 '그가 백성에게서 취한 것이 도의에 맞지 않는다'라고 하고 딴 말을 하여 받지 않는 것이 옳지 않습니까?"

[맹자께서] 말씀하셨다.

"그 교제란 도의로써 하고 그 대접이란 예의로써 하는 것, 이것은 공자께서도 받으셨다."

만장이 말했다.

"지금 수도의 성문 밖에서 사람을 막고 빼앗는 짓을 한[24] 자가 그 교제를 도의로써 하고 그 주는 것을 예의로써 한다면 이 빼앗은 물건이라도 받을 수 있습니까?"

[맹자께서] 말씀하셨다.

"옳지 않으니, 〈강고康誥〉에 말하기를 '사람을 죽여 쓰러뜨리고는 재물을 취하면서 무모하여 죽음을 두려워하지 않는 자를 모든 사람이 원망하지 않는 이가 없다'고 했으니, 이런 사람은 구태여 하교를 기다리지 않고 죽여도 되는 자이다. [이런 방식은] 은나라는 하나라를 물려받았고, 주나라는 은나라를 물려받았어도 마다하지 않았

---

23) 원문의 "존자尊者"에 대해 양보쥔은 '장자長者'와의 차이점을 들어 "장자와는 다르다. 존자는 지위로 말한 것이며, 장자는 나이를 가지고 말한 것이다"라고 했다.

24) 원문의 "어禦"를 번역한 것으로, 주희는 "'어'는 저지하는 것이다. 사람을 멈춰 세워서 죽이고 또한 그의 재물을 빼앗는 것이다(禦, 止也. 止人而殺之, 且奪其貨也)"라고 풀이했다.

지만, 지금에도 굳건하게 지켜지고 있거늘[25] 어찌 그것을 받을 수 있겠는가?"

[만장이] 말했다.

"지금 제후들이 백성에게 취하는 것이 막고 빼앗는 짓을 하는 것과 같은데, '만일 그 예의를 갖추어 교제를 하면 이는 군자도 받는다'고 하시니, 감히 여쭙겠습니다만, 무엇을 말씀하는 겁니까?"

[맹자께서] 말씀하셨다.

"그대는 왕 노릇 하는 자가 나온다면 지금의 제후들을 하나같이[26] 죽일 수 있다고 생각하는가? 가르치고 나서 [그들이] 고치지 않으면 그런 뒤에 죽이겠는가? 자신의 소유도 아닌데 취하는 것을 도둑질이라고 한 것은 비슷한 사례를 미루어 의미를 극단적인 데까지 이르게 한 것이다. 공자께서 노나라에서 벼슬하실 때 노나라 사람들이 사냥물을 [차지하려] 다투자 공자 또한 사냥물을 다투셨으니, 사냥물을 다투시는 것도 오히려 가능한데 하물며 그 [제후가] 주는 것을 받는 것에 있어서랴?"

[만장이] 말했다.

"그렇다면 공자께서 벼슬하신 것은 도道를 일거리로 삼기 위한

25) 원문의 "은수하殷受夏, 주수은周受殷, 소불사야所不辭也, 어금위렬於今爲烈"을 번역한 것으로, 이 열네 글자에 대해 주희는 "'殷受'로부터 '爲烈'까지의 열네 자는 말의 뜻이 순서가 없으니, 이욱李郁이 '이것은 반드시 떨어져 나간 글이나 혹은 궐문이 있을 것이다'라고 한 것이 [문리에] 가까울 것이나 나는 다만 연자衍字일 것으로 생각될 뿐이다. 그러나 헤아릴 수 없으니, 우선 빼는 것이 옳다〔商受至爲烈十四字, 語意不倫, 李氏以爲此必有斷簡或闕文者, 近之, 而愚意其直爲衍字耳. 然不可考, 姑闕之可也〕"라고 했으나 역자는 취하지 않고 원문대로 번역했다.

26) 원문의 "비比"를 번역한 것으로, 《예기》〈악기樂記〉의 정현의 주에 "'비'는 '동同'자와 같다〔比, 猶同〕"라고 한 것을 참조하면 '일률적으로 대하다'라는 의미다.

것이[27] 아닙니까?"

[맹자께서] 말씀하셨다.

"도를 일거리로 삼은 것이다."

[만장이 말했다.]

"도를 일거리로 삼으셨는데 어째서 사냥물을 다투셨습니까?"

[맹자께서] 말씀하셨다.

"공자께서 먼저 장부로 제수품을 바로잡으셨는데 사방의 [귀한] 음식으로는 공급하지 않게 장부로 바로잡으신 것이다."

[만장이] 말했다.

"어째서 떠나지 않으셨습니까?"

[맹자께서] 말씀하셨다.

"[도를 실행하는] 조짐을 [제수품을 바로잡는 것으로] 보이신 것이니, 그 조짐을 충분히 실행할 수 있는데도 [군주가] 실행하지 않으면 뒤에 떠나셨다. 이 때문에 [조정에서] 3년을 끝마칠 때까지 머무신 곳이 일찍이 없었던 것이다. 공자께서는 도를 실행할 수 있어 보이면 벼슬에 계셨고, [군주로서의] 예우가 적절했기에 벼슬에 계셨으며, [군주가] 어진 이를 받들었기에 벼슬에 계셨으니, 계환자에게서는 [도를] 실행하는 가능성을 보셨기 때문에 벼슬하셨고, 위衛나라 영공에게서는 예우가 적절했기에 벼슬하셨으며,[28] 위나라 효공[29]에게서는

---

27) 원문의 "사도事道"를 번역한 것으로, "도를 행하는 것으로 일삼다〔爲道而事〕"라고 말하는 것과 같은데, 양보쥔은 고문에서 이러한 어법이 늘 사용되었다고 주장했다.

28) 원문의 "공양公養"과 "제가際可"의 번역을 살펴보면, '공양'은 제나라 직하稷下 현자들의 경우와 같이 당시 일반인에 대한 예우일 가능성이 있으며, '제가'는 어떤 한 사람의 예우를 혼자서 대하는 것으로 구별하여 볼 수 있다.

어진 이를 받들었으므로 벼슬하셨던 것이다."

萬章問曰: "敢問交際何心也?" 孟子曰: "恭也." 曰: "'却之却之爲不恭', 何哉?" 曰: "尊者賜之, 曰: '其所取之者義乎, 不義乎?' 而後受之, 以是爲不恭, 故弗却也." 曰: "請無以辭却之, 以心却之, 曰: '其取諸民之不義也', 而以他辭無受, 不可乎?" 曰: "其交也以道, 其接也以禮, 斯孔子受之矣." 萬章曰: "今有禦人於國門之外者, 其交也以道, 其餽也以禮, 斯可受禦與?" 曰: "不可, 康誥曰: '殺越人于貨, 閔不畏死, 凡民罔不譈.' 是不待教而誅者也. 殷受夏, 周受殷, 所不辭也, 於今爲烈, 如之何其受之?" 曰: "今之諸侯取之於民也, 猶禦也. '苟善其禮際矣, 斯君子受之,' 敢問何說也?" 曰: "子以爲有王者作, 將比今之諸侯而誅之乎? 其教之不改而後誅之乎? 夫謂非其有而取之者盜也, 充類至義之盡也. 孔子之仕於魯也, 魯人獵較, 孔子亦獵較. 獵較猶可, 而況受其賜乎?" 曰: "然則孔子之仕也, 非事道與?" 曰: "事道也." "事道奚獵較也?" 曰: "孔子先簿正祭器, 不以四方之食供簿正." 曰: "奚不去也?" 曰: "爲之兆也. 兆足以行矣, 而不行, 而後去. 是以未嘗有所終三年淹也. 孔子有見行可之仕, 有際可之仕, 有公養之仕. 於季桓子, 見行可之仕也, 於衛靈公, 際可之仕也, 於衛孝公, 公養之仕也."

29) 위衛 효공孝公에 대하여 주희는 "위 효공은 《춘추》와 《사기》에 모두 없으니, 아마도 [위 영공의 손자] 출공出公 첩輒인 듯하다〔衛孝公, 春秋史記皆無之, 疑出公輒也〕"라고 했고, 정약용은 "등 정공, 등 문공은 모두 《세본世本》과 《사기》와 합치되지 않는다. 출공이 효공이 된 것도 이런 이유일 것이다. …… 또한 의심나는 것은 놔두어야 한다〔滕定公, 滕文公皆與世本史記不合. 出公之爲孝公, 亦此類也. …… 且當闕疑〕"라고 했다.

가난 때문에 벼슬하는가 10.5

맹자께서 말씀하셨다.

"벼슬하는 것은 가난하기 때문이 아니지만, 때로는 가난 때문인 경우가 있고, 아내를 얻는 것은 [부모] 봉양 때문이 아니지만, 때로는 봉양 때문인 경우가 있다. 가난 때문에 벼슬하는 자는 높은 자리를 마다하고 낮은 자리에 있어야 하며, 많은 녹봉을 마다하고 적은 녹봉을 받아야 한다. 높은 자리를 마다하고 낮은 자리에 있어야 하며, 많은 녹봉을 마다하고 적은 녹봉을 받는 것은 어떤 것이 마땅한가? 관문을 지키고 딱따기를 치는 일이다.

공자께서 일찍이 곳간 관리인[30]이 되어 말씀하시기를 '회계를 담당할 뿐이다'라고 하셨고, 일찍이 승전[31]이 되어 말씀하시기를 '소와 양을 살지워 자라게 할[32] 뿐이다'라고 하셨다. 지위가 낮은데도 큰일을 말하는 것이 죄이고, 남의 조정에 서 있는데도 도가 실행해지지 않는 것은 부끄러운 일이다."

---

30) 원문의 "위리委吏"를 번역한 것으로, 주희는 "쌓은 곡식을 주관하는 관리〔主委積之吏〕"라고 했다.

31) 원문의 "승전乘田"에 대하여 주희는 "동산과 꼴과 목장을 주관하는 관리〔主苑囿芻牧之吏〕"라고 했고, "공자라는 대성인으로서 일찍이 비천한 관리가 되었으나, 이를 욕되게 여기지 않은 것은 이른바 '가난 때문인 벼슬'이어서 관직이 낮고 녹봉은 적어 직분이 간단한 것을 말씀한 것이다〔言以孔子大聖, 而嘗爲賤官不以爲辱者, 所謂爲貧而仕, 官卑祿薄, 而職易稱也〕"라고 했다.

32) 원문의 "촬茁"을 번역한 것으로, '살진 모양〔肥貌〕'을 뜻한다. 명사일 때는 '줄'로, 동사일 때는 '촬'로 읽는다. 그러므로 여기서는 '촬'로 읽어야 마땅하다. 초순의 《맹자정의》에서는 "《설문해자》에서 '줄은 풀이 땅에서 갓 돋아나는 모양'이라고 했는데, 줄은 '초목이 갓 돋아나다'라는 명칭으로 이를 빌려 소와 양을 형용한 것이다〔說文云, '茁, 艸初生出之貌.' 茁草木生出之名, 借以形容牛羊〕"라고 했다.

孟子曰: "仕非爲貧也, 而有時乎爲貧, 娶妻非爲養也, 而有時乎爲養. 爲貧者, 辭尊居卑, 辭富居貧. 辭尊居卑, 辭富居貧, 惡乎宜乎? 抱關擊柝. 孔子嘗爲委吏矣, 曰: '會計當而已矣.' 嘗爲乘田矣, 曰: '牛羊茁壯長而已矣.' 位卑而言高, 罪也, 立乎人之本朝, 而道不行, 恥也."

선비는 제후에게 함부로 몸을 맡기지 않는다 10.6

만장이 말했다.

"선비가 제후에게 [몸을] 맡기지 않는 것은 무엇 때문입니까?"

맹자께서 말씀하셨다.

"감히 못하는 것이다. 제후가 나라를 잃어버리고 나서 [다른 나라의] 제후에게 몸을 맡기는 것은 예의에 들어맞으나, 선비가 제후에게 몸을 맡기는 것은 예의가 아니다."

만장이 말했다.

"군주가 곡식을 주면 그것을 받아야 합니까?"

[맹자께서] 말씀하셨다.

"받아야 한다."

[만장이 말했다.]

"받아야 한다는 것은 어떤 의로움입니까?"

[맹자께서] 말씀하셨다.

"군주란 다른 나라에서 온 백성[33]에 대해서는 진실로 구제해주는

33) 원문의 "맹氓"을 번역한 것으로, 앞의 제3편 〈공손추 상〉 5장과 제5편 〈등문공 상〉 4장에서도 나온다. 자세한 설명은 제3편 〈공손추 상〉 5장의 각주 58을 참조하라.

것이다."

[만장이] 말했다.

"구제해주면 받고 내려주면[34] 받지 않는 것은 무엇 때문입니까?"

[맹자께서] 말씀하셨다.

"감히 받지 못하는 것이다."

[만장이] 말했다.

"감히 여쭙겠습니다만, 감히 받지 못하는 것은 무엇입니까?"

[맹자께서] 말씀하셨다.

"관문을 지키고 딱따기를 치는 자 모두가 일정한 직책이 있어 윗사람에게 녹봉을 받아 먹는 것이니, 일정한 직책이 없으면서 윗사람이 내려주는 것을 공손하지 못하다고 하는 것이다."

[만장이] 말했다.

"군주가 구제해주면 받는다고 하시는데, 알지 못하겠습니다만, 일정하게 계속해서 받을 수 있습니까?"

[맹자께서] 말씀하셨다.

"[노나라 군주] 목공이 자사를 대함에 자주 문안하시고 자주 삶은 고기를 주셨다.[35] [그러나] 자사가 달가워하지 않았는데, 마침내 심부름하는 자에게 손을 내저어 대문 밖으로 내보내시고 북쪽을 향해 머리를 조아려 재배하며[36] 받지 않고 말씀하시기를 '이제야 군

34) 원문의 "사賜"를 번역한 것으로, 주희가 "'사'는 녹봉을 주는 것에 정해진 수가 있음을 말한 것이니, 군주가 신하를 대하는 예이다〔賜, 謂予之祿, 有常數, 君所以待臣之禮也〕"라고 한 맥락을 따라 번역했다.

35) 원문의 "극궤정육亟餽鼎肉"을 번역한 것으로, 양보쥔의 설명이 명쾌하다. 옛사람들은 안부를 묻거나 문안을 드릴 때 대부분 선물을 보내어 정성스러운 마음을 나타냈으니, 여기의 '자주 문안하다〔亟問〕'와 '자주 삶은 고기를 주다〔亟餽鼎肉〕'는 한 가지 일인데 구분하여 말한 것이다.

주께서 나를 개와 말처럼 기른 것을 알겠다'라고 하셨으니, 이러고 난 뒤로부터 심부름하는 자들이 고기를 갖다주지 않았다.[37] 어진 자를 좋아하면서도 등용하지 않고 또 봉양하지도 못한다면 어찌 어진 자를 좋아한다고 말할 수 있겠는가?"

[만장이] 말했다.

"감히 여쭙겠습니다만, 한 나라의 군주가 군자를 봉양하고자 할 경우 어떻게 해야 봉양한다고 말할 수 있습니까?"

[맹자께서] 말씀하셨다.

"군주의 명으로 물건을 보내오면[38] [신하는] 두 번 절하고 머리를 조아리며 받게 되니, 그 뒤에는 창고 관리인이 곡식을 보내오며 푸줏간 관리인이 고기를 보내오기는 하나, '군주의 명령으로 가져다

36) 원문의 "계수재배稽首再拜"를 번역한 것으로, 양보쥔은 "머리가 땅에 닿도록 절하는 것을 '계수稽首'라고 하고(拜頭至地謂之稽首), 무릎을 꿇고 두 손을 맞잡는 뒤에 머리를 손까지 숙여 가슴과 평행하게 하는 것을 '배拜'라고 한다(卽跪而拱手, 而頭府至于手, 與心平, 謂之拜)"고 했고, "'재배계수再拜稽首'를 '길배吉拜'라고 하는데 예물을 받아들임을 표시하고, '계수재배'를 '흉배凶拜'라고 하는데 여기서는 예물을 거절하는 것을 나타낸다(再拜稽首, 謂之吉拜, 表示接受禮物, 稽首再拜, 謂之凶拜, 此處則表示拒絶禮物)"고 했다. 양보쥔의 주석에서 '예물'이란 '선물'을 의미하나, 맥락상 그대로 살려 번역문에 실었다.

37) 원문의 "대무궤야臺無饋也"를 번역한 것으로, 조기는 "심부름하는 자가 고기를 가져오지 않았으니, 목공이 노여워한 것이다(臺不持餽來, 繆公慍也)"라고 했다. 주희는 "목공이 부끄러워하고 깨달아서 이로부터는 심부름하는 자들에게 고기를 가지고 오는 명령을 다시는 하지 않은 것이다(繆公愧悟, 自此不復令臺來致餽也)"라고 했는데, 정약용은 조기 설에 비중을 두어 주석을 추가로 소개하면서 "참으로 [목공이] 부끄러워하고 깨달았다면, 심부름하는 자가 고기를 가지고 오지도 않고 푸줏간 사람과 창고지기가 [고기와 곡식을] 보내오지도 않는 그런 이치가 있겠는가? 조기의 설이 나은 듯하다(誠若愧悟, 則旣不臺饋, 又不庖廩, 有是理乎? 趙說似長)"라고 했다.

38) 원문의 "장將"을 번역한 것으로, 《이아》〈석언釋言〉에 "장은 보내다(將, 送也)"의 뜻이라고 했다.

준다'라고 하지는 않는다. 자사가 생각하시기를 삶은 고기를 보내와, 자신으로 하여금 번거롭게[39] 자주 절하게 한 것이 군자를 봉양하는 예의가 아니라고 여기신 것이다. 요임금은 순임금을 자신의 아들 아홉 명으로 하여금 섬기게 하시고 두 딸을 아내로 삼게 하시고, 백관과 소와 양 및 창고를 갖추어 순임금을 밭 한가운데에서 봉양하게 하시더니, 뒤에 등용하여 윗자리에 올려놓으셨다. 그러므로 '왕공王公이 어진 자를 존중한 것'이라고 말하는 것이다."

萬章曰: "士之不託諸侯, 何也?" 孟子曰: "不敢也. 諸侯失國, 而後託於諸侯, 禮也, 士之託於諸侯, 非禮也." 萬章曰: "君餽之粟, 則受之乎?" 曰: "受之." "受之何義也?" 曰: "君之於氓也, 固周之." 曰: "周之則受, 賜之則不受, 何也?" 曰: "不敢也." 曰: "敢問其不敢何也?" 曰: "抱關擊柝者皆有常職以食於上, 無常職而賜於上者, 以爲不恭也." 曰: "君餽之, 則受之, 不識可常繼乎?" 曰: "繆公之於子思也, 亟問, 亟餽鼎肉. 子思不悅. 於卒也, 摽使者出諸大門之外, 北面稽首再拜而不受, 曰: '今而後知君之犬馬畜伋.' 蓋自是臺無餽也. 悅賢不能擧, 又不能養也, 可謂悅賢乎?" 曰: "敢問國君欲養君子, 如何斯可謂養矣?" 曰: "以君命將之, 再拜稽首而受. 其後廩人繼粟, 庖人繼肉, 不以君命將之. 子思以爲鼎肉使己僕僕爾亟拜也, 非養君子之道也. 堯之於舜也, 使其子九男事之, 二女女焉, 百官牛羊倉廩備, 以養舜於畎畝之中, 後擧而加諸上位. 故曰: '王公之尊賢者也.'"

39) 원문의 "복복이僕僕爾"를 번역한 것으로, 조기는 "복복僕僕은 번거롭고 외람된 모양(僕僕, 煩猥貌)"이라고 했다.

선비가 군주를 만나는 경우의 수 10.7

만장이 말했다.

"감히 여쭙겠습니다만, 제후를 만나뵙지 않는 것은 무슨 도의입니까?"

맹자께서 말씀하셨다.

"[관직도 없는데] 수도에 있는 자를 '시정市井의 신하'라고 하고, 초야에 있는 자를 '초망草莽의 신하'라고 하는데, 모두 일반 백성〔庶人〕[40]이라고 한다. 일반 백성이 예물[41]을 올려 신하가 되지 않으면 감히 제후를 만나뵙지 못하는 것이 예의이다."

만장이 말했다.

"일반 백성은 부역에 불려 가면 가서 부역을 하나,[42] 군주가 자신을 만나보고자 하여 부르면 가서 뵙지 않는 것은 무엇 때문입니까?"

[맹자께서] 말씀하셨다.

"가서 부역하는 것은 마땅한 것이지만, 가서 만나뵙는 것은 마땅한 것이 아니기 때문이다. [그런데도] 또 군주가 그를 만나보고자 하는 것은 무엇 때문이겠는가?"

---

40) 원문의 "서인庶人"은 조기에 따르면 "중인衆人"으로, 아직 관직에 나아가지 않은 일반 백성을 말한다.

41) 원문의 "전지傳質"를 번역한 것으로, 양보쥔은 "서민들의 폐백은 집오리〔鶩〕를 사용했다. 《맹자음의孟子音義》에 '폐백을 가지고 알현을 청할 때 반드시 명을 전하는 자를 통하여 전했기 때문에 전지라고 이르는 것이다'〔執贄(同質)請見, 必由將命者傳之, 故謂之傳質〕"라고 했다.

42) 원문의 "왕역往役"을 번역한 것으로, 주희는 "가서 부역하는 것은 일반 백성의 직책이고, 가서 만나보지 않는 것은 선비의 예이다〔往役者, 庶人之職, 不往見者, 士之禮〕"라고 하여 일반 백성과 선비의 예가 다름을 설명했다.

[만장이] 말했다.

"보고 들은 것이 많고 현명하기 때문입니다."

[맹자께서] 말씀하셨다.

"보고 들은 것이 많기 때문이라면 천자도 스승을 부르지 못하는데, 하물며 제후임에랴? 현명하기 때문이라면 [찾아뵈어야 하나] 나는 현자를 만나보고자 하면서 불렀다는 말은 아직 들어보지 못했다. [노나라] 목공이 자사를 자주 뵙고[43] 말하기를 '옛날에 천 대의 수레를 내는 나라의 군주가 선비와 벗했다고 하는데, 어떻습니까?'라고 하자, 자사께서 기뻐하지 않으며 말씀하시기를 '옛사람이 말하기를 「[선비를] 섬겼다고 이를지언정 어찌 벗했다고 이르겠는가?」라고 했습니다'라고 하셨으니, 자사께서 기뻐하지 않은 까닭은 어찌 '지위로는 그대는 군주이고 나는 신하이니 어찌 감히 군주와 벗할 수 있으며, 덕으로는 그대는 나를 섬겨야 할 자이니 어찌 나와 더불어 벗할 수 있겠는가'라고 생각하신 것이 아니겠는가. 천 대의 수레를 내는 군주가 그와 더불어 벗하기를 구해도 할 수 없는데, 하물며 [그를] 부를 수 있겠는가!

제나라 경공이 사냥할 때 사냥터 관리인을 새 깃털이 장식된 깃발로 불렀는데 오지 않아서 그를 죽이려 했었다. [공자께서 칭찬하여] '뜻있는 선비는 도랑이나 골짜기에 버려질 수 있다는 것을 잊지 않고, 용감한 선비는 자신의 머리가 베어질 수 있다는 것을 잊지 않는다'고 하셨으니, 공자께서 어떤 점을 받아들인 것이겠는가? 자신을

43) 원문의 "현어자사見於子思"를 번역한 것으로, "장포가 왕을 뵈니〔暴見於王〕(제2편 〈양혜왕 하〉 1장)"와 "다른 날 왕을 만나 뵙고〔他日, 見於王〕(제2편 〈양혜왕 하〉 1장)" 등 여러 구의 어법에서 예시되었다.

부르는 방법이 아니므로 가지 않은 점을 받아들인 것이다."

[만장이] 말했다.

"감히 여쭙겠습니다만, 동산 관리인을 부를 때는 무엇으로 불러야 합니까?"

[맹자께서] 말씀하셨다.

"가죽 모자[44]로 한다. 일반 백성은 붉은 깃발[45]로, 선비는 용 무늬가 있는 깃발[46]로, 대부는 깃털 달린 깃발로 한다.[47] 대부를 부르는 방법으로 동산 관리인을 불렀는데 동산 관리인은 죽어도 감히 가지 못한 것이니, 선비를 부르는 방법으로 일반 백성을 부른다면 일반 백성이 어찌 감히 갈 수 있겠는가? 하물며 현명하지 못한 사람을 부르는 방법으로 현명한 사람을 부름에 있어서랴? 현명한 사람을 만나보고자 하면서 그 도리로써 하지 않으면, 마치 들어오라고 하면서 문을 닫는 것과 같다. 의義란 [사람이 걸어가야 할] 길이고, 예禮

44) 원문의 "피관皮冠"을 번역한 것으로, '피관'은 두예杜預의 주에 "사냥할 때 쓰는 관(田獵之冠也)"이라고 한다. 주병중周柄中의 《맹자변정孟子辨正》에 "피관은 예관 위에 덮어서 쓰는 것으로, 사냥할 때 먼지를 막고 또한 비와 눈을 막는다. 초나라 영왕이 주래에서 사냥을 하면서 피관을 벗고 자혁과 함께 이야기를 함에 반드시 맨머리는 아니었으니, 피관을 벗더라도 여전히 예관이 있었음을 알 수 있다(皮冠蓋加于禮冠之上, 田獵則以禦塵, 亦以禦雨雪. 楚靈狩於州來, 去皮冠而與子革語, 必非科頭也, 可見去皮冠而仍有禮冠矣)"라고 한 기록에서도 알 수 있다.

45) 원문의 "전旃"을 번역한 것으로, 《설문해자》에 "굽은 자루를 가진 기로, 사졸 무리를 표시한다. 《주례》에 '통비단으로 전을 만든다'고 했다(旗曲柄也, 所以表士衆. 周禮曰: '通帛爲旃')"고 했다.

46) 원문의 "기旂"를 번역한 것으로, 용 두 마리를 그린 것을 '기'라 한다. 《설문해자》에 "기에 여러 방울이 있으므로 무리를 지휘하는 것이다(旗有衆鈴, 以令衆也)"라고 했다.

47) 원문의 "정旌"를 번역한 것으로, 주희는 "깃털을 쪼개서 깃대의 머리에 끼운 것을 '정'이라고 한다(析羽而注於旄干之首曰旌)"고 했다.

는 문이니, 오직 군자만이 능히 그 길을 따르고 그 문으로 드나드는 것이다. 《시경》에 이르기를 '주나라의 길(큰길)은 숫돌과 같고, 그 곧기가 화살과 같아 군자가 밟고 가는 바이고, 소인이 우러러보는 바이네'라고 했다."

만장이 말했다.

"공자께서는 군주가 명하여 부르면 말에 멍에 얹기를 기다리지 않고 가셨다고 하는데, 그렇다면 공자께서 잘못하신 것입니까?"

[맹자께서] 말씀하셨다.

"공자께서는 벼슬하여 관직에 계셨는데 [군주가] 그 관직으로서 불렀기 때문이다."

萬章曰: "敢問不見諸侯, 何義也?" 孟子曰: "在國曰市井之臣, 在野曰草莽之臣, 皆謂庶人. 庶人不傳質爲臣, 不敢見於諸侯, 禮也." 萬章曰: "庶人, 召之役, 則往役, 君欲見之, 召之, 則不往見之, 何也?" 曰: "往役, 義也, 往見, 不義也. 且君之欲見之也, 何爲也哉?" 曰: "爲其多聞也, 爲其賢也." 曰: "爲其多聞也, 則天子不召師, 而況諸侯乎? 爲其賢也, 則吾未聞欲見賢而召之也. 繆公亟見於子思, 曰: '古千乘之國以友士, 何如?' 子思不悅, 曰: '古之人有言曰: 「事之云乎, 豈曰友之云乎?」' 子思之不悅也, 豈不曰: '以位, 則子, 君也, 我, 臣也, 何敢與君友也, 以德, 則子事我者也, 奚可以與我友?' 千乘之君求與之友而不可得也, 而況可召與! 齊景公田, 招虞人以旌, 不至, 將殺之. '志士不忘在溝壑, 勇士不忘喪其元.’ 孔子奚取焉? 取非其招不往也.” 曰: “敢問招虞人何以?” 曰: “以皮冠, 庶人以旃, 士以旂, 大夫以旌. 以大夫之招招虞人, 虞人死不敢往, 以士之招招庶人, 庶人豈敢往哉? 況乎以不賢人之招招賢人乎? 欲見賢人而不以其道, 猶欲其入而閉之門也. 夫義, 路也, 禮, 門也. 惟君子能由是路, 出入是門也. 詩云, ‘周道如底, 其直如矢, 君子所履, 小人所視.’” 萬章曰: “孔子, 君命召, 不俟駕而行, 然則孔子非與?” 曰: “孔子當仕有官職, 而以其官召之也.”

선한 선비와 벗하라 10.8

맹자께서 만장에게 말씀하셨다.

“한 마을의 선한 선비라야 한 마을의 선한 선비와 벗할 수 있고, 한 나라의 선한 선비라야 한 나라의 선한 선비와 벗할 수 있으며, 천하의 선한 선비라야 천하의 선한 선비와 벗할 수 있다. 천하의 선한 선비와 벗하는 것을 만족스럽지 못하게 여겨 또다시 위로 올라가서 옛사람을 논하니, 그의 시를 외우고 그의 글을 읽으면서도 그의 인물됨을 알지 못한다면 되겠는가? 이 때문에 그의 시대를 논하는 것이니,[48] 이는 위로 올라가 [옛사람을] 벗하는 것이다.”

48) 원문의 “논기세야論其世也”를 번역한 것으로, 조기는 “그 글을 읽는 자가 오히려 고인의 위아래를 알지 못함을 두려워했기 때문에 그 시대를 논하여 구별한 것이다. 삼황 시대의 인물이 위가 되고, 오제 시대의 인물이 다음이 되고, 삼왕 시대의 인물이 아래가 된다〔讀其書者, 猶恐未知古人高下, 故論其世以別之也. 在三皇之世爲上, 在五帝之世爲次, 在三王之世爲下〕”라고 했고, 주희는 “그 당대의 행실과 일의 자취를 논하는 것〔論其當世行事之迹〕”이라고 했다.

孟子謂萬章曰: “一鄕之善士斯友一鄕之善士, 一國之善士斯友一國之善士, 天下之善士斯友天下之善士. 以友天下之善士爲未足, 又尙論古之人. 頌其詩, 讀其書, 不知其人, 可乎? 是以論其世也. 是尙友也.”

귀한 친척의 경과 다른 성씨의 경, 그 차이 10.9

제나라 선왕이 경卿에 대해 묻자, 맹자께서 말씀하셨다.

“왕은 어떤 경을 물으시는 겁니까?”

왕이 말씀하였다.

“경이란 똑같지 않습니까?”

[맹자께서] 말씀하셨다.

“똑같지 않습니다. [군주와] 귀한 친척의 경[49]이 있고, 다른 성씨의 경이 있습니다.”

왕이 말씀하였다.

“청컨대 귀한 친척의 경에 대해 묻겠습니다.”

[맹자께서] 말씀하셨다.

“군주가 큰 허물이 있으면 간언하고, [간언을] 되풀이해도 듣지 않으면 [군주의] 자리를 바꿉니다.”

왕이 발끈하여 안색이 변했다.

[맹자께서] 말씀하셨다.

“왕께서는 이상하게 생각하지 마십시오. 왕께서 신에게 물으셨기

49) 원문의 “귀척지경貴戚之卿”에 대하여 조기는 “내외의 친척을 말함이다(謂內外親戚也)”라고 했는데 이 설은 고려할 가치가 있다. 《맹자》의 이 문장은 ‘귀척지경’과 ‘이성지경’을 대비하고 있으니, ‘귀척’은 동성임을 알 수 있다.

에 신이 감히 바른대로 대답하지 않을 수 없었습니다.[50)]"

왕은 안색이 안정되고, 그런 다음에 다른 성씨의 경에 대해 물었다.

[맹자께서] 말씀하셨다.

"군주가 허물이 있으면 간언하고, [간언을] 되풀이해도 듣지 않으면 떠나버립니다."[51)]

齊宣王問卿. 孟子曰: "王何卿之問也?" 王曰: "卿不同乎?" 曰: "不同, 有貴戚之卿, 有異姓之卿." 王曰: "請問貴戚之卿." 曰: "君有大過則諫, 反覆之而不聽, 則易位." 王勃然變乎色. 曰: "王勿異也. 王問臣, 臣不敢不以正對." 王色定, 然後請問異姓之卿. 曰: "君有過則諫, 反覆之而不聽, 則去."

50) 원문의 "불감불이정대不敢不以正對"를 번역한 것으로, 양보쥔은 《논어》〈술이述而〉 7.33에 "[그 점이] 바로 [저희] 제자들로서는 배울 수 없는 것입니다〔正唯弟子不能學也〕"에 대한 정현의 주석에 "노나라에서는 '정正'을 '성誠'으로 읽는다〔魯讀正爲誠〕고 했으니, 여기의 '정'도 '성'으로 읽어야 한다"라고 했다.

51) 부연하자면, 은나라 말기에 세 명의 어진 자로 비간·기자·미자가 있는데, 《논어》〈미자〉 18.1에서 "미자는 떠나갔고, 기자는 노비가 되었으며, 비간은 간언하다가 죽었다. 공자께서 말씀하셨다. '은나라에는 세 명의 인한 사람이 있었다'〔微子去之, 箕子爲之奴, 比干諫而死. 孔子曰: '殷有三仁焉'〕"라고 나온다.

제11편

고자 상

告子上

【해설】

이 편은 모두 20장으로 구성되어 있다. 이 편에서 맹자는 고자告子와 인성 문제를 논하면서 기본적으로 인간은 선한 마음을 지니고 있다고 보았다. 맹자는 성선설을 주장하고, 고자는 성무선무악설性無善無惡說, 즉 선과 불선의 구분이 없다는 논리를 펼치고 있다. 고자는 인과 의의 도덕적 행위가 후천적인 것이지, 맹자의 주장대로 선천적인 것으로 보이지 않는다는 입장을 고수하고 있으니, 이렇게 주장한 고자와 물이 아래로 흐르듯 인성은 선한 쪽으로 흐른다는 맹자의 주장이 첨예하게 대립하여 논설체로 전개된다. 이런 사유는 인본주의의 발단이 되며, 맹자가 인정과 덕정을 주창하는 기본 틀이기도 하다.

초반 1장에서 3장까지 고자는 인간의 생리적 본능이 본성이라는 입장을 견지하고, 4장에서도 이런 입장은 반복된다. 고자의 논점은 사람과 개와 소의 본성이 같다는 것이고, 맹자의 입장은 사람의 본성이 소나 개의 본성과 구분되는 사람만의 것이라는 취지 아래 자신의 논지를 다양한 비유와 유추의 수사 기교를 활용하여 펴나간다.

맹자는 선한 성품을 타고난 인간이 어떤 자세로 임해야 자신의 본성을 잃지 않고 살아가는가 하는 문제를 일깨워주는 입장인데, 이런 논지는 4장에 이어 5장에서 의義의 외재성 혹은 내재성의 문제로 공도자와 맹계자가 나눈 문답에 대한 맹자의 반응에서도 드러난다. 6장에는 인의예지仁義禮智가 성선의 기본 토대가 된다는 논지를 펼치고 있는데, 이것이 맹자가 이미 주장한 바 있는 사단의 개념과 긴밀한 상관관계를 갖고 있다. 7장과 8장은 앞의 6장을 아우르는 편으로, 인간의 선한 본성의 보편성을 강조하면서 사람의 본성이 선하다는 입장을 요약하여 설명하고 있다.

학문이란 잃어버린 마음을 찾아가는 과정이라는 11장의 논지도 흥미롭고, 나무를 가꿀 생각을 하지 말고 너 자신을 가꾸라는 충고가 담긴 13장은 촌철살인의 면모를 보여준다. 14장과 15장은 대인과 소인의 입장 차이를 몸의 귀한 부분과 하찮은 부분, 중요한 부분과 사소한 부분으로 구분하여 비유적으로 설명하고 있다. 16장은 하늘이 내린 벼슬과 사람이 주는 벼슬의 근본 차이를 설명하고 있으며, 마지막 20장에서 맹자는 활의 고수와 목공의 고수를 비교함으로써 항상 인을 배우는 데 법도에 따라야 함을 강조하고 있다.

사람의 본성은 갯버들 같다 11.1

고자[1)]가 말했다.

"본성[2)]은 갯버들[3)]과 같고 의義는 그릇[4)]과 같으므로, 사람의 본성을 가지고 인과 의를 행하는 것은 갯버들을 가지고 그릇을 만드는 것과 같다."

맹자께서 말씀하셨다.

"그대는 갯버들의 본성에 순응하여 그릇을 만든다고 생각하는가? [아니면] 갯버들을 훼손하고 난 뒤에 그릇을 만든다고 생각하는가? 만일 갯버들을 훼손하고서 그릇을 만든다면 또한 사람을 해쳐

1) 고자와 맹자의 관계에 관해 조기가 주석한 것은 신빙성의 문제가 제기되어왔다. 조기는 "일찍이 맹자에게 배웠다〔嘗學於孟子〕"라고 했고, 이에 대해 정약용은 "조기가 고자에 대해 '맹자에게 배웠다'라고 하고, 호생에 대해서는 '제나라 사람이다'라고만 하여 분명히 두 사람을 만들었으니, 고자의 이름을 불해라고 하는 것은 혹 다른 근거가 있을 것 같다. 반드시 호생이기 때문에 이름을 불해라고 한 것은 아니다〔趙氏於告子則曰'學於孟子', 於浩生則曰'齊人'而已, 明作二人, 則告子名不害, 或有他據. 不必以浩生之故, 名曰不害也〕(이지형 역, 《맹자요의》)"라고 고증했다. 정약용이 말하는 《묵자》의 근거는 《문선文選》의 주에서 《묵자》를 인용한 말에 "승은 고자의 이름이라고 한다〔勝爲告子之名〕"라고 한 대목을 말한 것이다.

2) 원문의 "성性"을 번역한 것으로, 주희는 "'성'은 사람이 태어나서 받은 하늘의 이치다〔性者, 人生所稟之天理也〕"라고 했다.

3) 원문의 "기류杞柳"를 번역한 것으로, 주희는 《주자어류》에서 "기류는 다만 지금의 상자를 만드는 버들인데, 북방 사람들은 이것으로 화살을 만들고 유전이라 이르니, 바로 갯버들이다〔杞柳, 只是而今做合箱底柳, 北人以此爲箭謂之柳箭, 即蒲柳也〕"라고 했다. 그래서 '갯버들'로 번역한다.

4) 원문의 "배권桮棬"을 번역한 것으로, 주희는 "나무를 구부려 만든 것이며, 치卮와 이匜의 등속과 같다〔屈木所爲, 若卮匜之屬〕"라고 했다. 《예기》 〈옥조〉에 "어머니가 돌아가신 후에 [어머니가 쓰시던] 잔으로는 [술이나 물을] 마시지 않는다〔母沒而杯圈不能飮焉〕"라고 했는데, 여기서 '배권杯圈'은 '배권桮棬'과 같은 글자로, 국을 담거나 술을 따르거나 세수를 하는 데 쓰는 그릇의 통칭이다.

서 인과 의를 행한다는 것인가? 천하 사람을 이끌어 인과 의를 해치게 하는 것은 반드시 그대의 [이런] 언변일 것인저!"

告子曰: "性猶杞柳也, 義猶桮棬也, 以人性爲仁義, 猶以杞柳爲桮棬." 孟子曰: "子能順杞柳之性而以爲桮棬乎? 將戕賊杞柳而後以爲桮棬也? 如將戕賊杞柳而以爲桮棬, 則亦將戕賊人以爲仁義與? 率天下之人而禍仁義者, 必子之言夫!"

사람의 본성의 선함은 물이 아래로 내려가는 것 11.2

고자가 말했다.

"본성은 소용돌이치는 물[5]과 같아서 동쪽으로 터놓으면 동쪽으로 흐르고 서쪽으로 터놓으면 서쪽으로 흐르니, 사람의 본성이 선함과 선하지 않음에 분별이 없는 것은 마치 물이 동쪽과 서쪽의 분별이 없는 것과 같다."

맹자께서 말씀하셨다.

"물은 분명 동쪽과 서쪽의 분별이 없지만 위와 아래의 분별도 없는가? 사람의 본성이 선한 것은 마치 물이 아래로 내려가는 것과 같으니, 사람은 선하지 않은 사람이 없고 물은 아래로 내려가지 않는 것이 없다. 이제 물을 쳐서 튀어 오르게 하면 이마를 넘어갈 수

5) 원문의 "단수湍水"를 번역한 것으로, 《설문해자》에 "'단湍'은 여울이다〔湍, 急瀨也〕"라고 했다. 양보쥔은 그 근거로 조기가 "'단'은 둥글다는 뜻인데, 둥글게 한 자리에서 빙빙 도는 물을 말한다〔湍者, 圜也. 謂湍湍瀠水〕"라고 했는데 이 또한 통한다고 보았다. 역자는 "물결이 휘돌아 치는 모양〔波流瀠回之貌〕"이라고 풀이한 주희의 설을 취하여 번역했다.

도 있고,[6] 물을 막아서 거슬러 흘러가게 하면 산 위에 있게 할 수도 있으나 이것이 어떻게 물의 본성인가? 그 형세[7]가 그렇게 만든 것이니, 사람을 선하지 않게 하는 것도 그 본성은 또한 이것과 같은 것이다."

告子曰: "性猶湍水也, 決諸東方則東流, 決諸西方則西流. 人性之無分於善不善也, 猶水之無分於東西也." 孟子曰: "水信無分於東西, 無分於上下乎? 人性之善也, 猶水之就下也. 人無有不善, 水無有不下. 今夫水, 搏而躍之, 可使過顙, 激而行之, 可使在山. 是豈水之性哉? 其勢則然也. 人之可使爲不善, 其性亦猶是也."

개와 소의 본성은 사람과 다르다 11.3

고자가 말했다.
"타고난 것을 본성(性)이라고 일컫는다."[8]

---

6) 원문의 "박이약지搏而躍之, 가사과상可使過顙"을 번역한 것으로, 정약용은 "물이 이마를 넘어가는 것은 절박하여 어쩔 수 없는 것 아니겠는가? 맹자의 '박약'에 대한 설명은 터럭만큼도 사실과 어긋나지 않는다(水之過顙, 非迫不得已乎? 孟子搏躍之說, 毫不爽實)(이지형 역, 《맹자요의》)"라고 했다.

7) 원문의 "세勢"를 번역한 것으로, 물리적인 상황이나 환경으로 인한 힘의 형성이라는 의미가 내재되어 있다. 참고로 《손자병법》〈세勢〉 편을 보면 "거센 물살이 빠르게 흘러가 바위를 떠내려가게 하는 것은 '기세(勢)' 때문이다(激水之疾, 至於漂石者, 勢也)"라는 문장이 나오는데, 한번 비교해서 읽어볼 필요가 있다.

8) 원문의 "생지위성生之謂性"을 번역한 것으로, 주희는 《주자대전》에서 "타고난 것을 일러 '기'라고 하고, 타고나게 한 '리'를 일러 '성'이라고 한다(生之謂氣, 生之理之謂性)"라고 했다. 《순자》〈정명正名〉에서는 "사람이 태어나면서 저절로 그러한 바를 '성'이라 한다(生之所以然者謂之性)"라고 했다.

맹자께서 말씀하셨다.

"타고난 것을 본성이라고 일컫는 것은 흰 것을 흰색이라고 일컫는 것과 같은가?"

[고자가] 말했다.

"그렇다."

[맹자께서 말씀하셨다.]

"[그렇다면] 흰 깃털의 흰색이 흰 눈의 흰색과 같으며, 흰 눈의 흰색이 흰 옥의 흰색과 같은가?"

[고자가] 말했다.

"그렇다."

[맹자께서 말씀하셨다.]

"그렇다면 개의 본성이 소의 본성과 같으며, 소의 본성이 사람의 본성[9]과 같은가?"

告子曰: "生之謂性." 孟子曰: "生之謂性也, 猶白之謂白與?" 曰: "然." "白羽之白也, 猶白雪之白, 白雪之白猶白玉之白與?" 曰: "然." "然則犬之性猶牛之性, 牛之性猶人之性與?"

9) 이 문장의 "본성"에 대한 논의에서 주희는 "고자는 '성'이 '리'라는 것을 알지 못하고 이른바 '기'라는 것이 '성'에 해당한다고 보았다(告子不知性之爲理, 而以所謂氣者當之)"라고 했고, 정약용은 "대개 사람의 성은 도의와 기질 두 가지를 합하여 하나의 성이 된 것이고, 금수의 성은 순수히 기질의 성일 뿐이다(蓋人性者, 合道義氣質二者而爲一性者也, 禽獸性者, 純是氣質之性而已)(이지형 역, 《맹자요의》)"라는 견해를 내놓았다.

의는 밖에 있는 것인가 11.4

고자가 말했다.

"음식을 먹고 여색을 좋아하는 것은 본성으로,[10] 인仁은 안에 있는 것이지 밖에 있는 것이 아니고, 의義는 밖에 있는 것이지 안에 있는 것이 아니다."[11]

맹자께서 말씀하셨다.

"무엇으로 인은 안에 있고 의는 밖에 있다고 말하는가?"

[고자가] 말했다.

"저 사람이 어른이기에 내가 그를 어른으로 대우하는 것이다. 나에게 어른으로 [대우하는 존경심이] 있는 것은 아니니, 저것이 흰색이기에 내가 그것을 흰색이라고 여겨 그 밖의 [드러난] 흰색을 따르는 것과 같다. 그러므로 이것을 밖에 있다고 말하는 것이다."

[맹자께서] 말씀하셨다.

"백마의 흰색이 백인의 흰색과 다를 것이 없으나, 알지 못하겠지만 나이 많은 말이 나이 많은 것이 나이 많은 사람의 나이 많은 것과 다를 것이 없다는 말인가? 게다가 장자長者를 의라고 여기는가,

---

10) 원문의 "식색食色, 성야性也"를 번역한 것으로, 《예기》〈예운禮運〉 편에 "먹고 마시는 것과 남녀가 좋아하는 것에는 사람의 큰 욕망이 존재하는 것이다(飮食男女, 人之大欲存焉)"라고 한 문장을 염두에 두고 읽어야 한다.

11) 이 구절에 대한 주희의 주석이 참조할 만하다. "고자는 인간의 지각과 운동을 본성이라고 여겼기 때문에 사람이 달게 먹고 색을 좋아하는 것이 곧 그 본성이라고 말한 것이다. 그러므로 인애의 마음은 안에서 생기고 사물의 마땅함은 밖에서 말미암는 것이니, 배우는 자는 단지 마땅히 인에 힘쓰고 반드시 의에 들어맞을 필요는 없다(告子以人之知覺運動者爲性. 故言人之甘食悅色者卽其性. 故仁愛之心生於內, 而事物之宜由乎外, 學者但當用力於仁, 而不必求合於義也)."

그를 장자 대우하는 것을 의라고 여기는가?"

[고자가] 말했다.

"내 동생이면 그를 사랑하고 진秦나라 사람의 동생이면 사랑하지 않는데, 이는 내 마음을 기쁨으로 삼기 때문이다. 그러므로 [인이] 안에 있다고 하는 것이다. 초나라 사람의 어른을 어른으로 대우하며 또한 내 어른을 어른으로 대우하는데, 이는 어른을 기쁨으로 삼는 것이다. 그러므로 [의가] 밖에 있다고 말하는 것이다."

[맹자께서] 말씀하셨다.

"진秦나라 사람이 구운 고기를 좋아하는 것이 내가 구운 고기를 좋아하는 것과 다른 점이 없으니, 사물의 이치 또한 그러한 점이 있다. 그렇다면 구운 고기를 좋아하는 것도 밖에 있다는 것인가?"

告子曰: "食色, 性也. 仁, 內也, 非外也, 義, 外也, 非內也." 孟子曰: "何以謂仁內義外也?" 曰: "彼長而我長之, 非有長於我也, 猶彼白而我白之, 從其白於外也. 故謂之外也." 曰: "異於[12]白馬之白也, 無以異於白人之白也, 不識長馬之長也, 無以異於長人之長與? 且謂長者義乎, 長之者義乎?" 曰: "吾弟則愛之, 秦人之弟則不愛也, 是以我爲悅者也. 故謂之內, 長楚人之長, 亦長吾之長, 是以長爲悅者也. 故謂之外也." 曰: "耆秦人之炙, 無以異於耆吾炙, 夫物則亦有然者也. 然則耆炙亦有外歟?"

12) "이어異於" 두 글자에 대해 주희는 "장씨가 말하길 '위의 「이어」 두 글자는 마땅히 빠져야 한다'〔張氏曰: '上異於二字, 宜衍'〕"라고 한 말을 인용했고, 이 견해에 양보쥔도 동조했다.

의는 안에 있는 것인가 11.5

맹계자가 공도자[13]에게 물었다.

"무엇으로 의義가 안에 있다고 말하는가?"

[공도자가] 말했다.

"내가 공경하는 마음을 실행하기 때문에 안에 있다고 말하는 것이다."

[맹계자가 말했다.]

"마을 사람이 [당신의] 맏형보다 한 살 더 많으면 누구를 공경하겠는가?"

[공도자가] 말했다.

"형을 공경할 것이다."

[맹계자가 말했다.]

"술을 따른다면 누구에게 먼저 따르겠는가?"

[공도자가] 대답했다.

"마을 사람에게 먼저 따를 것이다."

[맹계자가 말했다.]

"[그렇다면] 공경하는 것은 여기(맏형)에 있고 어른으로 대우하는 것은 저기(마을 사람)에 있으니, 과연 의는 밖에 있는 것이지 안에서 말미암는 것이 아니다."

공도자가 대답하지 못하고는 맹자께 [이런 일을] 아뢰자 맹자께서

---

13) 맹자의 제자로 알려진 인물인데, 그의 행적에 관한 기록이 거의 없다.

말씀하셨다.

"'[그대가 맹계자에게] 작은 아버지를 공경하는가? 동생을 공경하는가?'라고 물으면 그자가 대답하기를 '작은 아버지를 공경한다'고 할 것이다. '동생이 시동尸童[14]이라면 누구를 공경하겠는가'라고 물으면 그자가 대답하기를 '동생을 공경한다'고 할 것이다. 그대가 말하기를 '작은 아버지를 공경한다던 말은 어디에 있는가?'라고 하고 그자가 대답하기를 '[동생이 시동] 자리에 있기 때문이다'라고 하면 그대 역시 말하기를 '[마을 사람이 손님의] 자리에 있기 때문이다'라고 하거라. 보통 때 공경하는 마음은 형에게 있고 잠깐 공경하는 마음은 마을 사람에게 있는 것이다."

맹계자가 이 말을 듣고 말했다.

"작은 아버지를 공경하게 될 경우에는 작은 아버지를 공경하고 동생을 공경하게 될 경우에는 동생을 공경하니, [의는] 과연 밖에 있지, 안에서 말미암는 것이 아니다."

공도자가 말했다.

"겨울에는 뜨거운 물을 마시고 여름에는 찬물을 마시는데, 그렇다면 마시고 먹는 것도 밖에 있다는 말인가?"

孟季子問公都子曰: "何以謂義內也?" 曰: "行吾敬, 故謂之內也." "鄉人長於伯兄一歲, 則誰敬?" 曰: "敬兄." "酌則誰先?" 曰: "先酌鄉人." "所敬在此, 所長在彼, 果在外, 非由內也." 公都子不能答, 以告孟子.

14) '시동尸童'이란 제사 지낼 때 죽은 조상의 상징처럼 신위에 세우는 어린아이를 비유한다. 고대에는 제사를 지낼 때 위패나 신주를 사용하지 않았으며 초상화도 없었다. 여기서 '시尸'는 주인이라는 의미다.

孟子曰: "'敬叔父乎? 敬弟乎?' 彼將曰: '敬叔父.' 曰: '弟爲尸, 則誰敬?' 彼將曰: '敬弟.' 子曰: '惡在其敬叔父也?' 彼將曰: '在位故也.' 子亦曰: '在位故也.' 庸敬在兄, 斯須之敬在鄕人." 季子聞之, 曰: "敬叔父則敬, 敬弟則敬, 果在外, 非由內也." 公都子曰: "冬日則飮湯, 夏日則飮水, 然則飮食亦在外也?"

본성은 선한 것도 없고 선하지 않은 것도 없다? 11.6

공도자가 여쭈었다.

"고자가 말하기를 '본성은 선한 것도 없고 선하지 않은 것도 없다'라고 하고, 어떤 이는 말하기를 '본성은 선할 수도 있고 선하지 않을 수도 있다. 그러므로 문왕과 무왕이 일어나면 백성이 선을 좋아하고, 유왕과 여왕이 일어나면 백성이 포악함을 좋아한다'라고 합니다. 어떤 이는 말하기를 '본성이 선한 자도 있고 본성이 선하지 않은 자도 있다. 그러므로 요임금이 군주였는데도 상象이 있었고, 고수가 아버지였는데도 순임금이 있었으며, 주왕이 조카이면서 군주였는데도 [어진 신하들인] 미자 계啓와 왕자 비간[15]이 있었다'라고 하는데, 지금 [선생님께서] '본성이 선하다'라고 말씀하시니, 그렇다면 저들이 다 그르다는 겁니까?"

맹자께서 말씀하셨다.

"그 [본성에서 비롯된] 감정(情)으로 말하면 선하다고 할 수 있으니,

15) 비간은 은나라 마지막 왕인 주왕의 숙부로, 비比의 제후로 봉해졌기 때문에 비간이라고 불렀다. 그는 무도한 주왕의 음란한 행위가 그치지 않자 이에 간언하다가 성인의 심장에는 구멍이 일곱 개가 있다는 말을 들었다는 주왕에 의해 살해되어 심장이 꺼내졌다.

이것을 선하다고 말한 것이다. 선하지 않은 것은 [타고난] 재능[16]의 잘못이 아니다. 측은하게 여기는 마음〔惻隱之心〕을 사람이라면 모두 가지고 있고, 부끄럽게 여기는 마음〔羞惡之心〕을 사람이라면 모두 가지고 있으며, 공경하는 마음〔恭敬之心〕을 사람이라면 모두 가지고 있고, 옳고 그름을 따지는 마음〔是非之心〕을 사람이라면 모두 가지고 있으니, 측은하게 여기는 마음은 인仁이고, 부끄럽게 여기는 마음은 의義이며, 공경하는 마음은 예禮이고, 옳고 그름을 따지는 마음은 지智이니, 인仁·의義·예禮·지智가 밖에서 말미암아 나에게 녹아 들어오는[17] 것이 아니고, 내가 원래부터 가지고 있었지만 [미처] 생각하지 않았을 뿐이다. 그러므로 말하기를 '구하면 얻고 놔버리면 잃게 된다'고 한 것이다. 더러는 [선한 것과 선하지 않은 것의] 차이가 서로 배가 되고 다섯 배가 되어 헤아릴 수 없게 되는 것이 그 [타고난] 재질을 다하지 못했기 때문이다.

《시경》[18]에 말하기를 '하늘이 뭇 백성을 낼 때 사물이 있으면 법칙

---

16) 원문의 "재才"를 번역한 것으로, 《설문해자》에 "'재'는 초목이 처음 나오는 모습이다〔才, 艸木之初也〕"라고 기록되어 있다.

17) 원문의 "삭鑠"을 번역한 것으로, 주준성朱駿聲의 《설문통훈정성보유說文通訓定聲補遺》에 "'삭'은 또 '본받을 효效' 자와 같은 의미다. 《맹자》에서 '외부의 사람이 나에게 줄 수 있는 것이 아니다'라고 한 것에서는 생각건대 '주다'의 의미를 지닌 '수授' 자로 쓰였다〔鑠又爲效. 孟子非由外鑠我也, 按授也〕"라고 했다. 역자는 '녹아 들어오는'이라고 번역했다.

18) 이 시는 《시경》 〈대아·증민〉이다. 원문의 "천생증민天生蒸民, 유물유칙有物有則. 민지병이民之秉夷, 호시의덕好是懿德"에서 "증蒸"에 대해 주희는 "'증蒸'은 《시경》에는 '증烝' 자로 쓰여 있으니, '많다'는 뜻이다〔蒸詩作烝, 衆也〕"라고 했다. 한편 《모전》에서는 "'증'은 '많음〔衆〕'과 같고, '물'은 '일〔事〕'이라는 뜻이며, '칙'은 본받는다는 의미이고, '이'는 일정하다는 의미이며, '의'는 아름답다는 뜻이다〔蒸, 衆. 物, 事. 則, 法. 彝(夷), 常. 懿, 美〕"라고 했고, 정현은 "'병'은 잡다〔秉, 執也〕"라는 뜻이라고 했다.

도 있네. 백성이 마음에 떳떳한 본성을 지녀 아름다운 덕을 좋아하네'라고 했는데, 공자께서 말씀하시기를 '이 시를 지은 자는 도를 아는구나! 그러므로 사물이 있으면 반드시 법칙이 있으니, 백성이 떳떳한 본성을 지니므로 이러한 훌륭한 덕을 좋아한다'[19]라고 하셨다."

公都子曰: "告子曰: '性無善無不善也.' 或曰: '性可以爲善, 可以爲不善. 是故文武興, 則民好善, 幽厲興, 則民好暴.' 或曰: '有性善, 有性不善. 是故以堯爲君而有象, 以瞽瞍爲父而有舜, 以紂爲兄之子, 且以爲君, 而有微子啓王子比干.' 今曰'性善', 然則彼皆非與?" 孟子曰: "乃若其情, 則可以爲善矣, 乃所謂善也. 若夫爲不善, 非才其罪也. 惻隱之心, 人皆有之, 羞惡之心, 人皆有之, 恭敬之心, 人皆有之, 是非之心, 人皆有之. 惻隱之心, 仁也, 羞惡之心, 義也, 恭敬之心, 禮也, 是非之心, 智也. 仁義禮智, 非由外鑠我也, 我固有之也, 弗思耳矣. 故曰: '求則得之, 舍則失之.' 或相倍蓰而無算者, 不能盡其才者也. 詩曰: '天生蒸民, 有物有則. 民之秉夷, 好是懿德.' 孔子曰: '爲此詩者, 其知道乎! 故有物必有則, 民之秉彝也, 故好是懿德'"

천하 사람은 다 똑같은 본성을 갖고 있는 법 11.7

맹자께서 말씀하셨다.

"풍년[20]에는 젊은이들이 게으름[21]이 많아지고 흉년에는 젊은이

19) 이 구절에 대해 주희는 "사람의 감정은 이 아름다운 덕을 좋아하지 않음이 없다〔人之情, 無不好此懿德〕"라고 했고, 정약용은 "시인과 공자가 본성을 논할 때에 오로지 좋아함과 싫어함을 주로 말했는데, 여기서 징험할 수 있다〔詩人孔子論性, 專主好惡而言, 於此可驗〕"라고 했다.

들이 난폭함이 많아지니, 타고난 재주가 다른 것이 아니라 그 마음을 빠져들게 해서 그런 것이다.[22]

지금 보리의 씨앗을 뿌리고 그것을 덮어주는데,[23] 그 땅이 같고 심는 때가 같으면 우뚝 솟아나듯 싹터서 하지[24] 때에 이르러서는 모두 영글게 된다. 비록 같지 않은 것이 있다면, 이것은 땅에는 기름지고 척박함[25]이 있으며 비와 이슬의 길러줌과 사람이 가꾸는 일이 같지 않은 것이다. 그러므로 무릇 같은 부류는 대부분 서로 비슷하니, 어째서 유독 사람에게만 [본성이 다르다고] 의심하겠는가? 성인도 나와 같은 부류의 사람이다.

그러므로 용자龍子가 말하기를 '발의 크기를 모르고 신발을 만들

---

20) 원문의 "부세富歲"를 번역한 것으로, '풍년'이라고 풀이한 주희를 따라 번역했다.

21) 원문의 "뢰賴" 자를 번역한 것으로, 조기는 "선한 것〔善〕"이라고 했다. 주희는 "'뢰'는 빌린다는 것이다〔賴, 藉也〕"라고 했다. 한편 양보쥔은 완원阮元이 "'풍년에는 젊은이들이 대부분 게으르다'에서의 '뢰' 자는 '란嬾' 자이다(지금의 '라懶' 자로 쓰인다)〔富歲子弟多賴, 賴卽嬾(今作懶)〕"라고 한 것에 동조하여 '게으르다〔懶〕'와 같다고 보았다.

22) 이 구절에 대해 주희는 "풍년에는 옷과 먹을 것이 풍요롭고 넉넉하므로 게으름에 의지하여 선한 일을 행하고, 흉년에는 옷과 먹을 것이 부족하므로 그 마음을 빠뜨리게 하는 것이 있어서 포악한 일을 행하는 것이다〔豐年衣食饒足, 故有所賴藉而爲善, 凶年衣食不足, 故有以陷溺其心而爲暴〕"라고 풀이했다.

23) 원문의 "우耰"를 번역한 것으로, 《설문해자》에는 "'우櫌'라고 쓰고, 밭을 가는 기구이다〔作櫌, 云摩田器也〕"라고 했다. 이렇게 보면 원래는 기물의 이름이었으나, 후에는 동사로 사용되어 밭을 간다는 의미로 확장된 것으로 보인다.

24) 원문의 "일지日至"를 번역한 것으로, 옛날에는 간혹 '장지長至' 또는 '일남지日南至'라고도 했다. '일지'는 성백효에 의하면 동지와 하지를 가리키는 말인데, 《맹자집주》에서 주희가 '성숙하는 시기〔成熟之期〕'라고 해석한 것은 보리가 익는 시기는 북부 지방과 남부 지방이 다른데, 주희가 살던 복건성 지역에서는 하지 이전에 보리가 자라 영글었기 때문인 듯하다고 했다. 정약용과 양보쥔은 하지夏至로 해석했는데, 역자도 이를 취하여 번역했다.

25) 원문의 "교磽"를 번역한 것으로, 토지가 척박하다는 뜻이다.

더라도 내가 삼태기를 만들지 않는다는 것을 안다'고 했으니, 신발이 서로 비슷한 것은 천하 사람들의 발이 똑같기 때문이다. 입은 맛에 있어 똑같이 좋아하는 것이 있으니, 역아易牙[26]는 우리의 입이 좋아하는 것을 먼저 알아차린 자이다. 만일 입이 맛에 있어 그 성향이 남과 다른 것[27]이 마치 개와 말이 우리와 같은 부류가 아닌 정도라면, 천하 사람들이 어찌 맛을 좋아하는 것이 모두 역아가 요리한 맛을 따랐겠는가. 맛에 이르러서는 천하 사람들이 역아[와 같은 이]에게 바라니, 이는 천하 사람들의 입맛이 서로 비슷하기 때문이다.

오직 귀도 그러한데, 소리에 이르러서는 천하 사람들이 사광[과 같은 이]에게 바라니, 이것은 천하 사람들의 귀가 서로 비슷하기 때문이다. 눈도 그러하니, [미인인] 자도子都[28]에 이르러서는 천하가 그

26) 역아易牙는 춘추시대 제나라 사람으로, 요리의 달인이다. 적아狄牙라고도 불렸다. 환공의 총신으로 음식 담당 관리였는데, 아첨에 능하여 심지어 자기 아들을 삶아 바친 것으로 유명하다. 주희는 "옛날에 맛을 잘 아는 자〔古之知味者〕"라고 했다. 《좌전》 희공 17년에 "[궁중의 식사를 관장하는] 옹무는 위희인 공희에게 총애를 받고 있었는데, 내시인 초를 중개로 하여 환공에게 좋은 음식을 올렸다〔雍巫有寵於衛共姬, 因寺人貂以薦羞於公〕"라고 했는데, 이에 대해 두예는 "옹무는 옹나라 사람으로 이름이 무인데, 바로 역아이다〔雍巫, 雍人, 名巫, 卽易牙〕"라고 했다. 《사기》 〈제태공세가齊太公世家〉에 "관중이 병이 나자 환공이 물었다. '여러 신하 가운데 누가 재상이 될 만하오?' 관중이 말했다. '군주보다 신하를 더 잘 아는 분은 없습니다.' 환공이 물었다. '역아는 어떻소?' 대답하여 말했다. '자식을 죽여 군주의 뜻에 맞추려 했으니 인간의 정서에 어긋납니다. 안 됩니다'〔管仲病, 桓公問曰: '群臣誰可相者?' 管仲曰: '知臣莫如君.' 公曰: '易牙如何?' 對曰: '殺子以適君, 非人情, 不可'〕"라는 기록이 보인다.

27) 원문의 "여인수與人殊"를 번역한 것으로, 양보쥔은 "'여인수'는 곧 사람과 사람이 다르다는 뜻이다〔與人殊, 即人與人殊之意〕"라고 했다.

28) 《시경》 〈정풍·산유부소山有扶蘇〉에 "자도를 만나지 못하고, 마침내 광인을 만난단 말인가〔不見子都, 乃見狂且〕"라고 했는데, 《모전》에서 "자도는 세상에서 아름답다고 하는 자이다〔子都, 世之美好者也〕"라고 했다. 아마도 정나라 장공莊公 때의 공손알인 듯하니, 그의 자가 자도였다. 《좌전》 은공 11년 조에 그의 일화가 있다.

아름다움을 모르는 사람이 없으니, 자도의 아름다움을 모르는 사람은 눈이 없는 사람이다.

그러므로 말하기를 '입이 맛에 있어 똑같이 좋아하는 것이 있고, 귀는 소리에 있어 똑같이 듣고 싶은 것이 있으며, 눈은 색에 있어 똑같이 아름답다고 하는 것이 있다'고 하는 것이니, 마음에 이르러서만 유독 똑같은 것이 없겠는가? 마음이 똑같다고 하는 것은 어떤 것인가? 이치〔理〕와 도의〔義〕를 말하는 것이다. 성인은 우리 마음의 똑같다고 하는 것을 먼저 아셨을 뿐이다. 그러므로 이치와 도의가 우리 마음을 기쁘게 하는 것은, 마치 짐승(고기)이 우리 입을 기쁘게 하는 것과 같다."

孟子曰: "富歲, 子弟多賴, 凶歲, 子弟多暴, 非天之降才爾殊也, 其所以陷溺其心者然也. 今夫辨麥, 播種而耰之, 其地同, 樹之時又同, 浡然而生, 至於日至之時, 皆熟矣. 雖有不同, 則地有肥磽, 雨露之養, 人事之不齊也. 故凡同類者, 擧相似也, 何獨至於人而疑之? 聖人, 與我同類者. 故龍子曰: '不知足而爲屨, 我知其不爲蕢也.' 屨之相似, 天下之足同也. 口之於味, 有同耆也, 易牙先得我口之所耆者也. 如使口之於味也, 其性與人殊, 若犬馬之與我不同類也, 則天下何耆皆從易牙之於味也. 至於味, 天下期於易牙, 是天下之口相似也. 惟耳亦然. 至於聲, 天下期於師曠, 是天下之耳相似也. 惟目亦然. 至於子都, 天下莫不知其姣也. 不知子都之姣者, 無目者也. 故曰: '口之於味也, 有同耆焉, 耳之於聲也, 有同聽焉, 目之於色也, 有同美焉.' 至於心, 獨無所同然乎? 心之所同然者何也? 謂理也, 義也. 聖人先得我心之所同然耳. 故理義之悅我心, 猶芻豢之悅我口."

선량한 마음을 누구나 지니고 있기에 11.8

맹자께서 말씀하셨다.

"우산의 나무가 일찍이 아름다웠으나, 큰 수도[29)]의 교외에 있어서[30)] 도끼와 자귀로 [사람들이 날마다] 나무를 베어버리니, 아름다울 수가 있겠는가? 낮과 밤[31)]으로 자라고 비와 이슬이 적셔주어 싹이 생겨나지만, 소와 양도 따라서 그곳에 놓아길렀으므로 저처럼 반들반들해진[32)] 것이다. 사람들은 그 반들반들해진 것만을 보고는 일찍이 [훌륭한] 재목이 없었다고 여기는데, 이것이 어찌 산의 본성이겠는가?

사람이 지닌 것에 어찌 인과 의를 지닌 마음이 없겠는가? [사람이] 그 선량한 마음[33)]을 놓치게 되는 것도 마치 나무를 도끼와 자귀로

---

29) 원문의 "대국大國"을 번역한 것으로, '국國'은 한 나라의 수도를 뜻하므로 '대국'은 큰 나라의 수도를 가리킨다.

30) 원문의 "교郊"를 번역한 것으로, 여기서는 동사로 쓰여 '교외에 있다'라는 뜻이다.

31) 원문의 "일야日夜"를 번역한 것으로, 낮과 밤을 뜻하지만 여기서는 특히 밤을 위주로 말한 것이다.

32) 원문의 "탁탁濯濯"을 번역한 것으로, 조기는 "초목이 없는 모양〔無草木之貌〕"이라고 했다. 즉 민둥산이라는 의미다.

33) 원문의 "양심良心"을 번역한 것으로, 주희는 "'양심'이란 본연의 선한 마음이니, 즉 '인의의 마음'을 이르는 것이다〔良心者, 本然之善心, 卽所謂仁義之心也〕"라고 했다.

날마다 베어버리는 것과 같으니 어찌 아름다워질 수 있겠는가? 낮과 밤으로 [선량한 마음이] 자라고, 동틀 때 [맑고 고요한] 기운에서 좋아하고 싫어하는 바가 사람들과 비슷하여 선량한 본성의 미미한 상태인데, 아침과 낮 동안[34] 하는 행동으로 이것마저 없애버린다. 없애는 것을 되풀이하면 밤에 가졌던 [선량한] 기운을 보존하기 부족하고, 밤에 가졌던 [선량한] 기운을 보존할 수 없다면 금수와도 그 거리가 멀지 않다. 사람들은 그 금수와 같은 행동만 보고 그가 일찍이 재질이 없었다고 여기니 이것이 어찌 사람의 [본성에서 비롯된] 감정이겠는가?

따라서 만일 그 기르는 것을 얻게 되면 만물이 자라지 않는 것이 없을 것이고, 만일 그 기르는 것을 잃게 되면 만물이 사라지지 않는 것이 없을 것이다. 공자께서 말씀하시기를 '잡으면 보존되고 놓으면 잃어버리며, 나가고 들어옴에 [정해진] 때가 없으니 그 방향[35]을 알 수 없다'라고 하셨으니, 오직 [사람의] 마음을 말하는 것인저."

孟子曰: "牛山之木嘗美矣, 以其郊於大國也, 斧斤伐之, 可以爲美乎? 是其日夜之所息, 雨雲之所潤, 非無萌蘖之生焉, 牛羊又從而牧之, 是

34) 원문의 "단주旦晝"를 번역한 것으로, 초순의 《맹자정의》에 "'단주'는 다음 날이라고 말하는 것과 같다〔旦晝, 猶云明日〕"고 했다.

35) 원문의 "향鄕"을 번역한 것으로, 조기는 "'향'은 마을과 같아 거주하는 것을 비유한다〔鄕猶里, 以喩居也〕"고 했고, 초순의 《맹자정의》에는 "근래에 '향鄕' 자를 '향向' 자와 같이 읽는다〔近讀鄕爲向〕"고 했다. 초순의 설이 좀 더 믿을 만하다. 정약용도 "나는 '향鄕'을 마땅히 '향嚮'으로 읽고 써야 한다고 생각한다. [《예기》] 〈곡례〉에, '자리를 남향으로 한다, 자리를 동향으로 한다'고 했는데, 모두 '향'으로 썼다〔余謂鄕當讀作嚮. 曲禮席南鄕, 席東鄕, 皆作鄕〕"고 했다.(이지형 역, 《맹자요의》)

以若彼濯濯也. 人見其濯濯也, 以爲未嘗有材焉, 此豈山之性也哉? 雖存乎人者, 豈無仁義之心哉? 其所以放其良心者, 亦猶斧斤之於木也, 旦旦而伐之, 可以爲美乎? 其日夜之所息, 平旦之氣, 其好惡與人相近也者幾希, 則其旦晝之所爲, 有梏亡之矣. 梏之反覆, 則其夜氣不足以存, 夜氣不足以存, 則其違禽獸不遠矣. 人見其禽獸也, 而以爲未嘗有才焉者, 是豈人之情也哉? 故苟得其養, 無物不長, 苟失其養, 無物不消. 孔子曰: '操則存, 舍則亡, 出入無時, 莫知其鄕.' 惟心之謂與."

자그마한 기술도 배우는 자의 자세에 따라 천양지차다 11.9

맹자께서 말씀하셨다.

"왕이 지혜롭지 못한 것을 이상하게 생각할[36] 것이 없다. 비록 세상에서 쉽게 자라나는 것이 있더라도 하루 동안만 햇볕을 쬐게 하고 열흘 동안 얼게 하면 자랄 수가 없다. 내가 왕을 뵙기도 드물고 내가 물러나 있으면 왕의 양심을 차갑게 하는 자가 다가가니, [선량한 마음의] 싹이 있은들 내가 어찌 하겠는가?

지금 바둑[37]의 기예가 자그마한 기술이나, 온 마음의 의지로써 하지 않으면 터득하지 못한다. 혁추는 나라를 통틀어 바둑을 잘 두는 자이다. [만일] 혁추로 하여금 두 사람에게 바둑을 가르치게 했는

36) 원문의 "혹或"에 대해 주희는 "'혹或' 자는 '혹惑' 자와 같으니, 의심스럽고 괴이한 것이다(或與惑同, 疑怪也)"라고 풀이했다. '이상하게 생각하다'의 의미로 보면 무리가 없다.

37) 원문의 "혁奕"을 번역한 것으로, 조기는 "'혁'은 박놀이이다. 혹자는 바둑 두는 것이라고도 한다(奕博也, 或曰圍棋)"라고 했는데, 주희는 이를 취하여 "'혁'은 바둑을 두는 것이다(奕圍棋也)"라고 했다.

데 한 사람은 온 마음의 의지로써 하여 오직 혁추의 말을 듣고, 한 사람은 비록 듣기는 하지만 마음 한쪽에는 기러기와 큰 새가 장차 이르는 일이 있게 되면 활에 주살을 매달아 쏘아[38] 맞힐 것을 생각하기만 한다면, 비록 그와 함께 배우더라도 같지 못할 것이니, 이것은 그 지혜가 같지 못해서인가? '그렇지 않다'고 말할 것이다."

孟子曰: "無或乎王之不智也. 雖有天下易生之物也, 一日暴之, 十日寒之, 未有能生者也. 吾見亦罕矣, 吾退而寒之者至矣, 吾如有萌焉何哉? 今夫奕之爲數, 小數也, 不專心致志, 則不得也. 奕秋, 通國之善奕者也. 使奕秋誨二人奕, 其一人專心致志, 惟奕秋之爲聽. 一人雖聽之, 一心以爲有鴻鵠將至, 思援弓繳而射之, 雖與之俱學, 弗若之矣. 爲是其智弗若與? 曰: '非然也.'"

생선 요리와 곰 발바닥 요리 중 어느 것을 취하겠는가 11.10

맹자께서 말씀하셨다.

"생선[요리]도 내가 좋아하는 것이고 곰 발바닥[요리]도 내가 좋아하는 것이나, 이 둘을 모두 얻을 수 없다면 생선을 버리고 곰 발바닥을 취하겠다. 삶도 내가 원하는 것이고 의義도 내가 원하는 것이나, 이 둘을 모두 얻을 수 없다면 삶을 버리고 의를 취하겠다. 삶도 내가 원하는 것이나, 원하는 것이 삶보다 더 간절한 경우가 있기에

---

38) 원문의 "작繳"을 번역한 것으로, 주희는 "'작'은 화살에 줄을 매달아서 쏘는 것이다(繳, 以繩繫矢而射也)"라고 했다.

[삶을] 구차하게 얻으려고 하지 않고, 죽음도 내가 싫어하는 것이나, 싫어하는 것이 죽음보다 더 심한 것이 있기에 환란을 피하지 않는 경우가 있다.

만일 사람들이 원하는 것 중에 삶보다 더 간절한 것이 없다면, 삶을 얻을 방법으로 무엇이든 쓰지 않겠는가? 만일 사람들이 싫어하는 것 중에 죽음보다 심한 것이 없다면, 환란을 피할 방법으로 무엇이든 하지 않겠는가? 이로 말미암으면[39] 살 수 있는데도 [그 방법을] 쓰지 않는 경우가 있으며, 이로 말미암으면 재앙을 피할 수 있는데도 하지 않는 경우가 있는 것이다. 따라서 원하는 것이 삶보다 더 간절한 것이 있고 싫어하는 것이 죽음보다 심한 것이 있다. 현명한 자만이 이러한 마음이 있는 것이 아니고 사람은 모두 그것을 가지고 있지만, 현명한 자는 잃어버리지 않을 뿐이다.[40]

한 그릇의 거친 밥과 한 그릇[41]의 국을 얻으면 살고 얻지 못하면 죽더라도 호통치고 꾸짖으면서[42] 주면 길 가는 사람도 받지 않고, 발로 차서 주면 거지라도 달갑게 여기지 않는다.[43] 만종이나 되는

---

39) 원문의 "유시由是"를 번역한 것으로, 주희는 "반드시 떳떳한 성품의 양심을 가지고 있음으로 말미암아 삶을 버리고 의를 취함이 이와 같다〔必有秉彝之良心, 是以能舍生取義如此〕"고 분석했는데, 정약용은 "'이로 말미암으면 살 수 있고, 이로 말미암으면 화를 피할 수 있다'는 것은 '이와 같이 하면 살고, 이와 같이 하면 환란을 피할 수 있다'라고 하는 것과 같다〔由是則生, 由是則可以辟患, 猶言如是則生, 如是則可以辟患〕"고 하여 주희가 말한 '떳떳한 성품의 양심'은 맹자가 말한 것이 아니라고 했다.

40) 정약용은 이 부분에서 단락을 나누어야 한다고 주장했다. "이 장은 두 절로 나누어 보아야 한다. '웅어熊魚' 이하는 성선에 대한 확실한 증거이고, '일단사一簞食' 이하는 마음을 잃어버리는 데 대한 지극한 경계이다. 위아래 두 절을 통합하여 보는 것은 옳지 않다〔此章當分二節看. 熊魚以下, 乃性善之確證. 一簞食以下, 乃失心之至戒. 上下節不宜通動〕"

41) 원문의 "두豆"를 번역한 것으로, 주희는 "나무 그릇〔木器〕"을 가리킨다고 했다.

녹봉은 예의를 분별하지 않고 받는데, 만종의 녹봉이 나에게 무슨 보탬이 있겠는가? 궁실이 아름다운 것과 처첩이 받드는 것, [그리고] 내가 알고 있는 궁핍한 자가 나에게서 얻게 하기 위해서인가? 예전에는 자신을 위해서는 죽어도 받지 않았는데, 지금은 궁실이 아름다운 것을 위해 그것을 받고, 예전에는 자신을 위해서는 죽어도 받지 않았는데, 지금은 처첩이 받드는 것을 위해 그것을 받으며, 예전에는 자신을 위해서는 죽어도 받지 않았는데, 지금은 내가 알고 있는 궁핍한 자가 나에게서 얻게 하기 위해 그것을 받으니, 이 또한 그만둘 수는 없는가? 이것을 일컬어 '그 본래의 마음을 잃었다'고 하는 것이다."

孟子曰: "魚, 我所欲也, 熊掌亦我所欲也, 二者不可得兼, 舍魚而取熊掌者也. 生亦我所欲也, 義亦我所欲也, 二者不可得兼, 舍生而取義者也. 生亦我所欲, 所欲有甚於生者, 故不爲苟得也, 死亦我所惡, 所惡

42) 원문의 "호이嘑爾"를 번역한 것으로, 조기는 "'호이嘑爾'는 '호이呼爾'와 같으니, 호통치며 꾸짖는 모양이다〔嘑爾, 猶呼爾, 咄啐之貌也〕"라고 했다. 《예기》 〈단궁 하〉 편에 이와 유사한 고사가 있다. "제나라에 큰 기근이 들었다. 검오가 길에서 먹을 것을 가지고 굶주린 자를 기다렸다가 그에게 먹이려고 하였다. 어떤 굶주린 자가 소매로 얼굴을 가리고 힘이 빠져 제대로 걷지도 못하며 눈동자가 풀린 채로 걸어오고 있었다. 검오가 왼손에는 먹을 것을 들고 오른손에는 마실 것을 잡고서 '어이, 와서 먹어라'라고 하자 굶주린 자가 눈을 치켜뜨고 말하기를 '나는 오로지 「어이, 와서 먹어라」 하는 음식을 먹지 않았기 때문에 이 지경까지 이르게 되었소'라고 했다. 따라가 사죄했으나 그는 끝내 먹지 않고 죽었다〔齊大饑. 黔敖爲食於路, 以待餓者而食之. 有餓者蒙袂輯屨, 貿貿然來. 黔敖左奉食, 右執飮, 曰: '嗟來食', 揚其目而視之, 曰: '予唯不食嗟來之食, 以至於斯也.' 從而謝焉, 終不食而死〕."

43) 원문의 "불설不屑"을 번역한 것으로, 주희는 "깨끗하다고 여기지 않는 것이다〔不以爲潔也〕"라고 풀이했다.

有甚於死者, 故患有所不辟也. 如使人之所欲莫甚於生, 則凡可以得生者, 何不用也? 使人之所惡莫甚於死者, 則凡可以辟患者, 何不爲也? 由是則生而有不用也, 由是則可以辟患而有不爲也, 是故所欲有甚於生者, 所惡有甚於死者. 非獨賢者有是心也, 人皆有之, 賢者能勿喪耳. 一簞食, 一豆羹, 得之則生, 弗得則死, 嘑爾而與之, 行道之人弗受, 蹴爾而與之, 乞人不屑也. 萬鍾則不辯禮義而受之. 萬鍾於我何加焉? 爲宮室之美, 妻妾之奉, 所識窮乏者得我與. 鄕爲身死而不受, 今爲宮室之美爲之, 鄕爲身死而不受, 今爲妻妾之奉爲之, 鄕爲身死而不受, 今爲所識窮乏者得我而爲之, 是亦不可以已乎? 此之謂失其本心."

잃어버린 닭과 개는 찾으려 하면서 잃어버린 마음을 찾으려 하지 않으니 11.11

맹자께서 말씀하셨다.

"인仁은 사람의 마음이고, 의義는 사람의 길이다. 그 [바른] 길을 버리고 따라가지 않고, 그 [선량한] 마음을 잃어버리고 되찾을 줄 모르니 슬프구나! 사람들은 닭과 개를 잃어버리면 찾을 줄 알면서 마음을 잃어버리고서는 되찾을 줄 모른다. 학문하는 길은 다른 것이 없으니, 그 잃어버린 마음을 되찾는 것일 뿐이다."

孟子曰: "仁, 人心也, 義, 人路也. 舍其路而弗由, 放其心而不知求, 哀哉! 人有雞犬放, 則知求之, 有放心而不知求. 學問之道無他, 求其放心而已矣."

손가락이 남과 같지 않으면 치료하면서 마음은 치료하지 않는다 11.12

맹자께서 말씀하셨다.

"지금 [어떤 사람이] 약손가락[44]이 굽어 펴지지[45] 않는데, [설령] 아프거나 일에 손해가 되지 않지만, 만일 이것을 펴줄 자가 있다면 진나라나 초나라의 길을 멀다 하지 않고 찾아가게 되니, 손가락이 남과 같지 않기 때문이다. 손가락이 남과 같지 않으면 이것을 싫어할 줄 아는데, 마음이 남과 같지 않으면 이것을 싫어할 줄 모르니, 이것을 일컬어 [일의 경중의] 등급[46]을 모른다고 하는 것이다."

孟子曰: "今有無名之指屈而不信, 非疾痛害事也, 如有能信之者, 則不遠秦楚之路, 爲指之不若人也. 指不若人, 則知惡之, 心不若人, 則不知惡, 此之謂不知類也."

44) 원문의 "무명지지無名之指"를 번역한 것으로, 주희는 "'무명지'는 손의 네 번째 손가락이다〔無名指, 手之第四指也〕"라고 했다.

45) 원문의 "신信"을 번역한 것으로, '펴다〔伸〕'와 뜻이 같다.

46) 원문의 "류類"를 번역한 것으로, '부류'의 개념이 아니라 주희의 주석대로 "그 경중의 등급을 알지 못함을 말한 것이다〔言其不知輕重之等也〕"라고 보아야 한다.

자신의 몸을 기르는 방법이 나무 기르는 것보다 더 소중한 법 11.13

맹자께서 말씀하셨다.

"두 손이나 한 손으로 [감싸] 잡을 수 있는[47] 오동나무와 가래나무를 사람들이 살리고자 한다면 모두가 그것을 기르는 방법을 안다. [그러나] 자기 자신에 이르러서는 그것을 기르는 방법을 모르니,[48] 어찌 자신을 사랑하는 것이 오동나무와 가래나무만도 못해서인가? 생각하지 않는 정도가 심하다."

孟子曰: "拱把之桐梓, 人苟欲生之, 皆知所以養之者. 至於身, 而不知所以養之者, 豈愛身不若桐梓哉? 弗思甚也."

대인이 될 것인가, 소인이 될 것인가 11.14

맹자께서 말씀하셨다.

"사람은 자기 몸에 대해서는 두루 다 사랑한다. 두루 다 사랑한다면 두루 잘 기른다. 한 자 한 치의 피부를 사랑하지 않는 것이 없다면, 한 자 한 치의 피부를 기르지 않는 것이 없을 것인데, 잘 기르고

---

47) 원문의 "공파拱把"를 번역한 것으로, 조기는 "'공拱'은 두 손을 합쳐 잡는 것이다. '파把'는 한 손으로 그것을 잡는 것이다〔拱, 合兩手也. 把, 以一手把之也〕"라고 했다. 여기서는 나무가 작은 것을 비유하여 말한다.

48) 진사개陳師凱는 "단지 육체와 혈기의 몸만 기르는 것이 아니다〔非徒養其口體血氣之身〕"라고 했고, 정약용은 "몸이란 신령스럽고 밝은 육체이니, 이 몸을 아는 자는 거의 드물다〔身者, 靈明之體也. 知此身者, 或鮮矣〕"라고 했다.

잘못 기르는 것을 헤아리는 것이 어찌 다른 방법이 있겠는가? 자신에게서 그것을 취하면 될 뿐이다.

몸에는 귀중한 부분과 하찮은 부분이 있고, 사소한 부분과 중요한 부분이 있으니,[49] 사소한 부분으로 중요한 부분을 해치지 않고 하찮은 부분으로 귀중한 부분을 해치지 않아야 하니, 사소한 부분을 기르는 자는 소인이 되고, 중요한 부분을 기르는 자는 대인이 되는 것이다.

지금 어떤 원예사가 있어 [좋은] 오동나무와 가래나무를 버리고 [쓸모가 적은] 멧대추나무와 가시나무를 기른다면 값어치 없는 원예사가 되는 것이다. [자신의] 한 손가락만 기르고 어깨와 등을 잃으면서도 알지 못한다면, 이는 돌아볼 줄 모르는 사람[50]이 되는 것이다.

먹고 마시는 것만 하려는 사람은 사람들이 천하게 여기니, 사소한 부분을 기르고 중요한 부분을 잃기 때문이다. 먹고 마시는 사람이 [중요한 부분도] 잃는 부분이 없다면, [그 먹고 마시는 목적이] 입과 배가 [소화한 것이] 어찌 다만 한 자 한 치의 피부가 될 뿐이겠는가?"

49) 원문의 "유귀천有貴賤, 유대소有大小"를 번역한 것으로, 주희는 "하찮고 사소한 것은 입과 배이고, 귀하고 중요한 것은 마음과 의지다〔賤而小者, 口腹, 貴而大者, 心志也〕"라고 했다.

50) 원문의 "낭질인狼疾人"을 번역한 것으로, '낭질狼疾'이란 여러 가지 해석이 있으나 주희의 해석이 정확한데, "이리는 뒤돌아보기를 잘하는데, [쫓겨서] 달아날 때는 뒤를 돌아보지 못한다〔狼善顧, 疾則不能〕"는 말을 염두에 두고 번역했다. 한편 '질즉불능疾則不能'의 '질疾'을 질병으로 보아 '승냥이가 병들면 뒤를 돌아보지 못한다'로 해석하기도 하고, 조기는 "어지러워 질병을 다스릴 줄 모르는 사람〔亂不知治疾之人〕"으로 해석했다. 양보쥔은 "'낭질'은 '낭자狼藉'와 같다. 혼미하고 어지럽고 흐리멍텅한 것이다〔狼疾, 同狼藉. 昏亂糊塗〕"라고 했다.

孟子曰: "人之於身也, 兼所愛. 兼所愛, 則兼所養也. 無尺寸之膚不愛焉, 則無尺寸之膚不養也. 所以考其善不善者, 豈有他哉? 於己取之而已矣. 體有貴賤, 有大小. 無以小害大, 無以賤害貴. 養其小者爲小人, 養其大者爲大人. 今有場師, 舍其梧檟, 養其樲棘, 則爲賤場師焉. 養其一指而失其肩背, 而不知也, 則爲狼疾人也. 飮食之人, 則人賤之矣, 爲其養小以失大也. 飮食之人無有失也, 則口腹豈適爲尺寸之膚哉?"

누구는 대인이 되고 누구는 소인이 되는가 11.15

공도자가 여쭈었다.

"같은 사람인데, 어떤 사람은 대인이 되고 어떤 사람은 소인이 되는 것은 무엇 때문입니까?"

맹자께서 말씀하셨다.

"그 몸의 중요한 기관[51]을 따르는 사람은 대인이 되고, 그 사소한 기관을 따르는 사람은 소인이 되는 것이다."

[공도자가] 말했다.

"같은 사람인데, 어떤 사람은 그 중요한 기관을 따르고 어떤 사람은 그 사소한 기관을 따르는 것은 무엇 때문입니까?"

---

51) 원문의 "대체大體"를 번역한 것으로, 인간이 가진 형이상학적 마음을 비유하고, 뒤의 원문에 나오는 "소체小體"는 눈과 귀 같은 감각기관을 비유한다. 조기는 "'대체'는 마음이 예의를 생각하는 것이고, '소체'는 감정의 욕망에 따라 멋대로 하는 것이다〔大體, 心思禮義, 小體, 縱恣情慾〕"라고 했는데, 정약용은 좀 더 구체적으로 설명하여 "'대체'는 형체가 없는 신령스럽고 밝은 것이며, '소체'는 형체가 있는 몸이다. '몸의 중요한 기관을 따른다'는 것은 본성을 따르는 것이며, '그(몸)의 사소한 기관을 따른다'는 것은 욕심을 따르는 것이다〔大體者, 無形之靈明也, 小體者, 有形之軀殼也. 從其大體者, 率性者也, 從其小體者, 循欲者也〕"라고 했다.(이지형 역,《맹자요의》)

[맹자께서] 말씀하셨다.

"귀와 눈 같은 기관은 사고하지 못하여 [바깥] 사물에 의해 가려지니 사물이 한 사물에 [지나지 않는 귀와 눈과] 접하게 되면 그것에 끌려갈 뿐이고, 마음이라는 기관은 사고할 수 있으니 사고하면 사리를 얻고 사고하지 못하면 얻지 못한다. 이것은[52] 하늘이 우리에게 부여한 것이니, 먼저 그 중요한 기관을 세운다면 그 사소한 기관이 [선한 마음을] 능히 빼앗지 못할 것이니, 이것이 대인이 되는 것일 뿐이다."

公都子問曰: "鈞是人也, 或爲大人, 或爲小人, 何也." 孟子曰: "從其大體爲大人, 從其小體爲小人." 曰: "鈞是人也, 或從其大體, 或從其小體, 何也?" 曰: "耳目之官不思, 而蔽於物, 物交物, 則引之而已矣. 心之官則思, 思則得之, 不思則不得也. 此天之所與我者, 先立乎其大者, 則其小者不能奪也. 此爲大人而已矣."

하늘이 내린 벼슬과 사람이 주는 벼슬의 차이 11.16

맹자께서 말씀하셨다.

"하늘이 내린 벼슬(天爵)[53]이 있고 사람이 주는 벼슬(人爵)이 있으니, 인과 의와 충성과 믿음을 행하고 선을 좋아하는 것을 게을리하지 않는 마음, 이런 것은 하늘이 내린 벼슬이고, 공公과 경卿과 대부는

52) 원문의 "차此"를 번역한 것으로, 주희는 "'차此' 자를 옛 책에는 대부분 '비比' 자로 썼고, 조기의 주에도 또한 비교함으로 해석했다(此, 舊本, 多作比, 而趙註, 亦以比方釋之)"고 했다.

사람이 주는 벼슬이다. 옛사람의 경우 그 하늘이 내린 벼슬을 닦고 나서 사람이 주는 벼슬이 따라왔다. [그런데] 오늘날 사람들은 하늘이 내린 벼슬을 닦아서 사람이 주는 벼슬을 구하고, 이미 사람이 주는 벼슬을 얻고 나면 하늘이 내린 벼슬을 버리니, 이것은 미혹됨이 심한 것으로 결국에는 [사람이 주는 벼슬] 또한 반드시 잃을 뿐이다."

孟子曰: "有天爵者, 有人爵者. 仁義忠信, 樂善不倦, 此天爵也, 公卿大夫, 此人爵也. 古之人修其天爵, 而人爵從之. 今之人修其天爵, 以要人爵, 旣得人爵, 而棄其天爵, 則或之甚者也, 終亦必亡而已矣."

귀함은 나에게 있다 11.17

맹자께서 말씀하셨다.

"귀하게 되고자 하는 것은 사람의 똑같은 마음으로 사람마다 자신에게 귀함을 지니고 있으면서[54] 생각하지 않을 뿐이다. 남이 귀하게 해준 바는 진정한 귀함이 아니니, 조맹趙孟이 귀하게 해준 것은 조맹이 능히 천하게 할 수도 있다. 《시경》에 이르기를 '이미 술

53) 원문의 "천작天爵"을 번역한 것으로, 주희는 "'천작'이란 덕의로서 높일 수 있는 것이니, 자연의 귀함이다(天爵者, 德義可尊, 自然之貴也)"라고 풀이했다. 정약용은 "'인작人爵'은 지위의 높고 낮은 것으로 등급을 삼은 것이며, '천작'은 덕의 높고 낮은 것으로 등급을 삼은 것이니, 어리석은 사람으로서 인작을 얻은 자는 있지만, 어리석은 사람으로서 천작을 얻은 자는 아직까지 없었다(人爵, 以位之高下爲品級, 天爵, 以德之高下爲品級. 不肖而得人爵者有之矣, 不肖而得天爵者未之有也)"고 보충했다.

54) 원문의 "유귀어기자有貴於己者"를 번역한 것으로, 주희는 "'자신에게 귀함을 지닌다는 것'은 천작을 말한다(貴於己者, 謂天爵也)"라고 했다.

로 취하고 이미 덕으로 배부르네'라고 했으니, 인과 의에 배부른 것을 말한 것이다. 이 때문에 남의 살진 고기와 좋은 쌀맛을 부러워하지[55] 않는 것이고, 훌륭한 소문과 넓은 명예가 몸에 베풀어져 있으므로 남의 수놓은 옷[56]을 부러워하지 않는 것이다."

孟子曰: "欲貴者, 人之同心也. 人人有貴於己者, 弗思耳矣. 人之所貴者, 非良貴也. 趙孟之所貴, 趙孟能賤之. 詩云, '旣醉以酒, 旣飽以德.' 言飽乎仁義也. 所以不願人之膏粱之味也, 令聞廣譽施於身, 所以不願人之文繡也."

인仁이냐, 불인不仁이냐 11.18

맹자께서 말씀하셨다.

"인仁이 불인不仁을 이기는 것은 물이 불을 이기는 것과 같은데, 오늘날 인을 행하는 자들은 한 잔의 물로 한 수레에 가득 실은 섶의 불을 끄려는 것과 같다. [그런데] 불이 꺼지지 않으면 물이 불을 이기지 못한다[57]고 말하니, 이 또한 불인을 돕기를 매우 심하게 하는 격이니 또한 끝내 [미약한 인조차] 반드시 잃게 될 뿐이다."

---

55) 원문의 "원願" 자를 번역한 것인데, 축자적 의미와 달리 정현의 《예기》〈제의〉 주에 따라 "흠羨", 즉 '흠모하다, 그리워하다'라는 의미로 보면 무난하다. 이 글자를 양보쥔은 "모慕" 자의 의미로 기존의 주석을 인용하여 풀이했는데, 정현의 주석과 같은 풀이다. 《순자》〈영욕榮辱〉에서도 "'원'은 '흠모하다'와 같다〔願, 猶慕也〕"라고 풀이되어 있다.

56) 원문의 "문수文繡"를 번역한 것으로, 고대 의복에는 등급이 있어서, 관직에 있던 인재만 무늬를 수놓은 옷을 입을 수 있었다.

孟子曰: "仁之勝不仁也, 猶水勝火. 今之爲仁者, 猶以一杯水救一車薪之火也. 不熄, 則謂之水不勝火, 此又與於不仁之甚者也, 亦終必亡而已矣."

오곡을 여물게 하듯이 인도 여물게 하라 11.19

맹자께서 말씀하셨다.

"오곡은 종자 중에서 훌륭한 것이지만, 만일 여물지 않으면 피만도 못하다.[58] 무릇 인仁 또한 그것을 여물게 하는 데 있을 뿐이다."

孟子曰: "五穀者, 種之美者也, 苟爲不熟, 不如荑稗. 夫仁, 亦在乎熟之而已矣."

기본기를 익혀라 11.20

맹자께서 말씀하셨다.

"예羿가 사람들에게 활쏘기를 가르칠 때는 반드시 활줄을 한껏

---

57) 채청蔡淸은 "양나라 혜왕이 조그만 은혜를 베풀고서 자기 나라 백성이 이웃 나라보다 더 많아지지 않는 것을 의아하게 생각했으니, 이것이 바로 이른바 불이 꺼지지 않으면 물이 불을 이기지 못한다고 하는 것이다〔梁惠王以能行小惠, 而訝其民之不加多於鄰國, 是正所謂不熄則謂之水不勝火者也〕"라고 했다.

58) 이 말의 맥락에 대해 주희는 "'피〔荑稗〕'는 풀 중에서 곡식과 비슷한 것이니, 그 열매도 먹을 수 있다. 그러나 오곡만큼 훌륭하지 못하다. 다만 오곡이 다 여물지 못하면 도리어 피가 여무는 것만 못하니, 인仁을 행하여도 여물지 못하면 도리어 다른 도리를 행하여 이룸이 있는 것만 못한 것과 같다〔荑稗草之似穀者, 其實亦可食. 然不能如五穀之美也. 但五穀不熟, 則反不如荑稗之熟, 猶爲仁而不熟, 則反不如爲他道之有成〕"라고 했다.

당기는 데 뜻을 두게 되니, 배우는 자 역시 반드시 활줄을 한껏 당기는 데 뜻을 두어야 한다.[59] 큰 목수가 사람을 가르칠 때는 반드시 그림쇠와 곱자로써 하니, [목수 일을] 배우는 자 역시 반드시 그림쇠와 곱자로써 해야 한다."

孟子曰: "羿之教人射, 必志於彀, 學者亦必志於彀. 大匠誨人必以規矩, 學者亦必規矩."

59) 원문의 "필지어구必志於彀"를 번역한 것으로, 주희는 "'지'는 '기약함'과 같다. '구'는 활을 가득히 당기는 것이니, 가득 당긴 뒤에 발사하는 것이 활 쏘는 방법이다(志, 猶期也. 彀, 弓滿也, 滿而後發, 射之法也)"라고 했다.

제12편

고자 하

告子下

【해설】

이 편은 모두 16장으로 구성되어 있으며, 맹자의 정치사상이 상당히 부각되어 있는 편이다. 맹자 특유의 왕도정치가 다시 한번 거론되면서, 왜 자신이 이익만 일삼는 정치를 반대하는지 다양한 사례를 거론하고 있다. 1장은 제자와의 대화를 통해 예가 가장 중요하다고 강조하면서 그것이 인간의 본능인 식욕과 색욕보다 앞선다는 점을 강조하고 있다. 2장에는 성인으로 떠받드는 요순도 누구나 될 수 있다는 맹자의 평등사상이 있으며, 3장은 효도의 중요성을 강조하면서 《시경》의 두 편명을 예로 들고 마무리는 공자의 말씀으로 하고 있다.

4장에서 맹자는 그가 양나라 혜왕을 처음 만났을 때 혜왕이 어떤 이익을 주려고 양나라에 왔느냐는 제1편 〈양혜왕 상〉 1장의 질문을 연상하게 만드는 대화로 이루어져 있다. 전쟁이라는 대사를 중단시킬 때도 인과 의를 가지고 설득하라는 맹자의 충고는 모든 관계의 기본이 덕에 있음을 시사하고 있다. 특히 9장에서 오직 군주를 위한다는 명목으로 약육강식의 패권을 정당화하고 토지를 빼앗는 전쟁을 합리화하고 인과 의를 외면하는 현실에 대해 맹자의 시각은 매우 비판적이다.

10장에서 맹자는 그가 다른 편과 장에서도 많이 다룬 세법의 문제를 거론하면서 요순의 10분의 1 세율이 이상적임을 강조하고 위정자가 세율을 올리는 행위는 가혹한 수탈로 이어져 백성의 삶을 그르치게 만드는 악정이라고 강하게 비판하는 대목이 나오는데, 오늘날 위정자들에게 귀감이 되는 글이다. 13장에서는 제자 악정자가 정사를 담당했다는 말을 들은 맹자가 그의 능력보다는 그의 선한 마음이 천하를 다스리기에 충분하다고 강조하면서 모든 정치의 출발은 정치에 임하는 자의 마음에 달려 있다고 한 부분도 그의 성선설을 뒷받침한다. 맨 마지막 장에서 가르침 자체를 거절하는 것이 또 다른 가르침의 방식이라는 맹자의 역설은 가르침의 깊이를 강조한 것이다.

예와 음식, 여색 중에 무엇이 중요한가 12.1

임나라[1] 사람이 [맹자의 제자] 옥려자屋廬子[2]에게 물었다.

"예禮와 음식 중에서 어느 것이 더 중요한가?"

[옥려자가] 대답했다.

"예가 중요하다."

[임나라 사람이 말했다.]

"여색과 예 중에서 어느 것이 더 중요한가?"

[옥려자가] 말했다.

"예가 중요하다."

[임나라 사람이] 말했다.

"예에 따라 먹으면 굶어서 죽고 예에 따라 먹지 않으면 음식을 얻더라도, 반드시 예에 따라야 하는가? 친영[예법][3]을 하면 아내를 얻지 못하고 친영을 하지 않으면 아내를 얻을 수 있더라도, 반드시 친영을 해야 하는가?"

---

1) 원문의 "임任"에 대해 양보쥔의 부연 설명을 참조하면 이렇다. "염약거의 《사서석지》에 '임은 나라 이름이다. 태호의 후손이며 풍風을 성씨로 했다. 한漢나라 때에는 임성현任城縣으로 삼았고, 후한 때에는 임성국任城國이 되었다. 지금의 제령주 동임성의 없어진 현이 이곳이다'라고 했다〔任, 國名, 太皞之後, 風姓. 漢爲任城縣, 後漢爲任城國. 今濟寧州東任城廢縣是〕."

2) 조기는 "옥려자는 맹자의 제자 옥로연〔孟子弟子屋廬連〕을 말한다"고 했다. 이 편의 5장에 "옥려자가 기뻐하며 말했다. '내가 [선생님께 여쭤볼] 틈을 얻었다'〔屋廬子喜曰: '連得間矣'〕"라고 한 것을 참조하면 옥려자의 이름이 '연連'임을 알 수 있다.

3) "친영親迎"이란 혼인의 절차 가운데서 마지막 단계다. 고대의 혼례 제도는 제후에서부터 일반 백성에 이르기까지 모두 그러했고, 신랑이 친히 신부를 맞아들였다고 했다. 한편 《좌전》에는 천자는 친영하지 않았다고 하고, 《공양전》에는 천자도 친영했다고 한다.

옥려자가 대답을 하지 못하여 이튿날 추나라[4]에 가서 맹자께 아뢰니, 맹자께서 말씀하셨다.

"이런 것을 대답하는데 뭐가 어렵겠느냐? 그 뿌리를 헤아리지 않고[5] 그 끝만 가지런히 한다면 한 치 되는 나무라도 높은 누각[6]보다 높게 할 수 있다. 쇠가 깃털보다 무겁다는 것이 어찌 혁대의 한 고리쇠와 한 수레[분량]의 깃털을 말하는 것이겠는가?[7] 음식의 중요한 것과 예의 사소한 것을 취해 비교한다면 어찌 음식이 중요하기만 할 뿐이겠으며, 여색의 중요한 것과 예의 사소한 것을 취해 비교

---

4) 여기서 추나라는 지금의 산동성 추현 동남쪽 26리에 있는데, 한편 양보쥔은 "옛날의 임나라와는 거리가 약 100리 정도 떨어져 있었기 때문에 옥려자가 다음 날 바로 갈 수 있었다〔故任國相距約百里, 因之屋廬子可以明日卽往〕"라고 고증하기도 했다. 물론 거리상 쉽지 않기는 하다.

5) 원문의 "불췌不揣"를 번역한 것으로, '췌'는 《방언》에서 "높이를 헤아리는 것은 췌이다〔度高爲揣〕"라고 했다. 《좌전》 소공昭公 23년에 "높고 낮음을 헤아린다〔揣高卑〕"라고 했는데, 이와 통하는 설명이다.

6) 원문의 "잠루岑樓"를 번역한 것으로, 우선 《설문해자》에서 "잠은 산이 작으면서 높은 것이다〔岑, 山小而高〕"라고 한 자의적 의미를 살펴야 한다. 조기는 "'잠루'는 뾰족한 산꼭대기다〔岑樓, 山之銳嶺者〕"라고 했으니, '루樓'는 '루塿'의 뜻으로 이해해야 한다. 한편 주희는 "'잠루'는 누대가 높고 뾰족하여 마치 산과 같은 것이다〔岑樓, 樓之高銳似山者〕"라고 했는데, 이로 보면 원문 그대로 '누대〔樓〕'의 의미로 보아야 한다. 정약용도 "왕연수의 〈영광전부靈光殿賦〉에 '높디높은 이궁의 누각'이라고 했으니, 조기의 설이 그른 듯하다〔王延壽, 靈光殿賦曰: '嶔崟離樓.' 趙說似非〕"라고 했고, 양보쥔도 "산꼭대기의 높은 누각〔尖頂高樓〕"이라는 주석을 덧붙였는데 맥락은 같다.

7) "'구鉤'는 허리띠의 고리다. 쇠는 본래 무겁지만, 허리띠의 고리는 작기 때문에 가벼워서 예가 음식과 여색보다 가벼운 경우가 있음을 비유한 것이요, 깃털은 본래 가볍지만 한 수레 분량은 많기 때문에 무거워서 음식과 여색이 예보다 무거운 경우가 있음을 비유한 것이다〔鉤帶鉤也. 金本重而帶鉤小, 故輕, 喻禮有輕於食色者, 羽本輕而一輿多, 故重, 喻食色有重於禮者〕"라고 했고, "이 두 가지는 예와 음식과 여색이 모두 중요한 것이지만, 이것으로써 서로 비교해보면 예가 더욱 중요한 것이 된다〔此二者, 禮與食色, 皆其重者, 而以之相較, 則禮爲尤重也〕"라고 한 주희의 해설이 주목할 만하다.

한다면 어찌 여색이 중요하기만 할 뿐이겠는가?[8)]

가서 대답하기를 '형의 팔을 비틀어 밥을 빼앗으면 밥을 먹을 수 있고, 비틀지 않으면 밥을 먹을 수 없더라도 장차 팔을 비틀겠는가? 동쪽 집의 담장을 뛰어넘어 처녀[9)]를 끌고 오면[10)] 아내를 얻을 수 있고, 끌고 오지 않으면 아내를 얻을 수 없는데도 장차 처녀를 끌고 오겠는가?'라고 말하라."

任人有問屋廬子曰: "禮與食孰重?" 曰: "禮重." "色與禮孰重?" 曰: "禮重." 曰: "以禮食, 則飢而死, 不以禮食, 則得食, 必以禮乎? 親迎, 則不得妻, 不親迎, 則得妻, 必親迎乎?" 屋廬子不能對, 明日之鄒以告孟子. 孟子曰: "於答是也, 何有? 不揣其本, 而齊其末, 方寸之木可使高於岑樓. 金重於羽者, 豈謂一鉤金與一輿羽之謂哉? 取食之重者與禮之輕者而比之, 奚翅食重, 取色之重者與禮之輕者而比之, 奚翅色重? 往應之曰: '紾兄之臂而奪之食, 則得食, 不紾, 則不得食, 則將紾之乎? 踰東家牆而摟其處子, 則得妻, 不摟, 則不得妻, 則將摟之乎?'"

하는 것과 하지 않는 것의 차이 12.2

조교曹交[11)]가 물었다.

---

8) 원문의 "시翅"를 번역한 것으로, 양보쥔에 의하면 '시啻' 자와 같다. '단지[只]', '그치다[止]'의 뜻이다.

9) 원문의 "처자處子"를 번역한 것으로, 주희는 "처녀이다[處女也]"라는 주석을 달았다.

10) 원문의 "루摟"를 번역한 것으로, 《설문해자》에는 "끌어모으다[曳聚也]"라고 했다. 조기는 '이끌다[牽]'로 보았다.

"사람은 모두 요순이 될 수 있다고 하는데, 그런 말이 있습니까?"

맹자께서 말씀하셨다.

"그렇소."

[조교가 말했다.]

"제가 듣기로 [키가] 문왕은 10척이고 탕은 9척이었다고 하는데, 지금 저는 9척 4촌이지만 곡식만 축내고 있을 뿐이니, 어떻게 하면 좋겠습니까?"

[맹자께서] 말씀하셨다.

"어찌 이런 것에 달려 있겠소? 단지 그것을 실천하면 될 뿐이오. 어떤 사람이 있는데, 힘으로 오리[12] 한 마리를 이길 수도 없다면 힘이 없는 사람이고, 지금 100균이나 되는 무게를 든다면 힘이 있는 사람이오. 그렇다면 오확烏獲[13]이 들던 짐을 든다면 이 또한 오확이 될 뿐이오. 무릇 사람이 어찌하여 이기지 못하는 것을 [미리] 근심하겠소? [스스로] 하지 않으려 할 뿐이오. 천천히 가면서 장자長者보다 뒤처지는 것을 공경한다고 말하고 빨리 가면서 장자보다 앞서는

11) 조기에 의하면 조교曹交는 조나라 군주의 아우라고 알려진 인물이다. 한편 왕응린王應麟은 《곤학기문困學紀聞》이라는 책에서 조기의 주석에 의문을 제기하면서, 그 주된 근거로 조나라가 이미 없어진 지 오래되어 맹자의 시대와는 일정한 간극이 존재한다는 점을 들었다. 양보쥔도 이에 동조했다.

12) 원문의 "필匹"을 번역한 것으로, 주희의 교열에 의하면 이렇다. "'필匹' 자는 본래 '필鴄'로 쓰여 있으니 오리다. 생략하여 '필匹'로 쓴 것이다. 《예기》에 '필匹'은 '오리〔鶩〕'라고 설명한 것이 이것이다〔匹字, 本作鴄, 鴨也. 從省作匹, 禮記, 說匹爲鶩, 是也〕." 이에 대해 좀 더 부연하면, 성백효는 주희의 주석이 '목鶩'으로 읽는 것은 《예기》 〈곡례 하〉에 "일반 백성의 예물은 필을 사용한다〔庶人之摯匹〕"라고 한 문장의 주석에 근거했다고 보았는데, 일리가 있다.

13) 오확烏獲에 대해 주희는 "'오확'은 고대의 힘이 있는 사람으로, 1,000균의 무게를 들어 옮길 수 있었다〔烏獲, 古之有力人也. 能擧移千鈞〕"라고 했다.

것을 공경하지 않는다고 말하니, 천천히 가는 것이 어찌하여 사람들이 능히 할 수 없는 것이겠소? [스스로] 하지 않는 것이니, 요순의 도는 효도와 공경일 뿐이오. 그대가 요임금의 옷을 입고 요임금의 말씀을 외우며 요임금의 행실을 실천한다면 이는 요임금일 뿐이고, 그대가 걸왕의 옷을 입고 걸왕의 말을 외우며 걸왕의 행실을 실천한다면 이는 걸왕일 뿐이오."

[조교가] 말했다.

"제가 추나라 군주를 뵙게 되면 여관을 빌릴 수 있을 것이니, 원하건대 [그곳에] 머물면서 문하생으로 배우겠습니다."

[맹자께서] 말씀하셨다.

"무릇 도는 큰길과 같으니, 어찌 아는 것이 어렵겠소? 사람들이 구하지 않는 것이 병폐일 뿐이니, 그대가 돌아가 구한다면 스승은 [얼마든지] 남아 있을 것이오."

曺交問曰: "人皆可以爲堯舜, 有諸?" 孟子曰: "然." "交聞文王十尺, 湯九尺, 今交九尺四寸以長, 食粟而已, 何如則可?" 曰: "奚有於是? 亦爲之而已矣. 有人於此, 力不能勝一匹雛, 則爲無力人矣, 今曰擧百鈞, 則爲有力人矣. 然則擧烏獲之任, 是亦爲烏獲而已矣. 夫人豈以不勝爲患哉? 弗爲耳. 徐行後長者謂之弟, 疾行先長者謂之不弟. 夫徐行者, 豈人所不能哉? 所不爲也. 堯舜之道, 弟孝而已矣. 子服堯之服, 誦堯之言, 行堯之行, 是堯而已矣. 子服桀之服, 誦桀之言, 行桀之行, 是桀而已矣." 曰: "交得見於鄒君, 可以假館, 願留而受業於門." 曰: "夫道若大路然, 豈難知哉? 人病不求耳, 子歸而求之, 有餘師."

어버이의 작은 허물과 큰 허물 12.3

공손추가 여쭈었다.

"고자[14]가 말하기를 '〈소반〉[15]은 소인배의 시다'라고 했습니다."

맹자께서 말씀하셨다.

"어떤 점으로 그렇게 말하는가?"

[공손추가] 대답했다.

"원망하는 마음 때문입니다."

[맹자께서] 말씀하셨다.

"고루하구나, 고高 노인이 시를 해석하는 것이여! 여기 어떤 사람이 있는데, 월나라 사람이 활을 당겨 쏘려 할 때 태연하게 웃으면서 그렇게 하지 말라고 말하는 것은 다른 것이 아니라 그(월나라 사람)를 멀리 여기기 때문이고, 그의 형이 활을 당겨 쏘려 할 때 눈물을 떨구며 말하는 것은 다름이 아니라 그(형)를 가깝게[16] 여기

14) 고자는 《맹자》에 여러 번 보인다. 제4편 〈공손추 하〉 12장의 "고자이고高子以告"의 문장에서 조기는 "고자는 또한 제나라 사람이며, 맹자의 제자이다〔高子亦齊人, 孟子弟子〕"라고 했다. 그런데 여기 본문에서 시를 해석하는 고자에 대해 맹자가 '고 노인〔高叟〕'라고 호칭한 것을 보면 맹자의 제자가 아닌 것으로 보는 것이 타당하다.

15) 주희는 이 편에 대해 "주나라 유왕이 신후를 아내로 맞이하여 태자 의구를 낳았고, 또 포사를 얻어 백복을 낳아 신후를 내치고 의구를 폐위했다. 이에 의구의 스승이 이 시를 지어 애통하고 절박한 심정을 서술한 것이다〔周幽王娶申后, 生太子宜臼, 又得褒姒, 生伯服, 而黜申后, 廢宜臼. 於是, 宜臼之傅, 爲作此詩, 以叙其哀痛迫切之情也〕"라고 부연했다.

기 때문이다. 〈소반〉의 원망이란 어버이를 친하게 여긴 것이다. 어버이를 친하게 여기는 것이 인仁이다. 고루하구나, 고 노인이 시를 해석하는 것이여!"

[공손추가] 여쭈었다.

"〈개풍〉[17]이란 시는 무엇 때문에 원망하지 않았습니까?"

[맹자께서] 말씀하셨다.

"〈개풍〉은 어버이의 허물이 작은 경우인데, 〈소반〉은 어버이의 허물이 큰 것이니, 어버이의 허물이 큰데도 원망하지 않는다면 이는 더욱더 멀어지게 되는 것이고, 어버이의 허물이 작은데도 원망한다면 이는 [자식이] 발끈 화내는 것[18]이니, 더욱 멀어지게 하는 것도 불효이고, [자식이] 발끈 화내는 것 또한 불효이다. 공자께서 말

16) 조기는 원문의 "척戚"이 '친척〔親〕'을 말한다고 했다. '가깝다'의 의미로 보아도 무리가 없다.

17) 〈개풍凱風〉은 《시경》 〈패풍邶風〉의 편명으로, 모두 4장이다. 효자를 찬미하는 시로서, 일곱 명의 아들을 둔 홀어머니와의 효행이 그 주된 내용이다. 신안진씨新安陳氏는 "어머니가 일곱 아들을 낳고 과부가 되어 바람이 나서 집안을 편안히 여기지 못하자, 일곱 아들이 시를 지으면서 감히 그 어머니를 비난하지 않고 죄를 끌어다가 자책하여 '자식이 어머니 마음을 위안하지 못해서 어머니로 하여금 불안하게 했다'라고 하여 이로써 어머니를 감동하게 한 것이다〔母生七子而寡, 不能安其室, 七子作詩, 不敢非其母, 引罪自責, '謂子不能慰母心, 使母不安.' 以感動之也〕"라고 했는데, 《모전》과 《시집전詩集傳》의 해석과 크게 벗어나지 않는다.

18) 원문의 "불가기不可磯"를 번역한 것으로, 조기는 "기磯"가 '격하다〔激〕'의 뜻이라고 했다. '불가기'에 대해 주희는 "조금의 격함에도 급격히 노하는 것을 말한다〔言微激之而遽怒也〕"라고 했는데, 성백효는 "'기'는 물 가운데 나와 있는 돌로, 물이 여기에 부딪히면 격해지기 때문에 부모가 조금만 잘못을 저질러도 자식의 성질이 급하여 대번에 격해짐을 비유한 것이다"라고 풀이하고는 정약용이 "'기磯'는 '기機'이니, '기機'란 격동하는 물건으로 '불가기'라고 한 것은 그 성질이 사납고 독하여 조금도 격한 부딪힘이 있을 수 없는 것이다〔磯者, 機也, 機者激發之物, 不可磯者, 言其性悍毒, 不可小有激觸也〕"라고 한 말을 덧붙였다.

씀하시기를 '순임금은 지극한 효자여서 쉰 살이 되어서도 [어버이를] 그리워했다[19)]'라고 하셨다."

公孫丑問曰: "高子曰: '小弁, 小人之詩也.'" 孟子曰: "何以言之?" 曰: "怨." 曰: "固哉, 高叟之爲詩也! 有人於此, 越人關弓而射之, 則己談笑而道之, 無他, 疏之也. 其兄關弓而射之, 則己垂涕泣而道之, 無他, 戚之也. 小弁之怨, 親親也. 親親, 仁也. 固矣夫, 高叟之爲詩也!" 曰: "凱風何以不怨?" 曰: "凱風, 親之過小者也, 小弁, 親之過大者也. 親之過大而不怨, 是愈疏也, 親之過小而怨, 是不可磯也. 愈疏, 不孝也, 不可磯, 亦不孝也. 孔子曰: '舜其至孝矣, 五十而慕.'"

진나라와 초나라의 전쟁을 인과 의로 멈추게 하라 12.4

송경宋牼[20)]이 초나라로 가는데, 맹자께서 [그를] 석구에서 우연히 만났다.

[맹자께서] 말씀하셨다.

"선생은 장차 어디로 가십니까?"

[송경이] 말했다.

"제가 듣기로 진秦나라와 초나라가 전쟁을 하고 있다고 하니, 제

---

19) 제9편 〈만장 상〉 1장에 이와 관련된 상세한 이야기가 나오니 함께 읽어보면 맥락을 이해하는 데 도움이 된다.

20) 《한비자》〈외저설 좌상〉에는 송견宋鈃으로 나오는데, 전국시대 송나라 사람으로 송경宋牼·송영자宋榮子라고도 한다. 그는 황로 학파 쪽 사람으로, 모욕을 당해도 치욕스럽게 생각하지 않고 비공非攻을 주장한 인물이다. 평등을 강조하고 군주의 욕망에 따른 전쟁을 반대한 인물이기도 하다.

가 초나라 왕을 만나 설득하여 전쟁을 그만두게 하려는데, 만일 초나라 왕이 달가워하지 않으면 저는 진나라 왕을 만나 설득하여 전쟁을 그만두게 할 것이니, 두 나라 왕 중에는 장차 제 뜻과 들어맞는 사람이 있을 것입니다."

[맹자께서] 말씀하셨다.

"제가 자세한 것은 묻지 않고 그 요지만 듣고 싶으니, 어떻게 설득하려고 하십니까?"

[송경이] 말했다.

"저는 그 [전쟁이] 이익이 없다는 점을 말하려 합니다."

[맹자께서] 말씀하셨다

"선생의 뜻은 크지만, 선생의 명분이 옳지 않습니다. 선생이 이익을 가지고 진나라와 초나라의 왕을 설득하면 진나라와 초나라의 왕은 이익을 좋아하여 삼군의 군대를 그만두게 할 것이니, 이것으로 삼군의 군사들이 전쟁을 그만두는 것을 즐거워하게 되는 것은 [모두] 이익을 좋아하는 셈입니다. 신하 된 자는 이익을 생각하여 그 군주를 섬기고, 자식 된 자는 이익을 생각하여 그 부모를 섬기며, 동생 된 자는 이익을 생각하여 그 형을 섬긴다면, 이는 군신과 부자와 형제가 마침내 인과 의를 버리고 이익을 생각하여 서로 마주하는 것이니, 이렇게 하고서도 망하지 않은 자는 없습니다.

선생이 인과 의를 가지고 진나라와 초나라의 왕을 설득하면 진나라와 초나라의 왕은 인과 의를 좋아하여 삼군의 군대를 그만두게 할 것이니, 이것으로 삼군의 군사들이 전쟁을 그만두는 것을 즐거워하게 되는 것은 [모두] 인과 의를 좋아하는 셈입니다. 신하 된 자는 인과 의를 생각하여 그 군주를 섬기고, 자식 된 자는 인과 의를 생각하여 그 부모를 섬기며, 동생 된 자는 인과 의를 생각하여 그 형을 섬긴다면, 이는 군신과 부자와 형제가 [마침내] 이익을 버리고 인과 의를 생각하여 서로 마주하는 것인데, 그렇게 하고도 왕 노릇 하지 못하는 자는 없으니, 하필이면 이익을 말씀하십니까?"

宋牼將至楚, 孟子遇於石丘, 曰: "先生將何之?" 曰: "吾聞秦楚構兵, 我將見楚王說而罷之. 楚王不悅, 我將見秦王說而罷之. 二王我將有所遇焉." 曰: "軻也請無問其詳, 願聞其指. 說之將如何?" 曰: "我將言其不利也." 曰: "先生之志則大矣, 先生之號則不可. 先生以利說秦楚之王, 秦楚之王悅於利, 以罷三軍之師, 是三軍之士樂罷而悅於利也. 爲人臣者懷利以事其君, 爲人子者懷利以事其父, 爲人弟者懷利以事其兄, 是君臣父子兄弟終去仁義, 懷利以相接, 然而不亡者, 未之有也. 先生以仁義說秦楚之王, 秦楚之王悅於仁義, 而罷三軍之師, 是三軍之士樂罷而悅於仁義也. 爲人臣者懷仁義以事其君, 爲人子者懷仁義以事其父, 爲人弟者懷仁義以事其兄, 是君臣父子兄弟去利, 懷仁義以相接也, 然而不王者, 未之有也. 何必曰利?"

맹자가 답례한 사람, 그러지 않은 사람, 그 기준 12.5

맹자께서 추나라에 머무실 때 [임나라 군주의 동생] 계임이 임나라의 처수處守[21]가 됐었는데, 예물을 보내 교유하려고 하자 예물을 받기만 하고 답례하지 않았고, 평륙에 머무실 때 저자儲子가 재상이 됐었는데, 예물을 보내 교유하려고 하자 예물을 받기만 하고 답례하지 않았다.

다른 날 [맹자께서] 추나라에서 임나라로 가서는 계자(계임)를 만나시고 평륙에서 제나라로 가서는 저자를 만나시지 않자, 옥려자가 기뻐하며 말했다.

"내가 [선생님께 여쭤볼] 틈을 얻었다."[22]

[옥려자가] 여쭈었다.

"선생님께서 임나라에 가서는 계자를 만나셨는데 제나라에 가서는 저자를 만나지 않으셨으니, 저자가 제나라의 재상에 지나지 않았기 때문입니까?"

[맹자께서] 말씀하셨다.

"그렇지 않다. 《서경》에 말하기를 '윗사람을 예물로 받드는 데 있어 예가 다양하나 예가 물건에 미치지 못하면 이를 「불향不享」이라고 하는데 윗사람을 예물로 받드는 예에 뜻을 다하지 않았기 때문이다'라고 했으니, 저자가 윗사람을 받드는 것을 다하지 못했기 때

---

21) 처수處守란 군주가 잠시 나라 밖으로 나가 자리를 비우게 되었을 때 그를 대신하여 정사를 처리하는 것을 의미한다.

22) 원문의 "연득간의連得間矣"를 번역한 것으로, 주희는 맹자가 두 일을 다르게 대처하여 '반드시 의리가 있다〔必有義理〕'라고 하여 물어볼 틈을 얻은 것으로 풀이했다. '간間'을 '허점'으로 해석하기도 하나, 역자는 취하지 않았다.

문이다.”

옥려자가 [그 말씀을 듣고] 기뻐하자, 어떤 사람이 [그 기뻐하는 까닭을] 물으니 옥려자가 말했다.

“계자는 추나라에 갈 수 없었으나, 저자는 평륙에 갈 수 있었기 때문이다.”[23]

孟子居鄒, 季任爲任處守, 以幣交, 受之而不報, 處於平陸, 儲子爲相, 以幣交, 受之而不報. 他日, 由鄒之任, 見季子, 由平陸之齊, 不見儲子. 屋廬子喜曰: “連得間矣.” 問曰: “夫子之任, 見季子, 之齊, 不見儲子, 爲其爲相與?” 曰: “非也. 書曰: ‘享多儀, 儀不及物曰不享, 惟不役志于享.’ 爲其不成享也.” 屋廬子悅. 或問之. 屋廬子曰: “季子不得之鄒, 儲子得之平陸.”

백이와 이윤, 유하혜가 왕에게 나아간 이유 12.6

순우곤[24]이 말했다.

“명성과 공적을 앞세우는 자는 남을 위하는 것이고, 명성과 공적을 뒤로하는 자는 자신을 위하는 것입니다. 선생께서는 삼경[25] 중의 하나가 되셨으나 명성과 공적이 위나 아래에 더해지지 못하고

23) 이 문장은 보충 설명이 필요하다. 그 당시 계임이 군주 대신 맡고 있었던 직책으로 인해 맹자를 만나는 것이 불가능했다. 이는 그가 맹자에게 예를 어긴 것으로 해석할 수 없다는 의미다. 이에 비해 저자는 맹자와 직접 만날 수 있는 곳인 평륙에 있었으면서도 오지 않은 것은 예에 어긋난 행위라는 시각이다. 맹자가 왜 두 사람에게 다르게 처신했는지 알려주는 대목이기도 하다.

24) 순우곤은 제나라 학자로 박학다식했으며, 출신은 미미하지만 제나라 위왕威王 때 직하稷下 학자로 들어와 대부가 되었다. 나중에 위魏나라로 들어가 다시 위왕의 신임을 받아 상국이 되기도 했으나, 결국 그만두고 떠나버렸다.

떠나셨으니, 인한 자도 본래 이와 같습니까?"

맹자께서 말씀하셨다.

"낮은 자리에 있으면서도 어짊으로써 어리석은 자를 섬기지 않은 자가 백이였고, 다섯 번이나 탕왕에게 나아갔고 다섯 번이나 걸왕에게 나아간 자가 이윤이었으며, 더러운 군주를 싫어하지 않으며 하찮은 관직이라도 마다하지 않은 자는 유하혜였다. 이 세 분은 방법이 같지 않았으나 그 나아간 것은 같았으니, 같다는 것은 무엇이겠는가? 인仁이다. 군자는 또한 인할 뿐이니, 어찌 [행위를] 꼭 같게 할 필요가 있겠는가?"

[순우곤이] 말했다.

"노나라 목공 때는 공의자公儀子[26]가 정사를 맡았고 자유와 자사가 신하가 되었으나 노나라는 그 영토가 침해되고 줄어드는 것이 더욱

25) 원문의 "삼경三卿"에 대해 양보쥔의 고증을 참조할 만하다. "대체로 '삼경'은 상경, 아경, 하경을 가리키는 말이다. 악의가 처음 연나라에 들어와서 아경이 된 것이 그 증거다. 혹자는 '일경은 재상이고, [다른] 일경은 장군이며, 그 [나머지] 하나는 객경이 되었는데, 위아래로 본래 정원이 없었다'라고 했으니 또한 통한다고 했다(大抵三卿者, 指上卿亞卿下卿而言. 樂毅初入燕乃亞卿, 是其證也. 或曰: '一卿是相, 一卿是將, 其一爲客卿, 而上下本無定員.' 亦通)."

26) 공의자公儀子는 공의휴公儀休다. 《사기》〈순리열전〉에 "공의휴는 노나라 박사였다. 그는 뛰어난 재능과 학문으로 노나라 재상이 되었다. 법을 준수하고 이치를 따르며 바꾸는 일이 없었다(公儀休者, 魯博士也. 以高弟爲魯相. 奉法循理, 無所變更)"고 했다. 사마천은 공의휴가 재상으로 있었을 때의 일화도 이어서 소개하고 있다. "어떤 빈객이 재상에게 생선을 보내왔으나 받지 않았다. 다른 빈객이 말했다. '재상께서 생선을 좋아하신다는 말을 듣고 생선을 보내왔는데 무엇 때문에 받지 않으십니까?' 재상이 말했다. '생선을 좋아하기 때문에 받지 않았소. 지금 나는 재상 벼슬에 있으니 나 스스로 생선을 살 수 있소. 그런데 지금 생선을 받고 벼슬에서 쫓겨난다면 누가 다시 나에게 생선을 보내주겠소? 그래서 받지 않은 것이오'(客有遺相魚者, 相不受. 客曰: '聞君嗜魚, 遺君魚, 何故不受也?' 相曰: '以嗜魚, 故不受也. 今爲相, 能自給魚. 今受魚而免, 誰復給我魚者? 吾故不受也.')."

심해졌으니, 이처럼 현능한 사람은 나라에 유익함이 없습니다!"

[맹자께서] 말씀하셨다.

"우虞나라는 백리해를 등용하지 않아서 멸망했는데 진나라 목공은 그를 등용하여 패자覇者가 되었다. 현능한 사람을 등용하지 않으면 나라가 멸망하는 것이니 영토가 줄어드는 것쯤이야 어찌할 수 있겠는가?"

[순우곤이] 말했다.

"예전에 왕표王豹[27]가 기수의 물가에 살자, 하서河西 지방 사람들이 노래를 잘 불렀고, 면구가 고당에 살자 제나라 서쪽 지방 사람들이 노래를 잘했으며, 화주와 기량의 아내가 그 남편의 상에 곡을 잘하여 [슬피 울었는데] 나라의 풍속도 변했습니다. 안에 있으면 반드시 밖으로 드러나는 것이니, 그러한 일을 하고서 그러한 공적이 없는 자를 저는 일찍이 보지 못했습니다. 그러므로 현능한 자가 없는 것이니, 있다면 제가 틀림없이 알았을 것입니다."

[맹자께서] 말씀하셨다.

"공자께서 노나라의 사구가 되셨지만, 중용되지는 않으셨고, 게다가 제사를 지내고서도 제사 고기[28]가 이르지 않자[29] [공자께서는] 관모를 벗지도 않고 떠나셨으니, [공자를] 알지 못하는 자들은 고기 때문에 떠났다고 하고, 공자를 아는 자들은 [노나라가] 무례했기 때

27) 왕표王豹에 대해 조기는 "위나라의 노래를 잘하는 사람이다〔衛之善謳者〕"라고 했다. 또 양보쥔의 고증에 의하면 "정진의 《소경소문집》에서 《좌전》 애공 6년의 문장에 근거하자면 제나라 사람으로 생각하는 것이 따를 만하다〔鄭珍巢經巢文集據左傳哀六年文, 以爲是齊人, 可從〕"라고 했는데, 신빙성이 있다.

28) 원문의 "번육燔肉"을 번역한 것으로, 양보쥔의 고증에 의하면 "'번燔'은 '번膰'이라고도 쓴다. 즉 제사에 올리는 고기로, '조胙', '신脤', '복육福肉', '이육釐肉'이라고도 한다〔燔亦作膰. 卽祭肉, 又曰胙, 又曰脤, 又曰福肉, 又曰釐肉〕"라고 했다.

문이라고 여겼다. 그러나 공자께서는 미미한 죄를 구실 삼아 떠나고자 하여 구차스럽게 떠나려 하지 않으신 것이니, 군자가 하는 행동을 사람들은 본래 알지 못하는 것이다."

淳于髡曰: "先名實者, 爲人也, 後名實者, 自爲也. 夫子在三卿之中, 名實未加於上下而去之, 仁者固如此乎?" 孟子曰: "居下位, 不以賢事不肖者, 伯夷也, 五就湯, 五就桀者, 伊尹也, 不惡汙君, 不辭小官者, 柳下惠也. 三者不同道, 其趨一也. 一者何也? 曰: 仁也. 君子亦仁而已矣. 何必同?" 曰: "魯繆公之時, 公儀子爲政, 子柳子思爲臣, 魯之削也滋甚, 若是乎, 賢者之無益於國也!" 曰: "虞不用百里奚而亡, 秦穆公用之而霸. 不用賢則亡, 削何可得與?" 曰: "昔者王豹處於淇, 而河西善謳, 緜駒處於高唐, 而齊右善歌, 華周杞梁之妻善哭其夫而變國俗. 有諸內, 必形諸外. 爲其事而無其功者, 髡未嘗覩之也. 是故無賢者也, 有則髡必識之." 曰: "孔子爲魯司寇, 不用, 從而祭, 燔肉不至, 不稅冕而行. 不知者以爲爲肉也, 其知者以爲爲無禮也. 乃孔子則欲以微罪行, 不欲爲苟去. 君子之所爲, 衆人固不識也."

---

29) 그 이유에 대해 주희는 "《사기》를 살펴보면, 공자가 노나라 사구가 되어 재상(相)의 일을 대신 행했는데, 제나라 사람들이 [이것을] 듣고는 두려워하여 이에 노나라 군주에게 여악을 보냈다. 계환자가 노나라 군주와 함께 가서 그것을 보고 정사를 게을리하니, 자로가 말했다. '선생님께서 떠나실 만합니다.' 그러자 공자께서 말씀하셨다. '노나라가 이제 막 교제사를 지낼 것이니, 만약 제사 고기를 대부들에게 내준다면 나는 오히려 [떠나려 함을] 그칠 수 있다'〔按史記, 孔子爲魯司寇, 攝行相事, 齊人聞而懼, 於是以女樂遺魯君. 季桓子與魯君, 往觀之, 怠於政事, 子路曰: '夫子可以行矣.' 孔子曰: '魯今且郊, 如致膰于大夫, 則吾猶可以止'〕"라고 풀이했는데, 이에 대해 《사기》〈공자세가〉에 자세한 일화가 전해진다. 참고로 계환자는 이름은 사斯이고, 시호는 환桓이며, 계손사季孫斯라고 일컫는 노나라의 경대부로서 공자와 관계가 좋지 않았다. 기원전 501년부터 기원전 492년까지 국정을 좌지우지했다.

오패와 제후와 대부 들은 왜 죄를 지은 사람인가 12.7

맹자께서 말씀하셨다.

"오패는 삼왕에게 죄를 지은 사람들이고, 오늘날의 제후들은 오패에게 죄를 지은 사람들이며, 오늘날의 대부들은 오늘날 제후에게 죄를 지은 사람들이다. 천자가 제후국에 가는 것을 순수巡狩라고 하고, 제후가 천자에게 조회하러 가는 것을 술직述職이라고 한다. [천자의 순수는] 봄에 교외에 나가 경작하는 상태를 살펴 부족한 자를 보충해주고, 가을에는 수확하는 상태를 살펴 부족한 자를 보충해준다. [천자가] 국경 안에 들어가 보아서 땅이 잘 개간되고 논밭이 잘 정리되어 있으며 노인을 봉양하고 어진 이를 높이며 뛰어난 인재들이 자리에 있으면 상을 내리니, 상은 땅으로 주었다. [천자가] 그 국경 안에 들어가 보아서 땅이 황폐하고 노인을 내버려두고 어진 이를 등용하지 않았으며 착취하는 자들이 벼슬자리에 있으면 문책이 주어졌다. [제후의 술직은] 한 번 조회하지 않으면 그 작위를 강등하고, 두 번 조회하지 않으면 그 땅을 삭감하고, 세 번 조회하지 않으면 천자의 군대를 동원하여 제후를 교체한다. 그러므로 천자는 성토[30]만 하지 정벌하지 않으며, 제후는 정벌하기만 하고 성토하지 못한다. 그런데 오패는 제후를 이끌어 제후를 정벌했으므로 '오패

30) 원문의 "토討"를 번역한 것으로, '성토'라는 개념은 제후가 죄를 지으면 천자가 명을 내려 그 죄를 묻고 다른 제후들을 동원하여 그를 치게 하는 것이니, 천자라는 지위에서 낮은 자리에 있는 자를 벌하는 행위라고 보면 된다. 이에 비해 '벌伐'이란 천자의 명에 따라 대등한 지위에 있는 제후가 다른 제후를 치는 것으로, 행위는 같지만 내면의 의미는 다르다. 즉 천자의 명을 받고 행동했느냐 아니냐 하는 부분이 문제가 된다.

는 삼왕에게 죄를 지은 사람'이라고 말하는 것이다.

오패 가운데 환공이 강성했는데, 규구[31]의 회맹에는 제후들이 희생을 바쳐 그 위에 맹서문을 올려놓고는 피를 입에 대는 의식은 하지 않았다.[32] 첫 번째 조목에서는 '불효하는 자를 벌하고, 세워놓은 세자를 바꾸지 않으며, 첩을 아내로 삼지 말라'고 명했다. 두 번째 조목에서는 '어진 이를 높이고 인재를 길러서 덕이 있는 이를 기려라'고 명했다. 세 번째 조목에서는 '노인을 공경하고 어린이를 사랑하며 손님과 나그네[예우]를 잊지 말라'고 명했다. 네 번째 조목에서는 '선비에게는 대대로 관직을 주지 말고, 관청의 일을 겸직시키지 말며, 선비를 취함에 반드시 능력 있는 자를 얻으며, 함부로 대부를 죽이지 말라'고 명했다. 다섯 번째 조목에서는 '제방을 아무 곳이나 쌓지 말고,[33] 쌀을 수입해가는 것을 막지 말며, 대부들을 봉해주면서 [맹주에게] 알리지 않는 일이 없도록 하라'고 명했다. 그러고는 [마지막에] 이르기를 '무릇 우리 회맹한 사람들은 맹약하고 난 뒤에는 이전의 우호 관계로 돌아가도록 하자'고 했다. 그런데 지금 제후

31) 《사기》〈제태공세가〉에 이와 관련된 내용이 자세하게 나온다. "[환공] 35년 여름, 제후들을 규구葵丘에서 맹약하게 했다. 주나라 양왕襄王이 재공宰孔(주나라의 태재 공씨孔氏)으로 하여금 환공에게 문왕과 무왕께 올렸던 제육과 붉은색 화살과 큰 수레를 내려주었는데 절하지 말도록 명했다. 환공이 이를 받아들이려 하자 관중이 그렇게 해서는 안 된다고 말했다. 즉시 내려가 엎드려 절하고는 하사품을 받았다. 가을에 다시 제후들을 규구에서 회맹하게 했는데, [환공은] 더욱더 오만한 기색이었다(三十五年夏, 會諸侯于葵丘. 周襄王使宰孔賜桓公文武胙彤弓矢大路, 命無拜. 桓公欲許之, 管仲曰不可. 乃下拜受賜. 秋, 復會諸侯於葵丘, 益有驕色)."(김원중 역, 《사기세가》, 95쪽)

32) 이에 대해 주희는 "《춘추곡량전春秋穀梁傳》을 살펴보면 희공 9년에 규구의 회맹에 희생을 올려놓고 죽이지는 않았으며, 맹서문을 읽고 희생 위에 올려 한결같이 천자의 금령을 밝혔다(按春秋傳, 僖公九年葵丘之會, 陳牲而不殺, 讀書加於牲上, 壹明天子之禁)"라고 풀이했다.

들은 모두 이 다섯 가지 금령을 범했으므로 [나는] '지금 제후들은 오패에게 죄를 지은 사람'이라고 말하는 것이다.

군주의 악행을 부추기는 것은 그 죄가 작지만, 군주의 악행에 미리 아첨하여 좇는 것은 그 죄가 크다. 지금 대부들은 모두 군주의 악행에 미리 아첨하여 좇고 있으므로 [나는] '지금 대부들은 지금 제후에게 죄를 지은 사람'이라고 말하는 것이다."

孟子曰: "五霸者, 三王之罪人也, 今之諸侯, 五霸之罪人也, 今之大夫, 今之諸侯之罪人也. 天子適諸侯曰巡狩, 諸侯朝於天子曰述職. 春省耕而補不足, 秋省斂而助不給. 入其疆, 土地辟, 田野治, 養老尊賢, 俊傑在位, 則有慶, 慶以地. 入其疆, 土地荒蕪, 遺老失賢, 掊克在位, 則有讓. 一不朝, 則貶其爵, 再不朝, 則削其地, 三不朝, 則六師移之. 是故天子討而不伐, 諸侯伐而不討. 五霸者, 摟諸侯以伐諸侯者也, 故曰: '五霸者, 三王之罪人也.' 五霸, 桓公爲盛. 葵丘之會, 諸侯束牲載書而不歃血. 初命曰: '誅不孝, 無易樹子, 無以妾爲妻.' 再命曰: '尊賢育才, 以彰有德.' 三命曰: '敬老慈幼, 無忘賓旅.' 四命曰: '士無世官, 官事無攝, 取士必得, 無專殺大夫.' 五命曰: '無曲防, 無遏糴, 無有封而不告.' 曰: '凡我同盟之人, 旣盟之後, 言歸于好.' 今之諸侯皆犯此五

33) 원문의 "무곡방無曲防"을 번역한 것으로, 이에 대하여 주희는 "굽혀 제방을 만들지 않는다〔不得曲爲隄防〕"고 했는데, 언해는 이렇게 해석하지 않았다. 즉 《관본언해》에는 "방防을 곡曲히 말며"라고 했고, 《율곡언해》에는 "곡曲히 방防티 말며"라고 했다. 박문호도 "[관본]언해의 풀이는 이(주희) 주석과 어긋난다〔諺釋, 有違於此註〕"라고 동의했다. 또 《관자管子》 〈대광大匡〉과 〈패형霸形〉에서 "무곡제無曲隄"라고 한 것을 보면 '방防'은 '제방堤防'이다. 당시의 제후들은 각각 제방을 쌓아 홍수가 나면 이웃 나라를 골짜기로 삼았고, 가뭄이 들면 자기 나라의 수리 시설을 이용하여 이웃 나라가 재난을 받게 했다는 의미를 담고 있다.

禁, 故曰: '今之諸侯, 五霸之罪人也.' 長君之惡其罪小, 逢君之惡其罪大. 今之大夫皆逢君之惡, 故曰: '今之大夫, 今之諸侯之罪人也.'"

전쟁으로 땅을 확보할 것인가, 인정으로 줄일 것인가 12.8

노나라가 신자愼子[34]를 장군으로 삼으려고 하자, 맹자께서 말씀하셨다.

"백성을 [먼저] 가르치지 않고 용병하는 것을 일러 백성에게 재앙을 끼친다고 하니, 백성에게 재앙을 끼치려는 자는 요순의 세상에서는 받아들이지 않았다. 한 번 싸워 제나라를 이겨서 마침내 [빼앗긴] 남양을 소유한다고 해도 이렇게 하는 것은 더욱 옳지 못하다."

신자가 발끈하여 달가워하지 않으며 말했다.

"이것은 제가 모르는 바입니다."

[맹자께서] 말씀하셨다.

"내가 분명하게 그대에게 알려주겠다. 천자의 땅은 사방 1,000리이니, 1,000리가 못 되면 제후를 대접할 수 없고, 제후의 땅은 사방 100리이니, 100리가 못 되면 종묘의 전적을 지킬 수 없다. 주공이 노나라에 봉해졌을 때 사방 100리였으니, 땅이 부족하지는 않으나 100리로 적었으며,[35] 태공이 제나라에 봉해졌을 때 또한 사방 100리였으니, 땅이 부족하지는 않으나 100리로 적게 한 것이다.

오늘의 노나라는 사방 100리가 되는 것이 다섯 곳이니,[36] 그대가

---

34) 신자愼子에 대해 조기는 "용병을 잘하는 사람(善用兵者)"으로 풀이했다. 초순의 《맹자정의》에서는 《사기》에 "신도는 조나라 사람이다. 황제와 노자의 도덕에 관한 학술을 배웠으며, 12편을 지었다(愼到, 趙人也. 學黃老道德之術, 著十二篇)"라고 한 문장을 인용하여 신자를 '신도愼到'로 보았다.

생각하기에 왕 노릇 하는 자가 나온다면 노나라는 [토지를] 줄여야 할 쪽에 있겠는가, 아니면 보태야 할 쪽에 있겠는가? 한갓 저 나라에서 취하여 이 나라에 준다고 하더라도 인한 사람은 하지 않는데, 하물며 사람을 죽이면서 [토지를] 구하려 한단 말인가? 군자가 군주를 섬기는 것은 그 군주를 이끌어 도에 합치되게 힘써서 인에 뜻을 두게 할 뿐이다."

魯欲使愼子, 爲將軍. 孟子曰: "不敎民而用之, 謂之殃民. 殃民者, 不容於堯舜之世. 一戰勝齊, 遂有南陽, 然且不可." 愼子勃然不悅曰: "此則滑釐所不識也." 曰: "吾明告子. 天子之地方千里, 不千里, 不足以待諸侯. 諸侯之地方百里, 不百里, 不足以守宗廟之典籍. 周公之封於魯, 爲方百里也, 地非不足, 而儉於百里. 太公之封於齊也, 亦爲方百里也, 地非不足也, 而儉於百里. 今魯方百里者五, 子以爲有王者作, 則魯在所損乎, 在所益乎? 徒取諸彼以與此, 然且仁者不爲, 況於殺人以求之乎? 君子之事君也, 務引其君以當道, 志於仁而已."

35) 원문의 "검儉"을 번역한 것으로, 《설문해자》에 "'검'은 '절약하다'라는 뜻이다〔儉, 約也〕"라고 했고, 《회남자》〈주술훈〉에 "지키는 바가 매우 검약하다〔所守甚約〕"라고 한 문장에서 고유는 "'약'은 '적다'이다〔約, 少也〕"라고 주석했다. 역자는 고유의 주석에 따랐다.

36) 원문의 "금노방백리자오今魯方百里者五"를 번역한 것으로, 조기는 "지금 노나라는 곧 500리다〔今魯乃五百里矣〕"라고 주석했으나, 정약용은 "개방은 200여 리를 넘지 못하니, 조기의 주석은 잘못이다〔開方不得過二百有餘, 趙注誤〕"라고 반박했다.

지금 군주를 섬기는 자들이 하려는 것 12.9

맹자께서 말씀하셨다.

"오늘날 군주를 섬기는 자들은 말하기를 '나는 능히 군주를 위해 땅을 넓히고 창고를 채울 수 있다'고 한다면, 오늘날 훌륭한 신하라고 말하지만, 옛날이라면 백성의 도적이라고 했다. 군주가 도를 지향하지 않아 인에 뜻을 두지 않는데도 그를 잘살게 하기를 구하니, 이것은 걸왕 [같은 폭군]을 부유하게 하는 것과 같다. [또 말하기를] '나는 능히 군주를 위해 다른 나라와 맹약하여 전쟁하면 반드시 이긴다'고 하니, 지금은 훌륭한 신하라고 말하지만 옛날이라면 백성의 도적이라고 했다. 군주가 도를 지향하지 않아 인에 뜻을 두지 않는데도 그를 위해 강제로 전쟁하는 것을 구하니, 이것은 걸왕 [같은 폭군]을 도와주는 것과 같다. [옳지 못한] 지금의 도를 따르고 오늘날의 풍속을 바꾸지 않는다면 비록 천하를 준다 해도 [그 자리에] 하루아침도 있을 수 없을 것[37]이다."

孟子曰: "今之事君者曰: '我能爲君辟土地, 充府庫.' 今之所謂良臣, 古之所謂民賊也. 君不鄕道, 不志於仁, 而求富之, 是富桀也. '我能爲君約與國, 戰必克.' 今之所謂良臣, 古之所謂民賊也. 君不鄕道, 不志於仁, 而求爲之强戰, 是輔桀也. 由今之道, 無變今之俗, 雖與之天下, 不能一朝居也."

---

37) 《염철론鹽鐵論》에서 이 구절을 인용했다. "《맹자》에 말하기를, '오늘날 조정에 있으면서 그 풍속을 바꾸지 못하면 천 승의 형세를 이루더라도 하루아침도 [그 자리에] 있을 수 없을 것이다'〔孟子曰: '居今之朝, 不易其俗, 而成千乘之勢, 不能一朝居也'〕."

세율에 관한 맹자와 백규의 담론 12.10

백규白圭[38]가 말했다.

"저는 20분의 1의 세금을 거두려고 하는데 어떻겠습니까?"

맹자께서 말씀하셨다.

"그대의 방법은 오랑캐인 맥貉나라의 방법이니, 만 가구의 나라에 한 사람이 질그릇을 굽는다면 [나라 살림이] 가능하겠는가?"

[백규가] 말했다.

"가능하지 않으니, 그릇을 충분히 쓸 수가 없습니다."

[맹자께서] 말씀하셨다.

"맥나라는 오곡이 자라지 않고 기장[39]만 자라니, 성곽과 궁실과 종묘와 제사의 예가 없고, 제후들과 폐백을 주고받고 음식을 대접하는 일도 없으며, 백관과 담당 관리가 없으므로 20분의 1만 취해도 충분한 것이다. 지금 중원에 살면서 인륜을 저버리고 군자(벼슬아치)가 없는 것이 어찌 가능하겠는가? 질그릇을 굽는 것이 너무 적더라도 나라를 다스릴 수 없는데, 하물며 군자가 없으면 어찌하랴! [세율을] 요순이 시행한 방법보다 [줄여주고] 가볍게 하고자 하는 자

38) 《사기》〈화식열전貨殖列傳〉에 그에 관한 내용이 있다. "백규白圭는 주나라 사람이다. 위魏나라 문후文侯 때 이극李克은 토지의 생산력을 높이는 일에 힘을 기울였으나, 백규는 시세의 변동을 살피기를 좋아했다. 그래서 백규는 사람들이 버리고 돌아보지 않을 때는 사들이고, 세상 사람들이 사들일 때는 팔아넘겼다. 풍년이 들면 곡식은 사들이고 실과 옻은 팔며, [흉년이 들어] 누에고치가 나돌면 비단과 풀솜을 사들이고 곡식을 내다 팔았다(白圭, 周人也. 當魏文侯時, 李克務盡地力, 而白圭樂觀時變. 故人棄我取, 人取我與. 夫歲孰取穀, 予之絲漆, 繭出取帛絮, 予之食)." 이렇듯 백규는 돈을 버는 데 탁월한 재주를 지녔다.

39) 원문의 "서黍"를 번역한 것으로, 양보쥔은 "기장(黍)은 찰기가 있는 것인데, 아마도 여기서는 찰기가 없는 기장인 '직稷'을 가리키는 것 같다"라고 했다.

는 큰 맥나라와 작은 맥나라인 격이요, 요순이 시행한 방법보다 무겁게 하고자 하는 자는 큰 걸왕과 작은 걸왕인 격이다."

白圭曰: "吾欲二十而取一, 何如?" 孟子曰: "子之道, 貉道也. 萬室之國, 一人陶, 則可乎?" 曰: "不可, 器不足用也." 曰: "夫貉, 五穀不生, 惟黍生之, 無城郭宮室宗廟祭祀之禮, 無諸侯幣帛饔飧, 無百官有司, 故二十取一而足也. 今居中國, 去人倫, 無君子, 如之何其可也? 陶以寡, 且不可以爲國, 況無君子乎! 欲輕之於堯舜之道者, 大貉小貉也, 欲重之於堯舜之道者, 大桀小桀也."

백규의 치수는 틀렸다 12.11

백규가 말했다.

"제가 물을 다스리는 것[40]이 우임금보다 낫습니다."

맹자께서 말씀하셨다.

"그대가 틀렸다. 우임금이 물을 다스린 것은 물의 길을 따르신 것이므로 우임금은 사해를 [물이 모이는] 골(壑)로 삼으셨는데, 지금 그대는 이웃 나라를 [물이 모이는] 골로 삼았다. 물이 거꾸로 흐르는 것

40) 백규의 치수 방법은 제방을 쌓고 구멍을 막는 것으로, 맹자가 지적한 것은 바로 그의 방식이었다. 백규의 치수에 관해서 《한비자》 〈유로喩老〉에 "백규는 제방을 순시하다가 작은 구멍을 막았으며, 나이 든 사람들은 불씨를 막기 위해 굴뚝 틈새를 막았다. 이 때문에 백규는 수해를 당하지 않았고, 나이 든 사람들은 화재를 당하지 않았다(白圭之行隄也, 塞其穴, 丈人之愼火也塗其隙. 此皆愼易以避難, 敬細以遠大者也)"(김원중 역, 《한비자》, 휴머니스트, 2016, 323~324쪽)라는 구절이 바로 이것이다. 한비자는 백규의 치수 방법을 긍정적으로 평가했으나, 맹자는 정반대로 폄하한 것이다.

을 '강수'라고 하는데, 강수는 홍수가 난 것으로 인한 사람이 미워하는 것이니[41] 그대가 틀렸다."

白圭曰: "丹之治水也愈於禹." 孟子曰: "子過矣. 禹之治水, 水之道也. 是故禹以四海爲壑, 今吾子以鄰國爲壑. 水逆行, 謂之洚水, 洚水者, 洪水也, 仁人之所惡也. 吾子過矣."

군자의 믿음직함 12.12

맹자께서 말씀하셨다.

"군자가 믿음직하지[42] 못하면 어떻게 [일을] 맡아서 할 수 있겠는가?"

孟子曰: "君子不亮, 惡乎執?"

---

41) 이 문장에 대해 "물이 거꾸로 흐른다는 것은 하류가 막혔기 때문에 물이 거꾸로 흐르는 것이니, 이제 곧 물을 막아 다른 사람을 해치면 홍수의 재앙과 다를 것이 없다(水逆行者, 下流壅塞, 故水逆流, 今乃壅水以害人, 則與洪水之災無異矣)"라는 주희의 풀이를 염두에 둘 만하다.

42) 원문의 "불량不亮"을 번역한 것으로, "량亮"은 '량諒'과 같고 '믿다(信)'의 뜻이다. 《논어》 〈헌문〉 14.17에서 "어찌 보통의 남자와 여자가 작은 신의를 지키기 위해서인가(豈若匹夫匹婦之爲諒也)"라고 한 것과 〈위령공〉 15.36에서 "군자는 올곧지만 [작은] 믿음만을 고집하진 않는다(君子貞而不諒)"라고 한 것과 뜻이 통한다.

악정자가 정치를 한다고 했을 때 맹자는 왜 잠을 못 잤을까 12.13

노나라에서 [맹자의 제자] 악정자에게 정사를 맡아보게 하려 했는데, 맹자께서 말씀하셨다.

"나는 이 말을 듣고 기뻐서 잠을 자지 못했다."

공손추가 말했다.

"악정자는 [의지가] 굳셉니까?"

[맹자께서] 말씀하셨다.

"아니다."

[공손추가 말했다.]

"지혜와 사려가 있습니까?"

[맹자께서] 말씀하셨다.

"아니다."

[공손추가 말했다.]

"견문과 지식이 많습니까?"

[맹자께서] 말씀하셨다.

"아니다."

[공손추가 말했다.]

"그렇다면 어째서 기뻐 잠을 자지 못하셨습니까?"

[맹자께서] 말씀하셨다.

"그 사람됨이 또한 선을 좋아하기 때문이다."

[공손추가 말했다.]

"선을 좋아하면 충분합니까?"

[맹자께서] 말씀하셨다.

"선을 좋아하면 천하를 다스리기에도 충분한데, 하물며 노나라임에랴? 만약에 선을 좋아하면 사해의 안에서 장차 천 리를 가볍게 와서 선을 말해주게 될 것이나 만약 선을 좋아하지 않으면 사람들이 말하기를 '자만하기는,[43] 나는 모두 이미 그럴 줄 알았도다'라고 할 것이니, 자만하는 목소리와 얼굴빛이 다른 사람을 천 리 밖에서 막는다. [그리하여] 선비가 천 리 밖에서 발걸음을 멈춘다면, [그 틈에] 참소하고 아첨하고 비위나 맞추는 사람들이 이를 것이니, 참소하고 아첨하며 비위나 맞추는 사람들과 함께 있게 된다면 나라를 다스리고자 해도 가능하겠는가?"

魯欲使樂正子爲政. 孟子曰: "吾聞之, 喜而不寐." 公孫丑曰: "樂正子强乎?" 曰: "否." "有知慮乎?" 曰: "否." "多聞識乎?" 曰: "否." "然則奚爲喜而不寐?" 曰: "其爲人也好善." "好善足乎?" 曰: "好善優於天下, 而況魯國乎? 夫苟好善, 則四海之內皆將輕千里而來告之以善, 夫苟不好善, 則人將曰: '訑訑, 予旣已知之矣.' 訑訑之聲音顏色距人於千里之外. 士止於千里之外, 則讒諂面諛之人至矣. 與讒諂面諛之人居, 國欲治, 可得乎?"

43) 원문의 "이이訑訑"를 번역한 것으로, 주희는 "스스로 자기의 지혜에 만족하여 선한 말을 좋아하지 않는 모양(自足其智, 不嗜善言之貌)"이라고 풀이했다.

군자가 벼슬에 나아가고 물러나는 세 가지 경우 12.14

진자(진진陳臻)가 말했다.

"옛날의 군자들은 어떠해야 벼슬했습니까?"

맹자께서 말씀하셨다.

"[벼슬에] 나아간 경우가 세 가지이고, 떠나간 경우가 세 가지였다. [군주가] 공경을 지극히 하여 예를 갖추어 맞이하고 장차 그 [간언하는] 말을 실행하겠다고 말하면 벼슬에 나아갔다가 예의와 태도가 사그라지지는 않았더라도 그 말을 실행하지 않으면 떠났다. 그다음으로는 비록 그 말을 실행하지 않았으나, 맞이함에 공경을 지극히 하여 예를 갖추어 맞이하면 벼슬에 나아갔다가, 예의와 태도가 쇠하면 떠났다. 그 아래로는 아침도 먹지 못하고 저녁도 먹지 못하여 굶주려서 문을 나설 수도 없는데 군주가 이 소문을 듣고 말하기를 '내가 크게는 그 사람의 도를 실행하지 못했고, 또 그 말을 따르지도 못해서 내 땅에서 굶주리게 하는 것은 나의 수치다'라고 말하면서 구제해준다면 이 또한 [벼슬을] 받을 수 있지만, 죽는 것을 면할 뿐이다."

陳子曰: "古之君子何如則仕?" 孟子曰: "所就三, 所去三. 迎之致敬以有禮, 言, 將行其言也, 則就之. 禮貌未衰, 言弗行也, 則去之. 其次, 雖未行其言也, 迎之致敬以有禮, 則就之. 禮貌衰, 則去之. 其下,朝不食，夕不食，飢餓不能出門戶，君聞之，曰：'吾大者不能行其道，又不能從其言也，使飢餓於我土地，吾恥之.' 周之，亦可受也，免死而已矣."

하늘이 큰 임무를 주려는 자는 고통을 먼저 안긴다 12.15

맹자께서 말씀하셨다.

"순임금은 밭두둑 가운데에서 떨쳐 일어나셨고, 부열은 제방 쌓는 곳에서 등용되었으며, 교격[44]은 물고기와 소금을 팔다가 등용되었고, 관이오는 감옥지기였다가 등용되었으며,[45] 손숙오[46]는 바닷가에서 등용되었고, 백리해는 시장에서 등용되었다.[47] 그러므로 하늘이 장차 이러한 사람에게 큰 임무를 맡기려 할 때에는 반드시 먼저 그 마음과 의지를 고통스럽게 하고 그 근육과 뼈를 수고롭게 하며 그 몸과 살가죽을 굶주리게 하고 그 몸을 곤궁하게 하여 일을 행함에 그가 하고자 하는 바를 어지럽히니, 이것은 마음을 떨쳐 일으키고 성정을 참게 하여 그 할 수 없었던 바를 더욱 보태주려는

44) 교격은 제3편 〈공손추 상〉 1장에 이미 나온 인물이다. "거어어염지중擧於魚鹽之中"이라는 고사는 다른 책에는 보이지 않는다.

45) 원문의 "거어사擧於士"를 번역한 것으로, 양보쥔은 '사士'에 대해 "여기서는 옥의 죄수의 관리자를 가리킨다〔此處指獄囚管理者〕"라고 했다.

46) 초나라 재상까지 오른 훌륭한 정치가로, 충성과 청렴함으로 초나라 장왕莊王을 패자로 만들기도 했다. 그는 세 번이나 재상 자리에서 물러났어도 낙담하지 않았는데, 그런 일이 자신의 죄가 아니었다고 확신했기 때문이라고《사기》〈순리열전〉에 기록되어 있다.

47) 원문의 "거어시擧於市"를 번역한 것으로, 정약용은 "'시市'는 스스로 팔려 가는 것을 이르니 '시정市井'의 '시'가 아니다〔市謂自鬻也, 非市井之市〕"라는 다른 주석을 내놓았다. 이 역시 일리가 있다.

것이다.

사람은 늘[48] 잘못을 저지르고 난 뒤에 고칠 수 있으니, 마음에서 곤궁하고 생각이 덫에 걸린[49] 뒤라야 떨쳐 일어날 수 있으며,[50] 얼굴빛에 드러나고[51] 음성에서 터져 나온 뒤에 깨닫는다.[52] 안으로는 법도 있는 집안과 도와주는 선비가 없고, 밖으로는 적국과 외환이 없다면 나라는 항상 멸망했다. [이런 이치를 안] 그러고 난 뒤에야 근심과 걱정에서 살고 편안함과 즐거움에서 죽는다는 것을 알게 된다."

孟子曰: "舜發於畎畝之中, 傅說擧於版築之間, 膠鬲擧於魚鹽之中, 管夷吾擧於士, 孫叔敖擧於海, 百里奚擧於市. 故天將降大任於是人也, 必先苦其心志, 勞其筋骨, 餓其體膚, 空乏其身, 行拂亂其所爲, 所以動心忍性, 曾益其所不能. 人恒過, 然後能改, 困於心, 衡於慮, 而後作, 徵於色, 發於聲, 而後喩. 入則無法家拂士, 出則無敵國外患者, 國恒亡. 然後知生於憂患而死於安樂也."

48) 원문의 "항恒"을 번역한 것으로, '늘(常)'이란 뜻이며, '대체로(大率)'라는 말과 같다.

49) 원문의 "형衡"을 번역한 것으로, 조기는 '횡橫' 자와 같다고 했으며, "가슴속에서 생각이 가로막힌 것이다(橫塞其慮於胸中)"라고 했다. 주희는 "순조롭지 못함(不順)"으로 풀이했다. 역자는 이를 취하여 '생각이 덫에 걸리다'라고 의역했다.

50) 원문의 "작作"에 대해 주희는 "떨쳐 일어남(奮起)"이라고 했다.

51) 원문의 "징徵"을 번역한 것으로, 주희는 "징험하다(驗)"라는 뜻이라고 했다. 조기도 "징험이 얼굴빛에 드러나다(徵驗見於顔色)"라고 풀이했다.

52) 원문의 "유喩"를 번역한 것으로 '깨닫다(曉)'라는 뜻이다.

가르침의 또 다른 방법 12.16

맹자께서 말씀하셨다.

"가르침에는 또한 기술이 많으니,[53] 내가 달갑게 여기지 않아 거절함으로써 가르치는 것, 이 또한 그를 가르치는 것일 뿐이다."

孟子曰: "教亦多術矣, 予不屑之教誨也者, 是亦教誨之而已矣."

53) 원문의 "다술多術"을 번역한 것으로, 주희는 "하나의 단서가 아님을 말한 것이다(言非一端)"라고 했다. 즉 여러 가지 방법이 있다는 의미다.

제13편

진심 상

盡心上

【해설】

이 편은 모두 46장으로 이루어져 있는데, 사람의 본성과 천명과의 관계를 주축으로 하여 맹자 사상의 핵심인 성선설을 주로 다루고 있다. 인간의 본성은 하늘로부터 부여받은 것이기에 하늘과 근본적으로 같은 존재라는 시각을 가진 맹자의 관점은 네 가지 단서, 즉 측은지심惻隱之心, 수오지심羞惡之心, 사양지심辭讓之心, 시비지심是非之心을 기반으로 한 사단설로 이어진다. 이미 제3편 〈공손추 상〉 6장에서 나온 사단설은 맹자가 말하고자 하는 인정仁政, 즉 왕도정치의 근본을 이루는 것이다. 맹자는 과거 선왕들이 '차마 하지 못하는 마음(不忍之心)'을 지니고 있었던 것과 달리 지금의 왕들은 그렇지 못하다고 탄식한다. 사리사욕만 추구하며 패도정치(힘으로 다스리는 정치)를 일삼고 민생을 파탄지경으로 내몰고 있다고 말이다.

맹자는 마음을 다하여 본성을 알고 그것을 기르는 것을 강조했고, 2장에 나와 있듯이 자신에게 주어진 운명을 있는 그대로 받아들이라는 메시지를 전하고자 한다. 3장은 사람이 구해야 하는 대상을 다루고 있는데, 바로 도덕적인 수양이라는 것이다. 6장과 7장에서 강조하는 '부끄러움', 즉 '치恥'는 공자도 매우 강조한 것으로, 위정자도 백성에게 이 마음이 있게 하느냐 아니냐에 따라 제대로 된 나라냐 아니냐를 판가름할 수 있다고 본 것의 연장선이다. 8장에서는 적어도 옛날의 어진 왕들은 '선善'을 좋아했다면서 그것이 덕정의 초석임을 강조하고 있다.

11장은 부귀에 초연하라는 내용이고, 13장은 왕도와 패도의 차이를 설명하고 있는데, 14장에서 강조하듯 이상적인 정치는 제도와 법령보다는 어진 음악과 선한 가르침에 있다는 말을 염두에 두고 읽어야 한다. 18장에서는 역경 속에서도 견뎌야 사리에 통달한다는 명제를 제시하고 있다. 19장은 사람의 네 가지 유형을 다루고 있는데, 마지막으로 거론한 대인이 가장 훌륭한 인물이다. 그 존재만으로 타인을 감화시킬 수 있는 인물이라는 맹자의 마지막 구절이 인상적이다.

특히 20장에 나오는 "군자삼락君子三樂", 즉 군자의 세 가지 즐거움은 눈여겨볼 대목이다. 첫 번째는 사람의 힘으로 얻을 수 있는 것이 아니라 하늘이 내려주는 것이고, 두 번째 즐거움은 스스로 인격을 수양함으로써 가능한 즐거움이며, 세 번째 즐거움은 교육자로서의 즐거움을 말하는 것이니, 천하의 왕 노릇 하는 것은 여기에 있지 않다는 것이 그가 말하는 어진 정치의 핵심이다.

문왕의 정치 방식을 다룬 22장이나 늘 백성의 먹거리를 풍성하게 하라는 23장을 통해 맹자의 정치사상은 기본적인 생계를 강조하고 있음을 보여준다. 26장에서는 그 당시의 이단이라고 할 양주와 묵적을 비판하면서 그들에게 경도된 현실을 탄식하는 내용이며, 요순과 탕왕과 무왕을 비교한 30장을 통해 군주의 서로 다른 유형을 비교해볼 수 있다. 31장은 공손추가 예시한 인물인 이윤을 사례로 삼아 신하로서 군주를 추방하는 일이 가당한 일인지에 대한 맹자의 기본적인 관점, 즉 역성혁명을 옹호하는 것을 볼 수 있다.

32장은 노동하지 않는 군자에 대한 공손추의 도전적인 질문에 맹자가 답변한 내용으로, 정신노동이 육체노동 못지않게 나라에 이바지한다는 점을 강조한 글이다. 장례 기간을 둘러싸고 공손추와 나눈 문답을 기록한 39장도 흥미롭게 읽어볼 부분이다. 41장은 맹자가 유세는 하지만 제후들에게 받아들여지지 않는 현실을 공손추가 비판하자 이에 대한 맹자의 해답 혹은 반응이 흥미롭게 펼쳐진다. 43장은 교육자로서 배우는 자세가 갖추어지지 않은 자에게는 가르침을 주지 않는다는 맹자의 교육관이 실려 있다. 맨 마지막 46장은 지자와 인자가 추구하는 삶의 방식을 다루고 있다.

이렇듯 이 편은 맹자의 기본 사상을 축으로 하되 이미 앞에서 나온 개념들을 둘러싸고 벌이는 담론 속에 다양한 사고가 깃들어 있고, 그 편폭이 짧은 것도 많고, 강한 인상을 주는 내용도 많다.

명을 세우는 것 13.1

맹자께서 말씀하셨다.

"그 마음을 다하는 자는 그 본성을 알게 되고, 그 본성을 알면 하늘의 뜻을 알게 된다. 그 마음을 온전하게 하여 그 본성을 기르는 것이 하늘을 섬기는 바이고, 일찍 죽거나 오래 사는 것에 기대지 않고[1] 몸을 닦으며 천명을 기다리는 것이 명을 세우는 바[2]이다."

孟子曰: "盡其心者, 知其性也. 知其性, 則知天矣. 存其心, 養其性, 所以事天也. 殀壽不貳, 修身以俟之, 所以立命也."

정명 따르기 13.2

맹자께서 말씀하셨다.

"[길흉화복이란] 천명이 아닌 것이 없으나 그중에 정명을 따라야 한다. 그러므로 정명을 아는 자는 위태로운 담장 아래에 서지 않는다. 자신의 도를 다하고 죽는 것은 정명이고, 형틀에 묶여 죽는 것은 정명

1) 원문의 "요수불이殀壽不貳"를 번역한 것인데, 이 말의 맥락에 대해 조기는 "이전의 사람들을 보더라도 어떤 이는 요절하기도 하고 어떤 이는 장수하기도 했지만, 결국 두 마음이 없었다(見前人或殀或壽, 終無二心)"라고 했고, 주희가 "삶과 죽음을 내 마음의 기쁨과 슬픔으로 삼지 않는다(不以死生爲吾心之欣戚)"고 한 말을 참조할 만하다

2) 정약용은《주역》을 인용하여 이 구절을 해설했다. "마음과 힘을 다하여 본성을 따르면 그 본성을 알 수 있다.《주역》에서도 '이치를 궁구하고 본성을 극진히 하여 명에 이른다'고 했다(竭心力以率性, 則可以知其性矣. 易曰: '窮理盡性, 以至於命')."

이 아니다."[3]

孟子曰: "莫非命也, 順受其正. 是故知命者不立乎巖牆之下. 盡其道而死者, 正命也, 桎梏死者, 非正命也."

자신에게 있는 것을 구하기 13.3

맹자께서 말씀하셨다.

"[어떤 것을] 구하면 그것을 얻고 버리면 그것을 잃는데, 이런 경우 구하는 것이 얻는 것에 유익함이 있으니 자신에게서 구하기 때문이다. 구하는 데 도가 있고 얻는 데는 명이 있으니, 이런 경우 구하는 것이 얻는 것에 유익함이 없으니 [자신의] 밖에서 구하기 때문이다."

孟子曰: "求則得之, 舍則失之, 是求有益於得也, 求在我者也. 求之有道, 得之有命, 是求無益於得也, 求在外者也."

3) 이 장은 정명과 정명이 아닌 것을 말한다. 조기는 "수신의 도를 다하여 명대로 사는 것이 정명을 얻는 것이다〔盡修身之道, 以壽終者, 得正命也〕"라고 했고, 손석孫奭은 "형벌과 감옥에 빠지는 것이 질곡으로 죽는 것이 된다〔陷於刑獄, 爲桎梏而死〕"라고 했으며, 주희는 "가령 문왕이 유리에서 죽고 공자가 환퇴에 의해 죽었더라도 도리어 이것은 정명이 된다〔使文王死於羑里, 孔子死於桓魋, 卻是正命〕"고 했다. 정약용은 "소공의 장수, 안연의 요절, 비간의 억울한 죽음, 도척의 요행한 도망은 명이 아닌 것이 없다. …… 정명도 있고 특명도 있기 때문에 군자는 이를 신중히 한다〔邵公之壽, 顏淵之夭, 比干之誤死, 盜跖之倖道, 莫非命也 …… 有正命焉, 有特命焉, 故君子愼之〕(이지형 역, 《맹자요의》, 386쪽)"고 했는데 탁견이 아닐 수 없다.

모든 것이 나에게 달려 있거늘 13.4

맹자께서 말씀하셨다.

"만물의 이치가 모두 나에게 갖추어져 있으니,[4] 자신을 돌이켜보아 성실하면[5] 즐거움이 [이보다] 더 큰 것이 없고, 자신의 마음을 미루어 남을 헤아리는 것[6]을 힘써서 행하면 인을 구하는 데 더 가까운 것이 없다."

孟子曰: "萬物皆備於我矣. 反身而誠, 樂莫大焉. 强恕而行, 求仁莫近焉."

죽도록 행해도 도를 모르는 자 13.5

맹자께서 말씀하셨다.

"[어떤 일을] 행동하면서도 행동하는 이유를 분명하게 알지 못하며

---

4) 원문의 "만물개비어아의萬物皆備於我矣"를 번역한 것으로, 이 장은 《논어》〈이인〉 4.15와 연관해서 보면 맥락이 닿는다. "공자께서 말씀하셨다. '삼(증삼)아, 나의 도는 하나로 꿰뚫는다.' 증자가 아뢰었다. '맞습니다.' 공자께서 나가시자 문인들이 물었다. '무엇을 말씀하신 겁니까?' 증자가 말했다. '선생님의 도는 충과 서일 뿐이구나'〔子曰: '參乎, 吾道一以貫之.' 曾子曰: '唯.' 子出, 門人問曰: '何謂也.' 曾子曰: '夫子之道, 忠恕而已矣'〕."

5) 원문의 "반신이성反身而誠"을 번역한 것으로, 정약용은 "자신을 돌이켜보아 성실하다는 것은 '충'이다. 내가 남에게 베풀 적에 자신에게 돌이켜 구해 하나라도 충하지 않은 것이 없으면 즐거움이 이보다 큰 것이 없을 것이다〔反身而誠者, 忠也. 我之所以施於人者, 反求諸己, 無一不忠, 則樂莫大焉〕"라고 했다.

6) 원문의 "서恕" 자를 번역한 것으로, '서'라는 글자의 기본적인 맥락은 공자의 개념에서 나온 것으로, 의역을 취하여 번역했다.

[어떤 일을] 익히면서도 깊이 살피지 못한다. [그러므로] 죽도록 행동하면서도 그 도를 알지 못하는 자가 많은 것이다."

孟子曰: "行之而不著焉, 習矣而不察焉. 終身由之而不知其道者, 衆也."

부끄러움을 알라 13.6

맹자께서 말씀하셨다.

"사람은 부끄러움이 없어서는 안 되니, 부끄러움이 없는 것을 부끄러워한다면 부끄러움이 없게 될 것이다."

孟子曰: "人不可以無恥, 無恥之[7]恥, 無恥矣."

부끄러움이 중요한 이유 13.7

맹자께서 말씀하셨다.

"부끄러움은 사람[관계]에서 대단히 중요하니, 교묘하게 잔꾀를 부리려는[8] 자는 부끄러움을 쓸 곳이 없다. 부끄러워하지 않음이 남과 같지 않다면, 무엇이 남과 같을 수가 있겠는가?"

---

7) 원문의 "지之" 자를 양보쥔은 '이르다(至)'로 풀이했다. 그렇다면 "부끄러움을 알지 못하는 것으로부터 부끄러움을 아는 것까지 이르면, 바로 부끄러움에서 면할 수 있는 것이다(從不知羞恥到知道羞恥, 就可以免於羞恥了)"라는 의미로 번역되지만, 역자는 취하지 않았다.

孟子曰: "恥之於人大矣, 爲機變之巧者, 無所用恥焉. 不恥不若人, 何若人有?"

신하로 삼을 수 없는 옛날의 어진 선비 13.8

맹자께서 말씀하셨다.

"옛날의 현명한 왕은 선을 좋아하여 권세를 잊었는데, 옛날의 현명한 선비라고 어찌 유독 그러지 않았겠는가? 자신의 도를 즐거워하고 다른 사람의 권세를 잊었기 때문에 왕이나 공경이 공경함을 극진히 하고 예를 다하지 않으면 자주 만나볼 수도 없었다. 만나보는 것조차도 자주 할 수 없었는데 하물며 그를 신하로 삼을 수 있었겠는가?"

孟子曰: "古之賢王好善而忘勢, 古之賢士何獨不然? 樂其道而忘人之勢, 故王公不致敬盡禮, 則不得亟見之. 見且由不得亟, 而況得而臣之乎?"

8) 원문의 "기변機變"을 번역한 것으로, 양보쥔의 설에 "'교활하게 거짓으로 속이다〔機械變詐〕'라는 뜻과 같다. 《회남자》〈원도훈原道訓〉에 '그러므로 교활하고 거짓된 마음이 가슴속에 감추어져 있다〔故機械之心, 藏於胸中〕'라고 한 문장에서 고유의 주석에 '기계는 교묘하게 속이는 것이다〔機械, 巧詐也〕'"라고 한 것을 참조할 만하다.

곤궁하든 영달하든 선비는 일관되어야 13.9

맹자께서 송구천宋句踐[9]에게 일러 말씀하셨다.

"그대는 유세[10]를 좋아하는가? 내가 그대에게 유세에 대해 말해 주겠다. 남이 알아주더라도 스스로 만족해야 하며,[11] 남이 알아주지 않더라도 또한 스스로 만족해야 한다."

[송구천이] 말했다.

"어떻게 해야 스스로 만족할 수 있습니까?"

[맹자께서] 대답하셨다.

"덕을 숭상하고 의를 좋아하면 스스로 만족할 수 있다. 그러므로 선비는 곤궁해도 의를 잃지 않고, 영달해도 정도를 벗어나지 않는 것이다. 곤궁해도 의를 잃지 않기 때문에 선비는 자신의 지조를 지키고,[12] 영달해도 정도를 벗어나지 않기 때문에 백성이 실망하지 않는 것이다. 옛날 사람들이 뜻을 얻으면 은택이 백성에게 더해지고 뜻을 얻지 못하면 스스로를 수양하여 세상에 [이름과 실질이] 드러났으니, 곤궁하면 홀로 그 자신을 선하게 하고 영달하면 겸하여 천

---

9) 송나라 사람으로 성이 송宋이고 이름은 구천句踐이며 생몰년은 알 수 없다. 송구천이란 인물은 이 장 외의 다른 곳에서는 전해지지 않아 자세하지 않다.

10) 원문의 "유遊"를 번역한 것으로, 주희는 '유세하다[遊說]'라는 뜻으로 풀이했다. 한편 유유자적하게 삶을 즐긴다는 해석도 있다.

11) 원문의 "효효囂囂"를 번역한 것이다. 그 의미에 대해 조기와 주희는 "스스로 터득하여 욕심이 없는 모양[自得無欲之貌]"이라고 했으며, 여기서는 '느긋하다', '태연하다'는 의미로 보면 무방하다. 이는 제9편 〈만장 상〉 7장에도 보인다.

12) 원문의 "득기得己"를 번역한 것으로, '자득自得'과 같다. 이에 대해 조기는 "자기의 본성을 얻는 것이다[得己之本性也]"라고 했으며, 주희는 "자신을 잃지 않는 것을 말한다[言不失己也]"라고 했는데, 역자는 주희의 설을 따라 '자신의 지조를 지키는 것'으로 의역했다.

하를 선하게 한다."

孟子謂宋句踐曰: "子好遊乎? 吾語子遊. 人知之, 亦囂囂, 人不知, 亦囂囂." 曰: "何如斯可以囂囂矣?" 曰: "尊德樂義, 則可以囂囂矣. 故士窮不失義, 達不離道. 窮不失義, 故士得己焉, 達不離道, 故民不失望焉. 古之人, 得志, 澤加於民, 不得志, 修身見於世. 窮則獨善其身, 達則兼善天下."

호걸 같은 선비 13.10

맹자께서 말씀하셨다.

"문왕을 기다려 나중에 [감동하여] 분발하는[13] 사람은 평범한 백성이다. 호걸 같은 선비로 말하면 비록 문왕[같은 성군]이 없을지라도 홀로 일어난다."

孟子曰: "待文王而後興者, 凡民也. 若夫豪傑之士, 雖無文王獨興."

남보다 뛰어난 자 13.11

맹자께서 말씀하셨다.

"[두 큰 집안인] 한韓·위魏씨 가문의 재화를 보태주더라도[14] 스스로

13) 원문의 "흥興"을 번역한 것으로, 주희가 "감동하여 분발한다는 뜻(感動奮發之意)"으로 풀이한 데 따른 것이다.

14) 원문의 "부附"를 번역한 것으로, 《논어》〈선진〉 11.16의 "계씨가 주공보다 부유한데도 구는 그를 위해 세금을 거두어 더욱 늘려주었다(季氏富於周公, 而求也爲之聚斂而附益之)"라고 한 문장의 '부익附益'과 같다.

별것 아니게[15] 여긴다면 남보다 훨씬 뛰어난 것이다."

孟子曰: "附之以韓魏之家, 如其自視欿然, 則過人遠矣."

원칙으로 다스려야 원망이 없다 13.12

맹자께서 말씀하셨다.

"편안하게 느끼는 방식으로 백성을 부리면[16] 비록 힘들더라도 원망하지 않을 것이며, 살리기 위한 방식으로 백성을 죽이면[17] 비록 죽더라도 죽이는 자를 원망하지 않을 것이다."

孟子曰: "以佚道使民, 雖勞不怨. 以生道殺民, 雖死不怨殺者."

15) 원문의 "감연欿然"을 번역한 것이다. 단옥재는 《설문해자주》에서 "《맹자》에서 '감欿'을 빌려 '감坎'의 뜻으로 삼았으니, 가득 차 있는 것을 보는데 마치 비어 있는 것처럼 보는 것을 말한다(孟子假欿爲坎, 謂視盈若虛也)"라고 했다.

16) 원문의 "이일도사민以佚道使民"을 번역한 것으로, 다음과 같은 정약용의 부연 설명을 염두에 두고 읽어야 한다. "편안하게 하는 방법으로 백성을 부린다는 것은 한 번 수고롭게 하고 오랫동안 편안하게 하는 일이다. 곡식을 뿌리고 지붕을 이는 것은 해마다 반복해서 하는 일이니, 어찌 반드시 편안하게 하는 방법이 되겠는가? 도랑을 파고 지역의 경계를 수리하는 것이 곧 한 번 수고롭게 하여 오랫동안 편안하게 하는 것이며, 성곽을 보수하고 도로를 닦는 것이 한 번 수고롭게 하고 오랫동안 편안하게 하는 것이다(佚道使民, 當是一勞久佚之事. 播穀乘屋, 年年復起, 何必爲佚道乎? 濬畎澮修疆域, 則一勞而久佚也, 繕城郭治道徑, 則一勞而久佚也)"라고 했다(이지형 역, 《맹자요의》, 393쪽).

17) 원문의 "이생도살민以生道殺民"을 번역한 것인데, 이 문장에 대해 양보쥔은 두 가지 의미로 풀이할 수 있다고 보았다. 첫째는 "형벌을 행함에 형벌이 없기를 기약하고, 죽임으로써 죽임을 그치게 한다(刑期無刑, 殺以止殺)"라는 것이고, 둘째는 〈농강천표瀧岡阡表〉에서 구양수歐陽修가 "이 죽음에 관한 옥사는 내가 그를 살리고자 했으나 부득이했다. 그를 살리고자 했으나 부득이했다면 죽은 자와 내가 모두 한이 없을 것이다(此死獄也, 我求其生不得爾. 求其生而不得, 則死者與我皆無恨也)"라는 것이다.

패도냐, 왕도냐 13.13

맹자께서 말씀하셨다.

"패도로써 다스리는 자의 백성은 기뻐서 즐거워하는 듯하고,[18] 왕도로써 다스리는 자의 백성은 마음이 편안한 듯하다.[19] [백성을] 죽여도 원망하지 않으며 그들을 이롭게 해주어도 공으로 여기지 않는다. 백성이 날마다 선한 데로 옮겨 가도록 하면서도 [누가] 그렇게 하는지를 알지 못한다. 무릇 군자가 지나가는 곳에는 교화가 되고 [그가] 머무는 곳은 신묘해지므로 위로는 하늘과 아래로는 땅과 함께 흐르는 것이니, 어찌 그들에게 사소한 보탬이라고 말하겠는가?"

孟子曰: "霸者之民驩虞如也, 王者之民皞皞如也. 殺之而不怨, 利之而不庸, 民日遷善而不知爲之者. 夫君子所過者化, 所存者神, 上下與天地同流, 豈曰小補之哉?"

인仁하다는 소문과 선한 가르침 13.14

맹자께서 말씀하셨다.

"인한 말은 인하다는 소문이 사람에게 깊이 파고들어 가는 것만 못하다. 선한 정치는 선한 가르침으로 백성의 마음을 얻는 것만 못

---

18) 원문의 "환우驩虞"를 번역한 것으로, 주희는 '기뻐서 즐거워하다(歡娛)'와 같다고 했다.

19) 원문의 "호호皞皞"를 번역한 것으로, 주희는 "넓고 커서 스스로 만족하는 모양(廣大自得之貌)"이라고 했다.

하다. 선한 정치는 백성이 두려워하고 선한 가르침은 백성이 사랑하니,[20] 선한 정치는 백성의 재물을 얻고, 선한 가르침은 백성의 마음을 얻는다."

孟子曰: "仁言不如仁聲之入人深也. 善政不如善教之得民也. 善政, 民畏之, 善教, 民愛之. 善政得民財, 善教得民心."

타고난 능력과 타고난 지혜 13.15

맹자께서 말씀하셨다.

"사람이 배우지 않으면서도 할 수 있는 것은 뛰어난 능력〔良能〕이고, 생각하지 않으면서도 아는 것은 뛰어난 지혜〔良知〕이다.[21] 두세 살배기 어린아이라도 그 어버이를 사랑할 줄 모르는 이가 없고, 어른이 되어서는 그 형을 공경할 줄 모르는 이가 없다. 어버이를 사랑하는 것은 인이고 어른을 공경하는 것은 의이니, [이는] 다른 것이 아니라 [인과 의가] 천하에 두루 도달하기 때문이다."

孟子曰: "人之所不學而能者, 其良能也, 所不慮而知者, 其良知也. 孩

---

20) 조기는 "두려워하면 게으름에 이를 수 없으므로 부역은 잘하고 재물은 한 집안에 모이게 된다. 사랑하면 풍속이 변화함을 즐거워하여 윗사람과 아랫사람이 친해지므로 기뻐하는 마음을 얻을 수 있다〔畏之, 不逋怠, 故賦役擧而財聚於一家也. 愛之, 樂風化而上下親, 故歡心可得也〕"라고 했다.

21) 원문의 "양능良能"과 "양지良知"에 대한 설명으로 조기는 "양良"을 '매우, 심히〔甚〕'라는 뜻으로 보았다. 그러므로 '양능'은 가장 능력 있는 것이고, '양지'는 가장 잘 아는 것을 말한다. '양'에 대해 주희는 "본연의 잘하는 것이다〔本然之善也〕"라고 했다.

提之童無不知愛其親者, 及其長也, 無不知敬其兄也. 親親, 仁也, 敬長, 義也, 無他, 達之天下也."

선한 말씀을 듣고 선한 행동을 본 순임금 13.16

맹자께서 말씀하셨다.

"순임금이 깊은 산중에 계실 때 나무와 돌과 함께 사셨고 사슴과 멧돼지와 함께 노시니 깊은 산속의 야인과 다른 점이 거의 없으셨다. [그러나] 어떤 선한 말씀을 들으시거나 어떤 선한 행동을 보시게 되면 [본받으려는 기세가] 마치 큰 강물을 터놓은 듯 콸콸 흘러서 막을 수가 없었다."

孟子曰: "舜之居深山之中, 與木石居, 與鹿豕遊, 其所以異於深山之野人者幾希, 及其聞一善言, 見一善行, 若決江河, 沛然莫之能禦也."

단순한 이치 두 가지 13.17

맹자께서 말씀하셨다.

"하지 않아야 할 바를 하지 않으며 바라지 말아야 할 바를 바라지 않아야 하니, 이와 같으면 될 뿐이다."[22]

---

22) 이 장에 대하여 주희는 "이른바 수오지심을 확충하는 것이다(所謂擴充其羞惡之心)"라고 했다.

孟子曰: "無爲其所不爲, 無欲其所不欲, 如此而已矣."

어려워야 통달한다 13.18

맹자께서 말씀하셨다.

"사람 가운데 덕망과 지혜와 술수와 지식[23]을 가지고 있는 자는 늘 재앙과 환난[24]에 있게 된다. 유독 외로운 신하와 서자[25] 들은 그 마음잡는 것이 위태롭고 우환을 생각하는 것이 깊으므로 [사리에] 통달하는 것이다."[26]

孟子曰: "人之有德慧術知者, 恒存乎疢疾. 獨孤臣孼子, 其操心也危, 其慮患也深, 故達."

23) 원문의 "덕혜술지德慧術知"를 번역한 것으로, 조기는 "덕행德行, 지혜智慧, 도술道術, 재지才知"라고 했고, 양보쥔은 "품덕品德, 지혜智慧, 본령本領, 지식知識"으로 풀이했다. 주희는 "덕혜는 덕의 지혜이고, 술지는 기술의 앎이다(德慧者, 德之慧. 術知者, 術之知)"라고 했다.

24) 원문의 "진질疢疾"을 번역한 것으로, 주희는 "재앙이나 환난(災患)"을 말한다고 했다. 역자는 주희설에 따랐다.

25) "서자(孼子)"에 대해 양보쥔은 "고대에는 항상 일부다처였으니, 본처가 낳은 자식이 아니면 '서자' 또는 '얼자'라고 불렀으며, 일반적인 지위는 비천했다(古代常一夫多妻, 非嫡妻所生之子叫庶子, 也叫孼子, 一般地位卑賤)"라고 했다. 한편 정약용은 "얼자는 서자를 말하는 것이 아니다. '얼'은 죄의 뜻이다. 《사기》에 '법령을 닦고 서얼을 삼간다'고 했으니, 서얼은 '서옥'을 말하는 것과 같다. 그러므로 삼간다고 말한 것이다(孼子, 恐非庶子之謂. 孼, 罪也. 史云, '修法令, 愼庶孼.' 庶孼, 猶言庶獄也. 故曰愼也)"라고 했다.

26) 이 장에 대하여 정약용은 "현명하고 지혜로운 사람이 기이하고 험난한 일을 많이 만나게 되는 것은 하늘이 그의 덕을 단련시켜 그로 하여금 더욱 증진하게 하기 위해서이다(賢知之人, 所遇多奇險者, 天以是鍛鍊其德, 使之有所增益也)"라고 했다.

네 가지 인물 유형 13.19

맹자께서 말씀하셨다.

"군주 된 자를 섬기는 자가 있으니, 이러한 군주를 섬기는 것을 기쁨으로 받아들이는 자이다. 사직을 안정시키려는 신하가 있으니, 사직을 안정시키는 것을 기쁨으로 삼는 자이다. 하늘의 백성인 자가 있으니, 천하에 영달하게 된 뒤에야 행하는 자이다. 대인[27)]인 자가 있으니, 자기 몸을 단정하게 하여 만물을 바르게 하는 자이다."

孟子曰: "有事君人者, 事是君則爲容悅者也. 有安社稷臣者, 以安社稷爲悅者也, 有天民者, 達可行於天下而後行之者也. 有大人者, 正己而物正者也."

군자의 세 가지 즐거움 13.20

맹자께서 말씀하셨다.

---

27) 《맹자》에 나오는 대인의 의미가 불명확하다는 양보쥔의 설이 타당하다. 물론 기본적인 함의는 성인의 자리에 있는 것을 대인이라고 하는 《역경》의 의미를 새겨야 한다. 《사기》 〈사마상여열전司馬相如列傳〉에 천자가 그리는 대인의 모습을 거론한 문장이 나온다. 사마상여가 한漢 무제武帝에게 바친 〈대인부大人賦〉의 한 부분으로, "세상에 대인이 있는데 중주국에 살았다. [그의] 저택이 만 리에 가득 찼건만 일찍이 잠시나마 머무를 만하다고 여기지 않았다. 세속이 각박하고 비좁은 것을 비탄하며 훨훨 가볍게 날아가 머나먼 곳에서 노닐었다〔世有大人兮, 在于中州. 宅彌萬里兮, 曾不足以少留. 悲世俗之迫隘兮, 朅輕擧而遠遊〕" (김원중 역, 《사기열전》, 509쪽)라고 했는데, 이 문장의 '대인'에 대해 장읍張揖은 '천자天子'에 비유했으며〔喩天子〕, 향수向秀는 "성인이 자리에 있으면 대인이라고 이른다〔聖人在位, 謂之大人〕"라고 했다.(《사기색은史記索隱》)

“군자는 세 가지 즐거움이 있으나, 천하에 왕 노릇 하는 것은 그 속에 있지 않다. 부모가 모두 살아 계시고 형제가 변고가 없는 것이[28] 첫 번째 즐거움이고, 우러러 하늘에 부끄럽지 않고 굽어보아 남에게 부끄럽지 않은 것이 두 번째 즐거움이고, 천하의 영재를 얻어 교육하는 것이 세 번째 즐거움이니, 군자는 세 가지 즐거움이 있으나, 천하에 왕 노릇 하는 것은 그 속에 있지 않다.”

孟子曰: “君子有三樂, 而王天下不與存焉. 父母俱存, 兄弟無故, 一樂也, 仰不愧於天, 俯不怍於人, 二樂也, 得天下英才而敎育之, 三樂也. 君子有三樂, 而王天下不與存焉.”

군자가 바라는 것과 즐거워하는 것 13.21

맹자께서 말씀하셨다.

“넓은 토지와 많은 백성은 군자도 바라는 것이나 군자의 즐거움은 여기에 있지 않다. 천하의 한가운데에 서서 천하의 백성을 안정시키는 것은 군자도 즐겁게 여기는 것이나 [군자의] 본성은 여기에 있지 않다. 군자의 본성으로 삼는 것은 비록 [이상이] 크게 행해지더라도 더 보태지 않으며, 비록 곤궁하게 살더라도 줄어들지 않으니 본분이 정해져 있기 때문이다. 군자의 본성은 인의예지가 마음속에 뿌리를 내려 그 얼굴빛이 온화하고 윤택하게[29] 얼굴에 드러나

---

28) 원문의 “무고無故”를 번역한 것으로, 여기서 “고故”는 ‘사고事故’의 의미로 보면 옳다. 양보쥔의 고증에 의하면《예기》〈곡례〉에 “임금이 사고가 없으면 옥을 몸에서 떼어놓지 않는다〔君無故, 玉不去身〕”라고 한 문장에서 정현은 “‘고’는 재앙, 환난, 초상, 병이다〔故, 災患喪病也〕”라고 했다.

며, 등에 밝게 나타나 사체에 미쳐 사체는 말없이 [행동으로] 깨우치게 되는 것이다."

孟子曰: "廣土衆民, 君子欲之, 所樂不存焉. 中天下而立, 定四海之民, 君子樂之, 所性不存焉. 君子所性, 雖大行不加焉, 雖窮居不損焉, 分定故也. 君子所性, 仁義禮智根於心, 其生色也睟然, 見於面, 盎於背, 施於四體, 四體不言而喩."

떨고 굶주리지 않는 것이 봉양의 첫걸음이다 13.22

맹자께서 말씀하셨다.

"백이가 주왕을 피해 북해의 물가에 살다가 문왕이 [떨쳐] 일어났다는 말을 듣고 고무되어 말하기를 '어찌 돌아가지 않겠는가. 나는 서백西伯[30]이 노인을 잘 받들어 모신다고 들었다'라고 했으며, 태공이 주왕을 피해 동해의 물가에 살다가 문왕이 [떨쳐] 일어났다는 말을 듣고 고무되어 말하기를 '어찌 돌아가지 않겠는가. 나는 서백이 노인을 잘 받들어 모신다고 들었다'라고 했으니, 천하에 노인을 잘 받들어 모시는 자가 있으면 어진 사람들은 자신이 귀의할 곳으로 삼을 것이다.

---

29) 원문의 "수연睟然"을 번역한 것으로, 주희는 "맑고 온화하며 윤택한 모양[清和潤澤之貌]"이라고 했다.

30) 주나라 문왕으로, 은나라 말기에 서쪽 제후의 우두머리였기 때문에 '서백西伯'으로 불린다. '백伯'은 '패覇'의 의미다. 사마천은 그가 50년간 재위했으며, 죽은 뒤 10년이 지나 문왕이란 시호를 받았고, 은나라의 법도를 고쳐 새롭게 달력도 만들었다고 《사기》〈주본기〉에 기록했다.

다섯 이랑의 집 담장 아래에 뽕나무를 심어 평범한 아낙이 누에를 치면, 노인이 충분히 비단옷을 입을 수 있고, 다섯 마리의 암탉과 두 마리의 암퇘지가 새끼 칠 때를 놓치지 않게 하면 노인이 충분히 고기를 먹을 것이며, 100이랑의 토지를 평범한 사내가 농사지으면 여덟 식구의 집안이 굶주리지 않을 것이다. 이른바 '서백이 노인을 잘 봉양한다'는 것은 그 밭과 택지를 마련해주어 재배하거나 가축 기르는 것을 가르치며, 그 아내와 자식을 이끌어 그들에게 노인을 봉양하도록 한 것이다. 쉰 살에는 비단이 아니면 따뜻하지 않으며 일흔 살에는 고기가 아니면 배부르지 않다. 따뜻하지 않고 배부르지 않는 것을 '떨고 굶주린 것(凍餒)'이라고 한다. 문왕의 백성 중에 떨고 굶주린 노인이 없었다는 것은 이것을 [두고] 말하는 것이다."

孟子曰: "伯夷辟紂, 居北海之濱, 聞文王作, 興曰: '盍歸乎來, 吾聞西伯善養老者.' 太公辟紂, 居東海之濱, 聞文王作, 興曰: '盍歸乎來, 吾聞西伯善養老者.' 天下有善養老, 則仁人以爲己歸矣. 五畝之宅, 樹牆下以桑, 匹婦蠶之, 則老者足以衣帛矣. 五母雞, 二母彘, 無失其時, 老者足以無失肉矣. 百畝之田, 匹夫耕之, 八口之家可[31]以無飢矣. 所謂西伯善養老者, 制其田里, 敎之樹畜, 導其妻子使養其老. 五十非帛不煖, 七十非肉不飽, 不煖不飽, 謂之凍餒. 文王之民無凍餒之老者, 此之謂也."

31) 원문의 "가可"는 어떤 판본에는 '족足'으로 되어 있다.

밭을 잘 다스리고 세금을 적게 거두라 13.23

맹자께서 말씀하셨다.

"밭을 다스리고 세금을 적게 거둔다면 백성을 잘살게 할 수 있을 것이다. 먹는 것을 제때에 하고 쓰기를 예禮에 맞게 하면 재물을 다 쓸 수 없을 것이다. 백성은 물과 불이 없으면 살아갈 수가 없는데, 어두운 저녁에 남의 문을 두드리면서 물과 불을 구하면 주지 않는 자가 없는 이유는 지극히 풍족하기 때문이다. 성인이 천하를 다스림에 있어서 콩과 곡식을 물과 불처럼 갖게 하니, 콩과 곡식이 물과 불처럼 많다면 백성 중에 어찌하여 인하지 못한 자가 있겠는가?"

孟子曰: "易其田疇, 薄其稅斂, 民可使富也. 食之以時, 用之以禮, 財不可勝也. 民非水火不生活, 昏暮叩人之門戶求水火, 無弗與者, 至足矣. 聖人治天下, 使有菽粟如水火. 菽粟如水火, 而民焉有不仁者乎?"

일정한 단계에 이르러야 통달한다 13.24

맹자께서 말씀하셨다.

"공자께서는 [노나라] 동산에 올라가서는 노나라를 작다고 여기셨고, 태산에 올라가서는 천하를 작다고 여기셨다. 그러므로 바다를 구경한 자는 [다른] 물로 끌어들이기가 어렵고, 성인의 문하에서 학문을 익힌 자는 [다른] 논의로 끌어들이기가 어려운 것이다. 물을 감상하는 데는 기술이 있으니 반드시 그 여울을 보아야 하고, 해와 달은 밝음이 있으니 빛을 받아들이는 곳[32]을 반드시 비추는 것이다. 흐르는 물이란 움푹 파인 곳을 채우지 않으면 흘러가지 않으니, 군자가 도에 뜻을 두는 것도 일정한 단계에 이르지[33] 않으면 통달할 수 없다."

孟子曰: "孔子登東山而小魯, 登太山而小天下. 故觀於海者難爲水, 遊於聖人之門者, 難爲言. 觀水有術, 必觀其瀾. 日月有明, 容光必照焉. 流水之爲物也, 不盈科不行, 君子之志於道也, 不成章不達."

선과 이익, 그 근본 차이 13.25

맹자께서 말씀하셨다.

"닭이 울면 일어나 부지런히 힘써 선을 행하는 사람은 순임금의 무리이고, 닭이 울면 일어나 부지런히 힘써 이익을 위하는 사람은 도척의 무리이니, 순임금과 도척의 구분되는 점을 알고자 한다면

---

32) 원문의 "용광容光"을 번역한 것으로, 조기는 "작은 틈(小郤)"으로 풀이했다. 이에 대해 초순은 "진실로 실이나 머리털이 용납되는 틈이 있다면 빛이 반드시 들어가서 비출 것이다. '용광'이 작은 틈이라는 이름으로 불리는 것은 아니지만, 작은 틈에 이르러서 그 용납되는 것의 미미함으로써 그 비춤의 큰 것을 볼 수 있음을 극적으로 말하는 것이다. 그러므로 '작은 틈(小郤)'이란 말로 용광을 밝힌 것이다(苟有絲髮之際可以容納, 則光必入而照焉. 容光非小隙之名, 至於小隙, 極言其容之微者, 以見其照之大也. 故以小郤明容光)"(《맹자정의》)라고 부연했으니, 참조하면 도움이 된다.

33) 원문의 "성장成章"을 번역한 것으로, 《설문해자》에 "음악이 마치면 1장이 된다(樂竟爲一章)"라고 했다. 일정한 단계에 이른다는 의미다.

다른 것이 없고, 이익과 선행의 간극인 것이다."

孟子曰: "雞鳴而起, 孳孳爲善者, 舜之徒也, 雞鳴而起, 孳孳爲利者, 蹠之徒也. 欲知舜與蹠之分, 無他, 利與善之間也."

중도를 취하라 13.26

맹자께서 말씀하셨다.

"양자(양주)는 자신을 위하는〔爲我〕 학설을 주장하여 털 하나를 뽑아 천하를 이롭게 할 수 있더라도 그리하지 않았다. 묵자는 겸애를 주장했으니, 이마를 갈아 발꿈치조차 없어지더라도 천하에 이로움이 있다면 그리했다. 자막子莫[34]은 중간을 잡았으니, 중간을 잡는 것이 그것(도)에 가까우나 중간을 잡고 저울질함이 없는 것은 한쪽을 잡은 것과 같다. 한쪽을 잡은 것을 미워하는 까닭은 도를 해치기 때문으로, 하나를 거론하며 [다른] 100가지를 없애는 것이다."

孟子曰: "楊子取爲我, 拔一毛利而天下, 不爲也. 墨子兼愛, 摩頂放踵, 利天下, 爲之. 子莫執中, 執中爲近之. 執中無權, 猶執一也. 所惡執一者, 爲其賊道也, 擧一而廢百也."

34) 조기는 "자막은 노나라 현인으로, 그의 성품은 치우치지 않고 조화로우며 전일한 자이다〔子莫, 魯之賢人也. 其性中和專一者也〕"라고 하여 자막이 전국시대 노나라 사람이라는 것 이외에는 그의 사적에 대해 전해지는 바가 없다고 한다.

굶주리고 목이 마르면 제맛을 모른다 13.27

맹자께서 말씀하셨다.

"굶주린 사람은 달게 먹고 목마른 사람은 달게 마신다. 이는 음식의 제맛을 알지 못하는 것이다. 굶주림과 목마름이 제맛을 해치게 되기 때문이니, 어찌 오직 입과 배에만 굶주림과 목마름의 해로움이 있겠는가? 사람의 마음도 모두 해로움이 있는 것이다. 사람이 굶주림과 목마름의 해로움으로써 마음의 해로움이 되지 않는다면, 남에게 미치지 못하는 것을 근심할 것이 없다."

孟子曰: "饑者甘食, 渴者甘飮, 是未得飮食之正也. 飢渴害之也, 豈惟口腹有飢渴之害? 人心亦皆有害. 人能無以飢渴之害爲心害, 則不及人不爲憂矣."

절개 있는 유하혜 13.28

맹자께서 말씀하셨다.

"유하혜는 삼공의 자리라도 그 지조[35]를 바꾸지 않았다."

孟子曰: "柳下惠不以三公易其介."

35) 원문의 "개介"를 번역한 것으로, '지조(操)'를 뜻한다.

성과가 답이다 13.29

맹자께서 말씀하셨다.

"[인과 의에 관한] 일을 하는 사람을 비유하면 우물을 파는 것과 같다. 우물을 아홉 길[36]이나 팠더라도 샘에 미치지 못하면, 오히려 버려야 되는 우물인 것이다."

孟子曰: "有爲者辟若掘井, 掘井九軔而不及泉, 猶爲棄井也."

오래 빌리고 있으면 소유한 줄로 안다 13.30

맹자께서 말씀하셨다.

"요임금과 순임금은 본성대로 따른 것이고, 탕왕과 무왕은 몸소 하신 것이고, 오패는 [인과 의를] 빌린 것이다. 오랫동안 빌린 채 돌려주지 않았으니, 그것이 어떻게 그들이 소유한 것이 아님을 알겠는가?"

孟子曰: "堯舜, 性之也, 湯武, 身之也, 五霸, 假之也. 久假而不歸, 惡知其非有也?"

36) 원문의 "인軔"을 번역한 것으로, '인仞'이라고도 쓴다. 길이의 단위로 조기는 "인은 8척이다(軔, 八尺也)"라고 했다.

이윤이 태갑을 추방했다가 불러들인 이유 13.31

공손추가 말했다.

"이윤이 말하기를 '「나는 [도리에] 따르지 않는 사람을 가까이할 수 없다」라고 하고 태갑을 동桐 땅으로 추방하자 백성이 크게 기뻐했다. 태갑이 어질어져서 다시 그를 돌아오게 하자 백성이 크게 기뻐했다'라고 했으니, 어진 자가 남의 신하가 되어 그 군주가 어질지 못하면 진실로 추방할 수 있습니까?"

맹자께서 말씀하셨다.

"이윤과 같은 뜻이 있으면 할 수 있겠지만, 이윤과 같은 뜻이 없다면 찬탈이다."

公孫丑曰: "伊尹曰: '「予不狎于不順.」放太甲于桐, 民大悅. 太甲賢, 又反之, 民大悅.' 賢者之爲臣也, 其君不賢, 則固可放與?" 孟子曰: "有伊尹之志, 則可, 無伊尹之志, 則簒也."

군자가 공밥을 먹어도 되는 이유 13.32

공손추가 말했다.

"《시경》에 말하기를 '하는 일 없이 녹祿을 먹지 않네'라고 했으니, 군자가 밭을 갈지 않고 먹을 수 있는 것은 무엇 때문입니까?"

맹자께서 말씀하셨다.

"군자가 어떤 나라에 머무는데, 그 군주가 그를 등용하면 나라가 편안해지고 부유해지며 존귀해지고 영화롭게 되며, 자제들이 그를 따르면 [자제들은] 효도하며 우애하고 충성하고 믿음이 있게 되니, '하는 일 없이 녹을 먹지 않네' 하는 것으로 어느 것이 이보다 더 크겠는가?"

公孫丑曰: "詩曰: '不素餐兮.' 君子之不耕而食, 何也?" 孟子曰: "君子居是國也, 其君用之, 則安富尊榮, 其子弟從之, 則孝弟忠信. '不素餐兮', 孰大於是?"

선비가 일로 삼아야 할 것과 처신할 것 13.33

왕자 점墊[37]이 물었다.

"선비는 무엇을 일로 삼습니까?"

맹자께서 말씀하셨다.

"뜻을 숭상하는 것입니다."

[왕자 점이] 말했다.

"무엇을 뜻을 숭상하는 것이라고 말합니까?"

[맹자께서] 말씀하셨다.

"인仁과 의義일 뿐이니, 한 사람이라도 죄 없는 사람을 죽이는 것

37) 조기는 "제나라 왕자로, 이름은 점墊이다〔齊王子名墊也〕"라고 했다.

은 인이 아니며, 자신이 갖고 있는 것이 아닌데 그것을 취하는 것은 의가 아닙니다. 사는 곳은 어디에 있어야 하겠습니까? 인한 곳이 이것입니다. 길은 어디에 있어야 하겠습니까? 의가 이것입니다. 인에 살고 의를 따른다면 대인의 일이 갖추어진 것입니다."

王子墊問曰: "士何事?" 孟子曰: "尙志." 曰: "何謂尙志?" 曰: "仁義而已矣. 殺一無罪非仁也, 非其有而取之非義也. 居惡在? 仁是也, 路惡在? 義是也. 居仁由義, 大人之事備矣."

진중자의 하찮은 의로움 13.34

맹자께서 말씀하셨다.

"진중자는 의롭지 않은 것으로 그에게 제나라를 주더라도 받지 않는다는 것을[38] 사람들이 모두 믿고 있지만, 이것은 한 대나무 그릇의 밥과 한 그릇의 국을 버리는 것 같은 [사소한] 의로움이다. 사람에게는 친척과 군신과 위아래가 없는 것보다 [잘못이] 큰 것이 없으니, 그 작은 것으로 [의롭다고 해서] 큰 것이라고 믿는 것이 어찌 옳다고 하겠는가?"

孟子曰: "仲子, 不義與之齊國而弗受, 人皆信之, 是舍簞食豆羹之義也. 人莫大焉亡親戚君臣上下, 以其小者信其大者, 奚可哉?"

38) 이 일은 실제로 있었던 일이 아니다. 이 일화는 제6편 〈등문공 하〉 10장에 자세히 나온다.

부친을 위해 천하를 버리는 순임금 13.35

도응이 물었다.

"순임금이 천자가 되셨을 때, 고요가 사士(법관)가 되었는데, [만일] 고수가 사람을 죽였다면 어떻게 했겠습니까?"

맹자께서 말씀하셨다.

"[고요는] 그를 체포했을 뿐이다."

[도응이 말했다.]

"그렇다면 순임금이 저지하지 않았겠습니까?"

[맹자께서] 말씀하셨다.

"순임금이 어떻게 저지할 수 있겠는가? [고요는 법관으로서] 전해 받은 바에 따라 할 것이다."

[도응이 말했다.]

"그렇다면 순임금은 어떻게 하셨겠습니까?"

[맹자께서] 말씀하셨다.

"순임금이 천하를 버리는 것을 보자면 마치 헌신짝을 버리듯이 하셨을 것이다. 몰래 [부친을] 업고 도망하여 바닷가를 따라 살면서 죽을 때까지 흐뭇하게 즐거워하면서 천하를 잊으셨을 것이다."

桃應問曰: "舜爲天子, 皐陶爲士, 瞽瞍殺人, 則如之何?" 孟子曰: "執之而已矣." "然則舜不禁與?" 曰: "夫舜惡得而禁之? 夫有所受之也."

"然則舜如之何?" 曰: "舜視棄天下猶棄敝蹝也. 竊負而逃, 遵海濱而處, 終身訢然, 樂而忘天下."

사는 곳이 목소리마저 결정한다 13.36

맹자께서 범范 땅으로부터 제나라에 가셔서 제나라 왕의 아들을 바라보시고는 감탄하며 말씀하셨다.

"사는 곳이 기운을 옮겨놓고 봉양하는 것이 체질을 바꿔놓으니, 사는 곳의 중요함이여! 그도 사람의 자식이 아니겠는가."

맹자께서 말씀하셨다.

"왕자의 궁실과 거마와 의복이 남들과 같은 것이 많지만, 왕자가 저와 같은 것은 그 사는 곳이 그렇게 만든 것이니, 하물며 천하의 넓은 집(仁)[39]에 사는 자에 있어서는 어떻겠는가? 노나라 군주가 송나라 동남쪽의 문[40]에서 고함을 지르니, 문지기가 말하기를 '이자는 우리 군주가 아니거늘 어찌하여 목소리가 우리 군주와 비슷한가'라고 했으니, 이는 다른 것이 아니라 사는 곳이 서로 비슷하기 때문이다."

孟子自范之齊, 望見齊王之子, 喟然嘆曰: "居移氣, 養移體, 大哉居乎!

39) 원문의 "광거廣居"를 번역한 것으로, '인仁'을 가리킨다. 제6편 〈등문공 하〉 2장에 "천하의 넓은 집에 살며 천하의 바른 자리에 서서(居天下之廣居, 立天下之正位)"라고 한 문장을 참조하여 읽어야 한다.

40) 원문의 "질택지문垤澤之門"을 번역한 것으로, 주희는 "송나라의 성문의 이름(宋城門名)"이라고 했다. 한편《좌전》양공襄公 17년에 '택문澤門'이 나오는데, 두예가 "송나라의 동쪽 성곽 남문이다(宋東城南門也)"라고도 풀이했다.

夫非盡人之子與." 孟子曰: "王子宮室車馬衣服多與人同, 而王子若彼者, 其居使之然也, 況居天下之廣居者乎? 魯君之宋, 呼於垤澤之門, 守者曰: '此非吾君也, 何其聲之似我君也?' 此無他, 居相似也."

짐승과 인간이 구별되는 이유 13.37

맹자께서 말씀하셨다.

"[사람을] 먹이기만 하고 사랑하지 않으면 돼지처럼 사귀는 것이고, 사랑하기만 하고 공경하지 않으면 짐승처럼 기르는 것이다. 공경하는 마음은 예물을 보내기[41] 전에 이미 있어야 하는 것이고, [겉으로] 공경을 하면서도 [마음으로 하는] 실질이 없으면 군자는 [현자를 대함에] 헛된 것에 얽매이지 않아야 한다."

孟子曰: "食而弗愛, 豕交之也, 愛而不敬, 獸畜之也. 恭敬者, 幣之未將者也. 恭敬而無實, 君子不可虛拘."

체형과 안색은 천성 13.38

맹자께서 말씀하셨다.

"체형과 안색은 천성이니, 오직 성인이 되고 난 다음에야 체형[과 안색]을 [온전하게] 실천할 수 있다."

41) 원문의 "장將"을 번역한 것으로, 역자와 달리 주희는 '받들다(奉)'로 보았다.

孟子曰: "形色, 天性也, 惟聖人然後可以踐形."

삼년상을 줄이려는 제나라 선왕 13.39

제나라 선왕이 상례 기간을 줄이고자 하니, 공손추가 말했다.

"일년상을 하는 것이 오히려 그만두는 것보다는 낫겠지요?"

맹자께서 말씀하셨다.

"이는 어떤 사람이 그 형의 팔뚝을 비트는데, 그대가 그에게 '좀 천천히 비틀라'라고 하는 것과 같다. 다만 그에게 효도와 우애를 가르쳐야 할 뿐이다."

왕의 자제 가운데 그 어머니가 죽은 자가 있어 그의 스승이 그를 위해 몇 개월의 상을 요청했다. 공손추가 말했다.

"이런 경우는 어떻습니까?"

[맹자께서] 말씀하셨다.

"이는 상례 기간을 마치고자 하더라도 할 수 없는 것이니, 비록 하루를 더하더라도 그만두는 것보다는 낫다. [앞의 것은 삼년상을] 금지하지 않았는데도 지키지 않는 것을 말한 것이다."

齊宣王欲短喪. 公孫丑曰: "爲朞之喪, 猶愈於已乎?" 孟子曰: "是猶或紾其兄之臂, 子謂之姑徐徐云爾. 亦教之孝弟而已矣." 王子有其母死者, 其傅爲之請數月之喪. 公孫丑曰: "若此者何如也?" 曰: "是欲終之而不可得也, 雖加一日愈於已. 謂夫莫之禁而弗爲者也."

군자가 가르치는 다섯 가지 방식 13.40

맹자께서 말씀하셨다.

"군자가 가르치는 방식은 다섯 가지이니, 때맞춰 내리는 비가 변화시키듯이 하는 방식이 있고, 덕을 온전하게 이루게 하는 방식이 있으며, 재능(자질)[42]을 통달하게 하는 방식이 있고, 질문에 답하는 방식이 있으며, 사사롭게 선으로 다스리는 방식이 있으니, 이 다섯 가지는 군자가 가르치는 방식이다."

孟子曰: "君子之所以教者五, 有如時雨化之者, 有成德者, 有達財者, 有答問者, 有私淑艾者. 此五者, 君子之所以教也."

자격을 갖춘 자만이 전수할 수 있다 13.41

공손추가 말했다.

"[선생님의] 도는 높고도 훌륭하나 마땅히 하늘에 오르는 것과 같아서 [제가] 따라갈 수 없을 듯하니, 무엇 때문에 사람들에게 미칠 수 있다고 생각하게 해서 날마다 부지런히 힘쓰도록 하지 않으십니까?"

---

42) 원문의 "재財"를 번역한 것으로, 주희가 "'재材'와 같다〔財, 與材同〕"라고 풀이한 것을 염두에 두고 역자는 '재능(자질)'이라고 번역했다.

맹자께서 말씀하셨다.

“큰 목수는 서툰 목수를 위해 먹줄과 먹통을 고치거나 없애버리지 않으며, 예羿는 서툰 사수를 위해 활시위를 당기는 기준을 바꾸지 않는다. 군자는 활시위를 당기고도 쏘지 않으나 튕겨 나갈 듯하니, 중용의 도에 맞게 서 있으면 능히 할 수 있는 자가 그것을 따르는 것이다.”

公孫丑曰: “道則高矣, 美矣, 宜若似登天然, 似不可及也, 何不使彼爲可幾及而日孳孳也?” 孟子曰: “大匠不爲拙工改廢繩墨, 羿不爲拙射變其彀率. 君子引而不發, 躍如也. 中道而立, 能者從之.”

천하에 도가 있을 때와 없을 때의 처신법 13.42

맹자께서 말씀하셨다.

“천하에 도가 있을 때는 죽을 때까지 도를 따르고, 천하에 도가 없을 때는 자신을 희생해서라도 도를 따르는 것이니, 도를 가지고 남을 따른다는 것[43]은 아직 듣지 못했다.”

孟子曰: “天下有道, 以道殉身, 天下無道, 以身殉道, 未聞以道殉乎人者也.”

43) 원문의 “이도순호인以道殉乎人”을 번역한 것으로, 주희는 “도로써 남을 따르는 것은 아녀자의 도이다〔以道從人, 妾婦之道〕”라고 했다.

맹자가 대답해주지 않은 이유 13.43

공도자가 말했다.

"등경滕更[44]은 [선생님의] 문하에 있으니, 예우받을 바가 있을 듯한데 [그가 물어도] 대답도 하지 않으시는 것은 무엇 때문입니까?"

맹자께서 말씀하셨다.

"고귀한 신분을 믿고 물으며, 어짊을 믿고 물으며, 나이 많음을 믿고 물으며, 공로를 세운 것이 있음을 믿고 물으며, 저의를 가지고 묻는 경우에는 모두 대답해주지 않는 것이니, 등경이 [이 중에] 두 가지를 가지고 있었다."

公都子曰: "滕更之在門也, 若在所禮, 而不答, 何也?" 孟子曰: "挾貴而問, 挾賢而問, 挾長而問, 挾有勳勞而問, 挾故而問, 皆所不答也. 滕更有二焉."

너무 빠르지도, 너무 느리지도 않게 13.44

맹자께서 말씀하셨다.

"그만둘 수 없는데도 그만두는 자는 그만두지 않는 것이 없고, 두텁게 해야 하는데도 각박하게 한다면 각박하지 않은 것이 없을 것이다. 그 나아가는 데 날랜 자는 그 뒤로 물러나는 것도 빠르다."

---

44) 등경滕更에 대해 조기는 "등滕나라 군주의 동생으로 맹자에게 와서 배운 자이다(滕君之弟, 來學於孟子也)"라고 하였다.

孟子曰: "於不可已而已者, 無所不已. 於所厚者薄, 無所不薄也. 其進銳者, 其退速."

군자의 사랑법 13.45

맹자께서 말씀하셨다.

"군자가 만물에 대해서는 사랑하기만 하고 인하지는 않으며, 백성에 대해서는 인하기만 하고 친하지는 않으니, 친지를 친애하고서 백성을 인하게 하고, 백성을 인하게 대하고서 만물을 사랑하는 것이다."

孟子曰: "君子之於物也, 愛之而弗仁, 於民也, 仁之而弗親. 親親而仁民, 仁民而愛物."

일의 우선순위 13.46

맹자께서 말씀하셨다.

"지혜로운 사람은 알지 못하는 것이 없지만, 마땅히 힘써야 할 일을 급한 것으로 여기고, 인仁한 사람은 사랑하지 않는 것이 없으나 현능한 이를 친히 하는 것을 급한 용무로 여긴다. 요순의 지혜로도 사물을 두루 알지 못한 것은 먼저 힘써야 할 일을 급한 일로 여겼기 때문이고, 요순의 인으로도 사람을 두루 사랑하지 않은 것은 현능한 이를 친히 하는 것을 급한 일로 여겼기 때문이다. 삼년상은 능하지 못하면서 [삼개월상인] 시마복과 [오개월상인] 소공복[45]은 자세히 살피고, 밥을 크게 떠서 먹고 국을 오래 마시면서[46] 마른고기를 이[齒]로 끊지 말아야 하는 것을 따져 묻는 것, 이것을 힘써야 할 일을 알지 못한다고 말하는 것이다."

孟子曰: "知者無不知也, 當務之爲急, 仁者無不愛也, 急親賢之爲務. 堯舜之知而不徧物, 急先務也, 堯舜之仁不徧愛人, 急親賢也. 不能三年之喪, 而緦小功之察, 放飯流歠, 而問無齒決, 是之謂不知務."

---

45) 원문의 "소공小功"을 번역한 것으로, 다섯 달 동안 입는 상복인데 외손자가 외조부모를 위해 이 같은 종류의 상복을 입었다는 의미다.

46) 원문의 "방반放飯"을 번역한 것으로, 조기의 주석을 참조하면 "크게 밥을 뜨는 것(大飯)"이고, "유철流歠"은 "길게 마시는 것(長歠)"이다. 양보쥔에 의하면 '방반유철放飯流歠'은 "크게 밥을 떠먹고 거칠게 마시는 것(大吃猛喝)"을 뜻한다. 《예기》〈곡례〉에 "밥을 크게 뜨지 말고, 국을 오래 마시지 말라(毋放飯, 毋流歠)"고 했는데, 조기는 "윗사람 앞에서 받은 음식을 먹을 때 밥을 크게 뜨는 것과 길게 마시는 것은 불경함이 큰 것이다(於尊者前賜食, 大飯長歠, 不敬之大者)"라고 했다.

제14편

진심 하

盡心下

【해설】

전체가 38장으로 이루어진 이 편은 1장에서 인하지 못한 양나라 혜왕을 비판하는 것으로 시작해서 혜왕이 그토록 고집했던 토지에 대한 욕망과 그것을 차지하기 위한 전쟁으로 자식에게까지 해가 미친다는 것을 밝히고 있다. 2장에서는 정당한 전쟁은 없다는 시각을 보여주며, 이 장의 내용은 4장으로 이어진다. 7장에서는 남의 아버지를 함부로 죽이면 안 된다는 가르침을 주고 있으며, 8장에서는 세금 수탈을 위해 관문을 설치한 것을 꼬집는다. 9장부터는 도를 행해야 하고, 덕을 완벽하게 갖춘 사람만이 이익이 난무하는 난세를 바로잡을 수 있다고 말한다. 부귀를 가볍게 여기라는 조언과 인한 자만이 천하를 얻는다는 13장의 발언 등을 통해 맹자의 정치사상이 인에 있다는 점을 재차 확인하게 된다.

이 편의 백미는 14장에서 백성과 사직과 군주의 순위를 매긴 것인데, 군주는 가장 가볍다면서 백성을 귀한 존재로 둔 것은 맹자의 민본사상으로 역성혁명과 호응하는 중요한 구절로서, 봉건제 아래에서 이런 주장을 펼친 맹자의 용기에 찬사를 보내게 된다. 즉 군주라고 해도 백성을 귀하게 여겨 그들을 폭정으로 억압하거나 부역에 동원하고 사리사욕을 채우는 수단으로 활용해서는 안 된다는 강력한 메시지를 전하고 있는 것이다.

17장에는 공자와 관련된 이야기가 여러 차례 등장하며, 18장에서도 공자가 죽을 뻔한 고비를 넘기면서 유세한 것을 거론하고 있다. 23장에서는 실행하기 힘든 불가능한 일을 풍부馮婦라는 인물에 비유하면서 왕도정치를 실현하는 것이 어려운 일임을 말하고 있다. 24장에서도 성선의 입장에서 인간이 추구하는 본성에 대한 긍정과 결국 인간의 노력 여하에 따라 운명이 바뀌게 된다는 점을 강조하고 있다.

악정자의 인물됨을 평한 25장이나 이단을 대하는 맹자의 태도를 말한 26장, 적당한 과세 정책을 다시 환기한 27장도 의미 있는 장이다. 28장에서는 제후의 보배 세 가지가 토지와 백성, 정사임을 말하면서도 그 중심에 백성이 있음을 또다시 강조하고 있다. 31장은 맹자 성선설의 핵심인 '차마 하지 못하는 마음'의 개념을 다시 거론하고 있으며, 32장과 33장은 군자의 말과 자신을 지키는 태도와 명예를 소중하게 생각하라고 충고한다. 34장에서는 제후에게 유세할 때도 당당함을 잃지 않는 맹자의 기상이 엿보이며, 35장에서는 마음 수양법으로 욕심을 줄이라는 조언을 다시 한다. 36장은 증자가 왜 효자인지 말해주고 있으며, 37장에서는 공자의 말을 인용하여 네 가지 인물 유형을 상세히 설명하고 있어 맹자가 생각하는 인물상과 공자가 생각하는 인물상의 기본이 같음을 보여준다.

맨 마지막 38장은 유가의 도를 계승하고자 하는 맹자의 간절한 바람과 탄식이 묻어난다. 맹자가 늘 우려한 대로 양주와 묵적의 설이 세상에 횡행한 현실을 보면서 공자도 우려한 것처럼, 이단을 내치고 제후들에게 성현의 도, 즉 유가의 사상을 전수하려는 맹자의 다짐이 깃들어 있다. 공자의 뒤를 잇겠다고 자부한 맹자의 이런 생각은 결국 한나라의 통치 이념으로 유학이 자리 잡으면서 청대에 이르기까지 주류로서 자리를 굳건히 하게 했다.

인하지 못한 양 혜왕이여 14.1

맹자께서 말씀하셨다.

"인하지 않구나, 양 혜왕이여! 인한 자는 자신이 사랑하는 것으로 사랑하지 않는 데에 미치고, 인하지 못한 자는 사랑하지 않는 것으로 사랑하는 데에 미친다."

공손추가 여쭈었다.

"무엇을 말씀하시는 것입니까?"

[맹자께서 말씀하셨다.]

"양 혜왕은 영토 때문에 자신의 백성을 피와 살이 썩어 문드러지도록[1] 싸우게 했는데, 크게 지고 나서 다시 전쟁하려고 하면서도 이기지 못할까 두려워 그가 사랑하는 자제들을 몰아서 죽게 만들었으니,[2] 이를 일컬어 자신이 사랑하지 않는 것으로 사랑하는 데에 미친다고 하는 것이다."

孟子曰: "不仁哉梁惠王也! 仁者以其所愛及其所不愛, 不仁者以其所不愛及其所愛." 公孫丑問曰: "何謂也?" "梁惠王以土地之故, 糜爛其民而戰之, 大敗, 將復之, 恐不能勝, 故驅其所愛子弟以殉之, 是之謂以其所不愛及其所愛也."

---

1) 원문의 "미란기민糜爛其民"을 번역한 것으로, "미란糜爛"의 개념에 대해 "백성을 싸우게 하여 그들의 피와 살을 썩어 문드러지도록 한 것이다(使之戰鬪, 糜爛其血肉也)"라고 한 주희 설을 따랐다.

2) 원문의 "구기소애자제이순지驅其所愛子弟以殉之"에 대해 해당 내용이 제1편 〈양혜왕 상〉 5장에 보인다.

의로운 전쟁은 없다 14.2

맹자께서 말씀하셨다.

"《춘추》에 [기록된] 의로운 전쟁은 없으나, 저 나라의 군주가 이 나라의 군주보다 [상대적으로] 나은 경우는 있었다. 정벌(征)[3]이란 윗사람[천자]이 아랫사람[제후]을 친다는 것이니, 적대시하는 나라[4]끼리 서로 정벌하는 것이 아니다."

孟子曰: "春秋無義戰. 彼善於此, 則有之矣. 征者, 上伐下也, 敵國不相征也."

《서경》만 믿으라고? 14.3

맹자께서 말씀하셨다.

"《서경》의 내용을 다 믿는다면 《서경》이 없는 것만 못하다. 나는 〈무성武成〉[5] 편에 대해서 두세 쪽만을 받아들였을 뿐이다. 인한 사람은 천하에 대적할 사람이 없으니, [주나라 무왕처럼] 지극히 인한 것으로 [은나라 주왕처럼] 지극히 인하지 못한 사람을 정벌했으

---

3) "정征" 자의 개념에 대해 조기는 천자가 죄를 지은 제후를 토벌한다는 의미로 본 반면, 주희는 "'정'은 사람을 바로잡는 것이다. 제후가 죄가 있으면 천자가 토벌하여 그를 바로잡는 것이다. 이는 《춘추》에 의로운 전쟁이 없다는 이유이다(征, 所以正人也. 諸侯有罪, 則天子討而正之. 此春秋所以無義戰也)"라고 풀이했다.

4) 원문의 "적국敵國"을 번역한 것으로, 이것을 "동등한 제후국" 혹은 "대등한 나라"라는 식으로 의역한 번역본도 있으나, 전국시대는 상대국이라는 개념보다는 "적대시하는 나라"라는 의미가 더 타당하다고 본다.

니, 어찌 그 피가 흘러 절굿공이마저 떠다니게 하는 일이 있었겠는가?"[6]

孟子曰: "盡信書, 則不如無書. 吾於武成, 取二三策而已矣. 仁人無敵於天下, 以至仁伐至不仁, 而何其血之流杵也?"

인한 이의 정벌이란 바로잡는다는 의미 14.4

맹자께서 말씀하셨다.

"어떤 사람이 말하기를 '나는 진陳을 잘 구축하며, 나는 전쟁을 잘한다'라고 하면 큰 죄이다. 나라의 군주 된 이가 인仁을 좋아하면 천하에 대적할 자가 없으니, [탕왕이] 남쪽을 향하여 정벌하자 북쪽에 있는 오랑캐가 원망하고, 동쪽을 향하여 정벌하자 서쪽에 있는 오랑캐가 원망하여 '어찌하여 [정벌함에] 우리를 뒤에 두는가?'라고 했다. 무왕이 은나라를 정벌할 때에 무장한 수레가 300대였고, 호랑이처럼 날랜 군사가 3,000명이었다. 왕이 말씀하기를 '두려워하지 마라! 너희를 편안히 하려는 것이지, 백성을 대적하려는 것이

5) 〈무성〉은 《상서》의 편명으로, 양보쥔은 "주나라 무왕이 은나라 주왕을 정벌할 때의 일을 서술했다. 오늘날의 〈무성〉은 《위고문상서》로, '피가 흘러 절굿공이마저 떠다니게 했다〔血流漂杵〕'라고 서술한 것은 은나라 주왕의 병사들이 창을 거꾸로 잡고 자기네들끼리 찔러 죽여 그렇게 된 것이라고 했으나 《맹자》의 원래 의미와 합치되지 않는다"라고 했다.

6) 이 장에 대한 주희의 주석을 참조할 만하다. "《서경》의 본래 뜻은 곧 상商나라 사람들이 스스로 서로 죽였음을 말한 것이지, 무왕이 그들을 죽인 것이라고 말한 것은 아니다. 맹자가 이러한 말씀을 하신 것은 후세에 미혹되거나 또 인하지 않은 마음을 조장할까 두려워했기 때문이다〔書本意, 乃謂商人自相殺, 非謂武王殺之也. 孟子之設是言, 懼後世之惑, 且長不仁之心耳〕."

아니다'라고 하시자, [은나라 사람들이] 마치 산모퉁이가 무너지는 듯하며 뿔을 땅에 닿을 듯이[7] 이마를 조아려 절을 했다. 정벌이란 말은 '바로잡는다(正)'는 뜻으로, 저마다 자기 나라를 바로잡아주기를 바라니, 어찌하여 전쟁을 하겠는가?"

孟子曰: "有人曰: '我善爲陳, 我善爲戰.' 大罪也. 國君好仁, 天下無敵焉. 南面而征, 北狄怨, 東面而征, 西夷怨, 曰: '奚爲後我?' 武王之伐殷也, 革車三百兩, 虎賁三千人. 王曰: '無畏! 寧爾也, 非敵百姓也.' 若崩厥角稽首. 征之爲言正也, 各欲正己也, 焉用戰?"

기술 전수의 완전함은 없다 14.5

맹자께서 말씀하셨다.

"목수와 수레바퀴와 차체 만드는 사람[8]은 그 방법을 다른 사람에게 전수해줄 수는 있어도 남에게 기교를 다 터득하게 할 수는 없다."

孟子曰: "梓匠輪輿能與人規矩, 不能使人巧."

7) 원문의 "궐각厥角"을 번역한 것으로, 양보쥔은 "'궐厥'은 '넘어지다(蹶)'와 같아 '조아리다(頓)'의 뜻이다.《설문해자》에 '돈은 머리를 아래로 내리는 것이다(頓, 下首也)'"라고 했다. 한편 "약붕궐각若崩厥角"에 대해 정약용은 "'약붕궐각' 네 글자는 은나라 백성이 마치 가뭄에 비가 내린 듯한 심정을 형용한 것이다(若崩厥角四字, 形容殷民如旱得雨之情)"라고 주석을 달았다.

순임금의 마음가짐 14.6

맹자께서 말씀하셨다.

"순임금이 말린 밥을 먹고 푸성귀를 먹을 때에는 죽을 때까지 그렇게 하실 듯하시더니, 천자가 되기에 이르러서는 삼베로 만든 홑옷을 입고[9] 거문고를 타시며, [요임금의] 두 딸이 모시는[10] 것을 마치 본래부터 누리고 있었던 듯 여기셨다."[11]

---

8) 원문의 "재장윤여梓匠輪輿"를 번역한 것으로, 주희는 "장주가 논한 바인 '수레바퀴를 깎다'라는 뜻은 이와 같은 것이다(莊周所論斲輪之意, 蓋如此)"라고 했는데, 좀 더 부연하여 설명하면 이렇다. 제나라 환공이 대청 위에서 글을 읽고 있을 때 윤편輪扁이 뜰 아래에서 수레바퀴를 깎고 있었다. 그가 망치와 끌을 놓고 올라와서 환공에게 "군주께서 읽고 계신 것이 무슨 말씀인지 감히 여쭙고 싶습니다"라고 하자 환공은 성인의 말씀이라고 답했다. 다시 묻는 말이 성인은 살아 있는 분이냐고 하자 이미 죽었다는 답이 돌아왔다. 그렇다면 옛사람의 찌꺼기 혼백일 뿐이라고 한마디를 덧붙이자, 환공은 대뜸 수레바퀴공 따위가 어찌 논의에 끼어드냐고 하면서 근거를 대지 않으면 죽여버리겠다고 했다. 그러자 윤편은 이렇게 답했다. "신은 신이 하는 일로 그 일을 보았습니다. 수레바퀴를 깎을 때 엉성하게 깎으면 헐거워 견고하지 않고, 꼭 끼게 깎으면 빠듯해서 서로 들어맞지 않습니다. 엉성하지도 않고 꼭 끼지도 않으며 그것이 손에 익고 마음에 호응하여 이루어지는 것이지, 입으로 말할 수는 없습니다. 그 사이에 법도가 있기는 합니다만, 저는 그것을 제 아들에게 가르쳐줄 수 없고, 제 아들도 그것을 제게서 배울 수가 없습니다. 그래서 나이 일흔 노인이 되도록 수레바퀴를 깎고 있는 것입니다. 옛사람과 그의 전할 수 없는 정신은 함께 죽어버린 것입니다. 그러니 군주께서 읽고 계신 것은 옛사람들의 찌꺼기 혼백일 뿐입니다(臣也以臣之事觀之. 斲輪, 徐則甘而不固, 疾則苦而不入. 不徐不疾, 得之於手而應於心, 口不能言. 有數存焉於其間, 臣不能以喻臣之子, 臣之子亦不能受之於臣. 是以行年七十而老斲輪. 古之人與其不可傳也死矣. 然則君之所讀者, 古人之糟魄已夫)." 즉 오랫동안 전심專心과 자기 수양의 과정을 거치면서 손과 마음이라는 감각을 터득한 뒤라야 어떤 얽매임도 없는 경지에 올라설 수 있다는 것이다. 마음과 손이라는 감각, 천지자연의 이치에 순응하는 것이므로 막히거나 걸리지 않는다는 논리다.

9) 원문의 "진의袗衣"를 번역한 것으로, 조기는 "'진'은 '그림을 그린다'이다(袗, 畫也)"라고 풀이했는데, 양보쥔은 조기의 해석에 대해 경전에서 실례와 증거가 없어 믿을 수 없다고 비판했다.

孟子曰: "舜之飯糗茹草也, 若將終身焉, 及其爲天子也, 被袗衣, 鼓琴, 二女果, 若固有之."

남의 아버지를 죽이면 안 되는 이유 14.7

맹자께서 말씀하셨다.

"나는 이제야 남의 아버지를 죽이는 일이 얼마나 심각한 것[12]인지를 알았다. 남의 아버지를 죽이면 남도 나의 아버지를 죽이게 되고, 남의 형을 죽이면 남도 나의 형을 죽이게 될 터이니, 그렇다면 자신이 직접 아버지와 형을 죽인 것은 아니지만 [그렇게 한 것과] 다를 바 없을[13] 뿐이다."

孟子曰: "吾今而後知殺人親之重也. 殺人之父, 人亦殺其父, 殺人之兄, 人亦殺其兄. 然則非自殺之也, 一間耳."

10) 원문의 "과果"를 번역한 것으로, 조기는 "'과'는 모신다는 뜻이다〔果, 侍也〕"라고 풀이했다. 《설문해자》에 "와婐"라고 쓰고, "여자가 시중드는 것을 '와'라고 한다〔女侍婐〕"고 했다. 이에 대해 송시열은 "두 여자가 순임금을 모신다는 뜻〔二女侍御於舜之意〕"이라고 부연했다.

11) 이 문장이 시사하는 바는 곤궁한 처지든 존귀한 처지든 동요하지 않는 자세가 순임금의 처신법이라는 것이다.

12) 이 문장과 관련하여 《예기》〈곡례〉에 나오는 "아버지의 원수와는 함께 하늘을 이고 살지 않고, 형제의 원수를 보고 무기를 물리지 않으며, 친구의 원수와는 같은 나라에서 살지 않는다〔父之讐弗與共戴天, 兄弟之讐弗反兵, 交遊之讐弗同國〕"라고 한 말을 염두에 두고 읽어야 한다.

13) 원문의 "일간一間"을 번역한 것으로, 간격이나 떨어짐이라는 의미의 "간間" 자를 살려 '한 사이', 즉 거리가 아주 가까움을 말한다. 역자는 우리말 어감을 살려 "다를 바 없이"라고 번역했음을 부기한다.

관문을 만든 서로 다른 이유 14.8

맹자께서 말씀하셨다.

"옛날에 [국경의] 관문을 만든 이유는 난폭한 자를 막고자 함이었는데, 오늘날 관문을 만든 이유는 난폭한 짓[14]을 하기 위함이다."

孟子曰: "古之爲關也, 將以禦暴, 今之爲關也, 將以爲暴."

자신이 도를 행하지 않으면 설득력이 없다 14.9

맹자께서 말씀하셨다.

"자신이 도를 실행하지 않으면 [그 도가] 아내와 자식에게도 실행되지 않고, 남을 부리는 데 도로써 하지 않으면 아내와 자식에게도 실행되지 않는다."

孟子曰: "身不行道, 不行於妻子, 使人不以道, 不能行於妻子."

이익과 덕을 갖춘 자 14.10

맹자께서 말씀하셨다.

"이익을 충족한[15] 자는 흉년도 [그를] 죽이지 못하고, 덕을 충족한

14) 원문의 "폭暴" 자를 번역한 것으로, 관문을 통과하는 자들에게 세금을 무겁게 매기는 것을 비유한 말이다. 제3편 〈공손추 상〉 5장에 "관문에서 [인적 사항을] 검문하기만 하고 통행세를 거두어들이지 않았다〔關, 譏而不征〕"라고 하여 이와 관련된 문장이 보인다.

자는 사특한 세상도 [그를] 어지럽히지 못한다."

孟子曰: "周于利者凶年不能殺, 周于德者邪世不能亂."

명예를 좋아하는 자는 나라도 사양한다 14.11

맹자께서 말씀하셨다.

"명예를 좋아하는 사람은 천 대의 수레를 내는 나라를 사양할 수 있지만, 만일 그런 사람이 아니라면 한 그릇 밥과 한 그릇 국에도 낯빛에 나타난다."

孟子曰: "好名之人能讓千乘之國, 苟非其人, 簞食豆羹見於色."

정치의 요체 세 가지 14.12

맹자께서 말씀하셨다.

"인한 사람과 현명한 사람을 믿지 않으면 나라가 텅 비게 되고,[16] 예의가 없으면 위아래가 어지럽게 되며, [올바른] 정치가 없으면 재정의 쓰임이 부족하게 된다."

---

15) 원문의 "주周"를 번역한 것으로, 주희는 "족하다는 뜻이다. 쌓이는 것이 두터우면 사용하는 것에 여유가 있는 것을 말한 것이다(足也. 言積之厚則用有餘)" 라고 풀었다.

16) 원문의 "공허空虛"를 번역한 것으로, 주희는 "'공허'는 사람이 없는 것과 같음을 말한다(空虛, 言若無人然)"라고 했는데, 그 의미는 다소 불분명하다.

孟子曰: "不信仁賢, 則國空虛, 無禮義, 則上下亂, 無政事, 則財用不足."

인해야 천하를 얻는다 14.13

맹자께서 말씀하셨다.

"인하지 않고서 나라를 얻은 자는 있지만, 인하지 않고서 천하를 얻은 일은 없다."

孟子曰: "不仁而得國者, 有之矣, 不仁而得天下, 未之有也."

백성이 귀하고 군주는 가볍다 14.14

맹자께서 말씀하셨다.

"백성이 귀하고, 사직[17]은 그다음이며, 군주는 가벼운 것이다. 이 때문에 천한 백성[18]에게 [마음을] 얻은 자가 천자가 되고, 천자에게

---

17) 원문의 "사직社稷"에 대해 주희는 "'사社'는 토지 신이고 '직稷'은 곡물 신이니, 나라를 세우면 제단을 세워 제사를 지낸다. 대개 나라는 백성을 근본으로 삼고 사직도 백성을 위해 세우며, 군주의 존귀함은 또 두 가지의 존망에 관계한다. 그러므로 그 가볍고 무거움이 이와 같은 것이다〔社, 土神, 稷, 穀神, 建國則立壇壝以祀之. 蓋國, 以民爲本, 社稷, 亦爲民而立, 而君之尊, 又係於二者之存亡. 故其輕重, 如此〕"라고 풀이했다. 《주례도周禮圖》에 "사·직의 단은 나란히 있는데, 사단은 동쪽에 있고, 직단은 서쪽에 있으며, 각각 세 가지 등급이 있다. 제단은 사방 모퉁이에 구矩와 같이 곡방曲方으로 한다〔社稷壇相竝, 社壇在東, 稷壇在西, 各三級. 壝在四隅, 如矩曲方〕"라고 한 기록을 참조할 만하다.

18) 원문의 "구민丘民"을 번역한 것으로, 이 개념에 대해 주희는 "논밭의 백성이니, 매우 미천하다〔田野之民, 至微賤也〕"라고 했다.

[마음을] 얻은 자가 제후가 되고, 제후에게 마음을 얻은 자가 대부가 된다. 제후가 사직을 위태롭게 하면 [제후를] 바꾸어 놓는다. 희생이 이미 살지고 제물이 이미 정결하여 제사를 제때에 지냈으나, 가뭄이 들거나 홍수가 나면 사직을 바꾸어 설치한다."

孟子曰: "民爲貴, 社稷次之, 君爲輕. 是故得乎丘民而爲天子, 得乎天子爲諸侯, 得乎諸侯爲大夫. 諸侯危社稷, 則變置. 犧牲旣成, 粢盛旣絜, 祭祀以時, 然而旱乾水溢, 則變置社稷."

성인은 백 세대의 스승이다 14.15

맹자께서 말씀하셨다.

"성인은 백 세대의 스승이니, 백이와 유하혜가 이와 같은 분이다. 그러므로 백이의 풍도를 들은 자들이라면, 지각 없는 자는 청렴해지고 나약한 자는 지조를 갖게 되며, 유하혜의 풍도를 들은 자들이라면 경박한 자는 돈후하게 되고 속이 좁은 사람은 너그러워진다. 백 세대 위에서 분발하거든 백 세대의 아래에서 [풍도를] 들은 자 중에서 분발하여 일어나지[19] 않는 자가 없으니, 성인이 아니고서야 이와 같을 수 있겠는가? 하물며 그들을 가까이하여 친히 교화된[20] 자에 있음에랴."

19) 원문의 "흥기興起"를 번역한 것으로, 조기는 "뜻이 흥기하는 것이다〔誌意興起也〕"라고 했고, 주희는 "감동하고 분발하는 것이다〔感動奮發也〕"라고 풀이했다.

20) 원문의 "친자親炙"를 번역한 것으로, 주희는 "친근하여 그것에 교화되는 것이다〔親近而薰炙之也〕"라고 했다.

孟子曰: "聖人, 百世之師也, 伯夷柳下惠是也. 故聞伯夷之風者, 頑夫廉, 懦夫有立志, 聞柳下惠之風者, 薄夫敦, 鄙夫寬. 奮乎百世之上, 百世之下, 聞者莫不興起也. 非聖人而能若是乎. 而況於親炙之者乎."

인仁과 도道 14.16

맹자께서 말씀하셨다.
"인仁이란 사람(人)이라[21]는 말로, [인과 사람을] 합해서 말하면 도道이다."

孟子曰: "仁也者, 人也. 合而言之, 道也."

공자가 노나라를 떠날 때와 제나라를 떠날 때 14.17

맹자께서 말씀하셨다.
"공자께서 노나라를 떠나실 때는 '더디고 더디구나, 내 발걸음이여!'라고 하셨으니 부모 같은 나라를 떠나는 도이고, 제나라를 떠나실 때는 [밥을 지으려고] 담갔던 쌀마저 건져 가지고 떠나셨으니 이는 다른 나라를 떠나는 도이다."

孟子曰: "孔子之去魯, 曰: '遲遲吾行也!', 去父母國之道也. 去齊, 接

---

21) 《설문해자》에도 "인은 친하다는 뜻이다. '사람 인'과 '두 이'를 따른다(仁, 親也. 從人二)"라고 했다. 《중용》 20.5에서도 "인이란 사람이라는 뜻이다(仁者, 人也)"라고 했다.

淅而行, 去他國之道也."

공자가 두 나라 사이에서 곤궁을 당한 이유 14.18

맹자께서 말씀하셨다.

"군자가 진陳나라와 채蔡나라 사이에서 곤액을 겪으신 것[22]은 [두 나라] 위아래의 교분이 없었기 때문이다."

孟子曰: "君子之戹於陳蔡之間, 無上下之交也."

비난받고 있다는 것 14.19

맥계가 말했다.

"저는 남에 의하여 크게 비난받고[23] 있습니다."

맹자께서 말씀하셨다.

"상심할 것이 없다. 선비는 더욱 구설이 많은 법이니, 《시경》에

22) 이 장에서 '군자'는 공자를 가리키는데, 이 일과 관련하여 《논어》〈선진〉 11.2에 "공자께서 말씀하셨다. '진나라와 채나라에서 [재난을 당했을 때] 나를 따랐던 자는 모두 문하에 남아 있지 않다'(子曰: '從我於陳蔡者, 皆不及門也')"라는 기록이 있으며, 〈위령공〉 15.1에도 보인다. 《사기》〈공자세가〉에도 자세한 기록이 보인다. "[공자가 진나라에 있을 때] 오나라가 진나라를 쳤다. 이때 초나라가 진나라를 구하기 위해서 군사를 일으켰다. [초나라 소왕이] 공자가 진과 채 사이에 있다는 것을 듣고 공자를 초빙하려고 했으나 진나라와 채나라 대부들이 [공자를 가지 못하게] 계획을 세워 말했다. …… 이에 공자를 들에 포위하여 [일주일 동안 갇혀서] 식량도 떨어지고 곁에 문하들이 병이 들어 따르지 못했다(吳伐陳. 楚救陳, 軍于城父. 聞孔子在陳蔡之間, 楚使人聘孔子. 孔子將往拜禮, 陳蔡大夫謀曰: …… 於是乃相與發徒役圍孔子於野. 不得行, 絕糧. 從者病, 莫能興)."

이르기를 '근심스러운 마음으로 가득하여 소인들에게 노여움을 사는구나'라고 했으니 이는 공자 같은 분이고, '그들의 노여움을 없애지는 못했으나, 또한 그 명망을 떨어뜨리지는 않았다'라고 했으니, 문왕 같은 분이다."

貉稽曰: "稽大不理於口." 孟子曰: "無傷也. 士憎茲多口. 詩云, '憂心悄悄, 慍于羣小.' 孔子也. '肆不殄厥慍, 亦不隕厥問.' 文王也."

오늘날 현자인 체하는 자 14.20

맹자께서 말씀하셨다.

"현능한 자는 자신의 밝음으로써 남을 밝게 하는데, 오늘날 사람들은 자신의 어리석음으로써 남을 밝게 하려고 한다."

孟子曰: "賢者以其昭昭使人昭昭, 今以其昏昏使人昭昭."

샛길도 사용하면 큰길이 되거늘 14.21

맹자께서 고자에게 일러 말씀하셨다.

---

23) 원문의 "불리不理"를 번역한 것으로, 《광아》〈석고〉에 "'리'는 순조롭다는 뜻이다〔理, 順也〕"라고 했다. 왕염손은 《광아》〈소증〉에서 《주역》〈설괘전〉에 "도덕에 화순하고 의에 순조롭다〔和順於道德而理於義〕"라고 한 말과 《주례》〈고공기〉에 "도랑에 물의 흐름이 순조롭지 않은 것을 일러 배수가 되지 않는다고 한다〔水屬不理孫, 謂之不行〕"는 말을 근거로 내세웠다. 역자는 의역하여 '비난받다'로 번역했다.

"산비탈[24]에 발자국이 난 작은 샛길[25]도 잠깐 동안이라도 다니면 길을 이루고, 잠깐이라도[26] 다니지 않으면 띠풀이 자라 [길을] 막게 되니, 지금 띠풀이 그대의 마음을 막고 있구나."

孟子謂高子曰: "山徑之蹊, 間介然用之而成路, 爲間不用, 則茅塞之矣. 今茅塞子之心矣."

우임금의 음악이 문왕의 음악보다 나은 근거 14.22

고자가 말했다.

"우임금의 음악이 문왕의 음악보다 더 낫습니다."

맹자께서 말씀하셨다.

"무엇으로 그렇게 말하는가?"

[고자가] 말했다.

"종을 매단 끈이 끊어지려 하기[27] 때문입니다."

[맹자께서] 말씀하셨다.

"그것이 어째서 충분한 이유가 되겠는가? 성문의 수레바퀴 자국

24) 원문의 "산경山徑"을 번역한 것으로, '경徑'은 '산비탈 형陘' 자와 같다. 《광아》 〈석구〉에 "'형'은 산비탈이다(陘, 阪也)"라고 했다.

25) 원문의 "혜蹊"를 번역한 것으로, '지름길 혜徯' 자와 같다. 단옥재의 《설문해자주》에 "《맹자》에서는 '산비탈의 길'이라고 하고, [《예기》] 〈월령〉에서는' 사잇길을 막다'라고 했는데, 대개 먼저 간 사람이 후에 간 사람을 기다리는 길을 '혜'라고 한다(孟子, 山徑之蹊. 月令, 塞徯徑. 凡始行之以待後行之徑曰蹊)"고 했다.

26) 원문의 "위간爲間"을 번역한 것으로, 양보쥔은 '유간有間'과 같으며, "시간이 오래지 않다는 뜻(爲時不久之意)"이라고 했고, 주희는 '적은 시간(少頃)'이라고 했다.

이 두 말[28]의 힘만[으로 생긴 것]이겠는가?"

高子曰: "禹之聲尚文王之聲." 孟子曰: "何以言之?" 曰: "以追蠡." 曰: "是奚足哉? 城門之軌, 兩馬之力與?"

옛 명성에 기대면 비웃음뿐이다14.23

제나라에 흉년이 드니, [제자] 진진이 말했다.

"나라 사람들이 모두 선생님께서 장차 다시 [왕에게] 당읍의 창고를 열어 구제하도록 하실 것이라고 기대하는데, 아마도 다시 [그렇게] 할 수가 없을 듯합니다."

맹자께서 말씀하셨다.

"이것은 [나를] 풍부馮婦[29] 같은 사람으로 만들려는 것과 같다. 진晉나라 사람 중에 풍부라는 자가 호랑이를 잘 잡았는데 졸지에 좋

27) 원문의 "추려追蠡"를 번역한 것으로, 종의 끈이 끊어지려는 모양이다. 양보쥔은 "'추'를 옛날에는 '퇴'로 읽었다(追舊讀堆)"라고 했다. 조기는 "'추'는 종의 끈이다(追, 鍾鈕也)"라고 했고, "'려'는 끊어지려고 하는 모양이다(蠡, 欲絕之貌也)"라고 했다. 주희는 풍직豐稷의 말을 인용하여 "'추'는 종의 끈이니,《주례》에 이른바 '선충旋蟲'이 이것이다. '려'는 나무를 파먹는 벌레이다. 우임금 때의 종으로 현존하는 것은 종의 끈이 벌레가 파먹은 것과 같아서 끊어지려고 하니, 대개 그것(음악)을 사용한 자가 많은 것이고, 문왕의 종은 그렇지 않기 때문에 우임금의 음악이 문왕의 음악보다 나은 것을 안다고 말한 것이다(追, 鐘紐也, 周禮所謂旋蟲, 是也. 蠡者, 齧木蟲也. 言禹時鐘在者, 鐘紐如蟲齧而欲絕, 蓋用之者多, 而文王之鐘, 不然, 是以, 知禹之樂, 過於文王之樂也)"라고 주석했다.

28) 원문의 "양마兩馬"를 번역한 것으로, 조기는 '양마'를 '국마國馬'와 '공마公馬' 두 종류의 말로 해석했다. 역자도 직역하여 두 말이라고 했지만, 구설에 따라 '몇 마리 말'로 풀이해도 좋다.

29) 풍부馮婦에 대하여 조기는 "풍은 성이고, 부는 이름이다(馮, 姓, 婦, 名也)"라고 주석을 달았다.

은 벼슬아치[30]가 되었다. [한번은] 들에 갔는데 여러 사람이 호랑이를 쫓고 있었다. 호랑이가 산모퉁이를 등지고 있자 사람들이 감히 달려들지 못하더니 풍부를 바라보고는 달려가서 맞이했다. 풍부가 팔을 걷어올리고 수레에서 내려오자, 뭇사람은 모두 그를 좋아했으나 선비들은 그를 비웃었다."

齊饑. 陳臻曰: "國人皆以夫子將復爲發棠, 殆不可復." 孟子曰: "是爲馮婦也. 晉人有馮婦者, 善搏虎, 卒爲善士. 則之野, 有衆逐虎. 虎負嵎, 莫之敢攖. 望見馮婦, 趨而迎之. 馮婦攘臂下車. 衆皆悅之, 其爲士者笑之."

본성과 운명의 근본 차이 14.24

맹자께서 말씀하셨다.

"입은 [좋은] 맛을 구하고,[31] 눈은 [아름다운] 색깔을 구하며, 귀는 [듣기 좋은] 소리를 구하고, 코는 [좋은] 냄새를 구하고,[32] 사지가 편안함을 구하는 것은 본성(性)에 속하지만, [이를 얻는 일은] 운명(命)에 달려 있다. [그러므로] 군자는 이것을 본성이라고 말하지 않는다.

---

30) 원문의 "선사善士"를 번역한 것으로, 제10편 〈만장 하〉 8장에서의 '선한 선비(善士)'와는 그 개념이 다르다는 점을 염두에 두어야 한다.

31) 원문의 "구지어미口之於味"를 번역한 것으로, 직역하면 "입은 맛에 대하여"라는 식의 번역이 가능한데, 여기서는 문맥의 의미를 살려 의역했다.

32) 이 문장에 대하여 양보쥔은 "'미味', '색色', '성聲'은 모두 중성사(좋고 나쁨의 뜻을 포함하지 않음)인데, 다만 여기서는 '좋은 맛', '좋은 색', '음악 소리'를 의미한다(味色聲都是中性詞(不含美惡之義), 但用在此處, 則指美味美色樂聲此種用法)"라고 했다.

인仁이 아버지와 자식 사이에 있고, 의義가 군주와 신하 사이에 있고, 예가 손님과 주인 사이에 있고, 지혜가 현자에게 있고, 성인이 천도와 하나가 되는 것은 운명에 속하지만, [실천하는 일은] 본성에 달려 있다. [그러므로] 군자는 이것을 운명이라 말하지 않는다."

孟子曰: "口之於味也, 目之於色也, 耳之於聲也, 鼻之於臭也, 四肢於安佚也, 性也, 有命焉. 君子不謂性也. 仁之於父子也, 義之於君臣也, 禮之於賓主也, 智之於賢者也, 聖人之於天道也, 命也, 有性焉. 君子不謂命也."

악정자의 인물됨을 평가하다 14.25

호생불해가 물었다.

"악정자는 어떤 사람입니까?"

맹자께서 말씀하셨다.

"선한 사람이며 신실한 사람이다."

[호생불해가 물었다.]

"무엇을 선함(善)이라고 하며, 무엇을 신실함(信)이라고 합니까?"

[맹자께서] 말씀하셨다.

"[도가] 좋아할 만한 것을 선함(善)이라고 하고,[33] 선을 자기 몸에 지닌 것을 신실함(信)이라고 하며, [선함이] 충실한 것을 아름다움

33) 원문의 "가욕지위선可欲之謂善"을 번역한 것으로, "가욕可欲"에 대해 정약용은 이렇게 풀이했다. "'가욕'이라는 것은 도가 좋아할 만한 것임을 아는 것이다(可欲者, 知道之可欲也)."

〔美〕이라고 하고, 충실하여 빛나는 것을 위대함〔大〕이라고 하며, 위대하면서 저절로 조화로운 것을 성스러움〔聖〕이라고 하고, 성스러워 알 수 없는 것을 신묘함〔神〕이라고 하는데, 악정자는 [선함과 신실함] 두 가지의 중간에 해당하고, [아름다움, 위대함, 성스러움, 신묘함] 네 가지의 아래에 해당한다."

浩生不害問曰: "樂正子何人也?" 孟子曰: "善人也, 信人也." "何謂善, 何謂信?" 曰: "可欲之謂善, 有諸己之謂信, 充實之謂美, 充實而有光輝之謂大, 大而化之之謂聖, 聖而不可知之之謂神. 樂正子, 二之中, 四之下也."

양주와 묵적의 설에서 유가로 돌아온 자들에 대한 걱정 14.26

맹자께서 말씀하셨다.

"묵적의 설에서 도망쳐 나오면 반드시 양주의 설로 돌아가고, 양주의 설에서 도망쳐 나오면 반드시 유학으로 돌아오니, 돌아오면 곧 받아줄 뿐이다. 오늘날 양주와 묵적과 변론하는 자들은 마치 달아난 돼지를 뒤쫓는 것과 같으니, 이미 그 우리로 들어왔는데도 따라다니며 [달아나지 못하게] 그들을 묶어놓는다."

孟子曰: "逃墨必歸於楊, 逃楊必歸於儒. 歸, 斯受之而已矣. 今之與楊墨辯者, 如追放豚, 既入其苙, 又從而招之."

세금을 줄여야 한다 14.27

맹자께서 말씀하셨다.

"삼베와 실에 대한 세금이 있고, 곡식에 대한 세금이 있으며, 인력을 부리는 세금이 있으니, 군자는 이들 중에서 한 가지만 쓰고 두 가지는 느슨하게 해준다. 두 가지를 함께 쓰면 백성이 굶어 죽고, 세 가지를 함께 쓰면 아버지와 자식도 흩어질 것이다."[34)]

孟子曰: "有布縷之征, 粟米之征, 力役之征. 君子用其一, 緩其二. 用其二而民有殍, 用其三而父子離."

제후의 보배 세 가지 14.28

맹자께서 말씀하셨다.

"제후의 보배가 세 가지이니, 토지와 백성과 정치이다. 구슬과 옥을 보배롭게 여기는 사람은 재앙이 반드시 몸에 미치게 될 것이다."

---

34) 이 장에 대한 주희의 해석이 명쾌하다. "세금을 징수하는 법은 해마다 일정한 셈이 있다. 그러나 베와 실은 여름에 취하고, 곡식은 가을에 취하며, 노역은 겨울에 취하여 마땅히 저마다 때에 맞게 해야 하니, 만약 이것들을 아울러 취한다면 백성의 힘이 견뎌내지 못하는 바가 있을 것이다〔征賦之法, 歲有常數. 然布縷, 取之於夏, 粟米, 取之於秋, 力役, 取之於冬, 當各以其時, 若幷取之, 則民力, 有所不堪矣〕."

孟子曰: "諸侯之寶三, 土地, 人民, 政事. 寶珠玉者, 殃必及身."

분성괄의 죽음을 예측한 이유 14.29

분성괄이 제나라에서 벼슬하고 있었는데, 맹자께서 말씀하셨다.

"죽게 되겠구나, 분성괄이여!"

분성괄이 죽임을 당하자, 문하생이 여쭈었다.

"선생님께서는 어떻게 그가 죽임을 당할 것을 아셨습니까?"

[맹자께서] 대답하셨다.

"그의 사람됨이 사소한 재주는 있으나 군자의 위대한 도를 아직 듣지 못했으니, 자신의 몸을 죽이기에 충분할 뿐이다."

盆成括仕於齊, 孟子曰: "死矣盆成括!" 盆成括見殺, 門人問曰: "夫子何以知其將見殺?" 曰: "其爲人也小有才, 未聞君子之大道也, 則足以殺其軀而已矣."

배우려는 자의 태도가 중요하다 14.30

맹자께서 등나라에 가서 별궁[35]에서 머무르고 계셨는데, 다 짜지 못한 신발이 창문 위에 있었으나, 여관 주인이 찾으려 해도 찾지 못했다.

---

35) 원문의 "상궁上宮"에 대한 세 가지 설이 있다. 주희는 "별궁의 이름〔別宮名〕"이라고 했고, 조기는 "누각〔樓〕"이라고 했으며, 초순은 "'상사上舍'와 같아 상등급의 관사를 말한다〔如上舍, 謂上等之館舍也〕"라고 했다. 역자는 주희의 설에 따랐다.

어떤 사람이 물었다.

"이처럼 [선생님을] 따르는 자들이 숨기고 있습니다."

[맹자께서] 말씀하셨다.

"그대는 [그자들이] 신발을 훔치는 것 때문에 왔다고 생각하는가?"

[어떤 사람이] 말했다.

"아닙니다. 선생님께서 교과목을 개설하시고 가는 자를 좇아가지 않고 오는 자를 막지 않으셔서 진실로 이 [배우려는] 마음을 품고 이르면 그자들을 [누구나] 받아주셨다는 것일 뿐입니다."

孟子之滕, 館於上宮. 有業屨於牖上, 館人求之弗得. 或問之曰: "若是乎從者之廋也." 曰: "子以是爲竊屨來與?" 曰: "殆非也. 夫子之設科也, 往者不追, 來者不拒. 苟以是心至, 斯受之而已矣."

차마 하지 못하는 마음을 채워라 14.31

맹자께서 말씀하셨다.

"사람들은 모두 차마 하지 못하는 바를 가지고 있으니 차마 할 수 있는 데에까지 도달하는 것이 인仁이고, 사람들은 모두 하지 않는 것이 있으니 할 수 있는 데까지 도달한다면 의義이다. 사람이 남을 해치려고 하지 않는 마음을 채워나갈 수 있다면 인을 다 쓰지 못할 것이고, 사람이 담을 뚫거나 넘어가 도둑질하지 않으려는 마음을 채울 수 있다면 의를 다 쓰지 못할 것이다. 사람들이 남들에게 멸시받지 않으려는 마음을 채운다면 가는 곳마다 의가 아님이 없을 것이다. 선비가 말해서는 안 될 때 말한다면 이는 말로써 물건을 [취하려] 핥는[36] 것이고, 말을 해야 할 때 말하지 않는다면 이는 말하지 않음으로써 물건을 [취하려] 핥는 것이니, 이는 모두 담을 뚫거나 넘어가 도둑질하는 부류이다."

孟子曰: "人皆有所不忍, 達之於其所忍, 仁也, 人皆有所不爲, 達之於其所爲, 義也. 人能充無欲害人之心, 而仁不可勝用也, 人能充無穿踰之心, 而義不可勝用也. 人能充無受爾汝之實, 無所往而不爲義也. 士未可以言而言, 是以言餂之也, 可以言而不言, 是以不言餂之也. 是皆穿踰之類也."

남에게 요구는 무겁게 하고 스스로의 책임을 가벼이 여긴다면
14.32

맹자께서 말씀하셨다.

"말이 친근하면서도 뜻이 심원한 것은 선한 말이고, 지킴이 간단하면서도 베풂이 넓은 것은 선한 도이니, 군자의 말은 허리띠를 내려가지 않고[37] 도가 있는 것이다. 군자의 지킴은 그 몸을 닦아 천하

36) 원문의 "첨餂"을 번역한 것으로, 《방언》에서는 '섬銛'으로 쓰고, 곽박郭璞은 "물건을 가려서 취하는 것을 말한다〔謂挑取物也〕"라고 하여 '취하다'라는 뜻으로 해석했다. 주희는 "'첨'은 더듬어 취하는 것이다. 지금 사람들이 혀로 물건을 취하는 것을 첨이라고 한다〔餂, 探取之也. 今人, 以舌取物曰餂〕"라고 했는데, 역자는 이를 취하여 '핥다'로 번역했다.

가 태평해지는 것이다. 사람들의 병은 자기 밭을 버려두고 남의 밭을 김매는 데 있으니, 남에게 요구하는 것은 무겁게 하면서 스스로 책임지는 것은 가볍게 한다."

孟子曰: "言近而指遠者, 善言也, 守約而施博者, 善道也. 君子之言也, 不下帶而道存焉. 君子之守修其身, 而天下平. 人病舍其田而芸人之田, 所求於人者重, 而所以自任輕."

군자는 법도를 행하고 운명을 기다리는 자 14.33

맹자께서 말씀하셨다.

"요임금과 순임금은 본성을 따랐고, 탕왕과 무왕은 본성으로 되돌아간 분들이다. 동작과 용모와 몸가짐이 예에 맞는 것은 성한 덕성의 지극한 것이니, 죽은 자를 곡하여 슬퍼하는 것이 산 자를 위해서가 아니고, 떳떳한 덕을 어기지 않는 것은 녹봉을 구해서가 아니며, 언어를 반드시 미덥게 하는 것은 [사람들에게] 행실이 바르다는 것을 알리려는 것이 아니다. 군자는 법도를 행함으로써 천명을 기다릴 뿐이다."

---

37) 원문의 "불하대不下帶"를 번역한 것으로, '대帶'는 허리띠이다. 주희가 "옛사람들은 시선을 허리띠에서 아래로 하지 않으니, 허리띠 위가 바로 눈앞에서 항상 볼 수 있는 지극히 가까운 곳이다. 눈앞의 가까운 일을 든 것은 거기에 지극한 이치가 있는 것이다. 이 때문에 말이 가까우면서도 뜻이 심원하게 되는 것이다(古人, 視不下於帶, 則帶之上, 乃目前常見至近之處也. 擧目前之近事, 而至理存焉. 所以爲言近而指遠也)"라고 풀이한 말을 염두에 두어야 한다.

孟子曰: "堯舜, 性者也, 湯武, 反之也. 動容周旋中禮者, 盛德之至也. 哭死而哀, 非爲生者也. 經德不回, 非以干祿也. 言語必信, 非以正行也. 君子行法, 以俟命而已矣."

제후들에게 당당했던 맹자의 배짱 14.34

맹자께서 말씀하셨다.

"대인[38]을 설득하려면 그들을 예사롭게 여기고 그들의 높디높은 지위를 보지 말아야 한다. [저들이] 집의 높이가 몇 길이 되고 서까래[39]가 몇 자가 되지만, 나는 뜻을 얻더라도 그리하지 않을 것이며, [저들은] 밥상 앞에 음식이 한 길이나 차려지고 모시는 첩이 수백 명이지만, 나는 뜻을 얻더라도 그리하지 않을 것이며, [저들은] 즐겁게 술을 마시며 말을 달려 사냥하며 뒤에 수레가 천 대나 따르지만, 나는 뜻을 얻더라도 그리하지 않을 것이다. 저들에게 있는 것은 모두 내가 하지 않는 바이고, 나에게 있는 것은 모두 옛 법도이니, 내가 무엇 때문에 저들을 두려워하겠는가?"

孟子曰: "說大人, 則藐之, 勿視其巍巍然. 堂高數仞, 榱題數尺, 我得志, 弗爲也. 食前方丈, 侍妾數百人, 我得志, 弗爲也. 般樂飮酒, 驅騁

38) 원문의 "대인大人"이란 "소인小人"과 반대되는 개념이다. 대인은 '마음을 쓰는 자'로 다른 사람을 다스리며, 소인은 '힘을 쓰는 자'로 다른 사람에게 다스림을 당하는 자이다. 이는 제5편 〈등문공 상〉 4장에 나온다. 여기서는 제후와 같은 신분을 구체적으로 지칭하는 것으로 봐도 꽤 일리가 있다.

39) 원문의 "최제榱題"를 번역한 것으로, 본래 뜻은 서까래지만 처마라고 보는 학자도 있다.

田獵, 後車千乘, 我得志, 弗爲也. 在彼者, 皆我所不爲也, 在我者, 皆古之制也, 吾何畏彼哉?"

욕망을 줄이는 것이 마음 수양법 14.35

맹자께서 말씀하셨다.

"마음을 수양함에 있어 욕망을 적게 하는 것보다 더 좋은 것이 아무것도 없으니, 그 사람됨이 욕망이 적으면 비록 [선한 본성을] 보존하지 못한 점이 있더라도 적을 것이고, 그 사람됨이 욕망이 많으면 비록 [선한 본성을] 보존[40]하더라도 적을 것이다."

孟子曰: "養心莫善於寡欲. 其爲人也寡欲, 雖有不存焉者, 寡矣, 其爲人也多欲, 雖有存焉者, 寡矣."

40) 원문의 "부존不存"과 "존存"의 의미는 양보쥔의 견해가 정확하다. "이는 맹자가 이른바 '성선性善'과 '야기夜氣'를 가리키는 말로서, 제8편 〈이루 하〉 19장의 '사람이 금수와 다른 점은 거의 없는데 뭇사람은 그것을 버리고 군자는 그것을 보존한다'와 제11편 〈고자 상〉 8장의 '사람이 지닌 것에 어찌 인과 의를 지닌 마음이 없겠는가?'에 쓰인 여러 '존' 자는 이 '존' 자와 같다. 조기의 주에서는 사람의 생사로 이를 번역했는데, 크게 잘못된 것이다(此指孟子所謂性善夜氣而言, 離婁下云, '人之所以異於禽獸者幾希, 庶民去之, 君子存之'. 告子上亦云, '雖存乎人者, 豈無仁義之心哉?' 諸存字卽此存字. 趙岐注以人的生死釋之, 大誤)." 한편 정약용은 "욕심이 적으면 도심을 잃는 것이 또한 적고, 욕심이 많으면 도심을 잃는 것이 또한 많다. 군자가 엄하게 살펴야 하는 것은 단지 마음을 보존하느냐 잃어버리느냐 하는 것일 뿐이다(慾寡, 則道心亡者亦寡, 慾多, 則道心亡者亦多. 君子之所嚴省者, 只這存亡而已)"라고 했다.

증자가 고욤을 차마 먹지 못한 이유 14.36

증석이 고욤[41]을 좋아했었기에, 증자는 차마 고욤을 먹지 못하셨다.

공손추가 여쭈었다.

"육회와 구운 고기, 고욤 중에서 어느 것이 더 맛있습니까?"

맹자께서 말씀하셨다.

"육회와 구운 고기일 것이다!"

공손추가 말했다.

"그렇다면 증자는 어찌하여 육회와 구운 고기만 드시고 고욤은 드시지 않았습니까?"

[맹자께서] 말씀하셨다.

"육회와 구운 고기는 누구나 똑같이 좋아하는 것이고, 고욤은 [아버지 증석이] 유독 좋아하는 것이었으니, 이는 이름 부르는 것을 피하고 성을 부르는 것을 피하지 않는 것과 같으니, 이는 성은 똑같고 이름은 혼자만 쓰기 때문이다."

曾晳嗜羊棗. 而曾子不忍食羊棗. 公孫丑問曰: "膾炙與羊棗孰美?" 孟子曰: "膾炙哉!" 公孫丑曰: "然則曾子何爲食膾炙而不食羊棗?" 曰:

41) 원문의 "양조羊棗"를 번역한 것으로, "양시조羊矢棗"라고도 한다. 하작何焯의 《의문독서기義門讀書記》에 "'양조'는 대추가 아니라 바로 감처럼 생긴 작은 것이다. 처음 생길 때는 색이 노랗고 익으면 검어지며 양의 똥과 비슷하다. 그 나무를 다시 접붙이면 감이 된다. 지금 세속에서는 고욤이라고 부르며, 일명 이조라고도 부른다(羊棗非棗也, 乃柿之小者. 初生色黃, 熟則黑, 似羊矢. 其樹再接則成柿. 今俗呼牛奶柿, 一名梗棗)"고 했다. 고욤이 아니라 대추나무 열매로 봐야 한다는 설도 나름 설득력이 있다.

"膾炙所同也, 羊棗所獨也. 諱名不諱姓, 姓所同也, 名所獨也."

공자의 말씀을 인용하여 네 유형의 인물을 평하다 14.37

만장이 여쭈었다.

"공자께서 진陳나라에 계실 때 말씀하시기를 '어찌 돌아가지 않겠는가! 내 고향의 선비들은 뜻은 원대하나 멋대로[42]이고, 진취적이나 그 근본을 잊지 않는다'라고 하셨으니, 공자께서는 진나라에 계시면서 어찌하여 노나라의 뜻이 큰 선비들을 생각하셨습니까?"

맹자께서 말씀하셨다.

"공자께서는 '중용의 도를 행하는 자를 얻어 함께하지 못할 것 같으면,[43] 반드시 뜻이 큰 사람(狂者)이나 고집스러운 사람(獧者)[과 함께]일 것이다. 광자狂者는 진취적이고, 견자獧者는 하지 않는 바가 있다'라고 하셨으니, 공자께서 어찌 중용의 도로써 하려 하지 않으셨

---

42) 원문의 "광간狂簡"을 번역한 것으로, 《논어》〈공야장〉 5.21에 "공자께서 진陳나라에 계실 때 말씀하셨다. '돌아가자꾸나! 돌아가자꾸나! 내 마을의 젊은이들은 뜻은 원대하나 하는 일은 소략하고, 찬란하게 빛나는 학문과 성품을 갖추었으나 그것들을 재량하는 방법을 알지 못한다'(子在陳曰: '歸與! 歸與! 吾黨之小子狂簡, 斐然成章, 不知所以裁之')"고 했다. 주희는 '광간'이 "뜻은 원대하나 일을 처리하는 데 너무 거칠고 소략하다(志大而略於事也)"는 의미라고 했다. 공영달은 "간簡" 자를 '대大'의 의미로 보기도 했으나 무리가 따르는 풀이다. "광狂"이라는 단어는 〈태백〉 8.16과 〈양화〉 17.8에도 나오는데, 고집스럽고 경박하다는 의미가 있다.

43) 원문의 "공자부득중도이여지孔子不得中道而與之"를 번역한 것으로, 《논어》〈자로〉 13.21의 "공자께서 말씀하셨다. '중도를 행하는 사람을 얻어서 함께할 수 없다면, 반드시 뜻이 큰 사람이나 고집스러운 사람과 함께할 것이다! 뜻이 큰 사람은 진취적이고, 고집스러운 사람은 하지 않는 바가 있다(子曰: '不得中行而與之, 必也狂狷乎! 狂者進取, 狷者有所不爲也')"라는 말씀을 인용했다.

겠느냐? 반드시 얻을 수가 없었으므로 그다음[의 인물]을 생각하신 것이다."

[만장이 여쭈었다.]

"감히 여쭙겠습니다. 어떤 사람 같아야 광狂[44]이라고 이를 수 있습니까?"

[맹자께서] 말씀하셨다.

"금장과 증석과 목피[45] 같은 자들이 공자께서 이르시는 '광'에 해당할 것이다."

[만장이 여쭈었다.]

"어찌하여 '광'이라고 일컬었습니까?"

[맹자께서] 말씀하셨다.

"그들은 말과 뜻이 높고 커서[46] 말하기를 '옛사람이여, 옛사람이여!'라고 했으나, 평소에 그들의 행실을 살펴보면 [행실이 말을] 가리지 못하는 점이 있었기 때문이다. [만일] 광자를 얻지 못하면 불결한 것을 달갑게 여기지 않는 선비를 얻어서 함께하고자 하셨으니, 이것이 '견'[47]이니, 이는 또 그다음 [등급]인 것이다.

공자께서 말씀하시기를 '내 문 앞을 지나면서 내 집에 들어오지 않더라도 내가 섭섭해하지 않는 자는 오직 향원鄕原[48]일 것이다! 향

---

44) 여기서 "광狂"은 주희가 《논어》 〈자로〉 13.21에서 주석을 단 대로 "뜻이 지극히 고고하여 행동이 거리낌이 없는[志極高而行不掩]"이라는 의미다. 나아갈 줄만 알고 물러날 줄 모른다는 뜻을 담고 있다.

45) 고증하기 어려운 인물이다. 양보쥔은 마서륜馬敍倫의 《장자의증莊子疑證》에서 "목피牧皮가 《논어》 〈옹야〉 6.13에 나오는 맹지반이 아닌가 의심"했으나 설득력이 부족하다.

46) 원문의 "효효연嘐嘐然"을 번역한 것으로, 주희는 "'효효嘐嘐'는 뜻이 크고 말이 큰 것이다[嘐嘐, 志大言大也]"라고 했다.

원은 덕을 해치는 자이다'[49]라고 하셨다."

[만장이] 말했다.

"어떤 사람 같아야 향원이라고 할 수 있습니까?"

[맹자께서] 말씀하셨다.

"'[광자를 보고] 어찌하여 말과 뜻이 커서 [실제로는] 말이 행실을 돌아보지 않으며 행실은 말을 돌아보지 않고, 단지 「옛사람이여, 옛사람이여!」라고 말하며, [견자를 보고]행실을 어찌하여 외롭고 쓸쓸하게 하는가? 이 세상에 태어났으면 이 세상 사람들을 위해 남들이 선하다고 하면 된다'라고 하면서 속을 감추고 세상에 영합하니 이런 자가 향원이다."

만장이 말했다.

"한 마을 사람들이 모두 진실한 사람[50]이라고 칭찬한다면 가는 곳마다 진실한 사람이 되지 않음이 없는데도 공자께서 '덕을 해치

---

47) 원문의 "獧" 자는《논어》〈자로〉13.21에 "견狷"으로 되어 있는데, 같은 글자다. 그 의미는 고집만 부린다는 의미가 아니라, 절도를 지키면서 자신의 길을 꿋꿋이 간다는 의미다. 그래서 주희는 "지식은 미치지 못하나 굳게 소신껏 지킨다〔知未及而守有餘〕"는 의미라고 주석을 달았는데, 맹자가 말하는 내용과 의미가 같다.

48) 향원鄕原에 대해 주희는 "'향원'은 유식한 사람이 아니다. '원原'은 '원愿'과 같다.《순자》에 '원각原慤'이라는 자를 모두 '원愿'으로 읽고 쓰니, 삼가는 사람을 말한다〔鄕原, 非有識者. 原與愿同. 荀子原慤字, 皆讀作愿, 謂謹愿之人也〕"라고 풀이했다.

49) 원문의 구절은《논어》〈양화〉17.13에 나온다. '향원'이란 시비를 온전히 가리지 못하고 시세에 영합하면서도 순박한 듯이 행동하는 위선자를 말한다. '향원'의 개념을 가장 정확히 설명한 이는 맹자다. 바로 위 문장에서 맹자가 언급한 내용이 그것이다. 한편 이 구절을 만장의 물음으로 보는 설도 일리가 있다.

50) 원문의 "원인原人"을 번역한 것으로, 주희는 "'원原'은 또한 삼감과 후덕함을 일컬은 것인데, 공자께서 '덕의 적'이라고 했기 때문에 만장이 이를 의심한 것이다〔原亦謹厚之稱, 而孔子以爲德之賊. 故萬章疑之〕"라고 풀이했다.

는 자'라고 하신 것은 어떤 이유입니까?

[맹자께서] 말씀하셨다.

"그들을 비난하려 해도 거론할 것이 없으며 풍자하려 해도 풍자할 것이 없다. 세상의 흐름과 동화하며 더러운 세상에 합세하여, 평소에 충성하고 신의 있는 듯이 보이며 행동은 청렴결백한 것 같아 사람들이 모두 그를 좋아하고 스스로 옳다고 여기지만, [그런 자들과는] 요순의 도에 들어갈 수 없다. 그러므로 '덕을 해치는 자'라고 하신 것이다.

공자께서 '비슷하지만 다른 것을 미워하나니, 독보리를 미워하는 이유는 곡식을 더럽힐까 두려워하기 때문이요, 말재주가 있는 자를 미워하는 것은 의를 어지럽힐까 두려워하기 때문이요, 말 잘하는 입을 가진 자를 미워하는 것은 신의를 어지럽힐까 두려워하기 때문이요, 정나라 음악을 미워하는 것은 바른 음악을 어지럽힐까 두려워하기 때문이요, 자주색을 미워하는 것은 붉은색을 어지럽힐까 두려워하기 때문이요, 향원을 미워하는 것은 덕을 어지럽힐까 두려워하기 때문이다'라고 하신 것이다.

군자는 떳떳한 도를 회복[51]할 뿐이니, 떳떳한 도가 바르게 되면 일반 백성이 [선을] 떨쳐 일으키고,[52] 일반 백성이 떨쳐 일으키면 사특함[53]이 없어질 것이다."

---

51) 원문의 "반경反經"을 번역한 것으로, 주희는 "'반'은 회복하는 것이다. '경'은 떳떳함이니, 만세에 바뀌지 않는 떳떳한 도이다〔反, 復也. 經, 常也. 萬世不易之常道也〕"라고 했다.

52) 원문의 "흥興"을 번역한 것으로, 주희는 "선을 떨쳐 일으키는 것이다〔興起於善也〕"라고 했다.

萬章問曰: "孔子在陳曰: '盍歸乎來! 吾黨之小子狂簡, 進取, 不忘其初.' 孔子在陳, 何思魯之狂士?" 孟子曰: "孔子'不得中道而與之, 必也狂獧乎. 狂者進取, 獧者有所不爲也.' 孔子豈不欲中道哉? 不可必得, 故思其次也." "敢問何如斯可謂狂矣?" 曰: "如琴張曾晳牧皮者, 孔子之所謂狂矣." "何以謂之狂也?" 曰: "其志嘐嘐然, 曰: '古之人, 古之人!' 夷考其行, 而不掩焉者也. 狂者又不可得, 欲得不屑不絜之士而與之, 是獧也, 是又其次也. 孔子曰: '過我門而不入我室, 我不憾焉者, 其惟鄕原乎! 鄕原, 德之賊也.'" 曰: "何如斯可謂之鄕原矣?" 曰: "'何以是嘐嘐也, 言不顧行, 行不顧言, 則曰: 「古之人, 古之人.」 行何爲踽踽凉凉? 生斯世也, 爲斯世也, 善斯可矣.' 閹然媚於世也者, 是鄕原也." 萬章曰: "一鄕皆稱原人焉, 無所往而不爲原人, 孔子以爲德之賊, 何哉?" 曰: "非之無擧也, 刺之無刺也, 同乎流俗, 合乎汚世, 居之似忠信, 行之似廉絜, 衆皆悅之, 自以爲是, 而不可與入堯舜之道. 故曰德之賊也. 孔子曰: '惡似而非者, 惡莠, 恐其亂苗也, 惡佞, 恐其亂義也, 惡利口, 恐其亂信也, 惡鄭聲, 恐其亂樂也, 惡紫, 恐其亂朱也, 惡鄕原, 恐其亂德也.' 君子反經而已矣. 經正, 則庶民興, 庶民興, 斯無邪慝矣."

53) 원문의 "사특邪慝"에 대해 주희는 "향원의 등속과 같은 것이 이것이다〔如鄕原之屬, 是也〕"라고 적시했다.

단절된 도를 계승할 자는 누구인가 14.38

맹자께서 말씀하셨다.

"요임금과 순임금으로부터 탕왕에 이르기까지가 500여 년으로, 우임금과 고요 같은 이들은 [도를] 봐서 알았고, 탕왕과 같은 이는 듣고서 아셨다. 탕왕으로부터 문왕에 이르기까지가 500여 년으로, 이윤과 내주萊朱[54] 같은 이들은 [탕왕의 도를] 직접 봐서 알았고, 문왕은 듣고서 아셨다. 문왕으로부터 공자에 이르기까지가 500여 년으로, 태공망과 산의생散宜生[55] 같은 이들은 직접 봐서 알았고, 공자 같은 이는 듣고서 아셨다.[56]

공자로부터 지금에 이르기까지가 100여 년으로, 성인의 세대로부터 거리가 이처럼 멀지 않으며 성인이 사시던 곳과도 이처럼 매우 가까운데도 [성인을 계승할 사람이] 아무도 없으니, 또한 아무도 없을 것인가!"

---

54) 내주萊朱에 대하여 조기는 "탕왕의 현신이다. 한편 '중훼'라고 말하는 자가 이 사람이다〔湯賢臣也. 一曰仲虺是也〕"라고 했고, 초순은 "탕왕 때에는 하나의 예로 이윤과 내주를 들면 당시 현신인 여구·여방·의백·중백·구단 등을 단속했다〔在湯時, 擧一伊尹萊朱, 則當時賢臣如女鳩女房義伯仲伯咎單等括之矣〕"라고 했다.

55) 산의생散宜生은 주나라 문왕의 신하이자 현인으로, 태전太顚, 굉요閎夭, 육자鬻子, 신갑대부辛甲大夫 등과 함께 서백이라고 불린 문왕에 귀의하여 문왕을 도왔던 인물이라고 사마천은 기록하고 있다. 그 당시 태공망이 군사軍師였다.

56) 이 장에 대해 주희는 "편의 끝에 여러 성인의 도통을 차례로 서술했다〔篇終歷序群聖之統〕"라고 했고, 왕응린은 "《논어》는 〈요왈〉 편에서 마치고, 《맹자》는 '요·순·탕·문왕·공자'에서 마쳤으며, 《순자》는 또한 '요문'에서 마쳤으니, 그 의미가 매한가지다〔論語終於堯曰篇, 孟子終於堯舜湯文孔子, 而荀子亦終堯問, 其意一也〕"라고 했다.

孟子曰:“由堯舜至於湯, 五百有餘歲, 若禹皐陶, 則見而知之, 若湯, 則聞而知之. 由湯至於文王, 五百有餘歲, 若伊尹萊朱, 則見而知之, 若文王, 則聞而知之. 由文王至於孔子, 五百有餘歲, 若太公望散宜生, 則見而知之, 若孔子, 則聞而知之. 由孔子而來至於今, 百有餘歲, 去聖人之世若此其未遠也, 近聖人之居若此其甚也, 然而無有乎爾, 則亦無有乎爾.”

참고문헌

단행본

《孟子集註》內閣本, 成均館大學校 大東文化硏究院 影印本, 1965.

楊伯峻,《孟子譯注》, 中華書局, 1992.

이이李珥 저,《사서율곡언해 맹자》, 학자원, 2017.

대진戴震 저, 임옥균 역,《맹자자의소증원선》, 홍익출판사, 1998.

맹자孟子 저, 김학주 역,《맹자》, 명문당, 1999.

———, 동양고전연구회 역,《맹자》, 민음사, 2016.

———, 박경환 역,《맹자》, 홍익출판사, 2005.

———, 성백효 역,《맹자집주》, 전통문화연구회, 2011.

———, 양보쥔 역, 우재호 한역,《맹자역주》, 중문, 2005.

———, 우재호 역,《맹자》, 을유문화사, 2007.

———, 이기동 역,《맹자강설》, 성균관대학교출판부, 2014.

———, 이을호 역,《맹자》, 올재, 2019.

———, 최영갑 역,《맹자》, 펭귄클래식코리아, 2012.

성백효 저,《현토신역 맹자집주》, 한국인문고전연구소, 2018.

이토 진사이伊藤仁齋 저, 최경열 역,《맹자고의》, 그린비, 2020.

정약용丁若鏞 저, 이지형 역,《맹자요의孟子要義》, 현대실학사, 1994.

조기趙岐·손석孫奭 저, 최채기 외 1명 역,《역주 맹자주소 1(십삼경주소)》, 전통문화연구회, 2019.

주희 집주, 임동석 역,《사서집주언해 맹자》, 학고방, 2004.

푸페이룽傅佩榮 저, 정광훈 역,《맹자교양강의》, 돌베개, 2010.

朱熹,《朱子語類》, 中華書局, 1986.

《大學章句集註》內閣本, 成均館大學校 大東文化硏究院 影印本, 1965.

《論語集註》內閣本, 成均館大學校 大東文化硏究院 影印本, 1965.

《書傳集註》內閣本, 成均館大學校 大東文化研究院 影印本, 1965.
《詩傳集註》內閣本, 成均館大學校 大東文化研究院 影印本, 1965.
사마천司馬遷 저, 김원중 역,《사기》(전 6권), 민음사, 2015.
한비자韓非子 저, 김원중 역,《한비자》, 휴머니스트, 2016.
공자孔子 저, 김원중 역,《논어》, 휴머니스트, 2019.
노자老子 저, 김원중 역,《노자》, 휴머니스트, 2018.
장자莊子 저, 김학주 역,《장자》, 연암서가, 2010.
———, 안동림 역,《장자》, 현암사, 2004.

논문

금장태, 〈茶山의《孟子》해석과 性 개념 인식〉,《人文論叢》, 제50집, 2003.
김경희, 〈《孟子》에 관한 朱熹·이토 진사이·丁若鏞의 해석의 비교연구: 性·心·政을 중심으로〉, 성균관대학교 박사학위논문, 2016.
김조영, 〈《孟子要義》에 나타난 茶山의 經學觀 연구〉,《漢文古典研究》, 제35집, 2017.
백민정, 〈茶山과 老少論系 학자의 人性論 비교 연구: 茶山《孟子要義》와《經史講義·孟子》세 조목의 條對 내용을 중심으로〉,《東洋哲學研究》, 제59집, 2009.
서근식, 〈다산(茶山) 정약용(丁若鏞)의《맹자요의(孟子要義)》에 나타난 심성론(心性論) 연구(研究)〉,《溫知論叢》, 제29집, 2011.
신창호, 〈孟子의 마음 修養論과 교육적 인간상 고찰〉,《東洋古典研究》, 제14집, 2000.
양충열, 〈孟子의 문학해석학 방법론〉,《중국연구》, 제42집, 2008.
오종일, 〈맹자의 정전론과 정전제도의 사상적 연원〉,《東洋哲學研究》, 제37집, 2004.
유민정, 〈한·중·일의 수사학적 경전 해석:《孟子》주석서를 중심으로〉, 성균관대학교 박사학위논문, 2019.
유영기, 〈《孟子》의 언어학적 연구: 제시주어를 중심으로〉,《중국인문과학》, 제68집, 2018.
이범수, 〈《孟子》에 나타난 커뮤니케이션 사상 연구〉,《동양고전연구》, 제46집, 2012.

이소동, 〈《孟子·公孫丑(上)》'知言' 句의 의미 연구〉, 《중국문학연구》, 제57집, 2014.
이연승, 〈趙岐의 孟子章句에 대한 小考〉, 《퇴계학보》, 제121집, 2007.
이철승, 〈孟子의 '浩然之氣' 사상에 대한 朱熹와 王夫之의 관점 비교: 《孟子集註》와 《讀孟子大全說》의 '浩然之氣'章을 중심으로〉, 《유교사상문화연구》, 제57집, 2014.
임옥균, 〈이토 진사이[伊藤仁齋]의 《맹자》 해석: 주자의 해석과의 비교를 중심으로〉, 《동양철학연구》, 제66집, 2011.
장현근, 〈맹자의 군주: '대인(大人)' 정치론〉, 《정치사상연구》, 제24집, 2018.
지준호, 〈孟子의 도덕교육론: 性善의 확충을 위한 교수작용의 측면을 중심으로〉, 《한국 철학논집》, 제42집, 2014.
최진덕, 〈《맹자》에 대한 두 해석: 《맹자집주(孟子集注)》와 《맹자요의(孟子要義)》〉, 《다산학》, 제8집, 2006.
함영대, 〈청대(淸代) 학자들의 《맹자》 해석과 다산 정약용의 《맹자요의(孟子要義)》〉, 《다산학》, 제16집, 2010.

찾아보기

ㅂ

ㅅ

ㅇ

ㅈ

ㅊ

ㅌ

ㅍ

지은이 **맹자**孟子

전국시대 추鄒나라의 사상가로 이름은 가軻이고, 자는 자여子輿 또는 자거子車이다. 기원전 385년에 태어나 기원전 304년까지 살았다고 추정된다. 공자의 손자인 자사子思에게 학문을 배웠으며, 다른 학설을 물리치고 유가의 가르침을 전승하고자 노력했다. 공자의 인성론과 교육관을 재해석하여 자신의 사상 체계를 확립했으며, 이로 인해 성인 공자를 잇는 아성亞聖으로 불리며 유가 도통을 계승한 인물로 평가받는다.

옮긴이 **김원중**金元中

성균관대학교 중문과에서 문학박사 학위를 받았다. 대만 중앙연구원과 중국 문철연구소 방문학자 및 대만사범대학교 국문연구소 방문교수, 중국 푸단대학교 중문과 방문학자, 건양대학교 중문과 교수, 대통령 직속 인문정신문화특별위원, 한국학진흥사업위원장을 역임했다. 현재 단국대학교 사범대학 한문교육과 교수로 재직 중이며, 대통령 직속 국가교육위원회 전문위원과 중국인문학회 부회장을 맡고 있다.
동양의 고전을 우리 시대의 보편적 언어로 섬세히 복원하는 작업에 매진하여, 고전 한문의 응축미를 담아내면서도 아름다운 우리말의 결을 살려 원전의 품격을 잃지 않는 번역으로 정평 나 있다. 《교수신문》이 선정한 최고의 번역서인 《사기 열전》을 비롯해 《사기 본기》, 《사기 표》, 《사기 서》, 《사기 세가》 등 개인으로서는 세계 최초로 《사기》 전체를 완역했으며, 그 외에도 MBC 〈느낌표〉 선정도서인 《삼국유사》를 비롯해 《논어》, 《맹자》, 《대학 · 중용》, 《노자 도덕경》, 《장자》, 《한비자》, 《손자병법》, 《명심보감》, 《채근담》, 《정관정요》, 《정사 삼국지》(전 4권), 《당시》, 《송시》, 《격몽요결》 등 20여 권의 고전을 번역했다. 또한 《고사성어 사전: 한마디의 인문학》(편저), 《한문 해석 사전》(편저), 《중국문화사》, 《중국 문학 이론의 세계》 등의 저서를 출간했고 40여 편의 논문을 발표했다. 2011년 환경재단 '2011 세상을 밝게 만든 사람들'(학계 부문)에 선정되었다. 삼성사장단과 LG사장단 강연, SERICEO 강연 등 이 시대의 오피니언 리더들을 위한 대표적인 인문학 강연자로도 널리 알려져 있다.

맹자 민심을 얻는 왕도정치의 고전

1판 1쇄 발행일 2021년 2월 1일
1판 4쇄 발행일 2024년 7월 22일

지은이 맹자
옮긴이 김원중

발행인 김학원
발행처 (주)휴머니스트출판그룹
출판등록 제313-2007-000007호(2007년 1월 5일)
주소 (03991) 서울시 마포구 동교로23길 76(연남동)
전화 02-335-4422 **팩스** 02-334-3427
저자·독자 서비스 humanist@humanistbooks.com
홈페이지 www.humanistbooks.com
유튜브 youtube.com/user/humanistma **포스트** post.naver.com/hmcv
페이스북 facebook.com/hmcv2001 **인스타그램** @humanist_insta

편집주간 황서현 **편집** 전두현 김선경 임미영 **디자인** 김태형 **표지글씨·전각** 강병인 **지도** 임근선
조판 홍영사 **용지** 화인페이퍼 **인쇄** 삼조인쇄 **제본** 경일제책

ISBN 979-11-6080-535-2 04140
ISBN 978-89-5862-322-9(세트)

명역고전

전국 시대

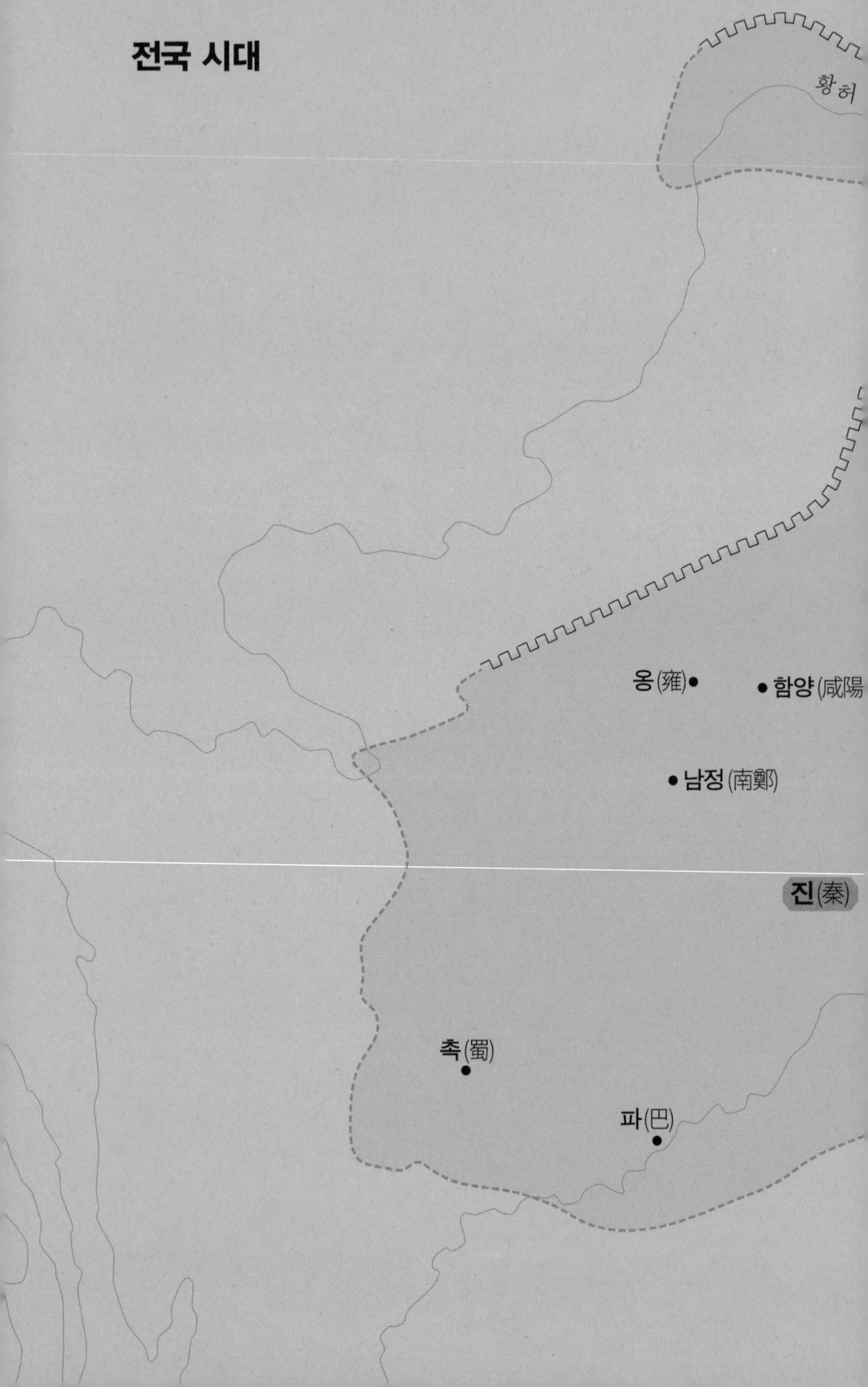